Bilanz der Bundestagswahl 2002

Voraussetzungen, Ergebnisse, Folgen

Eckhard Jesse (Hrsg.)

Bilanz der Bundestagswahl 2002

Voraussetzungen · Ergebnisse · Folgen

Westdeutscher Verlag

ISBN 978-3-531-14172-5   ISBN 978-3-322-80535-5 (eBook)
DOI 10.1007/978-3-322-80535-5

Herausgeber: Bayerische Landeszentrale für politische Bildungsarbeit, München
Redaktion: Dr. Peter März
Umschlagentwurf: PUBLICOM advertising network, München
Gesamtherstellung: J. Gotteswinter GmbH, München

Vorwort

Welche Bedeutung der Bundestagswahl 2002 in der künftigen Zeitgeschichtsschreibung einmal zugemessen werden wird, ist heute offen. Zunächst jedenfalls ist man geneigt, der Bundestagswahl 1998 tiefer greifende Bedeutung zuzumessen: Sie brachte das erste Mal in der deutschen Nachkriegsgeschichte einen vom Wähler unmittelbar an der Urne herbeigeführten, vollständigen Austausch von Regierungs- und Oppositionsparteien. Vier Jahre später wurden jedenfalls zunächst die bestehenden Rollen bestätigt: Wer bislang regierte, konnte es weiterhin tun, wer bislang in der Opposition stand, musste es weiterhin tun.

Auch in einem anderen Punkt schien 2002 eher nur moderate Fortsetzung, nicht Zäsur zu sein: Die Kampagne von und für Gerhard Schröder 1998 stellte den bisherigen Höhepunkt an medialen Inszenierungen in der Wahlkampfgeschichte der Bundesrepublik dar: Sie war ganz auf das Fernsehen und auf plebiszitäre Elemente abgestimmt, wie bei der „Vorwahl" der Landtagswahl wenige Monate in Niedersachsen zuvor, die Schröder in die Rolle des Herausforderers von Bundeskanzler Helmut Kohl und damit des Kanzlerkandidaten katapultierte. Medial wirkte hingegen 2002 eher als eine Fortsetzung: Die „Kampa" der SPD, das ausgelagerte Herz und Hirn ihrer Wahlkampfanstrengung, war nun nichts Neues mehr, die Unionsparteien hielten jetzt mit eigenen Medienberatern, darunter insbesondere dem Journalisten Michael Spreng, dagegen.

Allerdings zeigt die Geschichte der Bundesrepublik, dass auch Wahlen, die erst scheinbar im Ergebnis nur Kontinuität anzeigen, bei näherem Zusehen seismografische Veränderungen erkennen lassen, die erst in späteren Entwicklungen manifest werden. Das eindrucksvollste Beispiel für diesen Befund ist wohl die Bundestagswahl 1980, die zunächst, im arithmetischen Ergebnis gegenüber der Wahl 1976 sogar gesteigert, den Fortbestand der sozialliberalen Koalition zu gewährleisten schien. Aber die Kräfte unter Bundeskanzler Helmut Schmidt waren in der Außen- und Sicherheitspolitik (Nato-Doppelbeschluss) wie in der Finanz- und Wirtschaftspolitik tatsächlich so disparat, dass Regierung und Koalition zwei Jahre später an ein Ende gelangten, auch und gerade, weil die disziplinierende Wirkung eines herannahenden Wahltermins nicht mehr bestand. In welche Kontinuität bzw. Diskontinuität wird die Bundestagswahl 2002 eingefügt sein?

Ein Ergebnis ist unbestreitbar historisch: Das Verschwinden der PDS, bis auf zwei Direktmandate, aus dem Deutschen Bundestag. Ist damit bereits auf nationaler Ebene eine parlamentarische Kraft an ihr Ende gelangt, die für die historische Kontinuität des Linksextremismus in Deutschland seit der Konstituierung der KPD 1918, für den Antagonismus der Systemauseinandersetzung auf deutschem Boden nach 1945 und die schließlich auch für den Versuch gestanden hatte, dieses „Erbe" in die neue Welt einer pluralen, offenen parlamentarischen Ordnung einzubringen? Auch wenn der Wahlkampf zur Bundestagswahl 2002 nicht mehr jene medialen Innovationen gebracht haben mag wie der Wahlkampf zur Bundestagswahl 1998, so produzierte er doch unbestreitbar eindrucksvolles Anschauungsmaterial für die Techniken und Taktiken politischer Akteure und ihre Findigkeit gerade dann, wenn ihnen der Verlust der exekutiven Kommandohöhen droht, Auswege und Improvisationen zu erschließen, die zu neuer Mobilisierung führen. Die Inszenierung nationalen Zusammenhalts angesichts der Flutkatastrophe im Elbe-Einzugsgebiet im August 2002, die populäre, respektive populistische Absage an eine Beteiligung der Bundesrepublik an einer Irak-Intervention der USA, unter welchen Umständen auch immer, und schließlich die Präsentation von neuen Rezepten zur Bekämpfung der Arbeitslosigkeit, die die so genannte Hartz-Kommission vorgelegt hatte – all dies zeigte, welche Findigkeit und welche Triebkräfte in einer für Amtsinhaber demoskopisch kritischen Lage notwendig und zugleich abrufbar sein können.

Umgekehrt müssen auch Fragen an Strategie und Taktik der Opposition gestellt werden: Brachte sie stets die richtigen Themen zur richtigen Zeit oder hielt sie zulange an einem Monopol-Thema – der Situation in der Wirtschaft und auf dem Arbeitsmarkt – fest? Wie erfolgreich waren ihre Medieninszenierungen? Die hier aufgeworfenen Fragen an Regierung und Opposition weisen über den Wahltag hinaus: Sie berühren grundsätzliche Themen wie die Instrumentalisierung von Außen- und Sicherheitspolitik für innenpolitische Zwecke, die Bestandsfähigkeit und Planbarkeit von Kampagnen und schließlich das Thema, wann und wie es gelingt, so genannte weiche an die Stelle so genannter harter Themen zu setzen. Gerade im Blick auf den Wahlkampf im Jahr 2002 wurde auch die Gewichtung von so genannten Kompetenz- wie von so genannten Sympathiewerten intensiv diskutiert.

Schließlich bestätigte bzw. verstärkte das Wahljahr 2002 für das politische System der Bundesrepublik wichtige Befunde: zum ersten die Tatsache, dass im föderalen, im staatlichen Mehrebenensystem der Bundesrepublik Regierungschefs, die bereits amtliche Regierungsfähigkeit bewiesen haben bzw. beweisen, besondere Chancen besitzen, in den Rang von Kanzlern bzw. Kanzlerkandidaten aufzusteigen: Mit Gerhard Schröder, von 1990–1998 Regierungschef in Niedersachsen, und Edmund Stoiber, seit 1993 Regierungschef in Bayern, standen einander zwei Akteure mit einer solchen politischen Biografie gegenüber. Das heißt nicht, dass „reine" Bundespolitiker keine Chance auf den Einzug ins Bundeskanzleramt hätten. Aber, an dieser Erkenntnis führt kein Weg vorbei, die Schule einer Staatskanzlei in einer Landeshauptstadt ist in jedem Falle sehr aussichtsreich. Der zweite bemerkenswerte Befund ist die geografische Fragmentierung der deutschen Wahllandschaft: Nicht nur traten die seit der ersten Bundestagswahl 1990 erkennbaren Besonderheiten in den neuen Ländern wieder hervor, die außerordentlich niedrige Parteibindung wie die Rolle der PDS als ostdeutscher Regionalpartei. Wie selten zuvor wurde im Jahr 2002 auch ein Nord-Süd-Gegensatz erkennbar. Ob er wesentlich durch die Polarisierung zwischen einem nord- und einem süddeutsch-bayerischen Kanzlerkandidaten begründet wurde, oder ob sich dahinter tief greifende, politisch-strukturelle Gegensätze verbergen die, wie manche historische Beobachter meinten, bis in das 19. Jahrhundert zurückführen, bis in die Konfrontation von liberalem und katholischem Lager, ist einstweilen so leicht nicht zu beantworten. Schließlich eroberte die CDU bereits wenige Monate nach der Bundestagswahl, bei der sie insbesondere in den großen Städten West- und Norddeutschlands sehr ungünstig abgeschnitten hatte, die Regierungsmacht in Niedersachsen. Klar ist aber jedenfalls, dass die politische Topografie in Deutschland, wohl auch verbunden mit wachsenden Diskrepanzen in der Prosperität der einzelnen Landesteile, ein außerordentlich spannendes Thema geworden ist.

Die Beiträge gehen auf ein Symposion der Bayerischen Landeszentrale für politische Bildungsarbeit, der Sächsischen Landeszentrale für politische Bildung und des Lehrstuhls von Prof. Dr. Eckhard Jesse an der Technischen Universität Chemnitz im Oktober 2002 zurück. Sie bündeln – und das macht den Wert dieses Bandes aus – nicht nur die tagespolitische Momentaufnahme des Wahlausganges, sie enthalten zugleich Reflexionen, die dieses Ergebnis in die politische Verfasstheit der Republik integrieren. Gerade in diesem Sinne ist dem Band für die politische Bildung weite Verbreitung zu wünschen.

Dr. Peter März

Bayerische Landeszentrale
für politische Bildungsarbeit

6

Inhaltsverzeichnis

Einleitung

Noch Stunden nach Schließung der Wahllokale am 22. September 2002 stand trotz ausgefeilter Hochrechnungen und schneller Auszählungen weder die stärkste Parteienformation noch die künftige Regierungskonstellation fest, bis schließlich nach nervenaufreibendem Hoffen der einen und Bangen der anderen Seite gewiss war: Rot-Grün erhält eine zweite Chance.[1] Danach hatte es lange nicht ausgesehen. Allerdings deuteten die letzten Prognosen der Meinungsforscher in diese Richtung.

Vor der Bundestagswahl 2002 galten vier Koalitionsvarianten als realistisch: Rot-Grün war das Wunschmodell von Bundeskanzler Gerhard Schröder, Schwarz-Gelb das des Herausforderers Edmund Stoiber. Die FDP, die wie 1957 und 1969 keine Koalitionsaussage getroffen hatte, verstand sich als eigenständige Kraft, wobei die Tendenz ihrer Äußerungen klar in die Richtung ging, mit der Union die bisherige Koalition abzulösen. Allerdings war sie nicht bereit, ausschließlich dafür einzutreten. Aus ihrer Sicht bildete also auch Rot-Gelb eine Variante. Hätte die PDS den Einzug in den Deutschen Bundestag geschafft, wäre eine weitere in den Bereich des Möglichen gerückt: eine große Koalition; und zwar dann, wenn weder Rot-Grün, Rot-Gelb noch Schwarz-Gelb eine Mandatsmehrheit erhalten hätte. Von einer großen Koalition redete im Wahlkampf kaum einer. Sicher war nur: Der Vizekanzler würde weder Schröder noch Stoiber heißen.

Ebenso bestand darüber Gewissheit: Der Kanzler könnte entweder Amtsinhaber Gerhard Schröder sein oder Edmund Stoiber heißen, sein Konkurrent, der bayerische Ministerpräsident, der sich innerhalb der Union gegen die CDU-Parteivorsitzende Angela Merkel durchsetzen konnte. In der Bundesrepublik hat sich das Amt des Ministerpräsidenten als Rekrutierungsbasis für das Amt des Kanzlers (Schröder war von 1990 bis 1998 Regierungschef in Niedersachsen) wie für die Kanzlerkandidatur erwiesen.[2] Auch für die Vorgänger Schröders, der als niedersächsischer Ministerpräsident 1998 ins Rennen gegangen war, bildete ein solches Amt den Ausgangspunkt: Johannes Rau (Kanzlerkandidatur 1987) Oskar Lafontaine (Kanzlerkandidatur 1990) und Rudolf Scharping (Kanzlerkandidatur 1994) blieb das versagt, was Schröder gelang. Dieses Karrieremuster gilt umso mehr für die jüngste Entwicklung. Der letzte Kanzler, der nicht Ministerpräsident war, hieß Helmut Schmidt (1974), der letzte Kanzlerkandidat, der dieses Amt nicht ausübte, Rainer Barzel (1972).[3] Die Kanzlerkandidatur des FDP-Vorsitzenden Guido Westerwelles fällt unter die Rubrik „Spaß-Wahlkampf", fin-

---

1 Vgl. Richard Hilmer: Bundestagswahl 2002: eine zweite Chance für Rot-Grün, in: Zeitschrift für Parlamentsfragen 34 (2003), S. 187–219.

2 Vgl. Peter März: An der Spitze der Macht. Kanzlerschaften und Wettbewerber in Deutschland, 2. Aufl., München 2003.

3 Allerdings wurde Hans-Jochen Vogel von der SPD im Jahre 1983 nicht deshalb Kanzlerkandidat, weil er 1981 (kurzfristig) das Amt des Regierenden Bürgermeisters von Berlin inne gehabt hatte. Diese Position war für die Erlangung der Kanzlerkandidatur keine Voraussetzung.

det hier also keine Berücksichtigung. Die Partei dürfte ein solches Unternehmen nicht mehr wiederholen.

Zwei Varianten spielten von vornherein keine Rolle: eine Ampelkoalition und eine rot-grün-dunkelrote Koalition. Die erste Variante – sie funktionierte nicht einmal in den Ländern Brandenburg und Bremen (die Koalitionen brachen auseinander) und wurde im Land Berlin als Probelauf für den Bund erst gar nicht versucht – wäre am entschiedenen Nein der Liberalen gescheitert; gegen die zweite Variante hatte die SPD klar votiert und auch die Tolerierung einer rot-grünen Koalition durch die PDS verworfen. Derartige konkrete Aussagen für die Zeit nach der Wahl wären von den Parteien nicht einfach zu konterkarieren gewesen.

Der (Wahlrechts-)Teufel steckte im Detail. Gesetzt den Fall, eine Partei hätte lediglich durch den Gewinn von Überhangmandaten eine Mandatsmehrheit (mit einem kleinen Partner) erringen können, wäre eine solche Umkehrung von Stimmen- und Mandatsergebnis von den Wählern, die in Deutschland auf das Prinzip der Gerechtigkeit fixiert sind, kaum als legitim angesehen worden. Wahrscheinlich erschien eine solche Konstellation nicht, da durch den Neuzuschnitt der Wahlkreise eine der Ursachen für Überhangmandate[4] weitgehend beseitigt worden war. Schwarz-Gelb hätte 1994 ohne diese wahlrechtliche Eigentümlichkeit nur einen Vorsprung von zwei Mandaten gehabt (tatsächlich zehn), Rot-Grün 1998 ansonsten einen solchen von acht (tatsächlich 21). Gerhard Schröder, dessen niedersächsische Landesregierung vergeblich vor dem Bundesverfassungsgericht gegen die Überhangmandatsregelung geklagt hatte, ließ vor der Bundestagswahl 1998 verlauten, Rot-Grün komme für ihn nur bei einer stabilen Mehrheit von mindestens zehn Mandaten in Frage. In gewisser Weise ermöglichte die Ablehnung der Klage damit erst Rot-Grün. Und auch diesmal trug das Plus von drei Überhangmandaten zugunsten der Regierungsparteien (die SPD bekam vier Überhangmandate, die CDU eines) dazu bei, dass die Mehrheit[5] mit neun Mandaten zwar keineswegs klar, aber nicht ganz hauchdünn ausfiel.

Lang- und kurzfristige Trends fließen bei einer Wahlentscheidung zusammen.[6] Noch sechs Wochen vor der Bundestagswahl 2002 deutete nach den übereinstimmenden Ergebnissen der demoskopischen Institute alles auf eine Wachablösung der rot-grünen Koalition hin.[7] Doch konnte schließlich, wenn auch nur knapp, das rot-grüne Bündnis seine Arbeit weiterführen – nicht zuletzt deshalb, weil es der PDS nicht mehr gelungen war, in das Parlament zurückzukehren, von zwei im Osten Berlins errunge-

---

4 Kaum ein Thema ist so kompliziert wie dieses. Vgl. Joachim Behnke: Ein integrales Modell der Ursachen von Überhangmandaten, in: Politische Vierteljahresschrift 44 (2003), S. 41–65; David N. Rauber: Überhangmandate – keine Überraschungen (mehr); Joachim Behnke/Ruth Kamm/Thomas Sommerer: Der Effekt der Neueinteilung der Wahlkreise auf die Entstehung von Überhangmandaten; Gustav W. Sauer: Zur proportionalen Wahlauswertung bei Zweistimmenwahlsystemen ohne Überhangmandate, jeweils in: Zeitschrift für Parlamentsfragen 44 (2003), 116–122, S. 123–145, S. 146–165.

5 Sie kann sich verringern, da eine Partei im Falle eines direkt gewählten Abgeordneten, der verstorben ist oder aus dem Bundestag ausscheidet, in jenen Ländern, in denen Überhangmandate angefallen waren, keinen Nachrücker von der Liste entsenden darf, solange der „Überhang" nicht abgebaut ist. Dies entschied das Bundesverfassungsgericht im Februar 1998 einstimmig. Im Laufe der letzten Legislaturperiode hatte die SPD 3 der 13 Überhangmandate verloren.

6 Vgl. Richard Hilmer: Wer gewinnt die Bundestagswahl? Lang- und kurzfristige Trends im Wahlverhalten, in: Der Bürger im Staat 52 (2002), S. 4–9.

7 Vgl. Eckhard Jesse: Die wahrscheinlichen und die sinnvollen Koalitionen (vor) der Bundestagswahl, in: Zeitschrift für Parlamentsfragen 33 (2002), S. 421–435.

nen Direktmandaten abgesehen. Damit setzte sich das bisherige hohe Maß an Kontinuität fort. Von 1949 bis 1969 stellte die Union den Bundeskanzler, von 1969 bis 1982 die SPD und von 1982 bis 1998 wieder die Union. Die Hauptregierungspartei gewann damit vier- oder fünfmal hintereinander die Bundestagswahl (gemeinsam mit der Koalitionspartei FDP, anfangs unterstützt von weiteren Parteien wie der DP oder dem GB/BHE). Einer Partei allein ist es unter den Bedingungen der um die Fünfprozent-Hürde abgeschwächten Verhältniswahl praktisch nicht möglich, eine absolute Mehrheit zu erreichen. In den fünfziger Jahren war dies noch anders. Bei der Bundestagwahl 1953 hatte die Union mit 45,2 Prozent eine hauchdünne absolute Mehrheit der Mandate[8], bei der von 1957 mit 50,2 Prozent sogar eine absolute Mehrheit der Stimmen. Seinerzeit wurde vom „Wahlwunder" (Dolf Sternberger) gesprochen, stand den Deutschen doch das buntscheckige Parteiensystem der Vergangenheit vor Augen.

Wer einen Band zur Bundestagswahl 2002 konzipiert und betreut, muss auf eine Vielzahl von Aspekten achten. Das Werk hat auch Vorgänge vor und nach der Wahl einzubeziehen und nicht nur diese zu analysieren. So bedarf es der Berücksichtigung des Wahlkampfverlaufs sowie des Parteiensystems in Ost und West vor und nach der Wahl. Die Analyse der Zusammensetzung des neuen Parlaments verdient ebenso eine Erörterung wie die Regierungsbildung. Insofern bietet dieser Band mehr als eine Bilanz der bisher spannendsten Bundestagswahl. Trotz der Mannigfaltigkeit der Themen erfasst das Sammelwerk nicht alle einschlägigen Aspekte.

Der Chemnitzer Politikwissenschaftler Eckhard Jesse analysiert die Rolle der Parteien und des Parteiensystems in den alten und neuen Ländern vor und nach der Bundestagswahl 2002. Auch wenn das Parteiensystem der Bundesrepublik schnell auf die neuen Länder übertragen wurde, unterscheidet es sich noch deutlich von dem in den alten Ländern[9], selbst wenn die Erfolge der PDS abklingen dürften. Allerdings hat das Parteiensystem eine beträchtliche Integrationskraft bewiesen. In mancher Hinsicht überlagert freilich der Nord-Süd-Gegensatz den von Ost und West. Das Wahlverhalten nach Alter und Geschlecht weicht gleichwohl deutlich voneinander ab, wie eine Auswertung der repräsentativen Wahlstatistik zeigt. Was die Parteien betrifft, so gibt bei allen der Westen den Ton an.

Der Berliner Politikwissenschaftler Oskar Niedermayer untersucht den Wahlkampfverlauf und die Wahlkampfstrategien der Regierungs- und Oppositionsparteien. Das Wahlergebnis hätte anders ausgesehen[10], wenn nicht zwei unvorhersehbare Ereignisse eingetreten wären: die Flutkatastrophe und die außenpolitische Lageveränderung infolge des möglichen Krieges gegen den Irak. Während die beiden Regierungsparteien (die SPD und die Grünen) durch diese Themen in die Offensive gelangten (und frü-

---

8 Sie kam nur zustande, weil eines der drei Mandate für das Zentrum ein Mitglied der CDU erhielt, das auf den Listen der katholischen Partei kandidiert hatte. Das Zentrum (0,8 Prozent der Stimmen) war zu einem Direktmandat gekommen, da die CDU in einem Wahlkreis keinen Bewerber aufgestellt und den der Zentrumspartei unterstützt hatte. Auf diese Weise musste die Zentrumspartei nicht die Fünfprozenthürde überwinden.

9 Vgl. dazu auch Oskar Niedermayer (Hrsg.): Die Parteien nach der Bundestagswahl 2002, Opladen 2003 (i.E.); Rainer-Olaf Schultze: Eine Bundestagswahl oder zwei? Wählerverhalten in Deutschland Ost und Deutschland West, in: Der Bürger im Staat 52 (2002), S. 16–25.

10 Vgl. dazu (bezogen auf frühere Wahlkämpfe) Kathrin Bretthauer/Patrick Horst: Wahlentscheidende Effekte von Wahlkämpfen? Zur Aussagekraft gängiger Erklärungen anhand in der ZParl publizierter Wahlanalysen, in: Zeitschrift für Parlamentsfragen 32 (2001), S. 387–408.

here Fehler vergessen machen konnten), gerieten Union und FDP ins Hintertreffen, zumal ihre Strategie nicht überzeugend wirkte. Die Union zeigte sich zum Teil uneinig und die FDP behielt auch dann noch an ihre Haltung der Äquidistanz gegenüber der SPD und der Union bei, als sich die SPD klar auf die Grünen festgelegt hatte. Die PDS versäumte es, personelle und inhaltliche Voraussetzungen für einen erfolgreichen Wahlkampf zu schaffen.

Der Augsburger Politikwissenschaftler Rainer-Olaf Schultze liefert eine Analyse des Ausgangs der Bundestagswahl vom 22. September 2002. Das Wahlergebnis war angesichts eines widersprüchlichen Meinungsklimas so absehbar, stellt jedenfalls keine Überraschung dar; es lässt sich nicht als Folge eines „last-minute-swing" deuten. Die Regierungsparteien konnten ihre Wählerschaft vielmehr später mobilisieren als die Oppositionsparteien. Auch wenn die Parteiidentifikation nachgelassen hat, spielen langfristige politisch-ideologische Grundüberzeugungen für den Wähler nach wie vor eine große Rolle. Dauerhafte strukturelle Asymmetrien zugunsten eines Parteiblocks dürften der Vergangenheit angehören. Die Bundestagswahl war eine Koalitionswahl. Weil die FDP eine klare Koalitionsaussage vermieden hatte, konnte sie – im Gegensatz zu den Grünen – ihr Wählerreservoir nicht voll ausschöpfen.

Die Mainzer Politikwissenschaftler Jürgen W. Falter und Harald Schoen gehen den Motiven der Stamm-, Wechsel- und Nichtwähler bei der Bundestagswahl 2002 nach. Sank im Westen die Wahlbeteiligungsquote um 2,1 Punkte auf 80,3 Prozent, so fiel sie im Osten – trotz einer niedrigeren Ausgangsbasis – um 7,1 Punkt auf 72,0 Prozent (und damit auf den tiefsten Stand seit der Einheit). Ein Viertel der Wähler votierte im Westen anders als vor vier Jahren, im Osten waren es 30 Prozent. Die Autoren prüfen ferner die Frage, ob die Wähler sich in Übereinstimmung mit den programmatischen Vorstellungen „ihrer" Parteien befunden hätten. Hatten Wähler der Union und der FDP Vorbehalte gegenüber dem Kanzlerkandidaten Edmund Stoiber, so ließen Wähler der SPD und der Grünen Zweifel an der Sachkompetenz der Regierungsparteien erkennen. Insofern können sich weder die Regierungs- noch die Oppositionsparteien auf einen uneingeschränkten Wählerauftrag berufen.

Der Chemnitzer Politikwissenschaftler Alexander Gallus stellt Überlegungen zu den politischen Wirkungen der Demoskopie an. Als Ausgangspunkt dient ihm die Bundestagswahl 2002, in deren Vorfeld die Meinungsforschung besondere Aufmerksamkeit wie scharfe Kritik erfuhr. Fern so manch aktualistischer Aufgeregtheit rund um die Parlamentswahlen bilanziert der Autor die Probleme und Leistungen der Umfrageinstitute im Wahljahr 2002, bevor er in grundsätzlicher Weise das Verhältnis der Meinungsforschung zur Bevölkerung, den Medien sowie den Politikern und ihren Kampagnenstrategen unter die Lupe nimmt.[11] Seine Bestandsaufnahme fällt angesichts vielfältiger Mängel ernüchternd aus: Am Ende steht daher das Plädoyer für die Etablierung einer systematischen – normativ wie empirisch ausgerichteten – Demoskopiewirkungsforschung.

---

11 Vgl. auch Alexander Gallus: Demoskopie in Zeiten des Wahlkampfs. „Wirkliche Macht" oder „Faktor ohne politische Bedeutung"?, in: Aus Politik und Zeitgeschichte. Beilage zur Wochenzeitung Das Parlament, B 15–16/02, S. 29–36; ders.: Medien, Öffentliche Meinung und Demoskopie, in: Eckhard Jesse/Roland Sturm (Hrsg.): Demokratien des 21. Jahrhunderts im Vergleich. Historische Zugänge, Gegenwartsprobleme, Reformperspektiven, Opladen 2003, S. 313–340.

Der Erlanger Politikwissenschaftler Roland Sturm untersucht, ob die rot-grüne Koalition seit 1998 eigenständige Akzente gesetzt hat. Sein Befund ist eindeutig: Es handelt sich um kein gesellschaftliches Bündnis, keine fundamentale Richtungsentscheidung, wie das 1969 der Fall gewesen war. Eine Weichenstellung im Sinne eines Gestaltungsauftrages wurde nicht vorgenommen, es dominiere „situatives Reagieren" (Joachim Raschke). Die Grünen seien aufgrund der starken Rolle Joschkas Fischer ein „Vizekanzlerwahlverein" geworden. Bei der Arbeit der Koalition handele es sich damit nicht um ein auf langfristige Wirkung bedachtes Projekt, nicht um den tief greifenden Versuch eines gesellschaftlichen Veränderungsprozesses.[12] Die Logik des Machterhalts hat damit nach Meinung des Verfassers den hehren Anspruch auf ein politisches Projekt untergraben.

Der Dresdner Politikwissenschaftler Werner J. Patzelt geht der Zusammensetzung des neuen Parlamentes nach, des 15. Deutschen Bundestages. Ein Parlament muss entgegen verbreiteten Vorstellungen[13] kein verkleinertes Abbild der Gesellschaft sein. Aber soziodemographisch fassbare Abweichungen können zu Schwierigkeiten führen, wenn es etwa an der „Responsivitätsfunktion" oder der „kommunikativen Führungsfunktion" fehlt. Wie früher auch dominieren die Abgeordneten der Regierungsparteien bei den Lehrberufen, die Abgeordneten aus den Reihen der Opposition im Bereich des „nicht staatsdominierten Wirtschaftslebens". Da eine Rücknahme staatlicher Leistungsverheißungen notwendig erscheint, kann bezweifelt werden, ob ein mehrheitlich so zusammengesetzter Bundestag diese Aufgabe löst. Allerdings stellt der Bundestag eine lernfähige Institution dar. Der Bürger trägt letztlich ohnehin die Verantwortung, ob das Parlament sich den Herausforderungen gewachsen zeigt.

Der Lüneburger Politikwissenschaftler Uwe Thaysen, von 1972 bis 2002 Chefredakteur der „Zeitschrift für Parlamentsfragen", nimmt sich der letzten Regierungsbildung in der Bundesrepublik Deutschland an – er datiert sie vom 22. September 2002, dem Wahltag, bis zum 14. März 2003, als Kanzler Gerhard Schröder sich in einer Regierungserklärung zu einer „Nachbesserung" veranlasst sah. Wiewohl der „Fahrplan" eingehalten werden konnte, war das Medienecho für Schröder vielfach verheerend. Bezichtigten ihn „Bürgerliche" des „Wahlbetrugs", warnten Gewerkschaftler vor einem „Sozialabbau". Der Handlungskorridor Schröders ist durch die Wahlniederlagen in Hessen und Niedersachsen Anfang 2003 noch enger geworden. Der Kanzler ist an den Grenzen seiner außerstaatlichen Gremienpolitik[14] wie an den Grenzen seiner Medienmacht angekommen. Es sprechen angesichts der Erosion der Regierungsmacht mehr Gründe für als gegen einen Regierungswechsel im Jahre 2006.

---

12 Vgl. dazu jetzt auch (mit unterschiedlicher Akzentsetzung): Hans Jörg Hennecke: Die dritte Republik. Aufbruch und Ernüchterung, München 2003; Christoph Egle/Tobias Ostheim/Reimut Zohlnhöfer (Hrsg.): Das rot-grüne Projekt. Eine Bilanz der Regierung Schröder 1998–2002, Opladen 2003.

13 Vgl. Werner J. Patzelt: Ein latenter Verfassungskonflikt? Die Deutschen und ihr parlamentarisches Regierungssystem, in: Politische Vierteljahresschrift 39 (1998), S. 725–757; Ute Roericht/Werner J. Patzelt: Wissen und Vertrauen. Zur öffentlichen Wahrnehmung von Parlamenten, in: Ders. (Hrsg.): Parlamente und ihre Funktionen, Wiesbaden 2003, S. 433–473; ders.: Die Deutschen und ihre politischen Mißverständnisse, in: Politische Bildung 36 (2003), Heft 3, S. 58–74.

14 Vgl. u. a. Julia von Blumenthal: Auswanderung aus den Verfassungsinstitutionen. Kommissionen und Konsensrunden, in: Aus Politik und Zeitgeschichte. Beilage zur Wochenzeitung Das Parlament, B 43/03, S. 9–15.

Der Band geht zurück auf ein Symposium vom 22. bis 24. Oktober 2002 in Chemnitz[15], das von der Bayerischen Landeszentrale für politische Bildungsarbeit und der sächsischen Landeszentrale für politische Bildung gemeinsam mit dem Lehrstuhl „Politische Systeme, politische Institutionen" der Technischen Universität Chemnitz veranstaltet wurde. Mein besonderer Dank gilt Herrn Dr. Peter März von der Bayerischen Landeszentrale nicht nur für die finanzielle Unterstützung, sondern auch für vielfältige organisatorische Leistungen. Damit hat sich einmal mehr die bayerisch-sächsische Kooperation bewährt.

---

15 Vgl. David Decker: Bilanz der Bundestagswahl 2002. Symposien der Landeszentralen für politische Bildung Bayerns und Sachsens und des Lehrstuhls Politische Systeme, politische Institutionen der Technischen Universität Chemnitz vom 24. bis 26. Oktober 2002 in Chemnitz, in: Deutsche Studien 38 (2002), S. 167–170; Thomas Schubert: Warum Stoiber nicht gewinnen konnte. Das Ergebnis der Bundestagswahl war für Wahlexperten nicht überraschend, in: TU-Spektrum, Nr. 4/2002, S. 37; Lars Flemming: Politikwissenschaftler bilanzieren Bundestagswahl. Das Zerren um die knappen Mehrheitsverhältnisse, in: Das Parlament v. 20. Januar 2003; Hanka Kliese: Die Bundestagswahl 2002 – Politikwissenschaftler ziehen Bilanz, in: Deutschland Archiv 36 (2003), S. 314 f.

Zwei Parteiensysteme?

Parteien und Parteiensystem in den alten und neuen Bundesländern vor und nach der Bundestagswahl 2002

1. Einleitung

Die fünfzehnte Bundestagswahl (die vierte gesamtdeutsche) soll zum Anlass genommen werden, im Einzelnen zu prüfen, ob sich in der Bundesrepublik Deutschland weitgehend ein einheitliches Parteiensystem herausgebildet hat. Stehen sich im Osten und im Westen Deutschlands zwei nahezu gleiche oder zwei unterschiedliche Parteiensysteme gegenüber? Trifft letzteres zu, worauf geht dies dann zurück? Und wie ist dieser Sachverhalt zu bewerten? Bei der Frage, ob das vereinigte Deutschland eher eine neue oder eine erweiterte Bundesrepublik darstellt, spielt die Frage nach der Art des Parteiensystems eine große Rolle. Das ist bei der Bedeutung der herausragenden Parteien im Bereich der politischen Willensbildung kein Wunder.

Der Beitrag bietet zunächst einen Überblick zum Parteiensystem der Jahre 1990 bis 1998 in den alten und den neuen Ländern (Kapitel 2). Das Jahr 1998 bedeutete einen Einschnitt: Zum ersten Mal kam es zu einem ungefilterten Regierungswechsel auf Bundesebene. Die beiden Regierungsparteien mussten in die Opposition, zwei Oppositionsparteien gelangten an die Regierung. Schließlich geht es um den Ausgang der Bundestagswahl 2002 mit einem spezifischen Blick auf die neuen und die alten Länder (Kapitel 3) – unter Heranziehung der repräsentativen Wahlstatistik, die das Wahlverhalten der Altersgruppen nach dem Geschlecht ermittelt. Die Kapitel 4 bis 6 behandeln (wiederum vornehmlich unter dem Aspekt von Ost und West) die Rolle der Regierungsparteien im Bund nach der Bundestagswahl 2002, die der Oppositionsparteien und die der Parteien außerhalb des Parlamentes, wobei es angezeigt sein mag, auch die vorherige Legislaturperiode zu berücksichtigen.[1] Das Kapitel 7 stellt die Grundzüge des gegenwärtigen Parteiensystems unter Einschluss der Länderebene dar und bietet einige Perspektiven.

Im Vordergrund steht damit das Parteiensystem, nicht die zum Teil unterschiedliche Struktur der Parteien in Ost und West. In den neuen Ländern sind die Parteien mit beträchtlichen Organisations- und Integrationsproblemen konfrontiert.[2] Es wird auch darauf verzichtet, das Parteiensystem in Ost und West einer quantitativen Analyse zu unterziehen – nach Systemeigenschaften wie Fragmentierung, Asymmetrie, Volatilität,

---

1 Vgl. auch Oskar Niedermayer: Die Parteien nach der Bundestagswahl 2002, in: Gegenwartskunde 52 (2003), S. 155–166.

2 Besonders prononciert Alexander Thumfart: Die politische Integration Ostdeutschlands, Frankfurt a.M. 2002, S. 198–288.

Polarisierung und Legitimität (jeweils bezogen auf die elektorale Dimension) sowie Segmentierung und Regierungsstabilität (gouvernamentale Dimension).[3]

2. Parteiensystem 1990 bis 1998 in den alten und den neuen Ländern

Die friedliche Revolution in der DDR (der Begriff „Wende" erfasst nicht die Massivität des Umbruchs) kam plötzlich und unerwartet.[4] Das auf der SED-Dominanz[5] ruhende alte Herrschaftssystem – die anderen Parteien und Organisationen waren ohne Einfluss[6] – wurde binnen kurzem hinweggefegt, wesentlich durch eine günstige außenpolitische Konstellation bedingt. Schnell vollzog sich der Übergang vom „Zettelfalten" zum freien Wählen[7]. Der „Sozialismus in den Farben der DDR"[8] war unter den Bedingungen eines Konkurrenzmechanismus ohne Ausstrahlungskraft. Die oppositionellen Strömungen bevorzugten zunächst eine Art „dritten Weg"[9], die „Blockparteien" begannen sich von der „Sozialistischen Einheitspartei Deutschlands" zu lösen[10], und diese transformierte zur „Partei des Demokratischen Sozialismus" (von Dezember 1989 bis Februar 1990: SED/PDS). Dem „Sog des westdeutschen Parteiensystems"[11] konnte sich keine Kraft entziehen, so dass schnell von einem Transfer des alten Parteiensystems auf Ostdeutschland gesprochen wurde.[12]

---

3 Vgl. Oskar Niedermayer: Die Entwicklung des deutschen Parteiensystems: eine quantitative Analyse, in: Markus Klein/Wolfgang Jagodzinski/Ekkehard Mochmann/Dieter Ohr (Hrsg.): 50 Jahre Empirische Wahlforschung in Deutschland, Opladen 2002, S. 106–125.

4 Vgl. zusammenfassend: Detlef Pollack: Bedingungsfaktoren der friedlichen Revolution 1989/90 und Eckhard Jesse: Die friedliche Revolution 1989/90, jeweils in: Rainer Eppelmann/Bernd Faulenbach/Ulrich Mählert im Auftrag der Stiftung zur Aufarbeitung der SED-Diktatur (Hrsg.): Bilanz und Perspektiven der DDR-Forschung, Paderborn 2003, S. 188–195, S. 196–202.

5 Vgl. Andreas Herbst/Gerd-Rüdiger Stephan/Jürgen Winkler (Hrsg.) in Zusammenarbeit mit Christine Krauss und Detlef Nakath: Die SED. Geschichte, Organisation, Politik. Ein Handbuch, Berlin 1997; zum Forschungsstand Andreas Malycha: „Die Partei hat immer Recht!" – Die Geschichte der SED, in: Eppelmann/Faulenbach/Mählert (Anm. 4), S. 85–92.

6 Vgl. Gerd-Rüdiger Stephan/Andreas Herbst/Christine Krauss/Daniel Küchenmeister/Detlef Nakath (Hrsg.): Die Parteien und Organisationen der DDR. Ein Handbuch, Berlin 2002; zum Forschungsstand Siegfried Suckut: Geschichte und Funktion der Blockparteien in der SBZ/DDR und Ulrich Mählert: Die Massenorganisationen, jeweils in: Eppelmann/Faulenbach/Mählert (Anm. 4), S. 93–99, S. 100–106.

7 Vgl. Hans Michael Kloth: Vom „Zettelfalten" zum freien Wählen. Die Demokratisierung der DDR 1989/90 und die „Wahlfrage", Berlin 2000.

8 Diesen von der Kommunistischen Partei Frankreichs übernommenen Begriff benutzte Erich Honecker mit Blick auf die DDR zum ersten Mal erst Ende 1988 in einer Rede zum siebzigsten Gründungstag der Kommunistischen Partei Deutschlands. Wie die Kommunisten Frankreichs damit vorsichtig auf Abstand zur Sowjetunion gehen wollten, so galt das nun für die DDR. Vgl. Ilse Spittmann: Sozialismus in den Farben der DDR, in: Deutschland Archiv 22 (1989), S. 241–244.

9 Vgl. u. a. Dirk Rochtus: Zwischen Realität und Utopie. Das Konzept des „dritten Weges" in der DDR 1989/90, Leipzig 1999; Markus Trömmer: Der verhaltene Gang in die deutsche Einheit. Das Verhältnis zwischen den Oppositionsgruppen und der (SED-)PDS im letzten Jahr der DDR, Frankfurt a.M. 2002.

10 Vgl. an einem Beispiel: Ute Schmidt: Von der Blockpartei zur Volkspartei? Die Ost-CDU im Umbruch 1989–1994, Opladen 1997.

11 So Stefan Grönebaum: Wird der Osten rot? Das ostdeutsche Parteiensystem in der Vereinigungskrise und vor den Wahlen 1998, in: Zeitschrift für Parlamentsfragen 28 (1997), S. 409.

12 Vgl. u. a. Oskar Niedermayer/Richard Stöss (Hsrg.): Parteien und Wähler im Umbruch. Parteiensystem und Wählerverhalten in der ehemaligen DDR und den neuen Bundesländern, Opladen 1994; siehe auch Oskar Niedermayer: Nach der Vereinigung: Der Trend zum fluiden Fünfparteiensystem, in: Oscar W. Gabriel/Oskar Niedermayer/Richard Stöss (Hrsg.): Parteiendemokratie in Deutschland, 2. Aufl., Wiesbaden 2002, S. 107–127.

Gleichwohl: Das Parteiensystem in den neuen Ländern unterscheidet sich z.T. deutlich von dem in den alten Ländern. Das gilt weniger für die Anzahl der Parteien in den Parlamenten, trifft vielmehr vor allem auf den folgenden Sachverhalt zu: Den beiden Hauptparteien CDU und SPD steht als dritte Kraft eine weitere größere Partei gegenüber: die PDS. Die FDP und Bündnis 90/Die Grünen sind deutlich schwächer als in den alten Ländern. Dies hat Konsequenzen für die Koalitionsbildung, zumal die PDS im Osten anders – positiver – wahrgenommen wird.[13] Hier gibt es neben den beiden großen Volksparteien CDU/CSU mit der FDP und Bündnis 90/Die Grünen zwei Parteien, die für die Koalitionsbildung benötigt werden. Die PDS ist eine Splitterpartei, kommt über einen Anteil von etwa einem Prozent der Stimmen nicht hinaus.

Die Vorprägungen der Wähler sind in den neuen Ländern weitaus geringer als in den alten, wo sie jedoch abnehmen. Allerdings bestand 1990 im Osten angesichts des weitgehenden Empfangs von Medien keine Tabula-Rasa-Situation. Auch für die DDR-Wähler läßt sich angesichts einer „geistigen Mitgliedschaft" und einer „Quasi-Parteibindung"[14] bei Teilen ihrer Wähler nicht von einer reinen issue-Orientierung sprechen.[15] Es mag – salopp gesprochen – eine gewisse „Flatterhaftigkeit der ostdeutschen Wähler"[16] geben, wobei sich bei den Bundestagswahlen von 1990 bis 1998 eine spezifische Situation widerspiegelte.[17] Sie war im Jahr 1990 durch eine „Abrechnung" mit der SED gekennzeichnet, im Jahre 1994 ging es um die Konsolidierung des Aufschwungs, im Jahre 1998 um die Ablösung des „Kanzlers der deutschen Einheit". Zwar ist die Parteiidentifikation in den neuen Ländern deutlich schwächer als in den alten, doch zeigte sich zwischen 1990 und 1998 in der Tendenz ein ähnliches Wahlverhalten.

Wer die drei Bundestagswahlen 1990 bis 1998 mit Blick auf den Osten und Westen miteinander vergleicht (vgl. Tabelle 1), kommt zu einer Reihe von Parallelen und Unterschieden gleichermaßen. Bei der Bundestagswahl 1990 lag die CDU im Osten Deutschlands ebenso wie im Westen Deutschlands vor der SPD, wobei die Parteien jeweils im Westen besser abschnitten. Das war auch 1994 und 1998 der Fall. Bei den Bundestagswahlen 1998 erfolgte ein Einbruch der CDU im Osten wie im Westen des Landes. Sie fiel hier wie da hinter die SPD zurück. Die Stimmenanteile für die beiden großen Parteien lagen jedoch weiterhin im Westen über denen im Osten.

---

13 Vgl. Eckhard Jesse: Koalitionen in den neuen Bundesländern. Varianten, Veränderungen, Versuchungen, in: Roland Sturm/Sabine Kropp (Hrsg.): Hinter den Kulissen von Regierungsbündnissen. Koalitionspolitik in Bund, Ländern und Gemeinden, Baden-Baden 1999, S. 146–168.

14 Vgl. zu den Begriffen Carsten Bluck/Henry Kreikenbom: Die Wähler in der DDR: Nur issue-orientiert oder auch parteigebunden?, in: Zeitschrift für Parlamentsfragen 22 (1991), S. 495–502. Siehe auch Karl Schmitt: Im Osten nichts Neues? Das Kernland der deutschen Arbeiterbewegung und die Zukunft der politischen Linken, in: Wilhelm Bürklin/Dieter Roth (Hrsg.): Das Superwahljahr. Deutschland vor unkalkulierten Regierungsmehrheiten?, Köln 1994, S. 185–218.

15 Diese These wurde besonders prononciert vertreten von Dieter Roth: Die Wahlen zur Volkskammer in der DDR. Der Versuch einer Erklärung, in: Politische Vierteljahresschrift 31 (1990), S. 369–393.

16 So Wolfgang Gibowski, zitiert nach Walter Dreher: Wer dreht an Volkes Meinung? in: Focus, Nr. 2/1994, S. 43.

17 Vgl. für Einzelheiten: Jürgen Falter/Oscar W. Gabriel/Hans Rattinger (Hrsg.): Wirklich ein Volk? Die politischen Orientierungen von Ost- und Westdeutschen im Vergleich, Opladen 2002; Jan van Deth/Hans Rattinger/Edeltraud Roller (Hrsg.): Die Republik auf dem Weg zur Normalität? Wahlverhalten und politische Einstellungen nach acht Jahren Einheit, Opladen 2000.

Bei der Bundestagswahl 1990 schnitten FDP und Bündnis-Grüne[18] aufgrund einer besonderen Konstellation (es gab im Osten den Genscher-Effekt und den Bonus für die Bürgerbewegung, die sich als Bündnis 90 konstituiert hatte) in den neuen Ländern besser ab als in den alten. Das verkehrte sich bei den Wahlen 1994 und 1998 ins krasse Gegenteil. Die Liberalen erreichten jeweils nur knapp die Hälfte ihres Anteils im Westen, die Grünen jeweils gut die Hälfte. Lag die FDP 1990 in den alten wie in den neuen Ländern vor dem Bündnis 90/Die Grünen, so wandelte sich dies 1994 und 1998.

Hatte die PDS im „Superwahljahr" 1990 im „Osten" ständig an Stimmen verloren (von der Volkskammerwahl am 18. März [16,4 Prozent] über die Kommunalwahlen am 6. Mai [14,0 Prozent] und die Landtagswahlen am 14. Oktober [12,7 Prozent] bis hin zur Bundestagswahl am 2. Dezember [11,1 Prozent])[19], setzten für sie im „Superwahljahr" 1994 in den neuen Ländern erstaunliche, so nicht vorhergesagte Erfolge ein. Bei allen Landtagswahlen steigerte sie sich deutlich, und bei der Bundestagswahl kam sie in den neuen Ländern (und Ostberlin) auf zusammengenommen 19,8 Prozent (vgl. Tabelle 1). Hingegen erreichte sie in den alten Ländern nur 0,9 Prozent der Stimmen. Diese Erfolge hielten bei der Bundestagswahl 1998 an (Ost: 21,6 Prozent; West: 1,2 Prozent). Damit überwand die PDS mit 5,1 Prozent der Stimmen „regulär" die Fünfprozenthürde im Bund. So profitierte von der politisch, wirtschaftlich und kulturell schwierigen Situation in den neuen Ländern ausgerechnet die Partei[20], die sie als SED maßgeblich erst hervorgerufen hatte. Die Wählerschaft der PDS ist sehr differenziert zusammengesetzt, ihre Motivation zeichnet sich aus „durch eine Mischung aus Ideologie, Nostalgie und Protest".[21]

Wie andere[22] sprechen Detlef Pollack und Gert Pickel von zwei getrennten „Elektoraten" in Ost- und Westdeutschland. Viele Ostdeutsche, die die Idee des Sozialismus positiv sähen, fühlten sich gegenüber den Westdeutschen hintangesetzt, wofür sie vor allem die Union, die langjährige Regierungspartei, verantwortlich machten. „Dabei sehen sie weniger sich persönlich denn die Ostdeutschen als Gruppe in einer benachteiligten sozialen und wirtschaftliche Situation. Aufgrund dieser Wahrnehmung betrachten sie die Zukunft der Region mit Sorge. [...] Nutznießer der ‚ostdeutschen

---

18 Im Westen kandidierten nur die Grünen (4,8 Prozent), im Osten trat die Listenvereinigung Bündnis 90/Grüne-BürgerInnenbewegung an (6,1 Prozent). Obwohl die Gruppen im Bund zusammen 5,0 Prozent der Stimmen erzielt hatten (im Westen: 3,8 Prozent; im Osten: 1,2 Prozent) zogen die Grünen (des Westens) wegen des Scheiterns an der Fünfprozenthürde im Westen nicht in den Deutschen Bundestag ein, da sie keine Listenverbindung mit dem ostdeutschen Bündnis 90/Die Grünen, die in den Bundestag gelangten, gebildet hatten. Vgl. für Einzelheiten Jürgen Hoffmann: Die doppelte Vereinigung. Vorgeschichte, Verlauf und Auswirkungen des Zusammenschlusses von Grünen und Bündnis 90, Opladen 1998, S. 147–171.

19 Vgl. Jürgen W. Falter: Wahlen 1990. Die demokratische Legitimation für die deutsche Einheit mit großen Überraschungen, in: Eckhard Jesse/Armin Mitter (Hrsg.): Die Gestaltung der deutschen Einheit. Geschichte – Politik – Gesellschaft, Bonn 2002, S. 163–188.

20 Unterschiedliche Sichtweisen zur PDS finden sich in den folgenden Bänden: Patrick Moreau/Jürgen Lang: Linksextremismus. Eine unterschätzte Gefahr, Bonn 1996; Gero Neugebauer/Richard Stöss: Die PDS. Geschichte – Organisation – Wähler – Konkurrenten, Opladen 1996.

21 So Jürgen W. Falter/Markus Klein: Die Wähler der PDS bei der Bundestagswahl 1994. Zwischen Ideologie, Nostalgie und Protest, in: Aus Politik und Zeitgeschichte. Beilage zur Wochenzeitung Das Parlament, B 51–52/94, S. 34.

22 Vgl. beispielsweise Russel J. Dalton/Wilhelm Bürklin: The Two German Electorates. The Social Base of the Vote in 1990 and 1994, in: German Politics and Society 13 (1995), S. 79–99.

Identität' ist die PDS, welche als Sammelbecken der Personen gelten kann, welche die subjektive Benachteiligung 'aller Ostdeutschen' zu ihrer Sache machen. Dies lässt für sie ein recht stabiles Zukunftspotential an Wählern erwarten, da nicht davon auszugehen ist, dass rein situative Veränderungen die Bereitschaft zur PDS-Wahl beeinträchtigen werden. Die Mischung aus Ideologie, Identitätsabgrenzung und Protest scheint eine relativ dauerhafte Resistenzkraft in Ostdeutschland zu besitzen."[23] Träfe das so zu, wäre die These von den zwei getrennten Elektoraten in Deutschland richtig.

Aufgrund des Wahlverhaltens im Osten *und* im Westen hatte sich 1998 – zum ersten Mal – ein „ungefilterter" Regierungswechsel vollzogen: Die beiden Regierungsparteien – die Union und die FDP – mussten in die Opposition, die Oppositionsparteien SPD und Bündnis 90/Die Grünen gelangten in die Regierung. Bei den Regierungswechseln zuvor war jeweils ein Koalitionspartner an dem neuen Kabinett beteiligt: 1966 die CDU/CSU, 1969 die SPD, 1982 die FDP. Die Frage war: Würde sich ein solcher Regierungswechsel ohne Wenn und Aber wiederholen?

Tabelle 1: **Wahlverhalten im Wahlgebiet Ost und im Wahlgebiet West bei den Bundestagswahlen 1990 bis 2002 im Vergleich**
(in Prozent)

	Gesamt	Ost	West
Bundestagswahlen 1990			
SPD	33,5	24,3	35,7
CDU/CSU	43,8	41,8	44,3
FDP	11,0	12,9	10,6
B90/Gr.	5,0	6,1	4,8
PDS	2,4	11,1	0,3
Bundestagswahlen 1994			
SPD	36,4	31,5	37,5
CDU/CSU	41,5	38,5	42,1
FDP	6,9	3,5	7,7
B90/Gr.	7,3	4,3	7,9
PDS	4,4	19,8	0,9
Bundestagswahlen 1998			
SPD	40,9	35,1	42,3
CDU/CSU	35,1	27,3	37,0
FDP	6,2	3,3	7,0
B90/Gr.	6,7	4,1	7,3
PDS	5,1	21,6	1,2
Bundestagswahlen 2002			
SPD	38,5	39,7	38,3
CDU/CSU	38,5	28,3	40,8
FDP	7,4	6,4	7,6
B90/Gr.	8,6	4,7	9,4
PDS	4,0	16,9	1,1

Quelle: Zusammenstellung nach den amtlichen Wahlstatistiken.

---

23 Detlef Pollack/Gert Pickel: Besonderheiten der politischen Kultur in Ostdeutschland als Erklärungs-faktoren der Bundestagswahl 1998 und die Rückwirkungen der Bundestagswahlen auf die politische Kultur Ostdeutschlands, in: Van Deth/Rattinger/Roller (Anm. 17), S. 137.

3. Bundestagswahl 2002 in den alten und den neuen Ländern

3.1. Abschneiden der Parteien

Das Auf und Ab, das es bei den Parteien in den letzten vier Jahren gab, setzte sich geradezu symbolhaft in den vier Stunden nach Schließung der Wahllokale fort, bis der Sieger endlich feststand. Wie in der Vergangenheit üblich (die Union gewann fünfmal hintereinander, die SPD dann viermal, schließlich die Union wieder viermal), wurde die bisherige Koalition erneut gewählt, wenn auch knapp.[24] Der Hinweis, die FDP habe der Union den Erfolg „vermasselt", ist fehl am Platz, gingen doch die Wähler, die in den letzten Wochen die FDP verließen, mehrheitlich zur Union. Und SPD-Anhänger wanderten zu den Grünen, um eine rot-gelbe Koalition unmöglich zu machen. Insofern liegen die Ergebnisse der Union und der Grünen über ihrem „eigentlichen" Anteil. Das ist für die SPD und die FDP nur ein schwacher Trost. „Leihstimmen" gibt es – streng genommen – nicht.

Im Vorfeld der Wahl spielte sich ein Lagerwahlkampf ab. Darunter hatte die PDS zu leiden, zumal die SPD ein Bündnis mit ihr (und selbst eine Tolerierung durch sie) ausgeschlossen hatte. Auch die Rechtsaußenparteien konnten angesichts dieser Polarisierung (und aus anderen Gründen) keinerlei Rolle spielen. Was Auguren prophezeit hatten, war eingetreten – und zwar im zweifachen Sinne.

Erstens: Im kleinen Osten, nicht im großen Westen wurde die Bundestagswahl entschieden, anders als 1990, 1994 und 1998 (vgl. Tabelle 1). Der Anteil von CDU/CSU und FDP (zusammen 48,4 Prozent) lag im früheren Bundesgebiet über dem von SPD und den Grünen (zusammen 47,7 Prozent). Doch in den neuen Ländern und im Osten Berlins triumphierte die SPD mit 39,7 Prozent über die CDU (28,3 Prozent), nicht zuletzt dank der Flutkatastrophe im Osten und der von Schröder auf die politische Agenda gesetzten Diskussion über den Irak-Krieg. Der Osten wählte diesmal nicht wetterwendisch, obwohl die Wirtschaftslage bei den Bürgern keine Schönwetterstimmung begünstigte. Das Ergebnis der CDU war im Westen besser als das der SPD, während diese im Osten deutlich vor der Union lag.

Zweitens: Entscheidend für den Ausgang der Bundestagswahl war das Abschneiden der kleinen Parteien. Die CDU/CSU lieferte der SPD ein Kopf-an-Kopf-Rennen und lag nur ganze 6.027 Stimmen hinter ihr. Dass es zur Fortsetzung der rot-grünen Koalition reichte, beruhte auf zwei Faktoren. Zum einen schnitten die Grünen (8,6 Prozent) besser als die Liberalen (7,4 Prozent) ab[25]; zum anderen scheiterte die PDS mit 4,0 Prozent an der Fünfprozenthürde. Ansonsten wäre eine große Koalition die Folge

---

24 Vgl. neben dem Beitrag von Rainer-Olaf Schultze in diesem Band: Richard Hilmer: Bundestagswahl 2002. eine zweite Chance für Rot-Grün, in: Zeitschrift für Parlamentsfragen 34 (2003), S. 197–219; Dieter Roth: Das rot-grüne Projekt an der Wahlurne: Eine Analyse der Bundestagswahl vom 22. September 2002, in: Christoph Egle/Tobias Ostheim/Reimut Zohlnhöfer (Hrsg.): Das rot-grüne Projekt. Eine Bilanz der Regierung Schröder 1998–2002, Wiesbaden 2003, S. 29–52.

25 Allerdings kam es – wie bei der Union und der SPD – bei den Grünen und den Liberalen zum ersten Mal zu einer Verkehrung zwischen dem Osten und dem Westen. Die Liberalen schnitten im Osten besser als die Grünen ab, diese hingegen besser als die Liberalen im Westen.

gewesen, auch bei dem Gewinn von drei Direktmandaten für die PDS (sie erreichte nur zwei).

Allerdings: Besagte Auguren hatten mehrheitlich angenommen, die Wähler im Osten würden es der SPD angesichts der mangelnden Parteiidentifikation „heimzahlen".[26] Der Kanzlerbonus von Gerhard Schröder „zog", wobei Angela Merkel gegen ihn wohl auch chancenlos gewesen wäre. Im Wahlkampf suchte Schröder den „Schulterschluss" mit den Gewerkschaften, um die eigene Klientel mobilisieren zu können. Zwar hatte sich die wirtschaftliche Situation mit der hohen Arbeitslosigkeit – für die Wähler handelte es sich um das wichtigste Thema – nicht verbessert, doch war im Gegensatz zum Wahljahr 1998 keine Wechselstimmung aufgekommen. „Die Ostdeutschen erwarten vom Staat ein größeres Engagement im Bereich der Frauen-, Wirtschafts- und Arbeitsmarktpolitik, befürworten generell ein aktives Eingreifen des Staates in die gesellschaftliche Entwicklung und messen dem Wert der Gleichheit mehr Bedeutung zu als die Westdeutschen. Bei der vergangenen Bundestagswahl konnte die SPD mit hoher Wahrscheinlichkeit von diesen Dispositionen profitieren."[27]

Die Union hatte unter Edmund Stoiber und Angela Merkel Geschlossenheit an den Tag gelegt und den Einbruch der Jahre 2000 und 2001 – die Spendenaffäre war kein Thema im Wahlkampf – vergessen gemacht. Sie konnte sich zwar gegenüber der letzten Bundestagswahl deutlich steigern, verfehlte ihr Wahlziel („40 + x") allerdings klar. Im Vergleich mit früheren Ergebnissen sind 38,5 Prozent dürftig. Nur bei der ersten Bundestagswahl 1949, als der Aggregatzustand des Parteiensystems flüssig war, und bei der letzten 1998, der „Anti-Kohl"-Wahl, schnitt die Union schlechter ab. Immerhin wurde die CSU mit 9,0 Prozent drittstärkste Partei.

Hatten die Grünen von Anfang 1998 an alle Wahlen verloren (18 Landtagswahlen, Bundestags- und Europawahl), so war es bei der PDS umgekehrt. Die Grünen gewannen fast 30 Prozent ihres Anteils dazu, die Postkommunisten büßten über 20 Prozent ein. Niemals zuvor wich das Ergebnis der Bundestagswahl von den vorherigen Landtagswahlen so krass ab wie in diesen beiden Fällen. (Noch im Oktober 2001 hatte die PDS im Osten Berlins [47,6 Prozent] mehr Stimmen auf sich vereinen können als SPD, CDU, FDP und Grüne [46,8 Prozent] zusammen).[28] Und die Grünen büßten am Wahlsonntag bei der Landtagswahl in Mecklenburg-Vorpommern – notabene – erneut gegenüber dem letzten Wahlgang Stimmen ein, wenn auch nur einen Anteil von 0,1 Punkten). Bei der Bundestagswahl konnten die Grünen durch die Flutkatastrophe und die Friedensthematik an genuine Grundsätze anknüpfen. Sie gingen das erste Mal mit einem Spitzenkandidaten in einen Bundestagswahlkampf – mit Außenminister Fischer, der seit Jahren als beliebtester Politiker firmiert. Auch die früher verschmähte Zweitstimmenkampagne dürfte den eigenen Anteil erhöht haben. Die

26 Vgl. statt vieler Pickel/Pollack (Anm. 23), S. 137: „Bei den nächsten Bundestagswahlen [2002] muss die SPD aufgrund ihrer nur geringen Bindekraft (siehe Parteiidentifikation) damit rechnen, dass sich ein großer Teil der Wähler nach dem ‚trial and error'-Prinzip [...] wieder einer anderen Alternative zuwendet."

27 So Kai Arzheimer/Jürgen W. Falter: Ist der Osten wirklich rot? Das Wahlverhalten bei der Bundestagswahl 2002 in Ost-West-Perspektive, in: Aus Politik und Zeitgeschichte. Beilage zur Wochenzeitung Das Parlament, B 49–50/2002, S. 35.

28 Vgl. Oskar Niedermayer/Richard Stöss: Die Wahl zum Berliner Abgeordnetenhaus vom 21. Oktober 2001: Regierungswechsel nach vorgezogenen Neuwahlen, in: Zeitschrift für Parlamentsfragen 33 (2002), S. 244–261.

Grünen sind, wie bereits erwähnt, insgesamt aber schwächer, als es dieses Ergebnis aussagt.

Das Gegenteil trifft auf die FDP zu. Die auf jung getrimmte Partei konnte mit ihrem Spaßwahlkampf angesichts ernster Probleme nicht recht punkten, obwohl neo-liberale Forderungen nach Deregulierungen und „weniger Staat" viel Beachtung gefunden haben. Die selbstbewusste Partei beging unter ihrem Vorsitzenden Westerwelle einen grundlegenden Fehler: Sie ließ wohl Sympathien für die Union durchblicken, legte sich jedoch nicht auf einen Koalitionspartner fest. Auf diese Weise haben manche, die eigentlich den Liberalen zuneigten, die Union gewählt. In der Vergangenheit war dies umgekehrt. Immerhin übertraf die FDP mit 5,8 Prozent beim Erststimmenanteil knapp die Grünen (5,6 Prozent). Die richtige Devise wäre gewesen: das eine tun (Propagierung der Eigenständigkeit) und das andere nicht unterlassen (eine klare Koalitionsaussage zugunsten der Union). Und eine Partei, die sich zankt, kommt beim Wähler, der Geschlossenheit erwartet, nicht gut an.

Monate vor der Wahl gingen die Wahlbeobachter überwiegend davon aus, die PDS, deren Wählerschaft als stabil galt, würde ins Bundesparlament einziehen. Die Strategie der Partei, sich so massiv gegen eine von Edmund Stoiber geführte Koalition zu wenden, ließ manche PDS-Sympathisanten an die Seite der SPD und der Grünen rücken, denn diese Parteien wollten auch Schwarz-Gelb verhindern und hatten im Gegensatz zur PDS eine realistische Chance dafür. Mit der alarmistischen Warnung vor dem „tiefschwarzen" Stoiber trieb die PDS folglich einen Teil ihrer Anhängerschaft in die Arme der SPD. Zu den weiteren Gründen für das schwache Abschneiden der PDS gehören: die „Fahnenflucht" Gregor Gysis vom Amt des Berliner Wirtschaftssenators; die blasse Führungsriege; die Beteiligung an den Landesregierungen; die Wendung Schröders in der Frage des Kriegseinsatzes; der fehlende Anti-PDS-Wahlkampf der anderen Parteien; die Angst mancher PDS-Wähler vor dem Scheitern ihrer Partei an der Fünfprozenthürde. Schließlich: Durch die bundesweite Hilfsbereitschaft im Zuge der Flutkatastrophe vermochte die PDS den Gegensatz von Ost und West, der ihr in der Vergangenheit stets genutzt hatte, nicht glaubwürdig zu kultivieren. Die Bundestagswahl könnte der Anfang vom Ende der bundespolitischen Avancen der PDS sein, zumal Fundamentalisten, die gegen Regierungsbündnisse zu Felde ziehen, erstarken dürften. Im Osten wird sie sich allerdings behaupten.[29]

Das Ergebnis der Rechtsparteien war ein Debakel.[30] Das trifft für die demokratisch geltende Rechte (die „Partei Rechtsstaatlicher Offensive" erzielte 0,8 Prozent) wie für die nicht-demokratische Rechte zu (die „Republikaner" kamen nur noch auf 0,6 Prozent der Stimmen, die Nationaldemokraten auf 0,4 Prozent). Sie waren untereinander zerstritten, und ihre Themen wie Zuwanderung spielten keine Rolle.

Eine nach Ost und West vorgenommene Differenzierung ergibt das folgende Bild. Die PDS liegt im Osten mit 16,9 Prozent klar an dritter Stelle, im Westen knapp an fünfter Stelle (0,3 Punkte vor der Schill-Partei). Bei den Grünen ist es umgekehrt: Dem fünften Platz im Osten, den sie sicher hat, steht der dritte, keineswegs sichere, im

---

29 Vgl. Eckhard Jesse: Das Abschneiden der PDS und der Rechtsparteien bei der Bundestagswahl 2002, in: Zeitschrift für Politik 50 (2003), S. 17–36, insbes. S. 23–28.
30 Vgl. ebd., insbes. S. 29–32.

Westen gegenüber. Die FDP liegt in beiden Ländern auf dem vierten Rang: im Osten knapp vor den Grünen, im Westen klar vor der PDS.

Wäre der PDS (4,0 Prozent; zwei Direktmandate) der Einzug in den Bundestag geglückt (dank des Gewinns dreier Direktmandate), so hätte es eine große Koalition gegeben – mit Kanzler Schröder an der Spitze, denn die SPD erreichte nicht nur einige tausend Stimmen mehr als die Union, sondern auch drei Überhangmandate mehr als diese. Diese Mehrheit ist ausreichend genug, um potentielle Abweichler wie den durch den Gewinn des ersten Direktmandats für die Grünen gestärkten Hans-Christian Ströbele ertragen zu können, und knapp genug, um eine disziplinierende Wirkung zu entfalten.

3.2. Stimmabgabe nach Alter und Geschlecht in Ost und West

Die repräsentative Wahlstatistik (sie war im Bund 1994 und 1998 ausgesetzt) ermittelt mit Hilfe eigens gekennzeichneter Stimmzettel in ausgewählten Wahlbezirken das tatsächliche Wahlverhalten nach Alter und Geschlecht, ohne das Wahlgeheimnis zu verletzen. Cum grano salis gilt: Die CDU war in der Vergangenheit eher bei den Frauen und den älteren Wählern überrepräsentiert, die SPD bei den Männern und den jüngeren.[31] 1990 fielen die Unterschiede zwischen Ost und West nicht erheblich aus. Das ist diesmal anders. Einige Zahlen mögen dies verdeutlichen.

Wie aus der Tabelle 2 hervorgeht, hatte die SPD (mit 34,4 Prozent) wie die Union (mit 35,9 Prozent) ihr schwächstes Ergebnis bei den 18- bis 24-jährigen Männern in den alten Ländern. Während die Grünen in der dritten Altersgruppe (bei den 35- bis 44-Jährigen) am besten abschnitten, lag die Hochburg der Liberalen und der Postkommunisten in der ersten Altersgruppe.

Tabelle 2: Stimmabgabe der Männer nach Altersgruppen bei der
Bundestagswahl 2002 in dem früheren Bundesgebiet und in Berlin-West
(in Prozent)

Partei	Insges.	18–24 J.	25–34 J.	35–44 J.	45–59 J.	ab 60 J.
SPD	36,6	34,4	34,8	38,3	37,8	36,0
CDU/CSU	41,4	35,9	36,7	36,1	40,0	40,2
B 90/Gr	9,0	12,0	12,1	12,9	9,4	3,6
FDP	8,4	11,2	11,1	7,9	8,1	6,9
PDS	1,4	1,8	1,5	1,5	1,7	0,9
Sonstige	3,1	4,7	3,8	3,4	2,9	2,4

Quelle: Statistisches Bundesamt (Hrsg.): Wahl zum 15. Deutschen Bundestag am 22. September 2002. Heft 4: Wahlbeteiligung und Stimmabgabe der Männer und Frauen nach dem Alter, Wiesbaden 2003, S. 72.

---

31 Vgl. Eckhard Jesse: Die Bundestagswahlen von 1953 bis 1972 im Spiegel der repräsentativen Wahlstatistik: Zur Bedeutung eines Schlüsselinstrumentes der Wahlforschung, in: Zeitschrift für Parlamentsfragen 6 (1975), S. 310–322; ders.: Die Bundestagswahlen von 1972 bis 1987 im Spiegel der repräsentativen Wahlstatistik 18 (1987), S. 232–242; Hans Rattinger: Das Wahlverhalten bei der ersten gesamtdeutschen Bundestagswahl nach Alter und Geschlecht: Ergebnisse der repräsentativen Wahlstatistik, in: Zeitschrift für Parlamentsfragen 23 (1992), S. 266–280; ders.: Demographie und Politik in Deutschland: Befund der repräsentativen Wahlstatistik 1953–1990, in: Hans-Dieter Klingemann/Max Kaase (Hrsg.): Wahlen und Wähler. Analysen der Bundestagswahl 1990, Opladen 1994, S. 73–122.

In den neuen Ländern (Tabelle 3) hingegen schnitt die SPD in der Gruppe der über 60-jährigen Männer am besten ab (und am zweitbesten bei den Jungwählern). Die CDU besaß ihr schlechtestes Ergebnis bei den 18- bis 24-Jährigen (mit 23,9 Prozent). Gleiches galt für die PDS (11,8 Prozent). Die FDP hat die PDS im Osten bei den jungen Männern mit 12,4 Prozent sogar überrundet. Das ist ein sensationelles Ergebnis. Die Grünen haben zwar wie im Westen in der ältesten Kategorie ihr klar schlechtestes Ergebnis, aber insgesamt fällt bei ihnen im Osten die Alterszusammensetzung jünger aus als im Westen.

Tabelle 3: Stimmabgabe der Männer nach Altersgruppen bei der Bundestagswahl 2002 in den neuen Bundesländern und in Berlin-Ost (in Prozent)

Partei	Insges.	18-24 J.	25-34 J.	35-44 J.	45-59 J.	ab 60 J.
SPD	37,0	36,8	32,6	34,1	36,5	41,4
CDU	29,4	23,9	29,6	31,4	30,2	29,1
B 90/Gr	4,6	6,9	7,2	5,8	3,8	2,4
FDP	6,8	12,4	10,5	7,2	5,9	3,7
PDS	17,3	11,8	12,5	15,3	19,1	21,1
Sonstige	5,0	8,2	7,6	6,2	4,5	2,3

Quelle: Statistisches Bundesamt (Hrsg.): Wahl zum 15. Deutschen Bundestag am 22. September 2002. Heft 4: Wahlbeteiligung und Stimmabgabe der Männer und Frauen nach dem Alter, Wiesbaden 2003, S. 73.

Wie Tabelle 4 zeigt, war das Wahlverhalten der Frauen mit Blick auf Union und SPD im Westen gegenläufig. Die SPD hatte in der jüngsten Altersgruppe mit 40,9 eine ihrer Hochburgen, in der ältesten hingegen mit 38,5 Prozent ihr größtes Defizit. Allerdings sind die Unterschiede in den Altersgruppen nicht beträchtlich. Bei der CDU/CSU ist dies anders. Sie ist am stärksten unterrepräsentiert bei den 18- bis 24-jährigen Frauen (32,7 Prozent). Sie schnitt in den ersten Altersgruppen durchweg unterdurchschnittlich ab. Dies erklärt sich damit, dass sie bei den über 60-Jährigen 49,3 Prozent der Stimmen erreichen konnte, also 16,6 Punkte mehr als bei den Jungwählern. Die Grünen haben in der Kategorie der 35- bis 44-jährigen Frauen ihr bestes Ergebnis, in jener der über 60-jährigen Frauen ihr schlechtestes. Die Zusammensetzung der Wählerschaft der FDP und der PDS deckt sich weitgehend, wenngleich auf einem unterschiedlichen Niveau. Die stärkste Gruppe sind jeweils die Jungwähler, die schwächste die Wähler über 60.

Tabelle 4: Stimmabgabe der Frauen nach Altersgruppen bei der Bundestagswahl 2002 in dem früheren Bundesgebiet und in Berlin-West (in Prozent)

Partei	Insges.	18-24 J.	25-34 J.	35-44 J.	45-59 J.	ab 60 J.
SPD	39,7	40,9	39,9	41,4	39,8	38,5
CDU/CSU	40,2	32,7	33,3	32,9	38,9	49,3
B 90/Gr	9,8	12,5	13,4	15,1	10,5	4,3
FDP	6,8	8,7	8,5	6,4	7,4	5,7
PDS	0,9	1,3	1,3	1,1	1,0	0,4
Sonstige	2,6	3,9	3,5	3,1	2,4	1,7

Quelle: Statistisches Bundesamt (Hrsg.): Wahl zum 15. Deutschen Bundestag am 22. September 2002. Heft 4: Wahlbeteiligung und Stimmabgabe der Männer und Frauen nach dem Alter, Wiesbaden 2003, S. 72.

Anders fällt das Wahlverhalten der Frauen in den neuen Bundesländern aus (vgl. Tabelle 5). Die SPD ist mit 45,3 Prozent bei den Wählern über 60 Jahre sehr stark, hingegen schwach bei den 25- bis 44-Jährigen. Die CDU ist zwar wie im Westen in der Gruppe der über 60-Jährigen am besten repräsentiert. Der Stimmenanteil von 28,8 Prozent lag nur knapp über dem Durchschnitt von 27,2 Prozent. Hingegen sackte die CDU wie bei den Männern in der jüngsten Alterskategorie krass ab. Die PDS schnitt im Gegensatz zum Westen bei den 18-24-Jährigen am schlechtesten ab (freilich auf einem deutlich höheren Niveau); für die FDP gilt das Gegenteil: In der Jugend ist sie stark vertreten, im hohen Alter schwach. Das Bündnis 90/Die Grünen besaß bei den 25- bis 34-Jährigen den höchsten Anteil, den schwächsten traditionell bei den über 60-Jährigen.

Tabelle 5: Stimmabgabe der Frauen nach Altersgruppen bei der Bundestagswahl 2002 in den neuen Bundesländern und in Berlin-Ost (in Prozent)

Partei	Insges.	18-24 J.	25-34 J.	35-44 J.	45-59 J.	ab 60 J.
SPD	42,3	43,2	39,7	39,5	41,0	45,3
CDU	27,2	22,4	26,4	26,6	27,5	28,8
B 90/Gr	4,9	7,3	8,0	6,2	4,2	3,0
FDP	6,0	9,8	8,6	6,9	5,8	3,9
PDS	16,6	11,9	13,0	16,8	18,5	17,4
Sonstige	3,1	5,4	4,2	3,9	3,0	1,7

Quelle: Statistisches Bundesamt (Hrsg.): Wahl zum 15. Deutschen Bundestag am 22. September 2002. Heft 4: Wahlbeteiligung und Stimmabgabe der Männer und Frauen nach dem Alter, Wiesbaden 2003, S. 73.

Fasst man die Ergebnisse zusammen (ohne nach Ost und West zu differenzieren),[32] so werden die Unterschiede zum Teil eingeebnet. Gleichwohl springen einige Charakteristika ins Auge. Die SPD und Bündnis 90/Die Grünen sind „Frauenparteien" geworden, bei der Union, der FDP sowie der PDS überwiegt der männliche Stimmenanteil. Die traditionell „frauenstarke" Union schnitt 2002 bei den Männern besser ab als bei den Frauen (39,2 zu 37,8 Prozent). Zuvor votierten nur ein einziges Mal – 1980 – mehr Männer als Frauen für die Union (44,2 zu 43,7 Prozent). Die SPD, die in den fünfziger, sechziger und siebziger Jahren stets bei den Männern überrepräsentiert war, dominierte diesmal klar bei den Frauen (40,2 zu 36,7 Prozent). Der geschlechtsspezifische Wandel in der Zusammensetzung der Wählerschaft wird gut erkennbar bei einem Blick auf die Altersgruppen. So gaben 41,3 Prozent der 18- bis 24jährigen Frauen der SPD ihre Stimme, aber nur 30,7 Prozent der Union. Bei den Männern ist in dieser Altersgruppe der Unterschied minimal (SPD: 34,9 Prozent; CDU/CDU: 33,3 Prozent). Waren die Grünen in den achtziger Jahren eine „Männerpartei", so sind sie schon seit einiger Zeit eine „Frauenpartei" (2002: 8,9 zu 8,2 Prozent). Die Liberalen (8,1 zu 6,0 Prozent) und die Postkommunisten (4,3 zu 3,7 Prozent) bekamen von den Männern mehr Stimmen als von den Frauen – 1990 wie 2002.

Insgesamt ist die SPD bei den 18- bis 24-Jährigen zwar leicht unterrepräsentiert, aber die Union ist es stark: Bei jeweils einem Gesamtergebnis von 38,5 Prozent der Stimmen erzielt die SPD hier 38,1, die Union nur 32,0 Prozent. Die über 60-Jährigen ent-

---

32 Vgl. für die folgenden Zahlenangaben: Statistisches Bundesamt (Hrsg.): Wahl zum 15. Deutschen Bundestag am 22. September 2002. Heft 4: Wahlbeteiligung und Stimmabgabe der Männer und Frauen nach dem Alter, Wiesbaden 2003, S. 72 f.

scheiden sich mit einem Vorsprung von 7,5 Punkten gegenüber der SPD klar für die Union (46,0 zu 38,5 Prozent). Die SPD ist in keiner Gruppe so stark vertreten wie bei den 18- bis 24jährigen Frauen, die Union besitzt ihre Hochburg bei den über 60jährigen Männern.

War die FDP lange bei den Jungwählern unterrepräsentiert, so hat sich dies bei der Bundestagswahl 2002 geändert. Die Wahl war für sie ein Jungbrunnen. Ihr „Spaß-wahlkampf" zahlte sich wenigstens hier aus. 10,2 Prozent der 18- bis 24-Jährigen votierten für die FDP, aber nur 5,8 der über 60-Jährigen. Sie schnitt bei den 18- bis 24jährigen Männern sogar besser als die Partei der Grünen ab. Deren Ergrauen hat sich fortgesetzt. Mittlerweile besitzen sie – bei Frauen wie bei Männern – ihre Domäne in der Gruppe der 35- bis 44-Jährigen (mit 12,6 Prozent). Selbst die 45- bis 59-Jährigen liegen mit 8,8 Prozent der Stimmen noch knapp über dem Gesamtergebnis der Partei und reichten fast an das Resultat der 18-24-Jährigen heran. Im Jahre 1980 war sie dort zwölfmal so stark vertreten wie bei den 45- bis 59-Jährigen.

Die von der Zusammensetzung der Wählerschaft her einst „mittelalte" FDP ist eine junge geworden, die ehemals junge Partei der Grünen eine „mittelalte", die PDS – jedenfalls im Osten Deutschlands – eine „alte". Für die Parteien, die bei den jüngeren Wähler unterdurchschnittlich schlecht abschneiden, ist es nur ein schwacher Trost, dass diese bloß einen kleinen Teil des Elektorats bilden. Aber sie müssen wissen: Wer einmal eine bestimmte Parteipräferenz hat, neigt dazu, sie auch in späteren Jahren bei-zubehalten.

4. Regierungsparteien vor und nach der Bundestagswahl 2002

4.1. SPD

Die erste Regierungserklärung von Gerhard Schröder (10. November 1998) basierte auf anderen Voraussetzungen als die ihrer Vorgänger. Keiner der beiden Koalitions-partner war zuvor in der Regierung. Gerhard Schröder erwähnte die ungünstigen Bedingungen. Die alte Bundesregierung habe keineswegs ein bestelltes Haus hinterlas-sen. Die Regierungserklärung des Kanzlers verriet deutlich dessen Handschrift, nicht die seines Mitstreiters (und Konkurrenten!) Oskar Lafontaine. Schröder, der gleichsam als Leitmotiv vom Projekt der „Neuen Mitte" sprach und damit einen Begriff aus der Regierungserklärung Brandts aufnahm, wollte den Aufbau Ost „zur Chefsache" machen. Er okkupierte den Begriff der „Berliner Republik", um einen „Aufbruch" zu kennzeichnen. Die Elemente der Innovation (vornehmlich in der Innen- und Wirt-schaftspolitik) und der Kontinuität (vor allem in der Europa- und Außenpolitik) hiel-ten sich die Waage.

De SPD ließ nach der Wahl erhebliche Gestaltungsprobleme erkennen und konnte nur schwer Fuß fassen, auch nach dem Rücktritt Oskar Lafontaines von seinem Amt als Parteivorsitzender und Finanzminister. Immerhin verstand es Schröder, die SPD auf Kurs zu halten, zumal in außenpolitischer Hinsicht. Allerdings musste er im

Herbst 2001 die Vertrauensfrage stellen. Durch die Verbindung einer Sachfrage (Zustimmung zum Einsatz der Bundeswehr außerhalb des NATO-Vertragsgebietes) mit der Vertrauensfrage brachte er die Grünen an seine Seite. Die von ihm propagierte Konzeption der „neuen Mitte" blieb mehr Programm, das kaum in die Praxis umgesetzt wurde. Obwohl Schröder schon bald die Mehrheit im Bundesrat fehlte, gelang es, das eine oder andere wichtige Gesetzesvorhaben durchzubringen (z.B. eine Steuerreform).

Die zweite Regierungserklärung Schröders (29. Oktober 2002) setzte erneut den Schwerpunkt bei der Innen- und Wirtschaftspolitik, wenngleich nicht so krass wie die erste. In Anlehnung an den Koalitionsvertrag (wie schon 1998) kamen Reformvorhaben zur Sprache: im Bereich des Arbeitsmarktes und der Bildung und Ausbildung ebenso wie im Sektor des Gesundheitssystems und der Altersversorgung. Obwohl Schröder nicht „weniger Staat" (wohl aber weniger Bürokratie) forderte, stellte er fest, dass der allgegenwärtige Wohlfahrtsstaat nicht nur unbezahlbar geworden sei, sondern letztlich auch ineffizient und inhuman. Der Kanzler hielt an seinem im Wahlkampf verkündeten Prinzip fest, ein militärisches Eingreifen im Irak nicht mitzutragen.

Wie nach 1998, so ließ die SPD auch in der ersten Phase ihrer neuen Regierungszeit gravierende Mängel erkennen (etwa bei der Beilegung der Finanzkrise des Staates). In seinem Heimatland Niedersachsen verlor die SPD ihre Mehrheit und musste in die Opposition. Die SPD versuchte dann unter Schröder durch eine grundlegende Reform der Sozialsysteme („Agenda 2010") Akzente zu setzen (z.B. durch die Zusammenlegung von Arbeitslosen- und Sozialhilfe). Diese Politik findet bei der SPD in den neuen Ländern weithin Unterstützung, zumal der Minister für Verkehr, Bau- und Wohnungswesen Manfred Stolpe als populärer Politiker des Ostens die Politik Schröders unterstützt.[33]

4.2. Bündnis 90/Die Grünen

Das Bündnis 90/Die Grünen tat sich nach der gewonnenen Bundestagswahl 1998 schwer. Der Spielraum der Partei war in einer Zeit, da es um „harte Themen" ging, eng geworden, zumal sie in der Außen- und Militärpolitik Dinge mittragen musste, die sie zuvor in der Opposition heftig abgelehnt hatte. Manche läuteten bereits das Totenglöcklein.[34] Umso überraschender war das positive Bundestagswahlergebnis für die Partei nach einer mehr als vierjährigen Serie von Wahlniederlagen. Sie praktizierte im Wahlkampf eine konsequente Personalisierung mit Blick auf Joschka Fischer, den beliebtesten Politiker der Bundesrepublik („Außen Minister, innen grün"), und warb um Zweitstimmen bei SPD-Wählern.

Nach der Bundestagswahl verspielte die Partei einen Teil ihres Kredits wieder. Auf dem Parteitag 2002 erhielten die beiden Sprecher der Partei Fritz Kuhn und Claudia Roth nicht die nötige Mehrheit der Delegiertenbasis: Sie wollten Bundestagsabgeordnete werden und zugleich Vorsitzende bleiben. Das lange gehegte Dogma der Unvereinbarkeit von Amt und Mandat blieb vorerst erhalten. Offenbar ist die Partei doch noch nicht so „etabliert", wie vielfach vermutet.

33 Vgl. etwa Frank Pergande: Netzwerk Ost, in: Frankfurter Allgemeine Zeitung v. 24. Juni 2003.
34 Kritisch zu dieser Position: Patrick Horst: Totgesagte leben länger, manchmal lange. Zu den Überlebenschancen der Grünen vor dem koalitionspolitischen Erfahrungshintergrund der FDP, in: Zeitschrift für Parlamentsfragen 32 (2001), S. 841–860.

Wie Kritiker die Partei vorschnell totgesagt haben, so neigen heute manche dazu, sie als „dritte Kraft" im Parteiensystem fest verankert zu sehen, zumal sie nicht in den Sog der Niederlagen des großen Koalitionspartners gezogen worden ist. Gleichwohl gilt: „Als zur Regierungspartei gewandelte ehemalige Protestpartei muss sie mit dem strategischen Dilemma leben, dass ihre politischen Gestaltungsmöglichkeiten strukturell begrenzt und damit Erwartungsenttäuschungen ihrer Anhängerschaft unvermeidbar sind und dieser unlösbare Konflikt mit der eigenen Kernklientel immer wieder zu Schwierigkeiten führen kann."[35] Und was ist, wenn die Grünen eines Tages in die Opposition geraten? Dann dürften neue Konflikte aufbrechen. Im Osten Deutschlands spielt die Partei ohnehin keinerlei Rolle. Insofern ist ihre Zukunft keinesfalls gesichert.[36]

5. Oppositionsparteien vor und nach der Bundestagswahl 2002

5.1. CDU und CSU

CDU und CSU verkrafteten den Verlust der Macht 1998, der nicht nur mit der in weiten Teilen der Bevölkerung als „verbraucht" angesehenen Person von Kanzler Kohl, sondern auch mit anderen Schlüsselproblemen zusammenhing (z. B. der Erosion der Wählerschaft aufgrund der verbreiteten Entkirchlichung) zunächst gut, jedenfalls besser als nach 1969.[37] Als Ende 1999 Enthüllungen über das (finanzielle) „System Kohl" an die Öffentlichkeit drangen, geriet die Union in eine Krise. Selbst die CDU ging auf Distanz zu Kohl, weil dieser sich weigerte, die Namen der Spender zu nennen. Parteichef Wolfgang Schäuble musste im Zuge der Finanzaffäre sein Amt als Vorsitzender Angela Merkel übergeben.

In zentralen Fragen der Renten-, der Steuer- und der Gesundheitspolitik fehlt es der Union zuweilen an einem einheitlichen Auftreten. Der Kampf um die Kanzlerkandidatur innerhalb der Union im Jahre 2001/2002 (Edmund Stoiber auf der einen, Angela Merkel auf der anderen Seite) scheint sich nach der zweiten verlorenen Bundestagswahl in einer teilweise anderen personellen Konstellation fortzusetzen: Merkel auf der einen, Roland Koch auf der anderen Seite. Die CSU stellt(e) in der Union aufgrund ihrer Geschlossenheit und ihrer bayerischen Machtbastion einen wichtigen Faktor dar. Mag sein, dass sie in der K-Frage den Ausschlag gibt.

Das Dilemma der Union liegt angesichts ihrer Mehrheit im Bundesrat auf der Hand. Einerseits soll sie der Regierung Paroli bieten, andererseits darf sie keine Politik blockieren, von der sie überzeugt ist, dass es die richtige ist. Zugleich weiß sie: Dadurch kann sie die Regierung stabilisieren. Und: Als große Oppositionspartei muss sie mit Alternativen aufwarten, doch stößt sie dadurch automatisch Teile der Gesellschaft vor den Kopf.

---

35 Niedermayer (Anm. 1), S. 160.
36 Vgl. auch Markus Klein/Jürgen W. Falter: Der lange Weg der Grünen. Eine Partei zwischen Protest und Regierung, München 2003.
37 Vgl. Frank Bösch: Macht und Machtverlust. Die Geschichte der CDU, Stuttgart/München 2002.

Erfolge bei Landtagswahlen mögen zunächst über prinzipielle Probleme hinwegtäuschen: „Der Spagat zwischen den ethischen Verpflichtungen des ‚C' und dem marktwirtschaftlichen Selbstverständnis der CDU ist [...] schwieriger geworden. Bei neuen Themen wie der Asylpolitik, der inneren Sicherheit oder der Gentechnik droht die christliche und die wirtschaftsliberale Anhängerschaft der CDU zunehmend auseinander zu brechen."[38] Bisher jedoch konnte in Deutschland keine rechtspopulistische Partei – im Gegensatz zu anderen europäischen Staaten – reüssieren. Dies ist wesentlich ein Verdienst der Union.

Zwar sind die Integrationsprobleme der CDU in den neuen Ländern unübersehbar, doch die drei neuen CDU-Ministerpräsidenten in Sachsen, Sachen-Anhalt und Thüringen sind nicht ohne Erfolg bestrebt („Initiative Mitteldeutschland"), Interessen „des Ostens" geltend zu machen, etwa im Bereich der Deregulierung des Arbeitsmarktes. Die Eu-Osterweiterung ab 2004 stellt die neuen Länder vor größere Herausforderungen als die alten.

5.2. FDP

Die Liberalen hatten in der Opposition keine „Koalition" mit der Union gebildet, zumal in der Schwächeperiode der Union. Sie waren um Eigenständigkeit bemüht, fuhren damit beachtliche Erfolge ein und legten unter der neuen Parteiführung von Guido Westerwelle großes Selbstbewusstsein an den Tag, wie ihr „Projekt 18" offenbarte. Aber die Kanzlerkandidatur Westerwelles wies zugleich „spaßige" Elemente auf, die traditionelle Kreise der Liberalen vor den Kopf stießen. Und die populistischen Eigenmächtigkeiten Jürgen W. Möllemanns zumal in der Schlussphase des Wahlkampfes (Herstellung eines Flyers mit betont kritischer Tendenz gegenüber Israel) riefen in der Öffentlichkeit, die hier vielfach antisemitische Tendenzen sah, ein zum Teil verheerendes Echo hervor.

Nach der Bundestagswahl, von deren Ausgang sich die FDP trotz eines Zugewinns von 1,2 Punkten enttäuscht zeigte, stand monatelang die Auseinandersetzung mit Jürgen Möllemann im Mittelpunkt. Dies lähmte die Partei, band ihre Energien. Wer in ihm den alleinigen Sündenbock sah (wie ein großer Teil der Parteioberen), machte es sich zu einfach. Immerhin erreichte dieser in Nordrhein-Westfalen mit 9,3 Prozent das Spitzenergebnis. Möllemann kam wegen finanzieller Machenschaften einem Ausschluss aus der Partei zuvor, verteidigte in einem Buch seine Position[39] und kam auf spektakuläre Art zu Tode: wahrscheinlicher Selbstmord bei einem Fallschirmsprung. Nach der Wahl rückte die mittlerweile kleinlaute FDP von ihrem Anspruch einer 18-Prozent-Partei zunächst einmal ab. Und einen eigenen Kanzlerkandidaten dürfte es bei ihr in absehbarer Zeit auch nicht mehr geben, wohl aber die Fortsetzung der Strategie der Eigenständigkeit. Denn offenkundig vermochte sie dadurch ihre Stammwählerschaft zu steigern.

Als Partei, die den Staat aus möglichst vielen Bereichen zurückzudrängen sucht, ist ihr in einer Zeit der knappen Kassen Zulauf sicher. So konnte sie im Osten, ihrem notorischen Schwachpunkt, deutlich aufholen. Nur muss sie aufpassen, dass die Art ihres unorthodoxen Auftretens nicht traditionelle Wählerschichten verprellt. Das ist ihr

---

38 Ebd., S. 274.
39 Vgl. Jürgen W. Möllemann: Klartext. Für Deutschland, München 2003.

Dilemma. Die FDP beabsichtigt nicht, wieder ihre frühere Rolle als bloßer „Mehrheitsbeschaffer" einer Partei einzunehmen. So hält sie sich eine zweite Option offen.

6. Parteien außerhalb des Bundestages vor und nach der Bundestagswahl 2002

6.1. PDS

Da die PDS sich bei allen Landtagswahlen zwischen den beiden Bundestagswahlen 1998 und 2002, an denen sie antrat, steigern konnte[40] und mittlerweile in zwei Landesregierungen als Juniorpartner der SPD wirkte, sprach vieles dafür, dass die Partei ihr Ergebnis von 5,1 Prozent bei der Bundestagswahl 1998 wiederholen oder sogar noch steigern könnte. Die Verkleinerung der Zahl der Wahlkreise (von 328 auf 299) erschwerte allerdings ihre Chance, drei Direktmandate zu gewinnen.

Durch eine Reihe von bereits erwähnten prinzipiellen wie situativen Faktoren fiel das Ergebnis für die PDS niederschmetternd aus. Da sich auf dem Geraer Parteitag im Oktober 2002 nicht nur die bisherige Parteivorsitzende Gabriele Zimmer gegenüber dem früheren Fraktionsvorsitzenden Roland Claus durchsetzen konnte und auch sonst Traditionalisten (zum Teil aus den alten Ländern) an die Spitze der Partei rückten, ging davon keine Aufbruchstimung aus. Im Gegenteil: „Reformer" schienen sich zurückzuziehen. Auch wenn mittlerweile der frühere Vorsitzende Lothar Bisky Gabriele Zimmer abgelöst hat und die Partei auf einen „modernen" Kurs bringen will, geht der Richtungsstreit weiter, konnte die Partei in der Diskussion um die speziellen Sicherungssysteme keine Akzente setzen. Im Oktober 2003 soll auf dem Chemnitzer Parteitag nach jahrelangen Streitigkeiten ein neues Parteiprogramm, das den „Staatssozialismus" ad acta legen will, verabschiedet werden. Vor allem Repräsentanten aus den alten Ländern sind damit nicht einverstanden.

Das bundespolitische Scheitern der PDS ist wahrscheinlich, aber nicht sicher, zumal die SPD im Bund nicht mit dieser Partei zu kooperieren wünscht. Das Dilemma der Partei stellt sich folgendermaßen dar: Was die PDS angestrebt hatte – durch Koalitionsbildung salonfähig zu werden –, kann der Partei zum Verhängnis werden. Denn Regierungsbeteilung führt zur Enttäuschung bei manchen ihrer Wähler, die geglaubt hatten, sie könne Wunder wirken. Verharrt sie hingegen in der Opposition, mag ihr Stimmenanteil steigen. Aber für ihre öffentliche Resonanz benötigt sie die Beteiligung an der Regierung. So gerät sie in eine Art „Regierungsfalle".

6.2. Rechtsparteien

Die drei Rechtsaußenparteien (DVU, „Republikaner" und NPD) sind auf einem Tiefpunkt ihrer Entwicklung angekommen. Ihre Parteivorsitzenden Gerhard Frey, dessen

---

40 Das Ergebnis in Hamburg (1997: 0,7 Prozent; 2001: 0,4 Prozent) steht dem nicht entgegen, da die PDS-Zentrale nicht die aggressive Hamburger PDS unterstützte, sondern eine Abspaltung der Grünen, den REGENBOGEN, der 1,7 Prozent der Stimmen auf sich vereinigen konnte.

Partei DVU bei der Bundestagswahl 2002 nicht einmal antrat, Rolf Schlierer und Udo Voigt sind untereinander heftig zerstritten – aus personellen Animositäten wie aus inhaltlichen Differenzen. So wollen die „Republikaner" mit der NPD, gegen die im Jahr 2001 ein Verbotsantrag eingeleitet worden war, das das Bundesverfassungsgericht 2003 wegen zahlreicher „V-Mann-Affären" eingestellt hat[41], nichts zu tun haben. Die NPD konnte aus dem Scheitern des Verfahrens keinen Honig saugen. Die V-Mann-Affären waren ihr so unangenehm wie den staatlichen Stellen.

Selbst ein Mann wie Franz Schönhuber, Parteivorsitzender der „Republikaner" von 1985-1994, prangert die Unfähigkeit der einschlägigen Parteien an und sieht schwarz für das „nationale Lager".[42] In der Tat sind die Aussichten in der Bundesrepublik Deutschland für solche – geächteten – Kräfte ungemein schlecht. Medien und tragende gesellschaftliche Gruppierungen bekämpfen sie unerbittlich. Die Geschichte des Nationalsozialismus wirkt nach.

Auch die Partei Rechtsstaatlicher Offensive, die in der Öffentlichkeit unter dem Namen Schill-Partei bekannt ist, dürfte ohne größere Erfolgsaussichten sein, zumal Ronald Barnabas Schill vom Hamburger Regierungschef Ole von Beust im August 2003 spektakulär entlassen worden ist. Sie hat sich zwar rechts von der Union positioniert, lässt aber keine antidemokratischen (jedoch: populistische) Reflexe erkennen. Nach dem sensationellen Erfolg in Hamburg bei der Wahl im Herbst 2001 mit 19,4 Prozent beging sie den Fehler, in Sachsen-Anhalt im Frühjahr 2002 und bei der Bundestagswahl 2002 anzutreten. So war der Misserfolg programmiert.

7. Gegenwärtiges Parteiensystem

Um die gravierenden Probleme angemessen meistern zu können, bedarf es Parteien, die sich ihrer Verantwortung nicht entziehen und im Osten wie im Westen des Landes gesellschaftlich verankert sind. Offenkundig spielen „Ostpolitker" bei den Parteien in größerer Anzahl kaum eine Rolle. Nur wenige Namen fallen sofort ein: Angela Merkel und Günther Nooke bei der CDU, Wolfgang Thierse und Manfred Stolpe bei der SPD, Cornelia Pieper bei der FDP, Werner Schulz bei den Grünen. Bei der Ostpartei PDS ist es gerade andersherum. Die Parteien müssen sich verstärkt in den neuen Ländern engagieren, wollen sie ihren Einfluss steigern. Die Zahl der Parteimitglieder ist dort ernüchternd niedrig. Um nur die beiden Regierungsparteien zu nehmen: Die SPD etwa besitzt keine 30.000 Mitglieder, das Bündnis 90/Die Grünen keine 3.000.[43]

Die Herausforderungen für die neue Bundesregierung sind enorm. Soll die Bundesrepublik Deutschland keine „blockierte Republik" werden, bedarf es grundlegender Reformen (im Bereich der Gesundheitspolitik ebenso wie im Bereich der Rentenpolitik und der Steuerpolitik). Eine Politik des kleinsten gemeinsamen Nenners in Form

---

41 Vgl. Eckhard Jesse: Der gescheiterte Verbotsantrag gegen die NPD – Die streitbare Demokratie ist beschädigt worden, in: Politische Vierteljahresschrift 44 (2003), S. 501–510.

42 Vgl. Franz Schönhuber: Welche Chancen hat die Rechte? Lehren aus Aufstieg und Niedergang der Republikaner, Coburg 2002.

43 Die exakten, nach Bundesländern aufgeschlüsselten Zahlen finden sich bei Oskar Niedermayer: Parteimitgliedschaften im Jahre 2002, in: Zeitschrift für Parlamentsfragen 34 (2003), S. 384 (Tabelle 2).

der Bildung von Kommissionen führt nicht weiter.[44] Der Ausgang der Wahl 2002 erinnert in mancher Hinsicht an 1994, als es Kohl noch knapp geschafft hatte, das Ruder herumzureißen, aber dann nicht mehr in der Lage war, der Politik seinen Stempel aufzusetzen. Wandelt Schröder auf den Spuren von Kohl?

Die Opposition sollte der Regierung nicht den Anlass für die Behauptung liefern, der Bundesrat habe wegweisende Schritte unterbunden. Das ist weder im Interesse des Gemeinwesens noch der Parteien. Deswegen müssen die Verantwortungsbereiche zwischen ihnen nicht verwischt werden.

Der Vorzug gebührt einem Parteiensystem, bei dem sich zwei politische Lager gegenüberstehen. Das ist seit dem Aufkommen der Grünen der Fall. Wiewohl die FDP vor der Bundestagswahl 2002 nicht bereit war, sich für eine Koalition mit der Union auszusprechen, bestand daran im Prinzip kein Zweifel. Der Wähler weiß auf diese Weise, wer mit wem ein Bündnis eingehen will. So besteht nicht die Gefahr der Verfälschung des viel berufenen Wählerwillens. Die neuen Länder unterscheiden sich in diesem Punkt nicht prinzipiell von den alten. Allerdings gibt es eine wesentliche Differenz. Das „linke Lager" schließt die PDS ein. Hier gilt für die Sozialdemokraten (wohl mit der Einschränkung von Sachsen) die PDS als eine koalitionsfähige Partei. Der Grund liegt weniger in einer starken linken Ausrichtung der ostdeutschen Sozialdemokratie, ist vielmehr machtpolitisch bedingt. So muss die SPD keine große Koalition mit der CDU eingehen, gegebenenfalls gar noch als Juniorpartner. Da die PDS aber eine Partei ist, deren demokratische Zuverlässigkeit höchst zweifelhaft ist[45], gibt dieser Sachverhalt zu Kritik Anlass – unabhängig davon, dass die sie wohl „entzaubert" worden ist.

Die Fluktuation des Wahlverhaltens ist heute – nicht nur in der Bundesrepublik – weitaus stärker ausgeprägt als früher.[46] Dies hängt auch, aber nicht nur mit den neuen Ländern zusammen. Die Grünen, die von Anfang 1998 in allen Wahlgängen (zum Teil beträchtlich) Stimmen verloren hatten (18 Landtagswahlen, Bundestags- und Europawahl), gewannen fast 30 Prozent ihres Anteils dazu. Die Postkommunisten – sie wussten sich in derselben Zeit beständig zu steigern – büßten über 20 Prozent des eigenen Reservoirs ein. Und die Liberalen, die bei den letzten beiden Wahlen vor dem 22. September mit sensationellen Steigerungsraten aufzuwarten wussten (in Berlin mit 7,7 Punkten, in Sachsen-Anhalt mit 9,9 Punkten), betrachteten angesichts vollmundiger Erwartungshaltungen ihr mageres Plus von 1,2 Punkten als Niederlage, zumal sie damit deutlich hinter den Grünen blieben.

Die hohen Schwankungen, wie sie die Landtagswahlergebnisse zum Teil innerhalb kurzer Zeit in unterschiedlicher Richtung erkennen lassen (nicht nur in den neuen Ländern), sind ein Zeichen für territoriale Präferenzen und keineswegs bloß eine Reaktion auf bundespolitische Entwicklungen.[47] So verlor die Union im Oktober 2001 in

---

44 Siehe die scharfe, bisweilen überscharfe Kritik bei Hans-Jörg Hennecke: Die dritte Republik. Aufbruch und Ernüchterung, München 2003.

45 Vgl. jetzt die erste extremismustheoretische Untersuchung von Jürgen P. Lang: Ist die PDS eine demokratische Partei? Eine extremismustheoretische Studie, Baden-Baden 2003.

46 Vgl. dazu zahlreiche Beiträge in dem Band von Ulrich Eith/Gerd Mielke (Hrsg.): Gesellschaftliche Konflikte und Parteisysteme. Länder- und Regionalstudien, Wiesbaden 2001.

47 Vgl. Daniel Hough/Charlie Jeffrey: Landtagswahlen: Bundestestwahlen oder Regionalwahlen, in: Zeitschrift für Parlamentswahlen 34 (2003), S. 79–94; stärker die bundespolitische Großwetterlage betonen Frank Decker/Julia von Blumenthal: Die bundespolitische Durchdringung der Landtagswahlen. Eine empirische Analyse von 1970 bis 2001, in: Zeitschrift für Parlamentsfragen 33 (2002), S. 144–164.

Berlin 17,1 Punkte; exakt ein halbes Jahr später gewann sie in Sachsen-Anhalt 15,3 Punkte. Bei der SPD waren die Resultate fast spiegelbildlich vertauscht (in Berlin mit einem Plus von 7,3 Prozentpunkten, in Sachsen-Anhalt mit einem Minus von 15,9 Punkten).

Wir haben nicht nur eine Regionalisierung des Wahlverhaltens, sondern auch eine Reihe höchst verschiedenartiger Koalitionen. Neben Alleinregierungen der CDU (Hessen, Saarland, Sachsen, Thüringen) und der CSU (Bayern) gibt es schwarz-gelbe Koalitionen (Baden-Württemberg, Niedersachsen, Sachsen-Anhalt) und eine um die „Schill-Partei" vergrößerte Koalition dieser Couleur (Hamburg). Die SPD regiert in Nordrhein-Westfalen und Schleswig-Holstein mit den Grünen, in Berlin und Mecklenburg-Vorpommern mit der PDS, in Rheinland-Pfalz mit den Liberalen, in Berlin und Bremen mit der CDU (vgl. Tabelle 6).

Auch dies zeigt, dass es nicht richtig ist, pauschal von zwei verschiedenartigen Elektoraten im Osten und im Westen zu sprechen. Offenkundig spielt ebenso das Nord-Süd-Cleavage eine wesentliche Rolle. So gibt es im Osten in zwei Ländern eine Alleinregierung der CDU; und in drei von fünf Ländern (Sachsen, Sachsen-Anhalt, Thüringen) rangiert die SPD hinter der CDU und der PDS nur an dritter Stelle.

Tabelle 6: Landesregierungen und Landesparlamente

Bundesland (letzte Wahl)	Regierung	Regierungschef (Amtsantritt)	Parlamentspartner
Saarland (5. 9. 99)	CDU	P. Müller (1999–)	CDU-SPD
Brandenburg (5. 9. 99)	SPD-CDU	M. Platzeck (2002–)	SPD-CDU-PDS-DVU
Thüringen (12. 9. 99)	CDU	D. Althaus (2002-)	CDU-PDS-SPD
Sachsen (19. 9. 99)	CDU	G. Milbradt (2002-)	CDU-PDS-SPD
Schl.-Holst. (27. 2. 00)	SPD-Grüne	H. Simonis (1993-)	SPD-CDU-FDP-Grüne
NRW (14. 5. 00)	SPD-Grüne	P. Steinbrück (2002–)	SPD-CDU-FDP-Grüne
Baden-W. (25. 3. 01)	CDU-FDP	E. Teufel (1991–)	CDU-SPD-FDP-Grüne
Rheinl.-Pf. (25. 3.01)	SPD-FDP	K. Beck (1994–)	SPD-CDU-FDP-Grüne
Hamburg (23. 9. 01)	CDU-Schill-Partei-FDP	O.v. Beust (2001–)	SPD-CDU-Schill-Partei-Grüne-FDP
Berlin (21. 10. 01)	SPD-PDS	K. Wowereit (2001-)	SPD-CDU-PDS-FDP-Grüne
Sachs.-Anh. (21. 4. 02)	CDU-FDP	W. Böhmer (2002–)	CDU-PDS-SPD-FDP
Meckl.-Vorp. (22. 9. 02)	SPD-PDS	R. Ringstorff (1998–)	SPD-CDU-PDS
Nieders. (2. 2. 03)	CDU-FDP	Ch. Wulff (2003–)	CDU-SPD-FDP-Grüne
Hessen (2. 2. 03)	CDU	R. Koch (1999–)	CDU-SPD-Grüne-FDP
Bremen (25. 5. 03)	SPD-CDU	H. Scherf (1995–)	SPD-CDU-Grüne-FDP-DVU
Bayern (21. 9. 03)	CSU	E. Stoiber (1993–)	CSU-SPD-Grüne

Quelle: Zusammenstellung durch den Verfasser.

Wie Tabelle 6 verdeutlicht, sind lediglich drei Politiker seit mindestens zehn Jahren Ministerpräsident: Erwin Teufel (seit 1991) sowie Heide Simonis und Edmund Stoiber (seit jeweils 1993). Der dienstälteste Ministerpräsident Bernhard Vogel trat jüngst nach mehr als 23 Jahren Amtszeit zurück (1976-1988 in Rheinland-Pfalz; 1992-2003 in Thüringen). Er war als einziger Politiker Ministerpräsident in zwei Ländern und übertraf damit Peter Altmeier, der von 1947 bis 1969 das Amt des Ministerpräsidenten in Rheinland-Pfalz ausgeübt hatte.

8. Thesenartige Schlussbetrachtung

Erstens: Das Parteiensystem war lange durch eine Asymmetrie gekennzeichnet (zunächst zugunsten der Union, später der SPD, dann wieder der Union). Seit den neunziger Jahren besteht durch das Aufkommen der Grünen eine Symmetrie der „Parteienlager". Daran hat sich durch die deutsche Einheit nichts Wesentliches geändert. Strukturelle Asymmetrien sind gegenwärtig nicht auszumachen. Allerdings kommt es im Bund nur selten zu Regierungswechseln, in den Ländern hingegen zunehmend.

Zweitens: Obwohl das Wahlverhalten wegen des Nachlassens herkömmlicher Bindungen wetterwendischer geworden ist (auch im Westen), stehen sich auf Bundesebene bis auf Weiteres zwei Blöcke gegenüber: rot-grün versus schwarz-gelb. In absehbarer Zeit stellt sich nicht die Frage nach einer rot-gelben oder gar einer schwarz-grünen Koalition. Die Optionen der großen Parteien sind jedenfalls im Bund begrenzt. Die Wähler sollen nicht nur eine Partei wählen, sondern faktisch auch über die Regierung entscheiden. Die Parteien müssen sich daher auf eine bestimmte Koalition vor der Wahl festlegen, immer vorausgesetzt, eine solche Konstellation ist arithmetisch möglich.

Drittens: Noch immer hat sich keine Angleichung des Parteiensystems in den beiden Teilen Deutschlands vollzogen – der Osten weist eine deutlich linkere Ausrichtung auf, trotz des Rückgangs der PDS. Ohne die neuen Länder hätte es im Jahre 2002 für eine schwarz-gelbe Koalition gereicht. Gleichwohl ist die These unhaltbar, zwei getrennte Elektorate stünden sich gegenüber. Dafür gibt es erstaunliche regionale Differenzen, die nicht nur auf ein Ost-West-Cleavage zurückgehen. Eine „strukturelle Mehrheit" linker Parteien besteht daher nicht.

Viertens: Wie die repräsentative Wahlstatistik für die Bundestagswahl 2002 zeigt, gibt es erstaunliche Wandlungen: So sind die einstigen „Männerparteien" SPD und Grüne von der Zusammensetzung her zunehmend „Frauenparteien" geworden. Die FDP hat sich zu einer „jungen" Partei entwickelt, die PDS zu einer „alten". Die Grünen sind dazwischen angesiedelt. Die Unterschiede zwischen Ost und West sind enorm. So ist die PDS im Westen bei den Jungwählern überrepräsentiert, während sie diese Altersgruppe im Osten unterdurchschnittlich wählt (freilich auf einem weitaus höheren Niveau). Und der Altersdurchschnitt bei der FDP ist in den neuen Ländern deutlich jünger als in den alten.

Fünftens: Alle Bundestagsparteien sind aus unterschiedlichen Gründen in einer schwierigen Situation, zum Teil intern zerstritten. Dabei verlaufen die Konfliktlinien nicht zwischen Ost und West. Gleichwohl besteht nicht die Gefahr, dass die Parteien angesichts ihrer Ligaturen auseinanderbrechen. Ein stark fragmentiertes Parteiensystem, wie es im Kaiserreich und in der Weimarer Republik bestand, ist nicht zu erwarten. Diese Entwicklung zeigt eine beträchtliche Integrationskraft des Parteiensystems. Den beiden Volksparteien stehen drei kleine Parteien gegenüber (Grüne, FDP, PDS), die jeweils unterschiedlich gut in Ost und West verankert sind.

Sechstens: Die PDS dürfte mit Blick auf die Bundespolitik keine wesentliche Rolle mehr spielen. Dies ist allerdings nur wahrscheinlich, nicht sicher, denn die Faktoren, die zum Scheitern der Parteien bei der Bundestagswahl geführt haben, waren zum Teil solche situativer Art. Hingegen ist die Partei in den neuen Ländern bis auf absehbare Zeit die dritte Kraft. Auch eine rechtsextremistische und eine (prinzipiell demokratische) rechtspopulistische Partei ist in nächster Zeit ohne Aussicht, in den Deutschen Bundestag einzuziehen. Das hängt wesentlich mit der Last der leidvollen deutschen Vergangenheit und der geschlossenen Abwehrhaltung der gesellschaftlichen Eliten zusammen.

Wandel durch Flut und Irak-Krieg?
Wahlkampfverlauf und Wahlkampfstrategien der Parteien

1. Einleitung

Die Analyse von Wahlkämpfen war lange Zeit ein Stiefkind der Wahlforschung. In neuerer Zeit ist das Interesse an diesem Forschungsbereich jedoch gestiegen[1]. Dies ist vor allem durch die Tatsache begründet, dass die Prägekraft längerfristiger Faktoren für die Wahlentscheidung zugunsten kurzfristiger, in Wahlkämpfen daher auch prinzipiell beeinflussbarer Faktoren abnimmt[2].

Für die politischen Parteien bedeutet dies, dass sie auf die „Treue" ihrer Wähler immer weniger zählen können: Bei der Bundestagswahl 2002 betrug der Anteil derjenigen Bürgerinnen und Bürger, die gegenüber 1998 ihr Wahlverhalten veränderten, d.h. entweder zwischen den Parteien oder zwischen Wahlenthaltung und Wahlbeteiligung wechselten, an der bei beiden Wahlen wahlberechtigten Bevölkerung etwa ein Drittel[3]. Bei den beiden Großparteien beträgt der Anteil derjenigen Wähler, die „ihre" Partei immer gewählt haben und dies auch in Zukunft sicher tun wollen, nur noch 13 (SPD)

---

1 Vgl. z.B.: Kathrin Bretthauer/Patrick Horst: Wahlentscheidende Effekte von Wahlkämpfen? Zur Aussagekraft gängiger Erklärungen anhand in der ZParl publizierter Wahlanalysen, in: Zeitschrift für Parlamentsfragen 32 (2001), S. 387–408; Wolfram Brunner: Bundestagswahlkämpfe und ihre Effekte: Der Traditionsbruch 1998, in: Zeitschrift für Parlamentsfragen 30 (1999), S. 268–296; Andreas Dörner/Ludgera Vogt: Der Wahlkampf als Ritual, in: Aus Politik und Zeitgeschichte, B 15–16 (2002), S. 15-22; Helmut Fogt: Politische Entwicklung und Wahlkampf der Parteien 1983–1987, in: Hans-Joachim Veen/Elisabeth Noelle-Neumann (Hrsg.): Wählerverhalten im Wandel, Paderborn 1991, S. 21–84; Peter Grafe: Wahlkampf. Die Olympiade der Demokratie, Frankfurt a.M. 1994; Stefan Hönemann/Markus Moors: Wer die Wahl hat. Bundestagswahlkämpfe seit 1957, Marburg 1994; Christoph-E. Palmer/Wolfgang Hoderlein: Wahlkampf und Wahlkampfstrategien, in: Der Bürger im Staat 52 (2002), S. 68–73; Anita Steinseifer-Pabst/Werner Wolf: Wahlen und Wahlkampf in der Bundesrepublik Deutschland, 2. neubearb. Aufl., Heidelberg 1994.

2 Wobei in der Forschung Uneinigkeit darüber besteht, ob nur die Größe der durch längerfristige Bindungen gekennzeichneten Bevölkerungsgruppen abgenommen hat oder ob sich zusätzlich die Bindungen gelockert haben. Vgl. z.B. Frank Brettschneider/Jan Van Deth/Edeltraud Roller (Hrsg.): Das Ende der politisierten Sozialstruktur?, Opladen 2002; Jürgen W. Falter/Hans Rattinger: Die deutschen Parteien im Urteil der öffentlichen Meinung 1977–1999, in: Oscar W. Gabriel/Oskar Niedermayer/Richard Stöss (Hrsg.): Parteiendemokratie in Deutschland, 2. aktual. u. erweit. Aufl., Wiesbaden 2002, S. 484–503; Peter Gluchowski/Jutta Graf/Ulrich von Wilamowitz-Moellendorff: Sozialstruktur und Wahlverhalten in der Bundesrepublik Deutschland, in: Oscar W. Gabriel/Oskar Niedermayer/Richard Stöss (Hrsg.): Parteiendemokratie in Deutschland, 2. aktual. u. erweit. Aufl., Wiesbaden 2002, S. 181–203 und Rüdiger Schmitt-Beck/Stefan Weick: Die dauerhafte Parteiidentifikation – nur noch ein Mythos?, in: Informationsdienst Soziale Indikatoren 26 (2001), S. 1–5.

3 Im Westen der Republik 31 Prozent, im Osten sogar 37 Prozent (eigene Berechnung auf der Basis der Wählerwanderungsbilanz von Infratest dimap). Vgl. Infratest dimap: Wahlreport. Wahl zum 15. Deutschen Bundestag am 22. September 2002, Berlin 2002, S. 37–52.

bzw. 12 (CDU) Prozent[4]. Zudem wird die Wahlentscheidung immer häufiger bis kurz vor der Wahl aufgeschoben: Ein gutes Drittel der Wähler hat sich 2002 erst in den letzten Wochen bzw. Tagen vor der Wahl oder sogar erst am Wahltag entschieden[5]. „Um so mehr Sorgfalt muss auf die Planung und Gestaltung von Wahlkampagnen verwendet werden"[6]. Dabei stellen sich drei wesentliche Aufgaben: Teilnahmemobilisierung, Aktivierung und Konversion, d.h. die Bürgerinnen und Bürger müssen dazu gebracht werden, überhaupt an die Wahlurne zu gehen, die Wähler, die der eigenen Seite schon zuneigen, müssen aktiviert und die anderen in möglichst großer Zahl auf die eigene Seite gezogen werden. Grundvoraussetzung für all dies ist kommunikative Sichtbarkeit, d.h. vor allem: Präsenz in den Medien.

In den Wahlkampagnen der neueren Zeit lässt sich ein genereller Wandel des politischen Kommunikationsprozesses zwischen Parteieliten und Wählern feststellen. Dieser Wandel, meist als „Modernisierung von Wahlkämpfen" apostrophiert, schlägt sich in den kommunizierten Inhalten ebenso nieder wie in dem relativen Gewicht der beteiligten Akteure und ist durch eine zunehmende Mediatisierung, Personalisierung und Entideologisierung der Politikvermittlung von den Parteieliten an die Wähler, eine wachsende Bedeutung der Massenmedien und der Demoskopie bei der Interessenvermittlung von den Wählern an die Parteieliten sowie eine zunehmende Professionalisierung des gesamten Kommunikationsmanagements gekennzeichnet[7]. Auch der Bundestagswahlkampf 2002 war von diesen Entwicklungen geprägt, wobei nach Meinung einiger Kommentatoren bestimmte Aspekte der Modernisierung diesmal von den Parteiakteuren übertrieben wurden: Über etliche Monate hinweg beherrschten „ausgedachte Albernheiten der PR-Künstler" fast aller Parteien die Szene, und die Wahlkampfstrategen betrieben „zutiefst unernste und unverantwortliche Kampagnen, die so taten, als komme es tatsächlich nur noch auf die perfekte mediale Inszenierung von Politik und ihren Akteuren in den Medien an"[8].

Wie die Wahlkampagnen der relevanten Parteien aussahen, in welcher Weise einige unerwartete Ereignisse im Verlauf des Wahlkampfes die Kampagnenstrategien der Parteien aus dem Konzept brachten und welchen Einfluss der Wahlkampfverlauf auf das Wahlergebnis hatte, soll im Folgenden analysiert werden. Dabei wird, der Thematik des Beitrags entsprechend, das Augenmerk hauptsächlich auf die beiden zentralen kurzfristigen, im Wahlkampf prinzipiell beeinflussbaren Faktoren gerichtet, die das Wahlverhalten der Bürgerinnen und Bürger prägen: die Orientierungen gegenüber den Spitzenkandidaten der Parteien und die Kompetenzzuweisungen an die Parteien in Bezug auf die im Wahlkampf relevanten Sachthemen[9].

---

4   So das Ergebnis einer groß angelegten Untersuchung im Auftrag der SPD im Herbst 2001; vgl. Matthias Machnig: Anforderungen an Organisationsreform, Beitrag für den Sozialkatholischen Informationsdienst, o.O., o.J. (von der SPD im Internet publiziert).

5   Eigene Berechnungen auf der Basis der Wahltagsbefragung von Infratest dimap (Anm. 3).

6   Rüdiger Schmitt-Beck: Laufen, um auf der Stelle zu bleiben: „Postmoderne" Kampagnenpolitik in Deutschland, in: Frank Nullmeier/Thomas Sarezki (Hrsg.): Jenseits des Regierungsalltags. Strategiefähigkeit politischer Parteien, Frankfurt a.M./New York 2002, S. 112.

7   Vgl. Oskar Niedermayer: Modernisierung von Wahlkämpfen als Funktionsentleerung der Parteibasis, in: Oskar Niedermayer/Bettina Westle (Hrsg.): Demokratie und Partizipation, Opladen 2000, S. 195.

8   Tobias Dürr: Das Debakel der Imagepolitik, in: Berliner Republik 5 (2002), S. 12.

9   Zu den langfristigen Faktoren und ihrem Einfluss auf das Wahlergebnis vgl. den Beitrag von Rainer-Olaf Schultze in diesem Band.

Sehr überspitzt formuliert, lassen sich zur Frage der Auswirkungen der Wahl-kampagnen der einzelnen Parteien auf deren Wahlergebnis die folgenden Thesen auf-stellen:

- Die SPD ist trotz ihrer anfänglich erfolglosen Kampagne wegen eines Strate-giewechsels und der Instrumentalisierung unvorhergesehener Ereignisse noch einmal mit einem blauen Auge davongekommen.
- Die Union hat die Wahl wegen ihrer anfänglich erfolgreichen Kampagne und des daraus folgenden Unvermögens, auf unvorhergesehene Ereignisse adäquat zu reagie-ren, zum Schluss doch noch verloren.
- Die Grünen haben in ihrer Kampagne wenig falsch gemacht, aber nicht allein aus eigener Kraft gewonnen.
- Die FDP hat eine grundsätzlich richtige strategische Entscheidung in ihrer Kam-pagne zum Teil falsch umgesetzt.
- Die PDS konnte gar keine sinnvolle Kampagnenstrategie entwickeln, weil sie es ver-säumt hatte, die hierfür notwendigen personellen und inhaltlichen Voraussetzungen zu schaffen.

Bei der Begründung dieser Thesen soll zunächst auf die beiden Großparteien einge-gangen werden, danach kommen die Wahlkampagnen der drei relevanten kleinen Par-teien. Die Analyse beschränkt sich auf die Grünen, die FDP und die PDS. Andere Parteien wie die drei rechtsextremen Parteien Republikaner, DVU und NPD[10] und die rechtspopulistische Schill-Partei[11] haben im Wahlkampf keine relevante Rolle gespielt.

2. SPD und Union: Kampf um die Vorherrschaft

2.1. Die Ausgangslage

Die ersten zwei Jahre nach dem Machtwechsel von 1998 verdeutlichten eindrucksvoll, welche dramatischen politischen Stimmungsumschwünge auf dem Hintergrund einer flexibler werdenden, in ihren politischen Orientierungen immer stärker von kurz-fristigen Überlegungen und Einflussfaktoren geleiteten Wählerschaft möglich sind (vgl. Abb. 1). Die SPD geriet nach ihrem Sieg in eine Akzeptanzkrise, die sie in der Wählergunst dramatisch abstürzen ließ: An der momentanen politischen Stimmung gemessen, verlor sie innerhalb eines Jahres fast die Hälfte ihrer Anhänger[12]. Maß-geblich für den Zustimmungsverlust waren inhaltliche, personelle und prozedurale Probleme[13]: (1) die mangelnde programmatische und konzeptionelle Vorbereitung auf

---

10 Die DVU nahm an der Bundestagswahl gar nicht teil, die Republikaner erhielten 0,6 Prozent der Stimmen, die NPD kam auf 0,4 Prozent.
11 Zu dieser Partei, die 0,8 Prozent der Stimmen erreichte, vgl. z.B. Frank Decker: Perspektiven des Rechtspopulismus in Deutschland am Beispiel der „Schill-Partei", in: Aus Politik und Zeitgeschichte, B 21 (2002), S. 22–31.
12 Die politische Stimmung gibt die momentanen Parteipräferenzen der Wähler wieder und ist daher zur Analyse kurzfristiger Veränderungen in der Wählergunst aufgrund bestimmter politischer Ereignisse ge-eigneter als die von den meisten Instituten veröffentlichte Wahlverhaltensvorhersage (Projektion), bei der die Daten durch Gewichtung verändert werden, um längerfristige Einflussfaktoren auf die Wahl-entscheidung Rechnung zu tragen.
13 Vgl. hierzu Richard Stöss/Oskar Niedermayer: Zwischen Anpassung und Profilierung. Die SPD an der Schwelle zum neuen Jahrhundert, in: Aus Politik und Zeitgeschichte, B 5 (2000), S. 3–11.

die Regierungstätigkeit, d.h. die fehlende Umsetzung des Mottos „Innovation und Gerechtigkeit" in konkrete Politikprojekte und der innerparteiliche Streit um die richtigen Konzepte, (2) das Zerbrechen des Zweckbündnisses Schröder/Lafontaine und der anschließende Machtkampf in der SPD-Führungsspitze, der mit Lafontaines Rücktritt und der Übernahme des Parteivorsitzes durch Schröder endete, und (3) Probleme im Regierungsalltag in Gestalt von Koordinierungs-, Professionalitäts- und Vermittlungsdefiziten.

Die Union profitierte von der Unzufriedenheit mit der Regierung, tat aber auch mit einer die Kontinuität im Umbruch sichernden Strategie begrenzter Reformen von oben[14] nach dem Rücktritt von Helmut Kohl das Ihre zu einem Wiederaufschwung, der sich in Wahlsiegen bei den 1999er Landtags- und Europawahlen niederschlug und in der politischen Stimmung auf Bundesebene im September 1999 zu einem bisher noch nie dagewesenen Vorsprung von 28 Prozentpunkten gegenüber der SPD führte. Doch nach dem Höhenflug kam der jähe Absturz, verursacht durch die CDU-Spendenaffäre[15]: Wie zuvor die SPD, so verlor auch die Union jetzt fast die Hälfte ihrer Anhänger, und zwar in der Rekordzeit von nur drei Monaten. Auch wenn die Aufarbeitung dieses weit reichenden politischen Skandals sehr lange dauerte, holte die Union, nachdem der Wille zum Neuanfang durch die Übernahme des CDU-Parteivorsitzes durch Angela Merkel im April 2000 dokumentiert worden war, in der

Abb. 1: Politische Stimmung: SPD und CDU/CSU 1998–2001
(Angaben in Prozent)

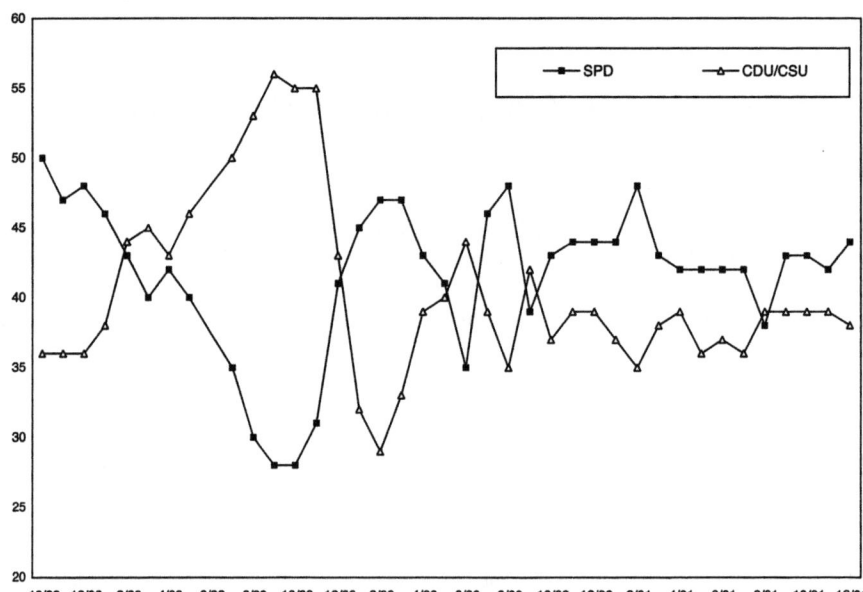

Quelle: Forschungsgruppe Wahlen e.V., Politbarometer.

---

14 Vgl. Frank Bösch: Kontinuität im Umbruch. Die CDU/CSU auf dem Weg ins neue Jahrhundert, in: Aus Politik und Zeitgeschichte, B 5 (2000), S. 12–21 und Josef Schmid/Markus Jox, Die CDU in den 90er Jahren. Von Kohl zum Chaos?, in: Politische Bildung 33 (2000), Heft 2, S. 39.

15 Zum Umgang der CDU mit diesem Skandal vgl. Janine Hertel/Astrid Schütz: Politische Selbstdarstellung in Krisen. Die Parteispendenaffäre der CDU, in: Zeitschrift für Parlamentsfragen 33 (2002), S. 740–758.

politischen Stimmung relativ schnell wieder auf. Sie konnte jedoch nicht mehr an den früheren Höhenflug anknüpfen, da die SPD mittlerweile zur Geschlossenheit zu-rück-gefunden und ihre Regierungsarbeit verbessert hatte. Zudem drohte die Debatte um die Kanzlerkandidatur die Aktionsfähigkeit der Union zu beeinträchtigen, und gleich-zeitig sammelte der Terroranschlag auf die USA vom 11. September 2001 die Wähler kurzfristig hinter der Regierungspartei SPD.

2.2. Die Anfangsphase: deutlicher Vorsprung der Union

Die Regierungsbilanz der rot-grünen Koalition zu Beginn des Wahljahres bot eine „bunte Mischung aus Erfolg, Unterlassung und Versagen"[16]. Einerseits hatte die Regierung Deutschland an die globalen Entwicklungen seit dem Ende des Kalten Krieges angepasst und Deutschlands Rolle vor allem in der Außenpolitik neu definiert, andererseits blieb, trotz einiger geglückter Reformvorhaben, „der Politikwechsel im Sinne einer sozial-ökologischen Wende"[17] nach Ansicht vieler ihrer Anhänger aus. Äußerst mager fiel die rot-grüne Bilanz, gemessen auch an ihren eigenen Ansprüchen, auf dem wirtschafts- und arbeitsmarkpolitischen Themenfeld aus. Genau diese Proble-matik wurde mit der zum Jahreswechsel aufkommenden Debatte um die hohe Arbeitslosigkeit und das minimale Wirtschaftswachstum zum beherrschenden Thema und bescherte der Union einen Vorsprung vor der SPD (vgl. Abb. 2). Dieser Vor-sprung vergrößerte sich noch etwas mit der Unions-Entscheidung in der Kandi-datenfrage für Edmund Stoiber. Danach erholte sich die SPD kurzfristig wieder, aber von Februar bis Ende April 2002 lieferten verschiedene Ereignisse der Union hervor-ragende Wahlkampfmunition: im Februar die neuen hohen Arbeitslosenzahlen und der Skandal um die Bundesanstalt für Arbeit, der Manipulation ihrer Statistiken vor-geworfen wurde; Anfang März die Korruptions- und Spendenaffäre in Nordrhein-Westfalen, wodurch die SPD plötzlich ihren eigenen Skandal im Kernland der So-zialdemokratie verkraften musste; und Mitte April die Landtagswahl in Sachsen-Anhalt, wo die Wähler eine SPD-Regierung wegen ihres Versagens im wirtschaftspoli-tischen Bereich abstraften und eine CDU/FDP-Regierung ins Amt kam.

Die SPD geriet immer mehr in Schwierigkeiten und die nach dem Vorbild der 1998 so erfolgreichen „Kampa" gebildete Wahlkampfzentrale der Partei fand gegen den Ab-stieg kein Gegenmittel. Das erfolgreiche Wahlkampfkonzept von 1998 konnte nicht einfach wiederholt werden, weil man es diesmal mit völlig anderen Rahmenbedin-gungen zu tun hatte: Konnte sich die SPD 1998 aus der Opposition heraus gegen eine abgewirtschaftete Regierung als zukunftsgewandte Kraft profilieren, so befand sie sich 2002 nun selbst mit einer in zentralen Politikbereichen negativen Leistungsbilanz in der Regierungsrolle. Zudem war das Verhältnis zwischen Kanzler Schröder und der Kampa unter dem Bundesgeschäftsführer Matthias Machnig, das schon 1998 weniger harmonisch gewesen war, als es von außen den Anschein hatte[18], diesmal schwer

---

16 Josef Schmid/Susanne Blancke: Die Bilanz der rot-grünen Bundesregierung, in: Gewerkschaftliche Monatshefte 53 (2002), S. 466.

17 Albrecht von Lucke: Etappen eines schleichenden Endes? Eine kurze Geschichte von Rot-Grün, in: Vor-gänge 41 (2002), S. 6.

18 Im Laufe des Wahlkampfes 1998 „knirschte es öfter mal bei der Zusammenarbeit zwischen Kampa und Kandidaten", „beim Stil und eben auch beim Inhalt mangelte es an Abstimmung". So Wigbert Löer/ Heinz Thörmer: Schröder '98 – Kampa und Kanzlerkandidat, in: Die Neue Gesellschaft/Frankfurter Hefte 49 (2002), S. 456 f.

Abb. 2: Politische Stimmung: SPD und CDU/CSU 2002
   (Angaben in Prozent)

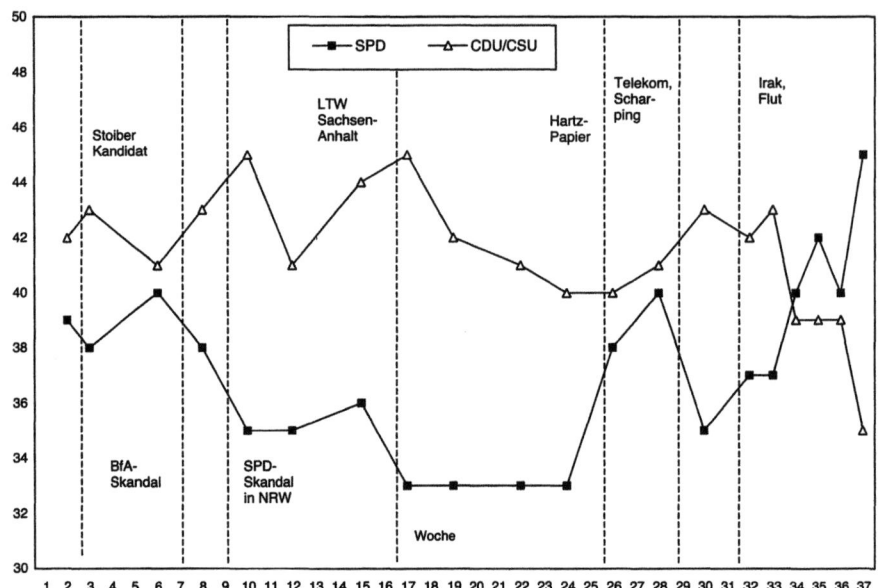

Quelle: Forschungsgruppe Wahlen e.V., Politbarometer.

gestört: „Die Kampa war vom Kanzler und Spitzenkandidaten so weit weg, als sei sie in Murmansk eingerichtet worden"[19], und Schröder ließ keine Gelegenheit aus zu verdeutlichen, „dass er die SPD-Kampa für einen Hort von leicht Verrückten hielt"[20]. Die Unstimmigkeiten zeigten sich schon zu Beginn der Kampagne, als es um die Frage ging, ob man sich stärker auf die Person des Herausforderers einschießen oder mehr auf die eigene Nummer eins setzen solle[21].

In der Folgezeit erwiesen sich beide Komponenten der Kampagne als untauglich. Die Strategie der Kampa, „Edmund Stoiber als den bösen schwarzen Wolf zu stilisieren und in die rechte Ecke zu drängen"[22], ging nicht auf, weil die Union erfolgreich gegensteuerte, und die Personalisierung auf Gerhard Schröder unter dem Motto „ich oder der" schaffte es nicht, die große Beliebtheit des Kanzlers in eine Wahlabsicht für seine Partei zu transformieren. Dies lag vor allem daran, dass dem Wahlkampf eine zündende inhaltliche Botschaft fehlte, die mit der Person Schröders hätte verbunden werden können. Man wollte die politische Mitte besetzen – wozu auch die Vermeidung einer ausschließlichen Festlegung auf eine Koalition mit den Grünen gehörte –, da es aber an konkreten inhaltlichen Projekten mangelte, flüchtete man sich immer

---

19 Peter Glotz: Schröders Bauch statt Kampas Kopf, in: Die Neue Gesellschaft/Frankfurter Hefte 49 (2002), S. 580.

20 Sündenbock und „IM Cohiba", Spiegel-Streitgespräch mit Matthias Machnig und Michael Spreng, in: Der Spiegel, Nr. 1 vom 30. Dezember 2002.

21 Vgl. Andreas Theyssen: Kanzler-Messe statt Stoiber-Bashing, in: Die Woche vom 25. Januar 2002.

22 Christoph Schwennicke: Von Wolfratshausen und wieder zurück, in: Die Neue Gesellschaft/Frankfurter Hefte 49 (2002), S. 585. Sofort nach Stoibers Nominierung wurden Zeitungsanzeigen geschaltet mit dem Slogan: „Endlich: der Kandidat der CDU/CSU ist da (leider nicht im Bild, da zu weit rechts)".

wieder in Allgemeinplätze[23]. Auch das im April vorgestellte Wahlprogramm zeigte schon durch sein Motto „Erneuerung und Zusammenhalt" – einer Übersetzung der Botschaft von 1998 „Innovation und Gerechtigkeit" in andere Worte –, dass den Wahlstrategen nicht sonderlich viel Neues einfiel. Unentschlossen versuchte die Kampa „bald dies, bald jenes – und meistens alles Mögliche zugleich. Weder Stammpublikum noch Wechselwähler konnte diese Kakophonie sozialdemokratischer Signale begeistern"[24]. Wie Matthias Machnig selbst nach der Wahl einräumte, wurden die ersten Monate des Jahres „nicht genutzt, klar zu machen, warum die SPD eine zweite Chance bekommen soll"[25]. Selten gab es daher von der Parteibasis und den Gliederungen „so viel Unmut über und Kritik an der zentralen Wahlkampfleitung des Parteivorstands wie 2002"[26].

Nachdem dann Ende April der Unions-Vorsprung vor der SPD auf 12 Prozentpunkte angewachsen war, begann das Nachdenken über einen Strategiewechsel. Als Hauptursache für die bisherige geringe Mobilisierung des eigenen Wählerpotenzials wurde der fehlende „soziale Wärmestrom"[27] – d. h. die fehlende emotionale Ansprache der Partei und die Vernachlässigung der Stammwählerschaft – ausgemacht. Mitte Mai wurde dann mit einer Schröder-Rede bei einem SPD-Funktionärstreffen der Strategiewechsel eingeleitet: „Hinwendung Schröders zur SPD, Rückbesinnung der SPD auf ihre Stammwähler sowie auf ihre gesellschaftlichen Unterstützergruppen, klares Bekenntnis der SPD zu Rot-Grün, Beginn des Richtungswahlkampfs"[28]. Inhaltlich betonte „Schröder nun das Thema soziale Gerechtigkeit deutlich stärker" und propagierte „die SPD als Garant des starken Staates und damit als Schutzmacht der kleinen Leute", womit er „auf den zentralen Topos früherer sozialdemokratischer Wahlkämpfe"[29] zurückgriff. Doch auch der Strategiewechsel hin zu einem Lagerwahlkampf unter dem Motto „Wir oder sie" brachte die SPD in den nächsten Wochen nicht aus dem Umfragetief. Dies gelang erst mit der vorgezogenen öffentlichen Präsentation der ursprünglich für Mitte August angekündigten Ergebnisse der Hartz-Kommission zur Arbeitsmarktreform durch einen „Spiegel"-Artikel am 24. Juni. Das durchgehend positive Echo auf die Reformvorschläge schlug sich in der politischen Stimmung deutlich nieder: Die SPD legte um stattliche fünf Prozentpunkte zu (vgl. Abb. 2).

Schon kurze Zeit später ging der Höhenflug jedoch in einen erneuten Sinkflug über: Das misslungene Management der Telekom-Krise durch die Regierung und die Affäre um Verteidigungsminister Scharping, die mit dessen Rauswurf durch Schröder endete, bescherte der SPD einen erneuten Einbruch in der Wählergunst.

Die Union hingegen konnte in den ersten Monaten des Wahlkampfes, nach einigen Anfangsschwierigkeiten, ihre Kernwählerschaft relativ schnell mobilisieren und auch

---

23 Exemplarisch hierfür war z.B. die Rede Schröders auf dem SPD-Kongress „Die Mitte in Deutschland" im Februar in Berlin (vgl. Lars-Broder Keil: Schröder will die Mitte besetzen, in: Berliner Morgenpost vom 21. Februar 2002).

24 Dürr (Anm. 8), S. 14.

25 Matthias Machnig, in: Sündenbock und „IM Cohiba", Spiegel-Streitgespräch mit Matthias Machnig und Michael Spreng, in: Der Spiegel, Nr. 1 vom 30. Dezember 2002.

26 So der SPD-Bundestagsabgeordnete Hans-Peter Bartels: Mehr Mut zur Politik, in: Berliner Republik 5 (2002), S. 30.

27 Roland Knaup u. a.: Aus der Traum?, in: Der Spiegel, Nr. 22 vom 3. Juni 2002.

28 Richard Stöss/Gero Neugebauer: Mit einem blauen Auge davon gekommen. Eine Analyse der Bundestagswahl 2002, Arbeitshefte aus dem Otto-Stammer-Zentrum, Nr. 7, Berlin 2002.

29 Wolfram Brunner: Alles wie immer, in: Berliner Republik 5 (2002), S. 13.

viele der wechselbereiten Wähler gewinnen. Die Strategie des „Team 40 plus" aus Edmund Stoiber, Angela Merkel, den Generalsekretären der beiden Parteien und anderen Unionsgrößen, das die inhaltliche Ausrichtung festlegte, und des „Stoiber-Teams" unter der Leitung des früheren Chefredakteurs der „Bild am Sonntag", Michael Spreng, das vor allem für die persönlichen Auftritte des Kanzlerkandidaten verantwortlich war, lässt sich mit vier Stichworten beschreiben: Mitte-Kandidat, Kompetenzwahlkampf, single-issue-campaigning und negative-campaigning:

– Mit der Präsentation Edmund Stoibers als Mann der Mitte waren zwei Zielsetzungen verbunden: Zum einen bot man damit der SPD keine Angriffsflächen und unterlief deren Wahlkampfstrategie, den Mitte-Kanzler Schröder gegen Rechts-Mobilisierer Stoiber zu stellen, zum anderen schuf man damit eine der wesentlichen Voraussetzungen für die Geschlossenheit von CDU und CSU im Wahlkampf[30]. Um die Mitte-Positionierung des Kandidaten nicht als aus strategischen Gründen vorgenommene Imagekorrektur erscheinen zu lassen, wurde unter dem Motto „Kantig, Echt, Erfolgreich" das Bild eines Mannes gezeichnet, „der sich treu bleibt, der sich auch als Kanzlerkandidat nicht verbiegt oder verbiegen lässt"[31].
– Da Kanzler Schröder bei den Wählern immer noch große Sympathie genoss, sein Image als kompetenter Machertyp jedoch deutlich gelitten hatte, während seinem Herausforderer durchaus politische Kompetenz zugeschrieben wurde (vgl. auch Abschnitt 2.3), führte man einen Kompetenzwahlkampf, der statt der „ruhigen Hand" des Kanzlers die „Zeit für Taten"[32] gekommen sah.
– Mit der „Schlusslicht-Deutschland"-Kampagne wurde die Achillesferse des Kanzlers[33], die schlechte Situation auf dem Arbeitsmarkt und allgemein im wirtschaftlichen Bereich, in den Mittelpunkt gestellt, es wurde also ein single-issue-Wahlkampf geführt. Stoiber wurde nicht müde zu betonen: „Rot-grün hat Deutschland zum Schlusslicht in Europa gemacht: zum Schlusslicht beim Wirtschaftswachstum, zum Schlusslicht beim Beschäftigungswachstum. Nur auf zwei Feldern ist Deutschland kein Schlusslicht: bei den Unternehmenspleiten und bei der Staatsverschuldung"[34].
– Die Wahlkampagne legte „größtes Augenmerk" auf das „negative-campaigning"[35], konzentrierte sich also auf das Anprangern der Fehler und Schwachpunkte der Regierung, wobei die eigenen politischen Alternativen in den Hintergrund gerieten.

Diese Strategie war in der ersten Wahlkampfphase sehr erfolgreich und im Mai/Juni sahen sich viele in der Union daher schon als der sichere Sieger. Zu dieser Einschätzung trug die kommerzielle Umfrageforschung in Gestalt des Instituts für Demoskopie Allensbach, dessen Analysen bei der Union schon immer auf offene Ohren trafen, wesentlich bei: „Allensbach war ein Verhängnis", weil das Institut monatelang verkündete, „es sei völlig ausgeschlossen, dass die guten Umfragen für eine

---

30 Hier wirkten die Erfahrungen mit dem Strauß-Wahlkampf von 1980 nach, wo der Kanzlerkandidat nicht von beiden Parteien solidarisch getragen wurde.
31 Arne Delfs: Eine Gardine für Angela Merkel, in: Berliner Morgenpost vom 5. April 2002.
32 So der Titel des Wahlprogramms der Union.
33 Im Wahlkampf 1998 hatte Gerhard Schröder verkündet, wenn es ihm nicht gelänge, die Arbeitslosigkeit auf 3,5 Mill. zu senken, hätte es seine Regierung nicht verdient, wieder gewählt zu werden.
34 Zit. nach: Hans-Jürgen Leersch: Optimistisch und kämpferisch in die entscheidende Runde, in: Das Parlament 52 (2002), Nr. 37–38.
35 Ausgangslage und strategische Bausteine für die Bundestagswahl 2002, interne Studie der Union, zit. in: Werner A. Perger: Schröder mies machen!, in: Die Zeit, Nr. 15 vom 4. April 2002.

schwarz-gelbe Koalition sich noch einmal rumdrehen könnten", und dadurch die Union „in einer falschen Sicherheit gewiegt" wurde[36], denn ihre bislang so erfolgreiche Strategie barg eine Reihe von Risiken:

– Der Kandidat als Mann der Mitte gerät leicht zum „Mann ohne Eigenschaften"[37], dessen politische Konturen allzu sehr verwischt sind.
– Ein Kompetenzwahlkampf unter dem Motto „Zeit für Taten" gerät dann in Schwierigkeiten, wenn der politische Gegner – sei es durch eigene Vorstöße, sei es aufgrund von unvorhergesehenen Ereignissen – die Gelegenheit erhält, Kompetenz und Tatkraft zu demonstrieren.
– Ein auf Arbeitslosigkeit und Wirtschaftsprobleme konzentrierter Single-Issue-Wahlkampf gerät aus dem Konzept, wenn plötzlich andere Themen auf der politischen Tagesordnung auftauchen, die für die Bürger wichtig werden.
– Eine allein auf das Anprangern der Fehler des politischen Gegners abstellende Negativkampagne versäumt es, den Wählern durch alternative politische Konzepte die inhaltlichen Gründe für einen Wechsel zu liefern[38].

All diese Risiken wurden in den letzten Monaten vor der Wahl für die Union zur bitteren Realität. Die Wahlkampfstrategie, die bis dahin den Erfolg beschert hatte, wurde ihr nun zum Verhängnis, da sie die schnelle, geschlossene und inhaltlich überzeugende Reaktion der Union auf die drei unerwarteten Ereignisse behinderte, die die Schlussphase des Wahlkampfs bestimmten, nämlich das Hartz-Konzept zur Arbeitsmarktreform, ein möglicher Irak-Krieg und die Flutkatastrophe.

2.3. Die Schlussphase: Aufholjagd der SPD

Schon die vorgezogene Veröffentlichung der Hartz-Vorschläge zur Reform des Arbeitsmarkts traf die Union völlig unvorbereitet und die Reaktionen fielen widersprüchlich aus: Während Stoibers Schatten-Wirtschaftsminister Lothar Späth die Vorschläge als „mutiges Konzept" lobte, das mit der Union umgesetzt werden könne, bezeichnete Stoiber selbst es anfangs als „vernünftig", entdeckte kurz darauf schon den einen oder anderen „Irrweg" und kritisierte es schließlich als „großen Bluff"[39]. Als man nach Tagen dann zu einer einheitlichen Sprachregelung fand, war der Eindruck der Geschlossenheit, der der Öffentlichkeit monatelang vermittelt werden konnte, dahin[40]. Zudem war die Ablehnung selbst unionsnaher Kommissionsideen aus wahlkampftaktischen Gründen Teilen der eigenen Klientel schwer zu vermitteln.

---

36 Michael Spreng, in: Sündenbock und „IM Cohiba", Spiegel-Streitgespräch mit Matthias Machnig und Michael Spreng, in: Der Spiegel, Nr. 1 vom 30. Dezember 2002 und „Allensbach hat den Schaden für die Union vergrößert", Gespräch mit Michael Spreng, in: Die Zeit, Nr. 42 vom 10. Oktober 2002.
37 Alexander Neubacher/Christoph Schult: Mann ohne Eigenschaften, in: Der Spiegel, Nr. 8 vom 18. Februar 2002.
38 Dies war nach der Analyse der CDU-nahen Konrad-Adenauer-Stiftung der wesentliche Grund für das Wahlergebnis: „Während des gesamten Wahlkampfes ist es der Union nicht gelungen, die Wähler davon zu überzeugen, dass sie die bessere Alternative wäre, die die anstehenden Probleme besser lösen könne." So Jutta Graf/Viola Neu: Analyse der Bundestagswahl vom 22. September 2002, Arbeitspapiere der Konrad-Adenauer-Stiftung, Nr. 91, Sankt Augustin 2002, S. 3.
39 Ulrich Deupmann/Ralf Neukirch/Michael Sauga: „Alle müssen mithelfen", in : Der Spiegel, Nr. 27 vom 1. Juli 2002.
40 Hinzu kam der Streit in der Union um die Nominierung der 28-jährigen ledigen Mutter Katherina Reiche zum für Frauen-, Jugend- und Familienpolitik zuständigen Mitglied des Stoiberschen Kompetenzteams.

Auch beim Irak-Thema agierte die Union nicht gerade glücklich. Bundeskanzler Schröder hatte lange „gezögert, bis er die Kriegsangst der Deutschen für seinen Wahlkampf instrumentalisierte", insbesondere auch, weil er sich vom amerikanischen Präsidenten George Bush bei dessen Berlin-Besuch im Mai die Zusage hatte „geben lassen, vor der Bundestagswahl keinen Angriff auf den Irak zu beschließen"[41]. Nachdem sich der Vorsprung der Union vor der SPD jedoch, nach der zwischenzeitlichen Aufholjagd, im Juli wieder dramatisch vergrößerte, verkündete er am Abend des 1. August im ZDF, man habe beunruhigende Nachrichten aus dem Nahen Osten bis hin zur Kriegsgefahr, und Deutschland werde für Abenteuer dieser Art nicht zur Verfügung stehen. Kurze Zeit später folgte die Ankündigung, man werde sich selbst bei einem UN-Mandat nicht an einem Krieg gegen den Irak beteiligen, und in der heißen Wahlkampfphase, deren Beginn die SPD auf den 5. August vorgezogen hatte, betrieb der Kanzler nach Meinung vieler Beobachter „Anti-Amerikanismus mit bisher nicht für möglich gehaltener Schärfe"[42].

Die Reaktion der Union auf das Irak-Thema war „eher konfus als kompetent"[43]: Der CDU-Außenpolitiker Friedberg Pflüger betonte, dass ein UN-Mandat für einen Irak-Krieg zwar wünschenswert, aber nicht erforderlich sei, Wolfgang Schäuble, der für Außenpolitik Zuständige im Kompetenzteam, plädierte für einen Militärschlag nach der Ausschöpfung aller diplomatischen Mittel, der außenpolitische Sprecher der Fraktion, Karl Lamers, warnte hingegen vor einem Alleingang der USA und Edmund Stoiber erschien, zumal in den Medien, im Spagat zwischen verschiedenen Positionen[44]. Insgesamt war die differenzierte und wenig eindeutig anmutende Argumentation der Union in Bezug auf einen möglichen Irak-Krieg den Bürgern nicht zu vermitteln, während Kanzler Schröder mit seinem einfachen Nein eine breite Mehrheit in der Bevölkerung um sich scharen konnte (vgl. Tab. 1).

Tab. 1: Haltung der Bevölkerung zu einer deutschen Beteiligung an einem möglichen Irak-Krieg
(Anfang August; Angaben in Prozent)[1]

Deutsche Beteiligung:		Beteiligung an militärischen Aktionen?	
Eigene Soldaten	6	Ja	15
Logistische Unterstützung	24	Nein	81
Finanzielle Unterstützung	6		
In keiner Form beteiligen	62		

1) Zu 100 Prozent fehlende Werte: weiß nicht/keine Antwort.
Quellen: Infratest dimap, Deutschlandtrend August II; Forschungsgruppe Wahlen e.V., Politbarometer Flash 8/2002 (KW 32).

Auch Kanzler Schröders Krisenbewältigungsstrategie während der nationalen Flutkatastrophe Mitte August fand bei der Bevölkerung großen Anklang. Schröder konnte in dieser Notsituation seine Stärke, „Inszenierung und Politik in Deckung zu bringen"[45], voll ausspielen. Einerseits trug das „Foto, das Schröder mit besorgt-entschlossen-mitfühlendem Gesicht in Gummistiefeln und grüner Gummijacke im Schlamm

---

41 Joachim Riecker: Schröder und der Irak-Krieg, in: Die Neue Gesellschaft/Frankfurter Hefte 49 (2002), S. 717.
42 Mathias Müller von Blumencron: Kanzler ohne Sieg, in: Spiegel Online vom 23. September 2002.
43 Petra Bornhöft u. a.: Jetzt wird geholzt, in: Der Spiegel, Nr. 33 vom 12. August 2002.
44 Susanne Höll: Stoiber probt die Pirouette, in: Süddeutsche Zeitung vom 29. August 2002.
45 Tissy Bruns: Die Flutfrage: Schröder oder Stoiber, in: Berliner Morgenpost vom 24. August 2002.

von Grimma" zeigte, „vielleicht mehr zu seiner Popularität im Osten" bei „als alle TV-
und Bundestags-Duelle zusammen"[46]. Andererseits entwickelte die Bundesregierung in
atemberaubendem Tempo eine schlüssige politische Strategie zur Bewältigung der
Krise und verschaffte ihr die notwendigen Mehrheiten. Dies schlug sich auch in den
Orientierungen der Bürger nieder: In den Augen der Bevölkerung hat die Bundesregierung gute Arbeit geleistet, genug für die Flutopfer getan und die richtige Maßnahme zur Finanzierung der Flutschäden beschlossen (vgl. Tab. 2).

Tab. 2: Haltung der Bevölkerung zur Bewältigung der Flutkatastrophe
(Ende August; Angaben in Prozent)[1]

Hat die Bundesregierung bei der Bewältigung der Flutkatastrophe bisher gute Arbeit geleistet ?		Verschiebung der Steuerreform zur Finanzierung der Flutschäden	
Ja	70	Dafür	62
Nein	19	Nicht dafür	29
Die Bundesregierung tut für die Opfer der Flut ...		CDU-Vorschlag: andere Finanzierung der Hochwasserschäden	
genug	77	Gut	27
nicht genug	15	Nicht gut	61

1) Zu 100 Prozent fehlende Werte: weiß nicht/keine Antwort.
Quellen: Emnid, nt-v Sendung v. 22. 8. 2002; Forschungsgruppe Wahlen, Politbarometer Flash 8/2002
(KW 35).

Das Agieren der Union vermittelte hingegen den Eindruck, als seien weder der Kandidat noch die Partei auf solche, nicht im Wahlkampfkonzept verankerte Ereignisse
eingestellt: Der Unions-Kanzlerkandidat war bei der Flutkatastrophe mit einem medial-
operativ[47] überraschenden Problem konfrontiert: Die ökologische Seite der Ereignisse
offenbarte die Lücke im Kompetenzteam, wo niemand explizit für Umwelt zuständig
war; einen Hochwassergipfel nur mit Unionspolitikern zu veranstalten, war keine gute
Idee und in der Frage der Reaktion auf Schröders Vorschlag einer Verschiebung der
nächsten Steuerreformstufe zur Finanzierung der Flutschäden „brach die Geschlossenheit der Union schneller als die Deiche an der Elbe"[48]: Der haushaltspolitische
Sprecher der Fraktion, Dietrich Austermann, meldete sich mit einem klaren Nein zu
Wort, Fraktionschef Friedrich Merz befand, das sei ein Angebot, über das man reden
könne, Edmund Stoiber verkündete, so könne man dies nicht akzeptieren, man sei
aber gesprächsbereit und Angela Merkel entwickelte Stoibers „Nein, aber" zu einem
„Ja, aber" weiter[49]. Letztendlich konnte die Union den Regierungsvorschlag im Bundesrat jedoch gar nicht ablehnen, ohne gegenüber den Flutopfern als unsolidarisch zu
gelten. Sie kündigte aber an, die mit den eigenen Stimmen beschlossenen Maßnahmen
nach einem Wahlsieg gleich wieder zurückzunehmen und eine andere Finanzie-
rungsvariante zu realisieren; eine den Wählern nur schwer vermittelbare Position.

Das entschlossene Krisenmanagement der rot-grünen Bundesregierung während der
Flutkatastrophe und ihre entschiedene Position in der Frage eines möglichen Irak-
Kriegs sorgten in den letzten Wochen vor der Wahl für einen Stimmungsumschwung,
der sich deutlich auf die Problemlösungskompetenzen auswirkte, die die Wähler den

46 Joachim Riecker: Abteilungsleiter im Arbeitsamt von Neubrandenburg. Die PDS störte im Kampf gegen
   Stoiber, in: Die Neue Gesellschaft/Frankfurter Hefte 49 (2002), S. 590.
47 Stöss/Neugebauer (Anm. 28), S. 32.
48 Bruns (Anm. 45).
49 Dies.: Kanzler am Steuer-Rad, in: Berliner Morgenpost vom 21. August 2002.

Parteien zugemessen haben, und damit auch auf das Wahlverhalten[50]. Kurz vor der Wahl existierte in Bezug auf die wichtigsten Themen eine gespaltene Kompetenzzuweisung: Bei der Flutbewältigung, dem Umweltschutz im Allgemeinen und der Friedenssicherung trauten die Wähler der SPD und den Grünen mehr zu, bei der Wirtschafts- und Arbeitsmarktpolitik der Union (vgl. Tab. 3 und den nächsten Abschnitt). Zudem konnte sich die SPD durch ihren Strategiewechsel wieder einen deutlichen Kompetenzvorsprung in ihrer klassischen Domäne, der sozialen Gerechtigkeit, sichern. Der Versuch der Union, kurz vor der Wahl eine inhaltliche Neuakzentuierung der Wahlkampagne durch Betonung der Zuwanderungsproblematik vorzunehmen, wurde vom Wähler nicht angenommen: Auch hier lag die SPD in der Kompetenzzuschreibung vor der Union.

Insgesamt konnte die SPD in der summarischen Bewertung der Parteikompetenzen durch die Bevölkerung, operationalisiert anhand der Frage, wer die Zukunftsprobleme in Deutschland besser zu lösen versteht, kurz vor der Wahl an der Union vorbeiziehen.

Tab. 3: Parteikompetenzen kurz vor der Wahl: SPD und Union
(Angaben in Prozent)

	SPD	Union
Für soziale Gerechtigkeit sorgen	52	25
Die bei der Hochwasserkatastrophe zerstörten Regionen wieder aufbauen	52	25
Einsatz für den Frieden	42	23
Eine gute Ausländer- und Asylpolitik betreiben	37	35
Arbeitsplätze sichern und neue schaffen	38	41
Den Wirtschaftsstandort Deutschland voranbringen	37	46
Eine gute Umweltpolitik betreiben	14	15
Die Zukunftsprobleme Deutschlands lösen	39	34

Quelle: Infratest dimap (Vorwahlerhebung).

In Bezug auf den zweiten Faktor, der das Wahlverhalten der Bürger beeinflusst, nämlich die Orientierung gegenüber den Spitzenkandidaten, waren die Verhältnisse über das gesamte Wahljahr hinweg sehr viel eindeutiger: Bei den Kanzlerpräferenzen der Bevölkerung lag Gerhard Schröder von Anfang an vor Edmund Stoiber, auch wenn der Abstand zum Nominierungszeitpunkt von Stoiber relativ gering war. Im Zeitverlauf vergrößerte sich der Vorsprung des Bundeskanzlers vor seinem Herausforderer jedoch deutlich, eine kurzfristige Abschwächung war nur während der Scharping-Affäre zu erkennen (vgl. Abb. 3).

An dieser Entwicklung haben auch die beiden Fernseh-Duelle nichts geändert. Eine Veränderung von Kandidatenpräferenzen ist nur dann denkbar, wenn das TV-Duell die bei den Wählern vor dem Duell bestehenden Einschätzungen der beiden Kandidaten gravierend verändert, die Kandidaten also deutlich besser oder schlechter abschneiden als erwartet. Dies war bei Edmund Stoiber der Fall. Obwohl seine Medienauftritte nach dem missglückten Start im Januar in der ARD-Talkshow Sabine Christiansen immer professioneller wurden, sah man den „Medienkanzler" Schröder vor dem Duell eindeutig im Vorteil. Stoiber schlug sich jedoch nach Meinung der Zu-

---

50 Die folgenden Daten aus den Vorwahlerhebungen bzw. Wahltagsbefragungen von Infratest dimap und der Forschungsgruppe Wahlen e.V. sind zu finden in: Infratest dimpap: Wahlreport. Wahl zum 15. Deutschen Bundestag am 22. September 2002, Berlin 2002 und Forschungsgruppe Wahlen e.V.: Bundestagswahl. Eine Analyse der Wahl vom 22. September 2002, Mannheim 2002.

Abb. 3: Kanzlerpräferenzen der Bevölkerung 2002
     (Angaben in Prozent)

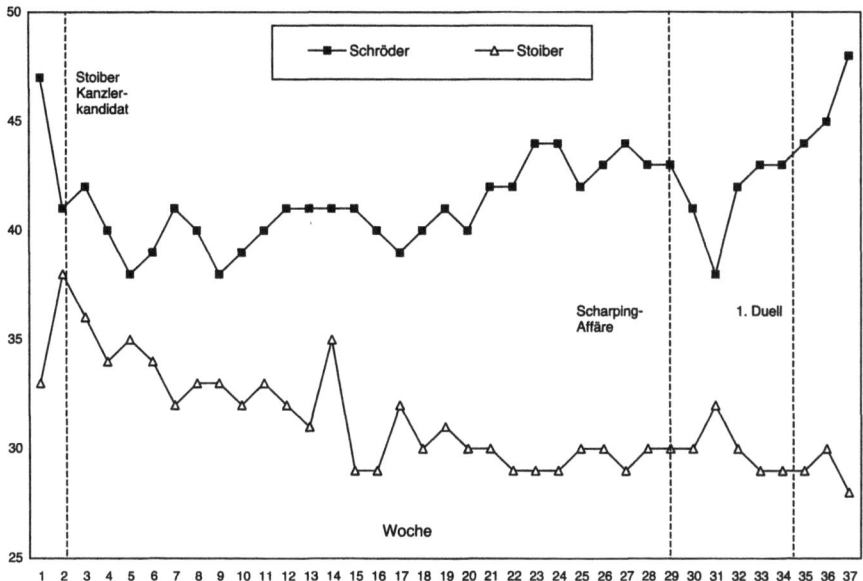

Quelle: forsa i.A. Die Woche/RTL/Der Stern.

schauer sehr viel besser als erwartet, während Schröder unter seinen Möglichkeiten blieb. Dies wurde durch die Medienberichterstattung nach dem Duell auch denjenigen übermittelt, die die Sendung nicht gesehen hatten, so dass nach dem allgemeinen Meinungsbild in der auf das Duell folgenden Woche Schröder wider Erwarten keinen Sieg davongetragen hatte (vgl. Tab. 4).

Tab. 4: Abschneiden von Schröder und Stoiber beim 1. Fernsehduell
     (Angaben in Prozent)

Waren Schröder und Stoiber besser, schlechter oder wie erwartet? (Zuschauer direkt nach der Sendung)			
Schröder		Stoiber	
Besser	9	Besser	57
Schlechter	29	Schlechter	8
Wie erwartet	61	Wie erwartet	34
Wer hat sich besser geschlagen? (Gesamtbevölkerung in der Woche nach dem Duell)			
Schröder	21	Beide gleich	42
Stoiber	20	Weiß nicht/keine Antwort	17

Quellen: Forschungsgruppe Wahlen e.V., TV-Duell-Umfrage vom 25. August 2002 und Politbarometer Flash 8/2002 (KW 35).

Vergleicht man jedoch die Umfragen zur Kanzlerpräferenz der Bevölkerung vor und nach dem ersten Fernseh-Duell vom 25. August, so blieb Edmund Stoiber konstant, während Gerhard Schröder nach dem Duell von etwas mehr Bürgern als Kanzler gewünscht wurde (vgl. Abb. 3). Das Duell hatte somit nicht zu theoretisch plausiblen Veränderungen der Kandidatenpräferenzen geführt. Eine ausführliche Analyse der Auswirkungen der beiden Fernsehduelle auf die Wähler kommt daher zu dem Schluss, dass „beide TV-Duelle keinen Einfluss auf die vor Start der TV-Duelle geäußerten Kandidatenpräferenzen"[51] der Wähler hatten.

Angesichts des großen Vorsprungs von Gerhard Schröder vor seinem Herausforderer über das gesamte Wahljahr hinweg stellt sich die Frage, warum sich diese Tatsache in der Anfangsphase des Wahlkampfes nicht in der SPD-Wahlabsicht der Bürger niedergeschlagen hat, der Kanzlerbonus also nicht auf die Partei übertragen werden konnte. Eine Erklärung hierfür lässt sich finden, wenn man die Haltung der Bevölkerung zu den Spitzenkandidaten etwas genauer betrachtet. Aufgrund von vier Eigenschaftsdimensionen bilden die Wähler ihre Kandidatenorientierung heraus[52]:

– Sachkompetenz zur Lösung der zentralen Probleme eines Landes;
– Managerqualitäten zur Steuerung politischer Entscheidungsprozesse;
– Integrität, d. h. allgemeine Vertrauenswürdigkeit;
– Persönliche Eigenschaften (Sympathie u. a.).

Sachkompetenz und Managerqualitäten sind politische, mit der Rolle als Spitzenpolitiker verbundene Merkmale eines Kandidaten, Integrität und insbesondere persönliche Eigenschaften gehören zu den rollenfernen Qualitäten. In den ersten beiden Dimensionen wird der Kandidat somit als Politiker beurteilt, in den letzten beiden als Mensch.

Betrachtet man die zeitliche Entwicklung der Beurteilungen von Schröder und Stoiber durch die Wähler in diesen vier Dimensionen, so wird deutlich, dass Schröder dem Publikum schon immer wesentlich symphatischer war als Stoiber. In der Integritäts-Dimension hatte Schröder anfangs einen leichten Vorsprung, bei den Managerfähigkeiten war zu Beginn eher Stoiber vorne, und bei der Sachkompetenz lag lange Zeit Stoiber deutlich vor Schröder (vgl. Abb. 4). Vor der durch das Irak-Thema und die Flutkatastrophe bestimmten Endphase des Wahlkampfes beruhte der Vorsprung Schröders vor Stoiber somit wesentlich auf der Sympathie, die die Wähler ihm als Mensch entgegengebracht haben, und eher nicht auf seiner Beurteilung als Politiker. Vor allem mit seinem politischen Handeln während der Flut konnte Schröder jedoch sein bisheriges Image („Politik der ruhigen Hand") dramatisch verändern: Sein Krisenmanagement machte ihn in den Augen der Bürger wieder zum Macher-Typ, der schnell die richtigen Entscheidungen traf und daher in hohem Maße Managerfähigkeiten und politische Kompetenz zugesprochen bekam. Dies zeigt sich auch deutlich in den Antworten auf die Frage, ob in Krisenzeiten wie dem 11. September oder der Flutkatastrophe Schröder oder Stoiber der bessere Krisenmanager sei: Mit 55 zu 23 Prozent wurde dies eindeutig Schröder zugeschrieben[53]. Sein Vorsprung vor Stoiber bei den Managerfähigkeiten übertraf am Schluss sogar seinen Sympathievorsprung, und selbst bei der Schaffung von Arbeitsplätzen wurde Schröder nun größere Kompetenz zugeschrieben als seinem Herausforderer (vgl. Tab. 5).

---

51 Ursula Dehm: Fernsehduelle im Urteil der Zuschauer, in: Media Perspektiven 12 (2002), S. 607.
52 Vgl. Oskar Niedermayer: Bürger und Politik, Wiesbaden 2001, Kap. 2.2.
53 Infratest dimap: Deutschlandtrend, August 2002 III.

Abb. 4: Eigenschaftsvergleich Schröder/Stoiber 2002
(Angaben in Prozent)

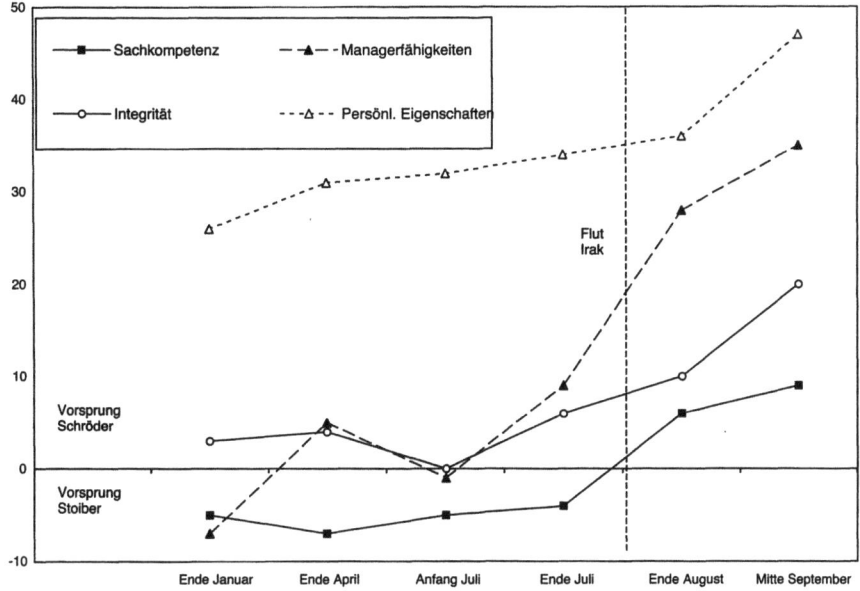

Quelle: eigene Berechnungen (Infratest dimap, Deutschlandtrend und Wahlreport).

Tab. 5: Eigenschaftsprofil: Schröder vs. Stoiber: Mitte September 2002
(Angaben in Prozent)

	Schröder	Stoiber
Sachkompetenz:		
Ist eher in der Lage, den Aufbau der ostdeutschen Wirtschaft voranzutreiben	50	34
Setzt sich eher für die Schaffung von Arbeitsplätzen ein	44	40
Ist eher in der Lage, die Wirtschaft voranzubringen	41	47
Hat richtige Konzepte für die Zukunftsprobleme in Deutschland	43	34
Managerfähigkeiten:		
Ist die stärkere Führungspersönlichkeit	63	28
Gibt in der Öffentlichkeit eine bessere Figur ab	79	14
Integrität:		
Ist glaubwürdiger	52	32
Persönliche Eigenschaften:		
Ist sympathischer	69	22

Quelle: Infratest dimap (Vorwahlerhebung).

Erst als somit Gerhard Schröder nicht nur als Mensch, sondern auch als Politiker Edmund Stoiber vorgezogen wurde, schlug sich dies auch in der politischen Stimmung zugunsten der SPD nieder. Am Wahltag war Gerhard Schröder für mehr als zwei Fünftel der SPD-Wähler für ihre Wahlentscheidung ausschlaggebend, Edmund Stoiber hingegen nur für gut ein Fünftel der Unionswähler (vgl. Tab. 6).

51

Tab. 6: Bedeutung des Spitzenkandidats und der Themen für die Wahlentscheidung
(Angaben in Prozent)*

	Gesamt	SPD	Union
Spitzenkandidat der Partei	29	42	22
Lösungsvorschläge zu Sachfragen	48	34	54

* Zu 100 Prozent fehlende Werte: langfristige Parteibindung und weiß nicht/keine Antwort.
Quelle: Infratest dimap (Wahltagsbefragung).

Besondere Probleme, ihren Spitzenkandidaten den Wählern nahe zu bringen, hatte die Union im Osten Deutschlands, und zwar von Anfang an und nicht erst seit der Flutkatastrophe. Kurz vor der Wahl zeigten sich die Unterschiede jedoch am deutlichsten[54]. Hier spielten mit Sicherheit landsmannschaftliche Gründe eine große Rolle. Dieses Manko konnte auch nicht dadurch aufgefangen werden, dass Angela Merkel im Osten „fast wie bei einer amerikanischen Präsidentschaftswahl als ,running mate' plakatiert wurde. Auch der Faktor Späth hatte nicht die erhoffte Wirkung, da sich die Aufmerksamkeit der Wähler eben doch auf die Spitzenkandidaten konzentrierte"[55]. Es gab zusätzlich ein Nord-Süd-Gefälle: Im Norden der Republik betrug kurz vor der Wahl der Abstand zwischen Gerhard Schröder und Edmund Stoiber 32 Prozentpunkte, in der Mitte 28 und im Süden nur noch 13 Punkte[56]. Dies war ein wichtiger Grund für die Tatsache, dass die Union im Norden und Osten am schlechtesten und im Süden am besten abgeschnitten hat.

Hatte die Union also mit der Nominierung Edmund Stoibers zum Kanzlerkandidaten im Januar des Jahre 2002 die falsche Entscheidung getroffen? Nach Meinung der Bürger war dies eindeutig nicht der Fall: Über das ganze Jahr 2001 hinweg bis zum Januar 2002, dem Zeitpunkt von Stoibers offizieller Nominierung, zeigte sich klar, dass Edmund Stoiber sowohl von der Bevölkerung insgesamt als auch von den Unionsanhängern als Kanzlerkandidat gewünscht wurde, wobei der Abstand zwischen Edmund Stoiber und Angela Merkel im Zeitablauf sogar deutlich zunahm (vgl. Abb. 5). Edmund Stoiber war in dieser Situation somit durchaus der geeignetere Kandidat, und eine optimale Wahlkampfstrategie bis zum 22. September hätte wohl auch die Chance auf einen Unionssieg gewahrt.

Letztlich erhielten die SPD und die Union bei der Wahl exakt den gleichen Stimmenanteil von 38,5 Prozent. Auch unter Berücksichtigung der unterschiedlichen Anzahl der gewonnenen Überhangmandate bedeutete die Pattsituation der beiden Großparteien, dass die Möglichkeiten der Regierungsbildung wesentlich vom Abschneiden der drei kleinen Parteien beeinflusst wurden.

---

54 Schröder-Vorsprung bei der Kanzlerpräferenz kurz vor der Wahl: Infratest dimap (Deutschlandtrend September 2002 II): West 31, Ost 45 Prozentpunkte; Emnid (n-tv-Sendung vom 19. September. 2002): West 19, Ost 55 Prozentpunkte; Forschungsgruppe Wahlen e.V. (Vorwahlerhebung): West 20, Ost 38 Prozentpunkte.
55 Torsten Oppelland: Fass ohne Boden, in: Rheinischer Merkur vom 3. Oktober 2002.
56 Forschungsgruppe Wahlen e.V. (Anm. 50), S. 35.

Abb. 5: Gewünschter Kanzlerkandidat der Union 2000–2002
   (Angaben in Prozent)

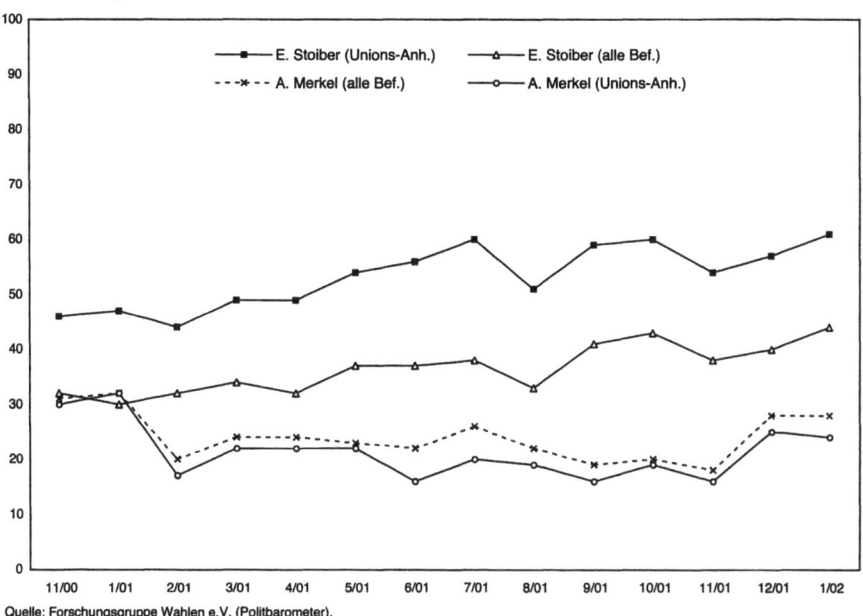

Quelle: Forschungsgruppe Wahlen e.V. (Politbarometer).

3. Die kleinen Parteien: Kampf um die dritte Kraft im Parteiensystem

3.1. Die Grünen

Zur Jahrtausendwende erschienen die Grünen vielen Beobachtern als Auslaufmodell. Auf dem Hintergrund einer Serie von Wahlniederlagen – das letzte Bundestagswahlergebnis von 1998 war mager ausgefallen[57], die Partei hatte von 1998 bis zum Herbst 2001 alle 17 Landtagswahlen in Folge verloren und war aus zwei Landesregierungen ausgeschieden – prognostizierte z. B. der Grünen-Kenner Joachim Raschke das Ende von Rot-Grün „wahrscheinlich 2002"[58]. Er führte dies darauf zurück, dass in ihrer neuen Rolle als Regierungspartei im Bund die gravierenden strukturellen und inhaltlichen Probleme offensichtlich wurden, die die Grünen als „blockierte Partei"[59] erscheinen ließen: Ihnen fehlte das strategische Zentrum zur übergreifenden politischen Steuerung, wobei dieses Defizit durch die Organisations-, Strömungs- und Zielblockade der Partei bedingt war. Organisationsstrukturell wurde die für eine integrierende Steuerungsperspektive notwendige Verflechtung der Eliten aus Partei, Fraktion und Regierung insbesondere durch die Regelungen zur Trennung von Amt und Mandat wesentlich erschwert, die innerparteilichen Strömungen blockierten die Herausbildung eines strategischen Zentrums und die Partei lavierte, nachdem sie in

---

57 Sie hatten gegenüber der Vorwahl 0,6 Prozentpunkte verloren und waren nur auf magere 6,7 Prozent gekommen.
58 Joachim Raschke: Die Zukunft der Grünen. „So kann man nicht regieren", Frankfurt a.M. 2001, S. 419.
59 Ders.: Sind die Grünen regierungsfähig? Die Selbstblockade einer Regierungspartei, in: Aus Politik und Zeitgeschichte, B 10 (2001), S. 20.

den letzten Jahren ein „beträchtliches Wegstück zur politischen Mitte hin zurückgelegt"[60] hatte, nun als Ausdruck der innerparteilichen Blockade zwischen den Linken und der Realoströmung inhaltlich im Status quo.

Zudem bestand ohne einen den neuen gesellschaftlichen Entwicklungen angepassten inhaltlichen Konsens über die grundlegenden Ziele grüner Politik – das Grundsatzprogramm stammte von 1980 –, immer die Gefahr, dass „innerparteiliche Meinungsverschiedenheiten über konkrete Fragen der Regierungspolitik durch den Rekurs auf überholte Grundsatzpositionen verschärft"[61] wurden. Dies zeigten die heftigen Diskussionen um die Beteiligung der Bundeswehr am Einsatz im Kosovo im Frühjahr 1999 oder um den Castor-Transport im Frühjahr 2001. Das Regierungshandeln der Grünen erschien daher vielen als Verrat an den eigenen Prinzipien und als Opportunismus gegenüber der SPD[62].

Moderatere Kritiker warfen ihnen zumindest vor, „in der Regierung bisher eine schlechte Figur abgegeben"[63] zu haben, während andere Beobachter der Partei bescheinigten, dass sie in der relativ kurzen Zeit ihres Bestehens politisch mehr bewegt habe als alle anderen Parteien und dass keines der großen Reformprojekte der rotgrünen Regierung ohne sie realisiert worden sei[64]. Zudem wurde darauf hingewiesen, dass es „um die Strategiefähigkeit der Grünen auch in den Zeiten nicht wesentlich besser bestellt" war, „in denen sie enorme Wahlerfolge verbuchen konnten"[65], und dass „Totgesagte .. häufig länger, manchmal lange"[66] leben.

Wie auch immer man die Performanz der Grünen in den ersten drei Regierungsjahren beurteilen mochte: Im Herbst 2001 stand die Partei durch die Diskussion um eine deutsche Beteiligung am Militäreinsatz in Afghanistan vor einer Zerreißprobe, die den Bestand der rot-grünen Koalition und die parlamentarische Zukunft der Grünen gefährdete. Nachdem acht Bundestagsabgeordnete der Grünen deutlich gemacht hatten, dass sie dem Bundeswehreinsatz im Parlament nicht zustimmen würden, verband Kanzler Schröder die Abstimmung mit der Vertrauensfrage. Die strategische Antwort der Grünen-Fraktion bestand in der Halbierung der acht Nein-Stimmen, um die Koalition zu retten und gleichzeitig den Kriegseinsatz zu missbilligen. Das Abstimmungsverhalten der Fraktion führte zu heftigen Auseinandersetzungen mit der Parteibasis und mancher sah jetzt das Ende der Grünen gekommen, da der Spagat zwischen Basis und Führung auf Dauer nicht zu schaffen sei[67]. Der Parteitag in

---

60 Thomas Poguntke: Die Bündnisgrünen in der babylonischen Gefangenschaft der SPD?, in: Oskar Niedermayer (Hrsg.): Die Parteien nach der Bundestagswahl 1998, Opladen 1999, S. 83.

61 Thomas Poguntke: Die Bündnisgrünen in der Falle?, in: Kommune 17 (1999), S. 43.

62 Vgl. z.B. Dieter Rulff: Abschied vom Gründungsmythos – „New Green", in: Forschungsjournal Neue Soziale Bewegungen 14 (2001), S. 59–63.

63 Achim Hurrelmann: Von der Alternative zum Korrektiv? Bündnis 90/Die Grünen als Regierungspartei, in: Vorgänge 41 (2002), S. 27.

64 Vgl. Rudi Hoogvliet/Michael Wedell: „Von der Anti-Parteien-Partei zur Alternative im Parteiensystem": Bündnis 90/Die Grünen, in: Forschungsjournal Neue Soziale Bewegungen 14 (2001), S. 52-58.

65 Richard Stöss: Macht und Identität. Das Dilemma der Grünen vor der Bundestagswahl 2002, in: Vorgänge 41 (2002), S. 17.

66 Patrick Horst: Totgesagte leben länger, manchmal lange. Zu den Überlebenschancen der Grünen vor dem koalitionspolitischen Erfahrungshintergrund der FDP, in: Zeitschrift für Parlamentsfragen 32 (2001), S. 841.

67 So z.B. der Parteienforscher Peter Lösche: „Halten sie es mit der Basis und gehen raus aus der Koalition, dann verlieren sie die Wechselwähler. Bleiben sie in der Regierung, dann verprellen sie die Stammwähler" (zit. in: Felix Kurz u.a.: „Politik der Dinosaurier", in: Der Spiegel, Nr. 47 vom 19. November 2001).

Rostock segnete jedoch mit überraschend großer Mehrheit die Linie der Bundesregierung zur Terrorbekämpfung ab und sicherte damit den Fortbestand der rotgrünen Koalition. Obwohl Gewaltfreiheit in der Partei noch nie ein völlig unstrittiges Prinzip gewesen war, stellte der „Durchmarsch der Realos"[68] in Rostock für die Partei eine historische Zäsur dar. Dies spiegelte sich auch in der politischen Stimmung der Wähler wider: Die Zustimmungsraten, die über die letzten zwei Jahre hinweg zwischen 6 und 8 Prozent gelegen hatten, fielen auf 5 Prozent (vgl. Abb. 6).

Abb. 6: Politische Stimmung: Grüne 1998–2002
    (Angaben in Prozent)

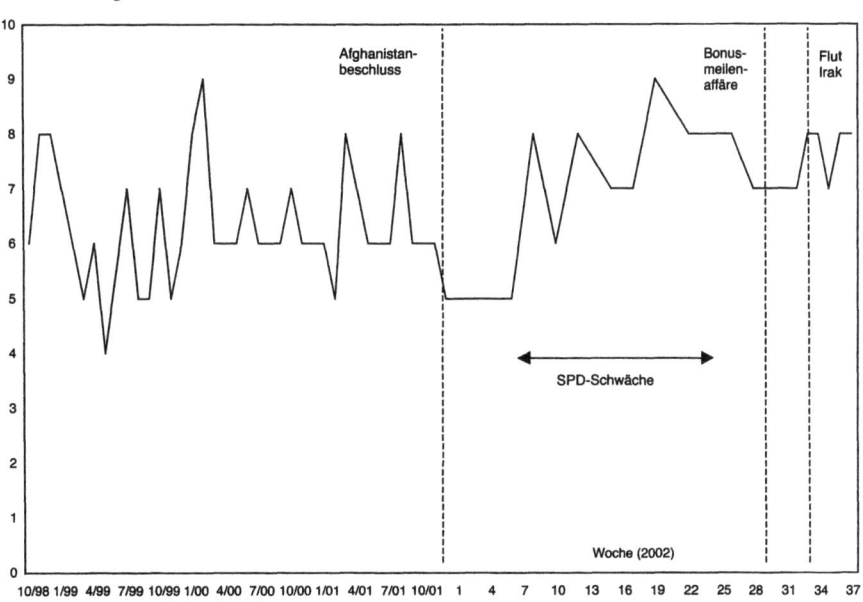

Quelle: Forschungsgruppe Wahlen e.V., Politbarometer.

Anfang 2002 fügten sich die Grünen „im letzten Augenblick und in höchster Not ... in die Rolle der Regierungspartei" und formierten sich hinter ihrem „heimlichen Vorsitzenden und populären Außenminister"[69]. Zum ersten Mal in ihrer über zwanzigjährigen Geschichte gingen die Grünen mit einem offiziell – durch einen Parteiratsbeschluss – nominierten Spitzenkandidaten in den Wahlkampf. Wurde zunächst das Konterfei Fischers mit dem Slogan „Außen Minister – innen grün" plakatiert, so folgte in der Schlussphase des Wahlkampfes eine Zweitstimmenkampagne unter dem Motto „Zweitstimme ist Joschkastimme". Die Personalisierungsstrategie erfolgte auf dem Hintergrund der Tatsache, dass Fischer – im Verein mit Bundeskanzler Schröder – seit Jahren der beliebteste deutsche Politiker war. Über das gesamte Wahljahr hinweg konnte Fischer seine Popularität noch steigern und lag weit vor seinen Konkurrenten aus den anderen beiden kleinen Parteien (vgl. Abb. 7).

---

68 Stephan Haselberger/Martin Lutz: Durchmarsch der Realos, in: Die Welt vom 26. November 2001
69 Christoph Seils: Versöhnung mit dem Vize-König, in: Die Woche vom 25. Januar 2002.

Abb. 7: Allgemeine Beurteilung: Spitzenkandidaten der kleinen Parteien 2002
(Angaben in Prozent)

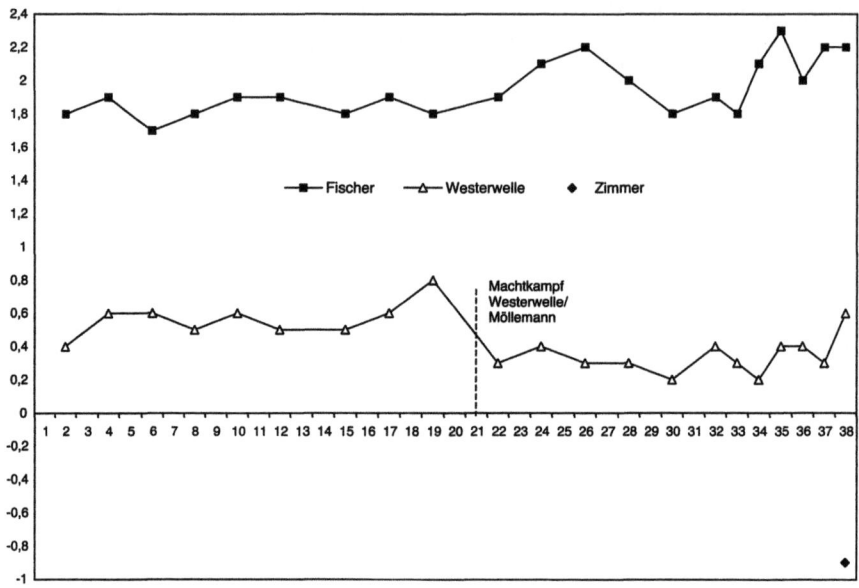

Quelle: Forschungsgruppe Wahlen e.V., Politbarometer.

Kurz vor der Wahl zeigten sich über vier Fünftel der Bevölkerung mit der Arbeit Fischers zufrieden und über ein Viertel der Grünen-Wähler gab an, dass seine Person für ihre Wahlentscheidung ausschlaggebend gewesen sei (vgl. Tab. 7); Werte, die die Spitzenkandidaten der Konkurrenzparteien um Platz drei im Parteiensystem nicht annähernd erreichten (vgl. die nächsten beiden Abschnitte).

Tab. 7: Beurteilung des Grünen-Führungspersonals und dessen Bedeutung für die Wahlentscheidung
(Angaben in Prozent)

	Ges.	GRÜNEN-Anhänger
Die Grünen haben besonders fähige Politiker an der Spitze (Prozent)	45	68
Zufriedenheit mit der Arbeit von Joschka Fischer (Prozent)	83	–
Allgemeine Beurteilung von Joschka Fischer (Mittelwert; Skala von –5 bis +5)	2,2	–
Spitzenkandidat ausschlaggebend für die Wahlentscheidung	–	27

Quelle: „Politiker" und „Zufriedenheit": Infratest dimap (Vorwahlerhebung); „Beurteilung": Forschungsgruppe Wahlen e.V. (Vorwahlerhebung); „Wahlentscheidung": Infratest dimap (Wahltagsbefragung).

Joschka Fischer hat daher unzweifelhaft einen wesentlichen Anteil am Wahlerfolg der Grünen. Hinzu kommt, dass die Partei unter ihrem Wahlkampfmanager Rudi Hoogvliet zusammen mit der kreativen Werbeagentur „Zum Goldenen Hirschen" eine professionelle, zentralisierte Kampagne auf die Beine stellte und im Wahlkampf eine bisher nie dagewesene Geschlossenheit an den Tag legte, was auch das Verdienst des Parteiführungsduos Fritz Kuhn und Claudia Roth war. Als zentrale Wahlziele wurden im Januar 2002 ein deutlicher Stimmengewinn im Vergleich zu 1998 und die Fortsetzung der rot-grünen Koalition propagiert. Unter der Maxime „Wir haben viel erreicht, aber wir haben auch noch viel vor mit Deutschland" wollte man die Grünen als Reformmotor der Koalition präsentieren und u. a. die Ökologie, den Verbraucherschutz, die Frauenpolitik, die Familienpolitik, Europa und die Bekämpfung der Arbeitslosigkeit in den Mittelpunkt eines frechen, fröhlichen, kämpferischen und selbstbewussten Wahlkampfes stellen[70].

Zudem eignete sich der Kanzlerkandidat der Union sehr gut zur Mobilisierung der eigenen Klientel. Die Warnungen vor Stoibers Vorhaben, rot-grüne Politikveränderungen wieder zurückzunehmen, konnten „außerdem kaschieren, dass ihnen an Projekten für die nächste Legislaturperiode bislang nicht viel eingefallen"[71] war. Sie profitierten jedoch von der Schwäche der SPD und konnten ihre Umfragewerte mit der Zeit steigern. Mitte Juli gerieten drei ihrer Spitzenpolitiker im Rahmen der sogenannten „Bonusmeilenaffäre" in die negativen Schlagzeilen: der Fraktionsvorsitzende Rezzo Schlauch, der Staatsminister im Auswärtigen Amt Ludger Volmer und der Bundestagsabgeordnete Cem Özdemir, der, zusätzlich angeschlagen durch seine Verbindungen zu dem Lobbyisten Moritz Huntzinger, seinen Rückzug aus der Politik erklärte. Zwar machte die Verwicklung in diesen Skandal den Grünen, „die sich immer als skandalresistente Gutmenschen verstanden haben"[72], zu schaffen, der politische Schaden hielt sich jedoch in Grenzen, weil kurz darauf „mit Flut, Irak-Krieg und UNO versus USA drei urgrüne Themen – Ökologie, Frieden und Demokratie – ganz oben auf der politischen Agenda standen"[73]. Die kategorische Absage der Bundesregierung an eine deutsche Beteiligung an einem eventuellen Irak-Krieg gab der Partei die Möglichkeit, sich als authentische Friedenspartei zu fühlen, und die Flutkatastrophe rückte die Notwendigkeit von Umwelt- und Klimaschutz wieder in das Bewusstsein breiter Wählerschichten. Das unerwartete Wahlkampfgeschenk wurde strategisch optimal genutzt, indem die Partei in der Endphase des Wahlkampfes vor allem auf das Thema Umwelt setzte: In dem „Vertrag für die Zukunft", einem Acht-Punkte-Programm mit konkreten Versprechungen für die Regierungsarbeit der Grünen bei einer möglichen Fortsetzung der rot-grünen Koalition, das die Partei den Wählern Ende August anbot, stand der Klimaschutz an erster Stelle[74]; plakatiert wurde „Klimaschutz ist wählbar".

Wie die Zuweisungen von Problemlösungskonpetenzen an die drei kleinen Parteien zeigen, hatten die Grünen kurz vor der Wahl in den Augen der Wähler ein klares und für eine kleine Partei sehr stark ausgeprägtes Kompetenzprofil in den wichtigen Politikbereichen Umwelt/Verbraucherschutz und Außenpolitik/Friedenssicherung (vgl. Tab. 8), was – neben der Konzentration auf Joschka Fischer – als zweiter wesentlicher Grund für das gute Abschneiden der Partei angesehen werden kann.

Dennoch hätten die Grünen keine 8,6 Prozent erreicht, wenn nicht in den letzten Tagen vor der Wahl ihre Zweitstimmenkampagne gegriffen hätte: Taktische Wähler,

---

70 Nico Fried: Die Grünen wollen „deutlich" zulegen, in: Süddeutsche Zeitung vom 10. Januar 2002 und Stephan Haselberger: Grüne wollen Wahlergebnis von 1998 überbieten, in: Die Welt vom 10. Januar 2002.

71 Petra Bornhöft: Projekt 8 Prozent, in: Der Spiegel, Nr. 11 vom 11. März 2002.

72 Alexander Weinlein: „Mit dem Schub der gesamten Partei im Kreuz", in: Das Parlament 52 (2002), Nr. 37–38, S. 15.

73 Vgl. Albrecht von Lucke: Phönix aus der roten Asche, in: Berliner Republik 5 (2002), S. 179.

74 Stephan Haselberger: Grüner Länderrat eröffnet letzte Wahlkampf-Phase, in: Berliner Morgenpost vom 24. August 2002.

Tab. 8: Parteikompetenzen kurz vor der Wahl: kleine Parteien
(Angaben in Prozent)

	GRÜNE	FDP	PDS
Eine gute Umweltpolitik betreiben	60	2	1
Den Verbraucherschutz vorantreiben	32	3	1
Eine verlässliche Außenpolitik betreiben	26	4	1
Einsatz für den Frieden	20	2	5
Eine gute Ausländer- und Asylpolitik betreiben	11	4	2
Eine gute Gesundheitspolitik betreiben	8	5	2
Eine gute Familienpolitik betreiben	8	4	2
Für soziale Gerechtigkeit sorgen	5	4	5
Die bei der Hochwasserkatastrophe zerstörten Regionen wieder aufbauen	3	2	1
Eine gute Bildungspolitik betreiben	3	7	3
Kriminalität und Verbrechen bekämpfen	2	2	1
Den Wirtschaftsstandort Deutschland voranbringen	1	6	0
Arbeitsplätze sichern und neue schaffen	1	4	1
Aufbau der ostdeutschen Wirtschaft vorantreiben	1	2	6
Eine gute Steuerpolitik betreiben	1	9	1
Die Altersversorgung langfristig sichern	1	3	1
Den Wohlstand der Bürger sichern	0	6	1
Die Zukunftsprobleme Deutschlands lösen	3	4	1

Quelle: Infratest dimap: Wahlreport. Wahl zum 15. Deutschen Bundestag am 22. September 2002 (Vorwahlerhebung).

die der SPD politisch sehr viel näher standen als den Grünen, haben – um eine drohende Mehrheit von SPD und FDP zu verhindern und eine Fortsetzung der rot-grünen Koalition zu ermöglichen – „in einem bisher nicht beobachteten Ausmaß"[75] die Grünen gewählt. Ihr gutes Ergebnis verdanken die Grünen somit zum Teil den Leihstimmen aus der SPD-Anhängerschaft.

3.2. Die FDP

Die FDP hatte in der ersten Hälfte der Neunzigerjahre einen durch strukturelle, inhalt-liche und personelle Defizite verursachten Weg „von der Euphorie ins Jammertal"[76] zurückgelegt: Die Anfang 1992 noch in allen sechzehn Landtagen vertretene Partei verlor vom Herbst 1993 bis zum Herbst 1995 alle dreizehn Landtagswahlen in Folge, flog in zwölf Ländern aus den Parlamenten[77] und brach bei der Bundestagswahl 1994 dramatisch ein. Die einseitige Bindung an die CDU/CSU wurde zunehmend zur Existenzbedrohung, da die Partei vom Wähler immer mehr als prinzipell verzichtbares Unions-Anhängsel wahrgenommen wurde.

In der zweiten Hälfte der Neunziger versuchte sie sich – zwischen Koalitionsloyalität zur Union und eigenständiger inhaltlicher Profilierung als Wirtschafts- und Steuer-senkungspartei lavierend – zu regenerieren, was ihr nur begrenzt gelang, und bei der Bundestagswahl 1998 präsentierte sie sich – mit dem Wahlslogan „Wähle FDP –

---

75 Forschungsgruppe Wahlen e.V. (Anm. 50), S. 30. Vgl. auch Manfred Güllner: Die strukturelle Schwäche der CDU, in: Die Neue Gesellschaft/Frankfurter Hefte 49 (2002), S. 654.

76 Hans Vorländer: Die FDP im vereinten Deutschland, in: Politische Bildung, 33 (2000), Heft 2, S. 47.

77 In den neuen Bundesländern war der Absturz besonders schmerzlich. Dort wurde die anfängliche Regierungspartei zur marginalen Partei, die von 1994 an in keinem Landtag mehr vertreten war und Wahlergebnisse zwischen 2 und 4 Prozent erreichte.

damit Helmut Kohl Kanzler bleibt" – wieder als reine Mehrheitsbeschafferin der Union. Nachdem diese Strategie mit einer erneuten Wahlschlappe und dem Verlust der Regierungsverantwortung gescheitert war, begann die FDP sich von der einseitigen Koalitionspräferenz für die Union zu lösen und – zunächst noch sehr vorsichtig – die „Äquidistanz" zu den beiden Großparteien zu propagieren. Schon kurz nach der Wahl forderte der damalige Generalsekretär Guido Westerwelle, die FDP müsse unabhängig und durchaus als „Partei mit Optionen" wahrgenommen werden[78]. Erste Früchte trug die neue Profilierung erst einige Zeit später: Nachdem die Partei über das gesamte Jahr 1999 hinweg in der politischen Stimmung bei etwa drei Prozent gedümpelt hatte, profitierte sie im Jahre 2000 nicht nur von der Spendenaffäre der CDU, „sondern sie konnte in der Opposition zunehmend auch ein eigenständiges Profil (‚weniger Staat') gewinnen"[79] und ihren Stimmenanteil verdoppeln.

Am konsequentesten umgesetzt wurde das neue Credo von dem nordrhein-westfälischen FDP-Vorsitzenden Jürgen W. Möllemann, der mit einem auf koalitionspolitische Eigenständigkeit pochenden Wahlkampf bei der dortigen Landtagswahl im Mai 2000 die höchste Steigerungsrate und das beste Wahlergebnis der FDP in Bund und Ländern seit zehn Jahren erreichte. Möllemann war es auch, der kurz nach der NRW-Wahl einer Bundes-FDP als „freiheitlicher Volkspartei", die eine „glaubwürdige Äquidistanz" zu den beiden Großparteien verkörpere, „zunächst einmal 18 Prozent" verhieß[80]. Da eine solche Strategie mit dem Parteivorsitzenden Wolfgang Gerhardt jedoch schwer durchführbar war, entbrannte ein monatelanger Streit zwischen den beiden Politikern, aus dem schließlich der Generalsekretär Westerwelle als lachender Dritter hervorging: Er wurde im Mai 2001 vom Parteitag zum neuen Parteichef gewählt. Möllemann wurde jedoch als stellvertretender Vorsitzender in die Parteiführung eingebunden, und der Parteitag akzeptierte die von ihm initiierte und von Westerwelle übernommene[81] „Strategie 18 %".

In der Aufbruchphase nach dem Bundesparteitag erreichte die FDP in der politischen Stimmung Spitzenwerte von 10 Prozent, und im Schnitt konnte sie sich bis zum Wahljahr bei etwa 7 Prozent stabilisieren. Damit war man von den angepeilten 18 Prozent noch weit weg, aber die eigentliche Funktion dieser Zielmarke war auch eine andere: Zum einen ging es darum, mit diesem Projekt die nach den vielen vorangegangenen Niederlagen mutlos gewordene Parteibasis erneut zum Kämpfen zu motivieren, zum anderen wollte man der Partei genügend Medienaufmerksamkeit verschaffen, um im Duell der beiden Großparteien nicht unterzugehen. Strategisches Ziel der „Strategie 18 %" war, die FDP als „Partei für das ganze Volk" so stark zu machen, „dass ohne sie keine Regierungsbildung möglich wird", wobei sich die Partei „weder als Teil eines Lagers noch als Mehrheitsbeschaffer" begriff und „unabhängig", d.h. ohne Koalitionsfestlegung, in die Wahl gehen wollte[82]. Diese Strategie wurde mit einer neuartigen Wahlkampagne umgesetzt, die aus sechs wesentlichen Komponenten bestand[83]:

78 Westerwelle: Die FDP muss das liberale Milieu zurückerobern, in: Süddeutsche Zeitung vom 7. Dezember 1998.
79 Eckhard Jesse: Die „Kleinen" in der „Koalitionsdemokratie", in: Der Bürger im Staat 52 (2002), S. 50.
80 Hans-Joachim Noack: Mölli und die Pappnasen, in: Der Spiegel, Nr. 22 vom 30. Mai 2000.
81 Guido Westerwelle: Strategie 18/2002, Manuskript vom 18. April 2001.
82 Vgl. Freie Demokratische Partei: Strategie 18 %, o.O., o.J. (im Internet publiziert).
83 Vgl. Frank Bösch: Bereit für den Wechsel? Die strategische und inhaltliche Positionierung von CDU/CSU und FDP vor der Bundestagswahl 2002, in: Aus Politik und Zeitgeschichte, B 21 (2002), S. 13 f.

– Man arbeitete mit popkulturellen Medienevents, um die „Spaßgeneration" der Jugendlichen anzusprechen, und verlagerte die medienbezogenen Kampagnenaktivitäten zum Teil in den Unterhaltungsbereich (z. B. „Big Brother"-Auftritt Westerwelles).

– Man setzte auf eine für eine kleine Partei neuartige Form von Personalisierung, indem man die Spitzenkandidaten auf der Landes- (Sachsen-Anhalt) und Bundesebene als Ministerpräsidenten- bzw. Kanzlerkandidaten präsentierte.

– Man machte den angestrebten Wahlerfolg selbst zum Kernthema des Wahlkampfes (Zahlensymbol „18").

– Man präsentierte sich als Vorreiter des Internet-Campaignings und präsentierte sich damit als moderne, jugendliche Partei.

– Man erprobte unkonventionelle Formen der Spendensammlung (Fundraising-Diner).

– Man setzte gezielt auf Tabubrüche, um sich mediale Aufmerksamkeit zu sichern.

Mit dieser Strategie gelang der Partei in den ersten drei Monaten des Wahljahres eine Stabilisierung in der Wählergunst bei etwa 8 Prozent. Im weiteren Verlauf der Kampagne wurden jedoch vier strategische Fehler begangen, die ein besseres Abschneiden der FDP bei der Wahl verhinderten, nämlich der problematische Umgang mit (1) Jürgen W. Möllemanns populistischem Schüren antisemitischer Ressentiments, (2) der traditionellen Stammklientel der FDP, (3) der nationalen Flutkatastrophe und (4) dem Strategiewechsel der SPD.

Das relative Gewicht dieser Fehler bei der Erklärung des FDP-Wahlergebnisses ist äußerst umstritten. Dies gilt vor allem für den Beitrag der Möllemann-Affäre. Guido Westerwelle sieht in seiner Wahlanalyse in Möllemann den Schuldigen für das Abrutschen der FDP: „Die FDP befand sich ... zum Zeitpunkt ihres Bundesparteitages ... auf dem Zenit ihrer Zustimmung. Wenige Tage danach begann eine Antisemitismusdebatte, ausgelöst durch die Aufnahme eines früheren grünen Landtagsabgeordneten in die FDP und die entsprechende Instrumentalisierung durch Jürgen Möllemann", was zu einer „Irritation vieler bürgerlicher Wähler der Freien Demokraten"[84] geführt habe. Betrachtet man jedoch die zeitliche Abfolge der Ereignisse und die jeweilige politische Stimmung etwas genauer, erscheint die Sachlage sehr viel komplizierter und widersprüchlicher. Die erste Israel-Kritik Möllemanns erfolgte schon am 4. April, als er in einem Interview erklärte, wenn er Palästinenser wäre, würde er sich auch wehren, und zwar mit Gewalt, und das nicht nur im eigenen Land. In der Woche darauf erhielt die FDP 2 Prozentpunkte weniger Zustimmung (vgl. Abb. 8). Danach brachte die Landtagswahl in Sachsen-Anhalt am 21. April der FDP eine Verdreifachung des Stimmenanteils, und sie zog nicht nur wieder in den Landtag ein, sondern bildete mit der CDU auch die Regierung (Steigerung der FDP im Bund um drei Prozentpunkte). Am 26. April trat – von Möllemann tatkräftig unterstützt – der Deutsch-Syrer Jamal Karsli von den Grünen zur FDP-Fraktion im nordrhein-westfälischen Landtag über und machte mit antijüdischen Ausfällen („Nazi-Methoden"-Vorwurf an Israel, „Feigheit" der Deutschen gegenüber Israel wegen der Angst vor dem großen Einfluss der „zionistischen Lobby"[85]) von sich reden (die FDP blieb in der Wählergunst gleich). Die Aufregungen um diese Affäre lagen „wie ein dunkler

---

84 Guido Westerwelle: Aufbruch 2006, Manuskript, Berlin 2002, S. 7.
85 Helmut Breuer: Ärger mit dem „Kuckucksei", in: Berliner Morgenpost vom 8. Mai 2002.

Schatten"[86] über dem FDP-Parteitag vom 10.-12. Mai in Mannheim. Kurz darauf, am 16. Mai, griff Möllemann den Vizepräsidenten des Zentralrates der Juden in Deutschland, Michel Friedman, der Karslis Äußerungen mit NS-Propaganda verglichen hatte, scharf an – „Ich fürchte, dass kaum jemand den Antisemiten, die es in Deutschland leider gibt, mehr Zulauf verschafft als Herr Scharon und in Deutschland Herr Friedman mit seiner intoleranten, gehässigen Art"[87] – und trat damit eine heftige Antisemitismusdebatte los (in der politischen Stimmung stieg die FDP zwei Wochen später um einen Prozentpunkt). Nachdem Westerwelle mit seiner Forderung, Karsli aus der FDP-Fraktion auszuschließen, am 3. Juni auf einer von ihm erzwungenen Sondersitzung des NRW-Landesvorstandes am Widerstand Möllemanns gescheitert war, stellte er seinem Vize ein Ultimatum (wenn Möllemann weiter an Karsli festhalte, könne er nicht mehr mit ihm zusammenarbeiten), worauf dieser sich am 6. Juni bei den deutschen Juden entschuldigte und Karsli die Fraktion verließ. In der folgenden Woche stieg die FDP um einen weiteren Prozentpunkt, fiel weitere zwei Wochen später jedoch um vier Prozentpunkte, sodass sie wieder auf dem Niveau anlangte, auf dem sie vor Beginn der Möllemann-Affäre war (vgl. Abb. 8).

Abb. 8: Politische Stimmung: FDP 2002
(Angaben in Prozent)

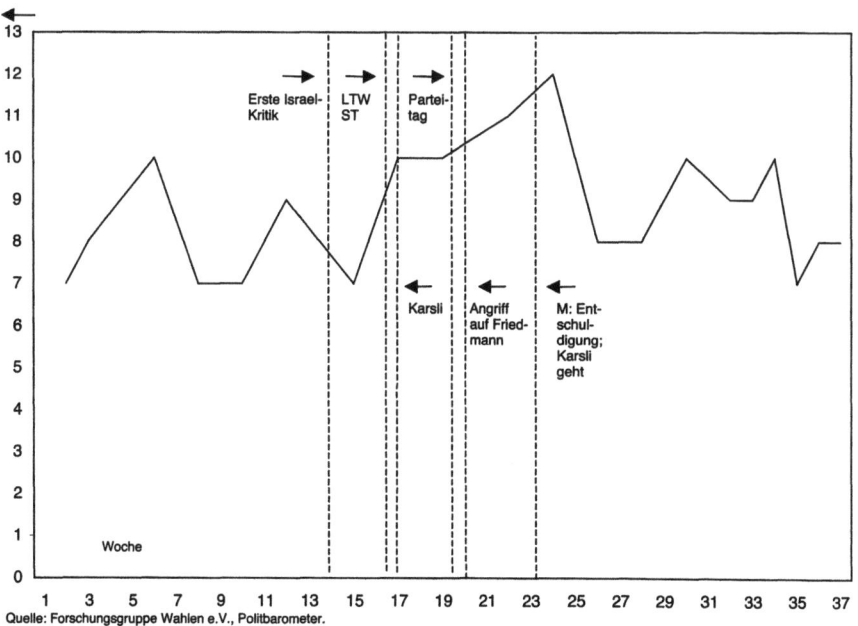

Quelle: Forschungsgruppe Wahlen e.V., Politbarometer.

Wie auch immer man die direkten Auswirkungen des Möllemannschen Versuchs, die politische Achse der Liberalen zu verschieben, auf die Wähler bewertet[88], eines wurde

86 A. Delfs/P. Dausend: Krönungsmesse für Guido Westerwelle, in: Berliner Morgenpost vom 13. Mai 2002.
87 Petra Bornhöft u. a.: Die Probebohrung, in: Der Spiegel, Nr. 22 vom 27. Mai. 2002.
88 Unterschiedliche Ansichten gibt es auch über die Auswirkungen des zweiten Teils der Möllemann-Affäre, d.h. das Verschicken eines Flugblatts in NRW mit der Wiederholung seiner Vorwürfe am 17. September. Der Einschätzung der FDP-Spitze, dies habe zwei bis drei Prozentpunkte gekostet, hält die Forschungsgruppe Wahlen e.V. in ihrer Wahlanalyse entgegen, dass dies Spekulationen seien, die „durch empirische Daten nicht zu stützen sind". Forschungsgruppe Wahlen e.V. (Anm. 50), S. 31.

auf jeden Fall deutlich: Die Möllemann-Eskapaden hatten auch indirekte Wirkungen, und zwar in Form der Beschädigung des Spitzenkandidaten. Guido Westerwelle ließ Möllemann viel zu lange gewähren, sei es, weil er den antisemitischen Kurs Möllemann unterstützte[89], sei es weil er die direkte Konfrontation mit seinem Parteivize, der „im größten FDP-Landesverband Nordrhein-Westfalen über eine gesicherte Machtbasis verfügte"[90], scheute. Sein Lavieren führte zu einem Absturz in der Bewertung durch die Bevölkerung (vgl. Abb. 7), der erst kurz vor der Wahl wieder aufgefangen werden konnte. Im Vergleich mit ihrer Hauptkonkurrentin um den dritten Platz im Parteiensystem, den Grünen, konnte die FDP bei der Wahl insgesamt sehr viel weniger von ihrem Spitzenpersonal profitieren (vgl. Tab. 9 und Tab. 7).

Tab. 9: Beurteilung des FDP-Führungspersonals und dessen Bedeutung für die Wahlentscheidung
(Angaben in Prozent)

	Ges.	FDP-Anhänger
Die FDP hat besonders fähige Politiker an der Spitze	30	75
Zufriedenheit mit der Arbeit von Guido Westerwelle	44	–
Allgemeine Beurteilung von Guido Westerwelle (Mittelwert; Skala von –5 bis +5)	0,6	–
Spitzenkandidat ausschlaggebend für die Wahlentscheidung	–	19

Quelle: „Politiker" und „Zufriedenheit": Infratest dimap (Vorwahlerhebung); „Beurteilung": Forschungsgruppe Wahlen e.V. (Vorwahlerhebung); „Wahlentscheidung": Infratest dimap (Wahltagsbefragung).

Das Spielen Möllemanns „auf der Klaviatur rechtspopulistischer und antisemitischer Ressentiments"[91] fiel bei der traditionellen liberalen Klientel sicherlich nicht auf fruchtbaren Boden. Ebenso irritiert dürfte insbesonders der ältere Teil der Stammwählerschaft vom neuartigen „Spaßwahlkampf" der FDP gewesen sein. Wie die Altersstruktur der FDP-Wählerschaft zeigt, konnten durch die Stilisierung „als Partei von Frohsinn und rauschhafter Jugendlichkeit"[92] die Jüngeren – insbesonder der männliche Teil – gut angesprochen werden, aber in den quantitativ starken älteren Wählergruppen, die sich und ihre Anliegen in der Kampagne nicht repräsentiert sahen, gab es Verluste.

Zudem wurde die auf Fun und Event programmierte Kampagne in der Schlussphase des Wahlkampfs durch die Hochwasserkatastrophe mit einem ernsten Ereignis konfrontiert, auf das keine adäquate Antwort gefunden werden konnte. Während der Flut reagierte Westerwelle kontraproduktiv: „Anstatt sein Guidomobil zum Sandsacktransport an die Elbe zu expedieren oder aber das Guidomobil zu versteigern und den Erlös den Flutopfern zu spenden, suchte er langatmig zu erklären, warum er, als einziger bedeutender Politiker der Republik, nun gerade nicht als Deichgraf zu posieren gedacht. Das war der ‚Gau' eines so exklusiv und konsequent auf die Logik der Mediendemokratie zugeschnittenen Wahlkampfs. Nun sich als Stimme der Vernunft zu etikettieren, war angesichts des Spaßwahlkampfes zuvor eine Wendung, die das Publikum nicht nachvollziehen konnte"[93].

---

89 Karen Andresen u.a.: Projekt Größenwahn, in: Der Spiegel, Nr. 45 vom 4. November 2002.
90 Stephan Haselberger/Helmut Breuer: FDP will Möllemann in die Schranken weisen, in: Berliner Morgenpost vom 30. Mai 2002.
91 Hans Vorländer: Die FDP – Ein Lehrstück medialen Illusionstheaters, in: Forschungsjournal Neue Soziale Bewegungen 16 (2003), S. 91.
92 Dürr (Anm. 8), S. 14.
93 Vorländer (Anm. 91), S. 91.

Eine andere Wendung, die der FDP hätte Stimmen bringen können, blieb hingegen aus: Die Partei hatte sich frühzeitig darauf festgelegt, als Ausfluss ihrer Äquidistanz-Strategie auf eine Koalitionsaussage zu verzichten. Dies war den Wählern so lange zu vermitteln, wie die Wahlkampfstrategien von SPD und Union ein Zusammengehen der FDP mit jeder der beiden Großparteien als halbwegs realistische Option erscheinen ließen. Als die SPD jedoch einen Strategiewechsel hin zu einem polarisierenden Lagerwahlkampf vollzog, wurde die FDP, deren Wahlkampfinhalte ja durchaus eine größere Nähe zur Union erkennen ließen, als Teil des bürgerlichen Lagers wahrgenommen. Die bis zum Schluss durchgehaltene offizielle Parteilinie der koalitions-strategischen Unabhängigkeit entsprach diesen Erwartungen jedoch nicht und verunsicherte damit die mit großer Mehrheit eine Koalition mit der Union präferierende[94] liberale Klientel. Der Parteichef verteidigte den Verzicht auf eine Koalitionsaussage in seiner Wahlanalyse mit der Argumentation, dass eine Koalitionsaussage durch die Parteiführung kurz vor der Wahl im Widerspruch zu mehreren nahezu einstimmigen Parteitagsbeschlüssen gestanden, zu kontroversen innerparteilichen Diskussionen geführt und der Partei das Etikett der „Umfaller-Partei" angeheftet hätte[95]. Dies ist richtig, hätte jedoch vermieden werden können, wäre die Strategie der eigenständigen Profilierung von Anfang an nicht so apodiktisch mit dem Verzicht auf eine Koalitionsaussage gleichgesetzt worden. Eigenständigkeit kann prinzipiell auch verwirklicht werden, wenn man eine eigenständige inhaltliche Positionierung der Partei vornimmt, vor jeder Wahl erneut überprüft, mit welcher der konkurrierenden Parteien man die eigenen Positionen am ehesten verwirklichen kann, und den Wählern das Ergebnis – fällt es eindeutig zugunsten einer bestimmten Partei aus – auch vor der Wahl mitteilt. Wäre die Eigenständigkeitsstrategie so konzipiert worden, hätte man den Strategiewechsel der SPD problemlos zum Anlass für eine Koalitionsaussage zugunsten der Union nehmen können.

3.3. Die PDS

Trotz der Fehler in den Kampagnenstrategien von Union und FDP hätten die koalitionsstrategischen Optionen nach der Wahl ganz anders ausgesehen, wäre die PDS mit einer nennenswerten Zahl von Abgeordneten in den Bundestag eingezogen. Das zentrale Problem der PDS im Wahlkampf war jedoch, dass sie „sich bei der Überwindung der Fünf-Prozent-Hürde selbst im Weg"[96] stand, weil sie es – geblendet durch die Landtagswahlerfolge der letzten Jahre – versäumte, die personellen und inhaltlich-programmatischen Voraussetzungen für einen Bundestagswahlerfolg zu schaffen.

Die PDS hatte in der zweiten Hälfte der Neunzigerjahre ihre Stellung in Ostdeutschland durch Wahlerfolge in fast allen ostdeutschen Landtagswahlen weiter ausgebaut, wobei sie in Sachsen und Thüringen hinter der CDU zur zweitstärksten Partei wurde. Gleichzeitig wurde sie schrittweise in die Regierungsverantwortung einbezogen: Den Anfang machte Sachsen-Anhalt mit einer von der PDS tolerierten rot-grünen

---

94 Infratest dimap (Anm. 50), S. 128.
95 Westerwelle (Anm. 84), S. 6.
96 Gero Neugebauer/Richard Stöss: Die PDS in unentschiedener Lage, in: Oskar Niedermayer (Hrsg.): Die Parteien nach der Bundestagswahl 2002, Opladen 2003 (in Vorbereitung). Diese Einschätzung teilt auch der PDS-Wahlkampfleiter Dietmar Bartsch: „Mir ist bewusst, dass viele ‚hausgemachte' Gründe zu unserem Debakel führten" (Dietmar Bartsch, Gedanken nach einer schweren Niederlage, am 2. Oktober 2002 im Rahmen der Nachwahldebatte von der PDS im Internet publiziert.

(1994–1998) bzw. SPD-Minderheitsregierung (nach 1998) und 1998 wurde in Mecklenburg-Vorpommern die erste SPD-PDS-Koalition gebildet. Die Ursachen für die Erfolge der Partei in Ostdeutschland lagen jedoch „im Wesentlichen in der Krise der SPD"[97]. Zudem stellt die Rolle als Repräsentantin des Ostens für die Partei keine langfristige Perspektive dar, und ihre Entwicklung im Westen der Republik war zwar „durchaus von einer positiven Tendenz gekennzeichnet, aber auf niedrigstem Niveau, mit geringstem Tempo und größten Widersprüchen"[98]. Dies schien sich mit der vorgezogenen Abgeordnetenhauswahl in Berlin im Oktober 2001 zu ändern, wo die Partei im Westen der Stadt 6,9 Prozent erreichte und – nach dem Scheitern von Verhandlungen über eine Ampelkoalition – mit der SPD die Regierung bildete. Die Besonderheiten dieser Wahl[99] missachtend, wurde dies als Durchbruch im Westen angesehen, und man betrachtete sich zu Beginn des Bundestagswahljahres als deutschlandweiten Machtfaktor.

Entsprechend ehrgeizig und selbstbewusst fielen die Wahlziele aus: Hatte man auf dem Cottbusser Parteitag im Oktober 2000 noch angepeilt, bundesweit mehr als sechs Prozent der Zweitstimmen (mindestens jede vierte Stimme in Ost- und zwei Prozent in Westdeutschland) sowie mindestens drei Direktmandate zu holen[100], so vertrat die in Cottbus zur Parteichefin gewählte Gabi Zimmer im Januar 2002 die Überzeugung, das Jahr 2002 werde für die PDS das politisch erfolgreichste Jahr ihrer Geschichte. Bundesweit sei ein Wahlergebnis von acht bis neun Prozent durchaus vorstellbar, die Partei wolle sieben Direktmandate erobern, und im Osten sei ein Aufstieg zur stärksten Partei durchaus möglich[101].

Um diese Ziele zu erreichen, musste die Partei durch ein attraktives personelles und inhaltliches Politikangebot nicht nur ihr traditionelles Wählermilieu sichern, sondern auch die seit 1998 darüber hinaus gewonnenen Wählerschichten halten und vor allem im Westen neue Wähler hinzugewinnen. Dafür fehlten ihr jedoch die personellen wie inhaltlichen Voraussetzungen. Personell hat die Partei den Rückzug der Doppelspitze aus dem Vorsitzenden der Bundestagsfraktion Gregor Gysi und dem Parteivorsizenden Lothar Bisky, die – genervt von dem anhaltenden Widerstand der orthodoxen Gruppen gegen eine programmatische und strukturelle Modernisierung – nach dem desaströsen Münsteraner Parteitag 2000 das Handtuch geworfen hatten, nicht verkraftet. Gysi kehrte Ende 2001 zwar in die Politik zurück, aber auf Landesebene als Wirtschaftssenator in Berlin.

Auf der Bundesebene ging die PDS mit einem Quartett in den Wahlkampf. Zu dem Ende Januar vorgestellten Führungsteam gehörten die Parteichefin Gabi Zimmer, der Bundesgeschäftsführer und Wahlkampfleiter Dietmar Bartsch, der Fraktionschef Roland Claus und die stellvertretende Fraktionsvorsitzende Petra Pau. Dies sollte vier-

---

97 Neugebauer/Stöss (Anm. 96).
98 André Brie: PDS: Aufbruch im Konjunktiv, in: Blätter für deutsche und internationale Politik 45 (2000), S. 405.
99 Vgl. hierzu Oskar Niedermayer/Richard Stöss: Die Wahl zum Berliner Abgeordnetenhaus vom 21. Oktober 2001: Regierungswechsel nach vorgezogenen Neuwahlen, in: Zeitschrift für Parlamentsfragen 33 (2002), S. 244–261.
100 Vgl. Den Politikwechsel nachholen! Deutschland braucht mehr sozialistische Politik! Die PDS und die Wahlen 2002. Beschluss der 1. Tagung des 7. Parteitages der PDS vom 14. und 15. Oktober 2000 in Cottbus.
101 Vgl. Messlatte fürs Wahljahr höher legen, in: Pressedienst der PDS, Nr. 2 vom 10. Januar 2002 sowie Philip Grassmann, PDS hofft auf neun Prozent, in: Süddeutsche Zeitung vom 8. Januar 2002.

fache Kompetenz signalisieren, war aber angesichts der Konzentration aller anderen Parteien auf einen einzigen Spitzenkandidaten problematisch und konnte mit den ausgewählten Personen, die oft gegen- statt miteinander agierten, nur schwer gelin-gen. Der Parteichefin Zimmer wurde zudem angelastet, dass „sie zwar die Seelen der Mitglieder zu streicheln versteht, nach außen aber keinerlei Wirkung hat"[102], während Bartsch und Claus „die emotionale Ausstrahlungskraft" fehlte, „mit denen das langjährige Führungsduo Gysi & Bisky der Parteibasis das Herz erwärmte"[103]. Zudem setzte die PDS-Wahlkampfführung bei der Vermittlung ihres Spitzenpersonals mit ihren „überraschend fahndungsfotohaften Plakaten und jederzeit verdrießlich dreinschauenden Kandidaten"[104] der – oft überdrehten – Imagekonstruktion der anderen Parteien den Verzicht auf jegliche vorteilhafte Selbstdarstellung entgegen. Als sich in der Endphase des Wahlkampfs die Auseinandersetzung auf einen Zweikampf Schröder/Stoiber zuspitzte, auch Grüne und FDP verstärkt auf ihre Spitzenkandidaten setzten und zudem der PDS mit dem Rücktritt Gregor Gysis als Berliner Wirtschaftssenator aufgrund seiner Verstrickung in die „Bonusmeilenaffäre" auch noch ihr eloquentester Selbstdarsteller abhanden kam[105], stand die PDS daher „mit ihrem blassen Führungsquartett nahezu gesichtslos dar"[106]: Gabi Zimmer war wenige Tage vor der Wahl lediglich 40 Prozent der Bürgerinnen und Bürger überhaupt bekannt genug, um ein Urteil über sie abzugeben[107], und dieses Urteil fiel, wie Tab. 10 zeigt, wenig schmeichelhaft aus: Nur ein Siebtel der Befragten zeigte sich kurz vor der Wahl mit der Arbeit von Zimmer zufrieden, und ihre allgemeine Beurteilung fiel negativ aus. Die gesamte Führungsriege wurde nur von einem Achtel als besonders fähig erachtet und war auch nur für ein Siebtel ausschlaggebend für die Wahl. Damit trug das Spitzenpersonal weit weniger zum Wahlergebnis der Partei bei als bei den anderen beiden Parteien, insbesondere den Grünen (vgl. Abschnitt 3.1 und 3.2)

Tab. 10: Beurteilung des PDS-Führungspersonals und dessen Bedeutung für die Wahlentscheidung
(Angaben in Prozent)

	Ges.	PDS-Anh.
Die PDS hat besonders fähige Politiker an der Spitze (Prozent)	12	58
Zufriedenheit mit der Arbeit von Gabi Zimmer (Prozent)	14	-
Allgemeine Beurteilung von Gabi Zimmer (Mittelwert; Skala von –5 bis +5)	-0,9	-
	West	Ost
Spitzenkandidaten ausschlaggebend für die Wahlentscheidung	13	14

Quelle: „Politiker" und „Zufriedenheit": Infratest dimap (Vorwahlerhebung); „Beurteilung": Forschungsgruppe Wahlen e.V. (Vorwahlerhebung); „Wahlentscheidung": Infratest dimap (Wahltagsbefragung).

Die Strategie der Parteivorsitzenden, unter dem Motto „Einbinden statt ausgrenzen"

---

102 Frank Kässner: Der PDS droht ein Desaster, in: Berliner Morgenpost vom 19. September 2002.

103 Riecker (Anm. 46), S. 591.

104 Dürr (Anm. 8), S. 14.

105 Gysis Rücktritt hat sicherlich die Wahlchancen der PDS beeinträchtigt. Der Auffassung, dass dieser Schritt „als Initialzündung für den Niedergang der PDS" wirkte (Dietmar Wittich: Schlüsselproblem: Politische Kultur. Zum Wahlergebnis der PDS, in: UTOPIE kreativ 146/2002, S. 1074), muss angesichts des schon im Frühjahr 2002 beginnenden Unterstützungsrückgangs seitens der Wähler (vgl. Abb. 9) jedoch widersprochen werden.

106 Riecker (Anm. 46), S. 591.

107 Vgl. Forschungsgruppe Wahlen e.V. (Anm. 50), S. 38.

alle unterschiedlichen Strömungen und ideologischen Gruppen in der Partei zu integrieren, trug zudem dazu bei, dass sich die PDS den Wählern mit einem unklaren inhaltlichen Profil präsentierte. Dies wurde schon im Vorwahljahr anhand des ambivalenten Umgangs der Partei mit ihrer eigenen Vergangenheit deutlich: Im Frühjahr 2001 präsentierte Zimmer gemeinsam mit der Berliner Landeschefin Petra Pau eine Erklärung zur Zwangsvereinigung von KPD und SPD zur SED. Das dort eingeräumte Unrecht führte zu Protesten der Parteibasis, worauf der Parteivorstand die aufgebrachten Mitglieder mit der Erklärung beruhigte, dass von einer Entschuldigung keine Rede sein könne[108]. Mitte 2001 war die PDS-Führung erneut zum Lavieren gezwungen, als der stellvertretende Vorsitzende Peter Porsch den Mauerbau als Instrument zur Friedenssicherung rechtfertigte und der Vorstand nach der bundesweiten Entrüstung über diese Äußerung zwar eindeutig feststellte, dass es für die Opfer an der Mauer keine Rechtfertigung geben könne, eine ausdrückliche Entschuldigung für den Mauerbau aber ablehnte[109].

Das Verhältnis der Partei zu ihren SED-Erblasten ist ein wesentlicher Streitpunkt zwischen den verschiedenen innerparteilichen Strömungen, deren Uneinheitlichkeit in zentralen inhaltlichen Fragen seit vielen Jahren verhinderte, dass die PDS ihre inhaltliche Position im Parteienwettbewerb in Form eines neuen Parteiprogramms verdeutlicht: Trotz großer Anstrengungen auch seitens der Vorsitzenden gelang es wegen der Verzögerungstaktik der Traditionalisten nicht, das Programm der Partei aus dem Jahre 1993 vor der Bundestagswahl durch ein neues Grundsatzprogramm zu ersetzen, das den Anspruch der Partei, sich zu einer gesamtdeutschen linkssozialistischen Kraft zu entwickeln, den Wählern inhaltlich hätte vermitteln können.

Das auf dem Wahlparteitag im März 2002 in Rostock verabschiedete Wahlprogramm konzentrierte sich auf drei Kernbotschaften an die Wähler: Die PDS „als Partei der sozialen Gerechtigkeit, als Friedens- und Antikriegspartei, als Partei, die Ostdeutschland als Zukunftschance begreift"[110]. An der Umsetzung dieser Botschaften im Wahlkampf haperte es jedoch, wie der Wahlkampfleiter nach der Wahl selbstkritisch einräumte: „Wir sind den gesellschaftlichen Problemen hinterhergehechelt, haben es nicht verstanden, auch nur eine gesellschaftliche Debatte relevant mitzubestimmen, wenn man vielleicht von der Krieg-Frieden-Frage absieht, geschweige denn haben wir ein Thema selbst gesetzt. Schlimmer noch, an wichtigen Diskussionen nahmen wir gar nicht (erkennbar) teil"[111] Dies zeigt auch eine Analyse der Medienpräsenz: In der Häufigkeit der Medienberichterstattung lag die PDS im letzten halben Jahr vor der Wahl weit hinter den anderen beiden kleinen Parteien[112].

Mit der Krieg-Frieden-Frage schien der Partei jedoch die Themenbesetzung zunächst zu gelingen. Schon Anfang 1999 im Rahmen der Diskussion um die Beteiligung der Bundeswehr am NATO-Einsatz im Kosovo erhielt sie die Chance, sich – insbesondere in Konkurrenz zu den Grünen – auf diesem Politikfeld zu profilieren und nach dem Terroranschlag auf die USA im September 2001 stilisierte sie sich zur „einzigen Anti-

---

108 Frank Kässner, Die Vorsitzende aus Hinternah, in: Berliner Morgenpost von 5. Oktober. 2001.
109 Philip Grassmann: Die Mauer in den Köpfen. Wie schwer sich die PDS tut, ihr Verhältnis zur Vergangenheit zu klären, in: Süddeutsche Zeitung vom 18. Juni 2001.
110 Es geht auch anders: Nur Gerechtigkeit sichert Zukunft! Programm der PDS zur Bundestagswahl 2002, Beschluss der 3. Tagung des 7. Parteitages der PDS, Rostock, 17. März 2002, S. 2.
111 Bartsch (Anm. 96).
112 Vgl. F.A.Z.-Institut: Prime Politics Bulletin. August 2002, Mainz 2002, S. 14.

Kriegspartei"[113]. Ihre strikte Ablehnung der Militäreinsätze in Afghanistan machte sie „für manchen Unentschlossenen zur wählbaren Alternative"[114] und ihr schien mit der Resonanz bei Teilen der von den Grünen enttäuschten Friedensbewegung „der Einbruch in ein politisches Segment zu gelingen, das für die Nachfolger der SED eigentlich als auf ewig unzugänglich galt"[115], was sich auch in der PDS-Wahlabsicht in West und Ost um die Jahreswende niederschlug (vgl. Abb. 9).

Abb. 9: Wahlabsicht: SPD und PDS in Ostdeutschland 2001–2002
     (Angaben in Prozent)
Die Unterstützung in der Bevölkerung begann jedoch bald wieder abzubröckeln, und

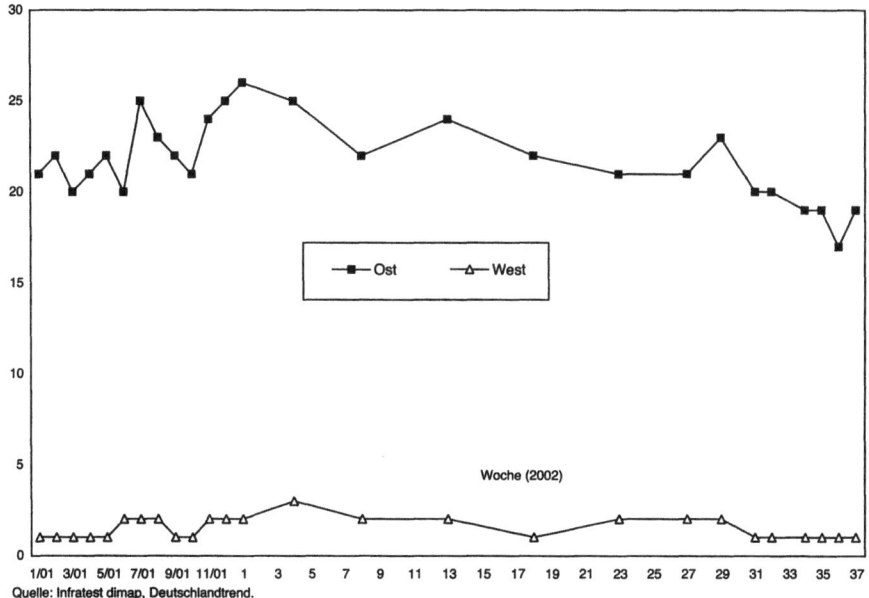

Quelle: Infratest dimap, Deutschlandtrend.

als sich SPD und Grüne in der Schlussphase des Wahlkampfes strikt gegen eine Beteiligung der Bundesrepublik an einem möglichen Krieg gegen den Irak aussprachen, büßte die PDS das Alleinstellungsmerkmal „Anti-Kriegspartei" ein. Pazifistisch eingestellten Wählern war jetzt „ein Außenminister Fischer, der seinen Einfluss gegen den drohenden Krieg geltend machen konnte" wichtiger „als die parlamentarische Existenz einer relativ einflusslosen" PDS[116]. Letztlich konnte die PDS somit den Grünen und der SPD ihre Rolle als Friedenspartei nicht streitig machen, wie die Kompetenzzuweisungen der Wähler an die verschiedenen Parteien kurz vor der Wahl zeigen (vgl. Tab. 3 und Tab. 8).

---

113 So die Formulierung im „Dresdner Friedensappell" der PDS vom Oktober 2001.
114 Liane von Billerbeck:Verdammt erfolgreich, in: Die Zeit, Nr. 46 vom 8. November 2001.
115 Jens Schneider: Neue Heimat für Friedensfreunde, in: Süddeutsche Zeitung vom 24. November 2001. Da die Parteispitze jedoch selbst betonte, dass die PDS keineswegs generell eine pazifistische Partei sein wolle, lag für viele Beobachter der Schluss nahe, den „noch heute zur Grunddiposition der PDS-Mitgliedschaft" gehörenden Antiamerikanismus als Motiv für die Ablehnung aller militärischen Interventionen anzusehen (Brigitte Fehrle: Weltfriedenspartei PDS, in: Berliner Zeitung vom 6. Oktober 2001).
116 Paul Schäfer: Die Wahl 2002 und die Krise der PDS, in: UTOPIE kreativ 146/2002, S. 1089.

Auch in anderen Politikfeldern waren die PDS-Kompetenzen nur schwach ausgeprägt: „Während der Flut war sie wie vom Erdboden verschwunden"[117] und die Wähler billigten ihr beim Wiederaufbau der zerstörten Regionen daher konsequenterweise auch keine nennenswerte Kompetenz zu. Dies beeinträchtigte auch wesentlich ihre allgemeine Ost-Kompetenz: „Die Rolle als Lordsiegelbewahrer der Ost-Interessen hat der Kanzler mit seinem Flut-Krisenmanagement besetzt. Da war der Osten plötzlich Chefsache, womit Wessi Schröder den in der PDS verwurzelten antiwestdeutschen Ressentiments den Boden entzog"[118]. Mit ihrem dritten inhaltlichen Wahlkampfschwerpunkt, der sozialen Gerechtigkeit, konnte sie die Wähler ebensowenig mobilisieren. Insgesamt waren ihre inhaltlich-programmatischen Angebote „entweder nicht überzeugend, zu wenig nachvollziehbar und/oder sie konnten nicht ausreichend vermittelt werden"[119]. Dies wog umso schwerer, als die anderen Parteien diesmal keine Anti-PDS-Kampagnen führten, sondern die Partei eher durch Missachtung straften, so dass sie ohne Hoffnung auf Solidarisierungseffekte die Wähler aus eigener Kraft überzeugen musste.

Zu den Problemen der Partei mit den zentralen inhaltlichen Politikfeldern kam hinzu, dass sie sich auch wettbewerbsstrategisch nicht klar positioniert hatte, denn sie ging „ohne Klärung der für ihr Selbstverständnis entscheidenden Fragen in den Wahkampf, ... ob sie Oppositionspartei oder Regierungspartei sein will und wie sie zu Bündnissen mit der SPD steht"[120]. Die Tatsache missachtend, dass gerade in dieser Frage in den Augen der Wähler „jeder Eindruck taktischer Spiele und jäher Wendungen kontraproduktiv"[121] ist, leistete sich die Partei im Wahlkampf ein ständiges Hin und Her zwischen Fundamentalopposition und Annäherung an die SPD. Nachdem im PDS-Führungszirkel zu Beginn des Wahljahres zum koalitionsstrategischen Selbstverständnis der Partei unterschiedliche Positionen vertreten worden waren, wurde auf dem Wahlparteitag im März 2002 in Rostock nach heftigen Auseinandersetzungen in der Präambel des Wahlprogramms die Formulierung verabschiedet: Die PDS „geht als oppositionelle Partei gegenüber der jetzigen Regierungspolitik und deren allzu ähnlichen konservativen Alternativen in den Bundestagswahlkampf 2002 und in die neue Legislaturperiode"[122]. Diese Position wurde jedoch von verschiedener Seite gleich danach wieder relativiert[123]. Zum Wahlkampfauftakt in Halle Ende Mai schwor Parteichefin Zimmer ihre Partei wieder „auf Protest und Opposition ein", was vom früheren Parteichef Lothar Bisky als „unsere Achillesferse"[124] bezeichnet wurde und auch bei anderen Funktionären, einschließlich des Wahlkampfchefs Bartsch, auf Widerstand stieß. Im August erfolgte dann der Strategiewechsel von der Opposition zur Kanzler-Wahl-Partei. In einem Wahlaufruf hies es: „Wenn es im Bundestag tatsächlich zur Entscheidung zwischen Schröder und Stoiber käme, und wenn eine deutsche Beteiligung am Irak-Krieg gestoppt werden könnte, dann wären wir auch

117 Richard Schröder: Weinetikett auf einer Essigflasche, in: Märkische Allgemeine Zeitung vom 4. Oktober 2002.
118 Oliver Michalsky: Anfang vom Ende der PDS, in: Berliner Morgenpost vom 16. September 2002.
119 Schäfer (Anm. 116), S. 1092.
120 Neugebauer/Stöss (Anm. 96).
121 Michael Chrapa: Stärken und Schwächen der PDS im Wahljahr 2002, in: rls standpunkte 2 (2002), S. 3.
122 Es geht auch anders: Nur Gerechtigkeit sichert Zukunft!, Programm der PDS zur Bundestagswahl 2002, Beschluss der 3. Tagung des 7. Parteitages der PDS, Rostock, 17. März 2002, S. 1f.
123 So z.B. von Mecklenburg-Vorpommerns Arbeitsminister und Bundesvorstandsmitglied Helmut Holter, der forderte, die Partei müsse sich auch auf die Möglichkeit einstellen, nach der Bundestagswahl mitzuregieren ("Ich habe ein Problem damit, die PDS ausschließlich auf Opposition festzulegen", Interview mit Helmut Holter, in: Frankfurter Rundschau vom 16. April 2002).
124 Stefan Berg/Steffen Winter: Tritte in die Achillesferse, in: Der Spiegel, Nr. 23 vom 27. Mai 2002.

bereit, Schröder zum Kanzler zu wählen"[125]. Noch weiter gingen ein Strategiepapier des Chefs der Grundsatzabteilung, Thomas Falkner, und des Brandenburger Landes-chefs Ralf Christoffers, in dem „eine Normalisierung der Kooperation" zwischen SPD und PDS als „strategische Herausforderung" bezeichnet wurde, der möglicherweise „eine neue Linkspartei" entspringen könne[126], sowie ein Brief von Gregor Gysi und André Brie an den früheren SPD-Vorsitzenden Oskar Lafontaine, in dem für eine „strategische Zusammenarbeit" zwischen PDS und linkem SPD-Flügel geworben wurde[127]. Der durch diese Aktionen ins Spiel gebrachten Strategieoption fehlte jedoch „die Substanz an Glaubhaftigkeit und Eintrittswahrscheinlichkeit, die nötig gewesen wäre, um schwankende Wähler umzustimmen"[128]. Der Appell „Stoiber verhindern – PDS wählen" verfehlte sein Ziel sowohl für diejenigen Wähler, die von einem Einzug der PDS in den Bundestag ausgingen – da Schröder sowohl ein Koalitions- als auch ein Tolerierungsmodell ausgeschlossen hatte – als auch für diejenigen, die mit einem Scheitern der PDS rechneten, da dann die Stimmen für die PDS nicht zählen würden. In beiden Fällen mussten sich taktische Wähler zur Verhinderung von Stoiber für die SPD oder die Grünen entscheiden.

Die PDS scheiterte an der Fünf-Prozent-Hürde und ist nur noch mit zwei direkt ge-wählten Abgeordneten im Bundestag vertreten. Die regionalen Differenzen des Wahl-ergebnisses weisen auf einen weiteren Grund für das schlechte Abschneiden der Partei hin: Die PDS hat dort, wo sie an Landesregierungen beteiligt ist bzw. wo sie Minder-heitsregierungen lange Zeit tolerierte, nämlich in Mecklenburg-Vorpommern, Berlin und Sachsen-Anhalt, am meisten verloren. Dies zeigt sich nicht nur bei der Bundestags-wahl, sondern auch auf der Landesebene (vgl. Tab. 11). Dies könnte auf die Diskre-panz zwischen den Erwartungen der Wähler an die PDS als Regierungspartei und deren realer Regierungsarbeit zurückzuführen sein: „Eine Mehrheit in der Wählerschaft der PDS wünscht, dass die PDS sich an Regierungen beteiligt, wenn sich die Chance dazu bietet. Vor der Wahl ist damit die Erwartung verknüpft, die PDS möge Schlimmeres verhüten. Nach der Wahl findet ein Perspektivenwechsel statt, nun wird erwartet, dass die PDS ganz schnell für die blühenden Landschaften sorgt, die Helmut Kohl einst versprochen hat"[129]. Kann sie diese Erwartungen nicht erfüllen, weil sie – insbesondere in Berlin, aber auch in Mecklenburg-Vorpommern – in eine drastische Sparpolitik mit sozialen Härten eingebunden ist, wenden sich viele Wähler enttäuscht von ihr ab.

Tab. 11: PDS-Verluste bei der Bundestagswahl 2002
(Veränderung in Prozentpunkten gegenüber 1998)

Mecklenburg-Vorpommern	-7,3	Thüringen	-4,3
Sachsen-Anhalt	-6,3	Sachsen	-3,8
Berlin-Ost	-5,4	Brandenburg	-3,1
Landtagswahl in Mecklenburg-Vorpommern am selben Tag: –8,0			

Quelle: offizielle Wahlstatistik.

---

125 Zitiert in: Die PDS gibt es nicht zum Nulltarif, Interview mit Dietmar Bartsch, in: FAZ.NET vom 21. August 2002.

126 Zitiert in: Stefan Berg, „Etwas Drittes muss es sein", in: Der Spiegel, Nr. 34 vom 19. August 2002.

127 Zitiert in: Martin Lutz, PDS schrieb Brief an Lafontaine: Sozialdemokraten weisen Annäherung zurück, in: Berliner Morgenpost vom 5. September 2002.

128 Schäfer (Anm. 116), S. 1090.

129 So der Sprecher für Wissenschaft und Wirtschaft der PDS-Fraktion im Berliner Abgeordnetenhaus, Benjamin-Immanuel Hoff, in seiner Wahlanalyse: Die PDS und die Bundestagswahl vom 22. Sep-tember 2002, Manuskript, Berlin 2002.

4. Fazit

Die Analyse des Wahlkampfverlaufs und der Kampagnenstrategien der einzelnen Parteien hat gezeigt, dass das Wahlergebnis der Bundestagswahl 2002 wahrscheinlich anders ausgesehen hätte und die Regierungsbildung durch andere Parteien erfolgt wäre, wenn nicht zwei externe, bei der Kampagnenplanung nicht vorhersehbare Ereignisse in Form einer Naturkatastrophe und einer außenpolitischen Lageveränderung die Schlussphase des Wahlkampfes bestimmt und die einzelnen Parteien in sehr unterschiedlicher Weise darauf reagiert hätten. Während die Flut und die Möglichkeit eines Irak-Krieges von den Regierungsparteien strategisch zur Positionsverbesserung genutzt werden konnten, so dass rot-grün am Ende noch einmal mit einem blauen Auge davon kam, verhinderten gerade die in der Anfangsphase des Wahlkampfes so erfolgreichen Strategien von Union und FDP eine adäquate Reaktion auf diese Ereignisse. Bei der PDS kam hinzu, dass die Partei es versäumt hatte, die personellen und inhaltlichen Voraussetzungen für eine erfolgreiche Kampagnenstrategie zu schaffen.

Strukturierte Vielfalt als Wählerentscheidung heute?

Eine Analyse der Bundestagswahl vom 22. September 2002

1. Einleitung

Bei der Bundestagswahl vom 22. September 2002 wurde die rot-grüne Bundesregierung unter Gerhard Schröder und Joschka Fischer äußerst knapp im Amt bestätigt[1]. Bei einer um 3,1 Punkte auf 79,1 Prozent gesunkenen Wahlbeteiligung erzielten Sozialdemokraten und Union jeweils 38,5 Prozent der Zweitstimmen, getrennt nur um 6.027 Stimmen. Bündnis 90/Grüne lagen mit 8,6 Prozent deutlich vor der FDP mit 7,4 Prozent auf dem dritten Platz, während die PDS bundesweit mit 4,0 Prozent an der Sperrklausel klar scheiterte, allerdings in den neuen Ländern immerhin 16,9 Prozent der Zweitstimmen (– 4,7 Prozentpunkte) erzielte. Wahlbeteiligung und Stimmenanteile der beiden Großparteien verbleiben im Mittel der Bundestagswahlen seit der Vereinigung. Union und SPD verfügen zusammen über 77,0 Prozent der Stimmen. Sie verfehlten damit beide ihr Wahlziel von 40 Prozent + x. Für die Union bedeutet es zudem das drittschlechteste Wahlergebnis ihrer Geschichte nach 1949 und 1998, für die Sozialdemokraten das schlechteste Ergebnis aus der Regierung heraus. Die FDP schnitt nur unwesentlich besser ab als 1994. Die Grünen hingegen erzielten das beste Ergebnis ihrer Geschichte, sogar um 0,3 Prozentpunkte besser als 1987 zu Zeiten der alten Bundesrepublik. Im Bundestag ergibt sich daraus eine knappe Mandatsmehrheit für die Regierung Schröder/Fischer von 306 (SPD 251; Bündnis/Grüne 55) Mandaten zu 297 Mandaten der Opposition (CDU/CSU 248; FDP 47; PDS 2).

Man mag das Ergebnis Zufall nennen – die Bestätigung der rot-grünen Bundesregierung hängt nun mal an einigen wenigen Stimmprozenten und der Mandatsvorsprung der Sozialdemokraten vor den Unionsparteien auch an den Überhangmandaten. Das Resultat überraschte und enttäuschte jedenfalls die Oppositions-

---

1 Der Beitrag stützt sich auf die allgemein zugänglichen Materialien und Publikationen insbesondere der Forschungsgruppe Wahlen (FGW) und von Infratest dimap, u. a. auf das (für das ZDF erstellte) Politbarometer der FGW sowie FGW, Bundestagswahl. Eine Analyse der Wahl vom 22. September 2002 (Berichte der FGW 108), Mannheim September 2002; den (für die ARD erstellten) DeutschlandTREND von Infratest dimap sowie Infratest dimap, Wahlreport. Wahl zum 15. Deutschen Bundestag 22. September 2002, Berlin Oktober 2002. Er beruht ferner auf der Auswertung des Medientenor und der Berichterstattung in den überregionalen Tageszeitungen „Frankfurter Allgemeine Zeitung" und „Süddeutsche Zeitung". Die Wahlergebnisse sind den amtlichen Statistik der jeweiligen Wahl entnommen; für 2002: Die Wahl zum 15. Deutschen Bundestag am 22. September 2002, Heft 1: Ergebnisse und Vergleichszahlen früherer Bundestags-, Europa- und Landtagswahlen, Wiesbaden Mai 2002; Heft 3: Endgültige Ergebnisse nach Wahlkreisen, Wiesbaden Oktober 2002; Heft 4: Wahlbeteiligung und Stimmabgabe der Männer und Frauen nach dem Alter, Wiesbaden Januar 2003. Der Forschungsgruppe Wahlen und Infratest dimap sei für die Überlassung der Materialien, Jörg Broschek und Nadine Rehe (beide Augsburg) für die Unterstützung bei der Zusammenstellung und Aufbereitung der Daten gedankt.

Graphik 1: Mandatsverteilung im Bundestag nach der Wahl vom 22. September 2002

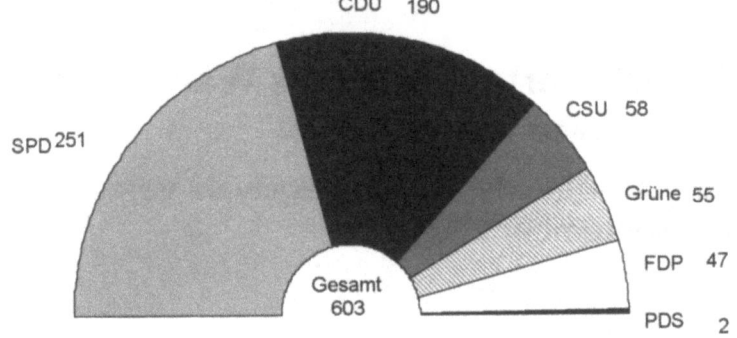

Quelle: Statistisches Bundesamt (Anm. 1).

parteien und deren Anhänger tief. Sie glaubten sich um den nahen Sieg gebracht und fühlten sich durch die Nachwahlinterpretationen derjenigen Analytiker bestätigt, die den Wahlausgang auf einen last-minute-swing zurückführten – ausgelöst durch die Ereignisse des August und September, insbesondere also die Flutkatastrophe und die Furcht vor dem drohenden Irak-Krieg, die alle anderen Themen in den Hintergrund gedrängt hätten – und die in der Stimmabgabe am 22. September eine „Last-Minute-Wahl der Emotionen" und im Ergebnis eine „zufällige Momentaufnahme" sahen[2].

In den folgenden Anschauungen wird demgegenüber zu zeigen sein, dass es sich bei solchen Interpretationen um interessengeleitete Fehleinschätzungen des Wählerverhaltens handelt. Stattdessen geht es um die Präsentation folgender Thesen.

● Was anderes als ein „Wimpernschlagfinale" und eine knappe Bestätigung der rotgrünen Bundesregierung bei nicht ausreichenden Zugewinnen der Opposition war in Anbetracht der Ausgangslage zu erwarten? – einer Ausgangslage, die gekennzeichnet war einerseits von der Enttäuschung weiter Kreise der Wählerschaft über eine Regierung, die insbesondere auf den Feldern der Wirtschafts- und Arbeitsmarktpolitik ihre ja durchaus bescheidenen Ziele nicht hatte realisieren können, und andererseits in Anbetracht einer doppelt belasteten Unionsopposition, belastet zum ersten von den Nachwirkungen des Parteispendenskandals sowie zweitens durch die in Ansätzen stecken gebliebene personelle und programmatische Erneuerung der Unionsparteien[3].

● Die Wähler haben sich nicht vom „Medienhype" und dem Auf und Ab des Meinungsklimas während des Wahlkampfes anstecken lassen. Schon gar nicht gelang dies durch die Aufgeregtheiten der Hauptakteure der Mediendemokratie – der Parteien und ihrer Spindoktoren, der Demoskopen und der Journalisten –, die sich zusehends

---

2 Die These vom „last-minute-swing" vertrat einmal mehr Renate Köcher vom Allensbacher Institut für Demoskopie; von „situativen Faktoren" und einer „zufälligen Momentaufnahme" sprach der Emnid-Wahlforscher Klaus-Peter Schöppner; die Tageszeitung „Die Welt" charakterisierte die Wahlentscheidung in ihrem Leitartikel am Vortag der Wahl als „Last-Minute-Wahl der Emotionen"; siehe Frank Dirschner: Vier Wahlforscher, vier Ansichten, in: Die Zeit vom 26. September 2002, S. 5; Wolfgang Hartenstein/Rita Müller-Hilmer: Die Bundestagswahl 2002: Neue Themen – neue Allianzen, in: Aus Politik und Zeitgeschichte, B 49–50/2002, S.18–26.
3 Vgl. die Beiträge von Eckhard Jesse und Oskar Niedermayer in diesem Band.

nur noch mit sich selbst beschäftigen und dabei der Logik und den Imperativen des „Großkoordinators Medien"[4] folgen. Meinungsmessung während des Wahlkampfes und Stimmabgabe am Wahltag sind nun einmal zweierlei.

● Wählerentscheidungen bilden sich bekanntlich im Spannungsverhältnis von Langfristdeterminanten einerseits und kurzfristig aktuellen Einflüssen andererseits[5]. Folgt man leicht modifiziert dem Kausalitätstrichter von Miller/Shanks aus dem „New American Voter"[6], zählen zu den Langfristdeterminanten die Sozial- und Wirtschaftsstruktur, also Milieus und Cleavages, die Parteiidentifikation sowie die politisch-ideologischen Grundüberzeugungen (s. Graphik 2). Zu den Kurzzeiteinflüssen gehören neben den Issues insbesondere die retrospektive Leistungsbewertung von Regierung und Opposition, die zudem vom Wähler in die Zukunft extrapoliert wird; d. h. es geht zunehmend um die prospektive Einschätzung möglicher Leistungen von Kandidaten

Graphik 2: Kausalitätstrichter von Determinanten des Wählerverhaltens

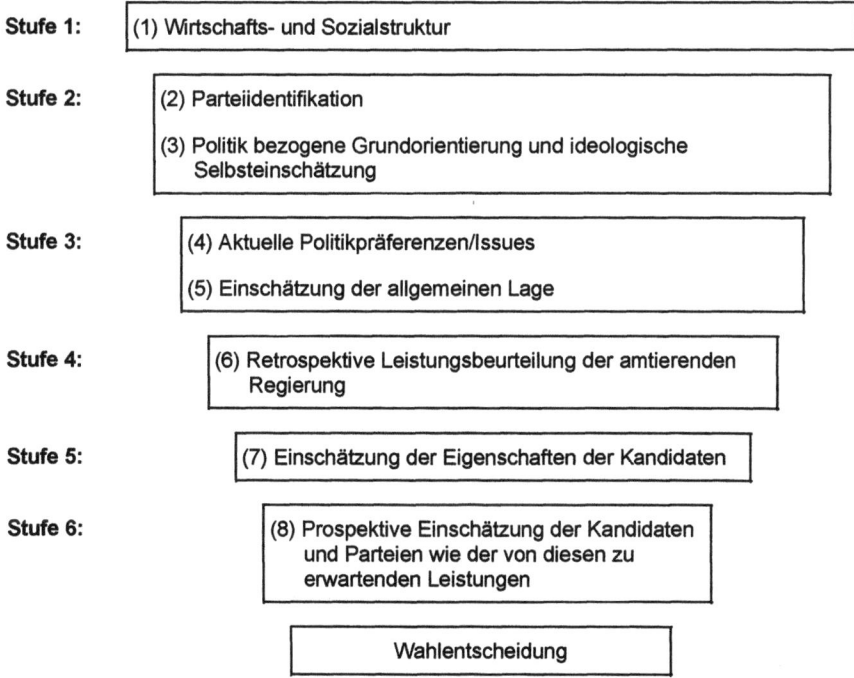

Quelle: In Anlehnung an Warren E. Miller/J. Merrill Shanks: The New American Voter (Anm. 6), S. 192.

---

4 So Peter Lösche: Der Großkoordinator. Wie die Medien die politische Wirklichkeit auf den Kopf stellen, in: Frankfurter Allgemeine Zeitung vom 10. August 2002, S. 6.
5 Zu Ansätzen und Ergebnissen der Wahlsoziologie siehe als Einstieg u. a.: Rainer-Olaf Schultze: Art. Wahlforschung, in: Dieter Nohlen/Rainer-Olaf Schultze (Hrsg.): Lexikon der Politikwissenschaft, Bd. 2, München 2002, S. 1067–1072; Wilhelm Bürklin/Markus Klein: Wahlen und Wählerverhalten. Eine Einführung, 2. Aufl., Opladen 1998; Dieter Roth: Empirische Wahlforschung, Opladen 1998; Wolfgang Hartenstein: Den Wählern auf der Spur, St. Ingbert 2002; Rainer-Olaf Schultze: Wählerverhalten bei Bundestagswahlen: Bekannte Muster mit neuen Akzenten, in: Uwe Andersen (Hrsg.): Wahlen in Deutschland, Schwalbach/Ts. 2002, S. 35–58.
6 Siehe Warren E. Miller/J. Merrill Shanks: The New American Voter, Cambridge (Mass.) 1996, passim, hier S. 192.

und Parteien in der bevorstehenden Legislaturperiode. Die Langfristdeterminanten bedürfen dabei der Aktualisierung durch die Politik, filtern letztere aber auch. Die Aktualisierung während des Wahlkampfes erfolgt dabei stets durch eine Mischung von Programminhalten und symbolhafter Mobilisierung.

● Die strukturellen Bindungen in der Wählerschaft mögen sich lockern, die Volatilität mag größer geworden sein, insgesamt wie vor allem im Wählerverhalten in den neuen Ländern; doch führt dies nicht zur Beliebigkeit und zur Orientierung an den Zufälligkeiten des politischen Tagesgeschehens bzw. deren Vermittlung durch die Massenmedien. Die Wählerentscheidungen sind vielmehr „Reflexion der Wähler über die letzte Legislaturperiode"[7], und sie sind weiterhin strukturell vermittelt. Der Wähler orientiert sich bei der Bewertung der aktuellen Geschehnisse dabei insbesondere an seinen langfristigen politisch-ideologischen Grundüberzeugungen, die in ihrer Bedeutung (man könnte wohl formulieren: als funktionales Äquivalent) zunehmend an die Stelle der schwächer werdenden Parteiidentifikation treten.

● In dem äußert knappen Wahlergebnis spiegeln sich folglich nicht die zufälligen Stimmungen des 22. September, sondern vielmehr die politisch-ideologischen Spaltungen in der bundesrepublikanischen Wählerschaft.

2. Widersprüchliches Meinungsklima

Noch am 28. August 2002, also nicht einmal vier Wochen vor dem Wahltag, konstatierte Elisabeth Noelle in der „Frankfurter Allgemeinen Zeitung": „Das Meinungsklima ist stabil" und prognostizierte auf der Basis der Zahlen des Allensbacher Instituts für Demoskopie einen deutlichen Sieg der beiden Oppositionsparteien, deren Vorsprung in der Sonntagsfrage bei 51,7 zu 39,4 Prozent mehr als 12 Prozentpunkte betrug[8] Eine Woche später hatten sich die in der *Frankfurter Allgemeinen Zeitung* publizierten Allensbacher Daten nur unwesentlich verändert: CDU/CSU 39,1 Prozent (−1,0); SPD 34,2 Prozent (+1,3), FDP 11,6 Prozent (+0,0), B'90/Grüne 7.0 (+0,5). Auch die anderen demoskopischen Institute veröffentlichten während des Wahlkampfes Ergebnisse der Sonntagsfrage, bei der die Oppositionsparteien lange Zeit klar vor Sozialdemokraten und B'90/Grünen lagen. In der Projektion der Sonntagsfrage der Mannheimer Forschungsgruppe Wahlen (FGW) beispielsweise rangierte die Opposition Mitte August mit 50 zu 43, eine Woche später mit 48 zu 45 Prozent vor der Regierungskoalition[9] Erst zwei Wochen vor dem Wahltag stellte sich laut FGW erstmals seit Anfang des Jahres ein Gleichstand zwischen Regierung und Opposition her (s. Graphik 3). Betrachtet man nur die Ergebnisse der Sonntagsfrage, scheinen die Befunde eindeutig: Die Wende zugunsten der Sozialdemokraten und der rot-grünen

---

7 So Dieter Roth von der Forschungsgruppe Wahlen, zit. nach Dirschner (Anm. 2).

8 Siehe Frankfurter Allgemeine Zeitung vom 28. August 2002 S. 5, vom 4. September 2002, S. 5. Erst in dem FAZ-Beitrag vom 11. September, also nicht einmal zwei Wochen vor der Wahl, sah Allensbach Union und Sozialdemokraten in der Sonntagsfrage mit jeweils 37,0 Prozent erstmals gleichauf; allerdings lagen die beiden Oppositionsparteien zusammen noch deutlich vor der rot-grünen Koalition;.vgl. FAZ vom 11. September 2002, S. 5.

9 Siehe FGW: Politbarometer vom 16. August (33. Kalenderwoche) bzw. vom 23. August (34. Kalenderwoche).

Graphik 3: Sonntagsfrage im Zeitverlauf in Prozent der Befragten

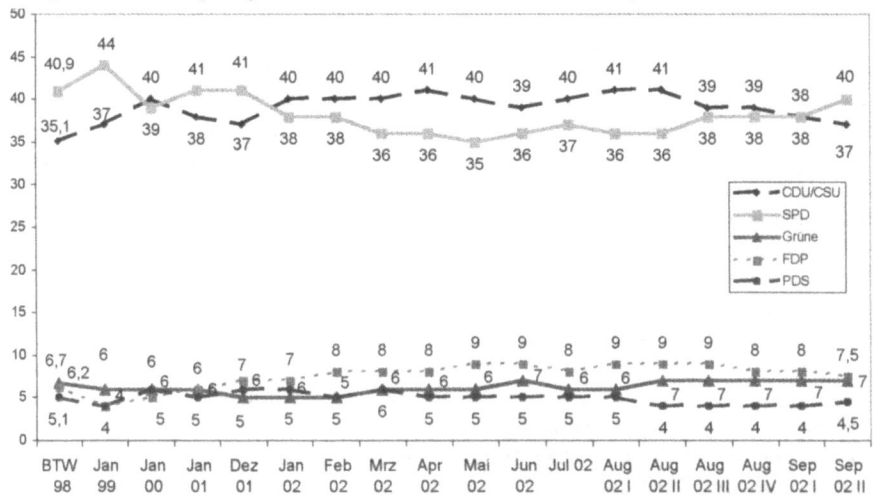

Quelle: FGW, Politbarometer, jeweilige Befragung.

Graphik 4: Politische Stimmung im Zeitverlauf in Prozent der Befragten

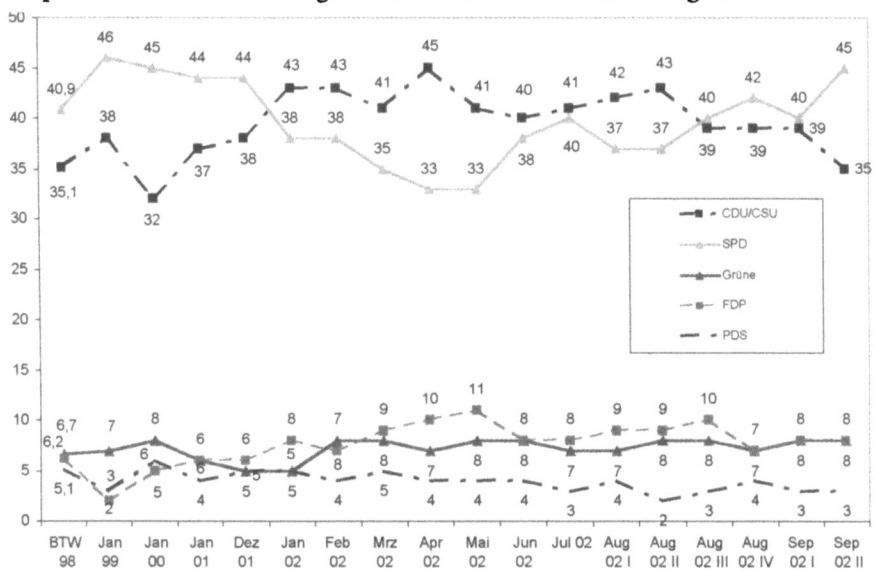

Quelle: FGW, Politbarometer, jeweilige Befragung.

Koalition scheint erst in den letzten Wochen und unter dem Eindruck der aktuellen Ereignisse eingetreten zu sein.

Im Gegensatz zum Allensbacher Institut betonten die anderen Demoskopen während des Wahlkampfes jedoch stets auch, dass die Wahl trotz des deutlichen Vorsprungs der Opposition nicht entschieden sei. Sie haben, wie sich zur Überraschung vieler herausstellte, gut daran getan, wenngleich ihr Hinweis von der veröffentlichten Meinung kaum zur Kenntnis genommen wurde. Denn so eindeutig war die Sache nicht. Betrachtet man nämlich die der Projektion der Sonntagsfrage zugrunde liegende Messung der politischen Stimmung mit ihren größeren Varianzen, differenziert sich das Bild bereits. Der Kurvenverlauf im Politbarometer der FGW in Graphik 4 dokumentiert zum einen den Meinungsumschwung zugunsten der Unionsparteien Ende des Jahres 2001 und zu Beginn des Wahljahres 2002, zurückzuführen wohl nicht zuletzt auf die Wirkungen der sich verschlechternden Wirtschaftslage, aber auch die Berichterstattung über die sich abzeichnende Entscheidung in der „K-Frage" zugunsten des bayerischen Ministerpräsidenten Edmund Stoiber als Herausforderer von Kanzler Schröder. Er belegt zweitens aber auch, dass es bereits im Juni und Anfang Juli im Meinungsklima zu einer ersten Annäherung zwischen Sozialdemokraten und Union kam, die zeitweilig unterbrochen wurde im Gefolge der öffentlichen Debatten um die Management-Krise bei der deutschen Telekom wie den Wertverfall der Telekom-Aktien, die Entlassung des Verteidigungsministers Rudolf Scharping und die Affäre um die Bonus-Meilen-Flüge[10].

Die Widersprüche im Meinungsklima zeigen sich insbesondere, fragt man nach der Beurteilung von Regierung und Opposition durch die Wähler und vergleicht man – wie in der von Infratest dimap übernommenen Graphik 5 – die Ergebnisse mit denen des Bundestagswahlkampfes von 1998. So fiel während des Wahlkampfes von 2002 die Unzufriedenheit mit der rot-grünen Bundesregierung deutlich geringer aus als im Vergleichszeitraum 1998 die Unzufriedenheit mit der CDU/CSU/FDP-Regierung unter Kanzler Kohl, war vice versa der Prozentsatz derjenigen, die mit der Regierung zufrieden waren, um einiges höher, überwog allerdings auch bei dieser Wahl die Unzufriedenheit.

Markante Unterschiede zur Situation von 1998 treten zudem bei der Einschätzung der allgemeinen Problemlösungskompetenz der Opposition zu Tage. Vor der Wahl von 1998 war die Mehrheit der Wähler davon überzeugt, dass die SPD-Opposition die Probleme besser lösen würde als die amtierende Regierung – in Anbetracht des Amtsbonus, von dem die Regierungsparteien in der bundesdeutschen politischen Kultur üblicherweise deutlich profitieren, ein starkes Indiz für die vor der 1998er Wahl ausgeprägte Wechselstimmung in der Wählerschaft. Während des Wahlkampfes 2002 hingegen waren deutlich mehr Befragte der Auffassung, dass eine von den Unionsparteien geführte Regierung trotz ihres Vorsprungs in der Sonntagsfrage dazu nicht in der Lage sein würde (s. Graphik 6). Hier wird deutlich, dass es anders als 1998 keine Wechselstimmung gegeben hat; im Gegenteil: Die Unsicherheit darüber, welches der beiden Lager die Wahl gewinnen würde, war ausgesprochen groß. Zudem lag die Zahl der Unentschlossenen hoch, worauf die Demoskopen auch stets hingewiesen haben.

---

10 Vgl. hierzu und auch nachfolgend u.a. die Chronologie des Wahlkampfes, in: Der Spiegel vom 16. September 2002, S. 48–71; ferner die Auswertungen der Berichterstattung, in: Der Medientenor, verschiedene Daten.

Graphik 5: Zufriedenheit mit der Bundesregierung 1998–2002

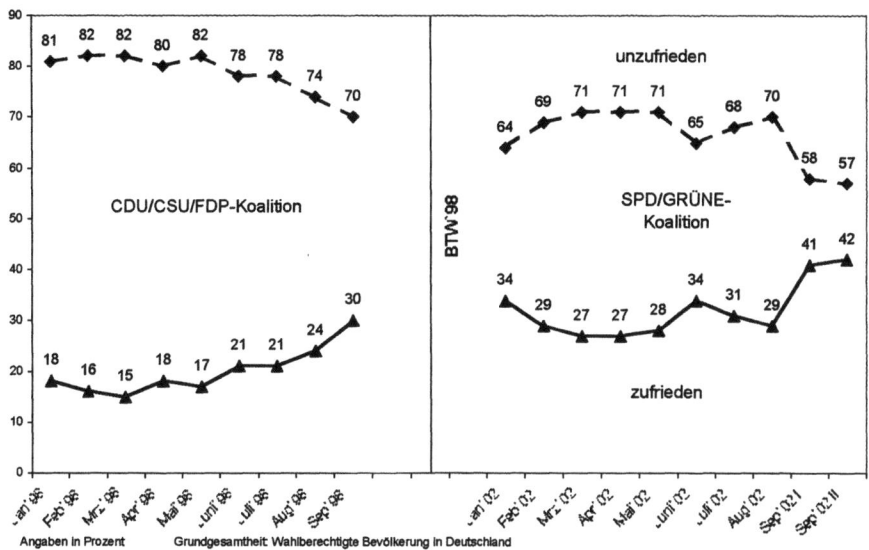

Quelle: Infratest dimap, Wahlreport (Anm. 1), S. 102.

Graphik 6: Könnte eine SPD-geführte bzw. eine CDU/CSU-geführte Regierung die Probleme besser lösen? 1998–2002

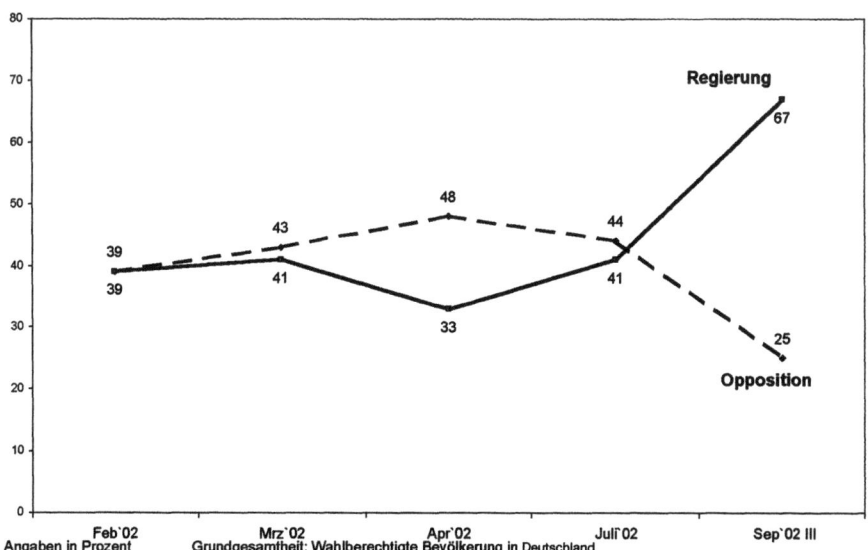

Quelle: Infratest dimap, Wahlreport (Anm. 1), S. 103.

Sie lag noch Ende Juli/Anfang August bei ca. einem Drittel. Infratest dimap ermittelte beispielsweise in seiner Wahltagsbefragung für die ARD, dass sich 34 Prozent der Befragten erst in den letzten Wochen und Tagen vor der Wahl oder gar erst am Wahltag entschieden hätten, wobei der Anteil mit 39 Prozent in den neuen Bundesländern noch um einiges darüber lag[11].

Die Erwartungen der Wählerschaft, welche Parteienkonstellation die Wahl gewinnen würde, wechselten mehrfach im Verlauf des Wahlkampfes. Wie die wiederum von Infratest dimap übernommene Graphik 7 ausweist, lag ab März/April die Opposition vorn, ab Juli, also noch vor der Flutkatastrophe und der Irakkrise, jedoch die rot-grüne Regierungskoalition; zudem ging die Schere in den letzten Wochen des Wahlkampfes deutlich auseinander. Auch Dieter Roth und Matthias Jung von der FGW formulierten in ihrer Nachwahlanalyse: „Bereits kurz vor der Flutkatastrophe begann der Vorsprung von Schwarz-Gelb zu schmelzen"[12]. Ähnlich unterschiedlich fielen im Zeitverlauf die Antworten auf die Frage nach der Wunschkoalition aus, denn im Frühjahr und Frühsommer wechselte die Stimmung mehrmals[13]: Im März/April präferierten die Befragten die Union, im Juni die Sozialdemokraten, letzteres ganz sicher auch eine Folge der Teil-Veröffentlichung der arbeitsmarktpolitischen Vorstellungen der von Kanzler Schröder und der Bundesregierung eingesetzten und nach ihrem Vorsitzenden benannten Hartz-Kommission, deren erste Ergebnisse im Juni gezielt vorzeitig publik gemacht wurden und die der bis dahin im Wahlkampf vor-

Graphik 7: Erwarteter Wahlgewinner 2002

Quelle: Infratest dimap, Wahlreport (Anm. 1), S. 129.

---

11 Vgl. Infratest dimap: Wahlreport (Anm. 1), S. 77 f.
12 Dieter Roth/Matthias Jung: Ablösung der Regierung vertagt: Eine Analyse der Bundestagswahl 2002, in: Aus Politik und Zeitgeschichte, B 49/2002, S. 3–17, das Zitat: S. 7.
13 Vgl. Infratest dimap: Wahlreport (Anm. 1), S. 128.

herrschenden Einschätzung vom Kompetenzvorsprung der CDU/CSU und ihres Kanzlerkandidaten Stoiber auf dem Felde der Wirtschaftspolitik entgegenwirkten[14]. Nach einem Zwischenhoch zugunsten der Unionsparteien im Juli – hier dürften sich wiederum die Krise um die Telekom und die Scharping-Entlassung in den Daten spiegeln – gewinnt die SPD als führende Regierungspartei klar und deutlich an Zustimmung. Auch dies belegt, dass es eigentlich keine Wechselstimmung gab, dass der Vorsprung der schwarz-gelben Opposition in der Sonntagsfrage immer nur Momentaufnahme war, der man zudem mit äußerster Skepsis hätte begegnen müssen, da – wie gezeigt – die Zahl der Unentschlossenen sehr hoch war und man von vorneherein von einer asymmetrischen Mobilisierung der Parteianhänger in den frühen Phasen des Wahlkampfes ausgehen konnte[15]. Während die Unionsanhänger früh im Wahlkampf mobilisiert waren, gelang den Sozialdemokraten die Mobilisierung ihrer Wählerklientel sehr viel später. Der Aufschwung der SPD im Meinungsklima ging mit der Reduktion der Zahl der Unentschlossenen einher.

Angesichts solcher Befunde war ein knappes Ergebnis zu erwarten. Die Wahl war zu keinem Zeitpunkt im Vorfeld zugunsten der schwarz-gelben Opposition entschieden, die Niederlage der rot-grünen Regierung nicht programmiert. Hätte man die ja durchaus allgemein zugänglichen Umfragedaten mit den Trends im Meinungsklima vorangegangener Wahlkämpfe und insbesondere desjenigen von 1994 verglichen, hätte man leicht zu einer derartigen Einschätzung gelangen können. Im Nachhinein formulierte denn auch beispielsweise die FGW in ihrer Wahlanalyse: „Tatsächlich gab es noch zwei Monate vor dem eigentlichen Wahltag in der politischen Stimmung einen deutlichen Vorsprung zugunsten der Opposition aus CDU/CSU und FDP. Das war auch in den letzten beiden Bundestagswahljahren 1994 und 1998 der Fall. Und wie der Vergleich der Politbarometer-Ergebnisse der Jahre 1994, 1998 und 2002 zeigt, schwächte sich dieser anti-gouvernementale Effekt regelmäßig in den Wochen vor der Wahl auffällig ab – das jeweilige Regierungslager konnte unabhängig von der politischen Couleur und bei unterschiedlichen Schwerpunkten in der Hochphase des Wahlkampfes bei dieser wie auch bei den zwei vorangegangenen Wahlen auf der Zielgeraden nochmals kräftig aufholen"[16].

Dies entspricht verallgemeinerungsfähigen Trends im bundesrepublikanischen Wählerverhalten, die bei der Bundestagswahl von 1994 erstmals besonders deutlich zu Tage getreten waren: „Die vordergründig sensationelle Aufholjagd von Kanzler Kohl und Koalition stellt(e) sich in Anbetracht der Befunde als Prozess der Normalisierung und der Anpassung des Meinungsklimas an die längerfristigen Grundüberzeugungen und an die dauerhaften Parteipräferenzen der Wähler heraus, der in der Bundesrepublik im Wahlzyklus zwischen zwei Hauptwahlen stets in den letzten Monaten vor der Bundestagswahl eintrat. Nicht die Wählerentscheidung folgt dem Auf und Ab des politischen Meinungsklimas; vielmehr nähert sich die Stimmungslage umso mehr den strukturell vermittelten Grundeinstellungen in der Bevölkerung an, desto näher der Bundestagswahltermin rückt"[17].

---

14 Vgl. die Wahlkampfchronologie, in: Der Spiegel (Anm. 10); in der Interpretation ähnlich Frank Brettschneider: Die Medienwahl 2002: Themenmanagement und Berichterstattung, in: Aus Politik und Zeitgeschichte, B 49/2002, S. 36-47, hier S. 41 f.
15 Ähnlich FGW: Bundestagswahl (Anm. 1), S. 28 ff.
16 Ebd., S. 16 f.
17 Rainer-Olaf Schultze: Widersprüchliches, Ungleichzeitiges und kein Ende in Sicht. Die Bundestagswahl vom 16. Oktober 1994, in: Zeitschrift für Parlamentsfragen 26 (1995), S. 325-352 (Zitat: S. 335).

Es bestätigt sich damit, dass Antworten auf Umfragen lange vor dem Wahltag für den Wähler eben etwas anderes sind als die Entscheidung im Wahllokal selbst. Zu bekunden, man sei noch unentschieden, heißt ja nicht, dass man nicht doch langfristig definierte Präferenzen hat, die – wenn im Verlaufe des Wahlkampfes aktualisiert – zur Wahlentscheidung entlang der traditionellen Cleavages und langfristigen Grundüberzeugungen führen. Sodann entspricht es der gesicherten Erkenntnis der Wahlanalytik – der Kausalitätstrichter in dem vorgestellten Modell der Wählerentscheidung trägt dem Rechnung –, dass es bei Wahlen verstärkt um die Übertragung von Handlungsvollmacht geht, um retrospektive Leistungsbeurteilung und deren Extrapolation in die Zukunft, konkret also um die Bestätigung oder Abwahl von Regierungen. In Anbetracht der während des Wahlkampfes gemessenen Widersprüche im Meinungsklima und der fehlenden Wechselstimmung kann es deshalb nicht überraschen, dass die Koalition aufholte und am Ende knapp bestätigt worden ist.

3. Fehlinterpretationen der Wählerentscheidung

Während des gesamten Wahlkampfes, vom Jahresbeginn bis zum Wahltag am 22. September, nannte stets eine große Mehrheit von rund zwei Dritteln, aber auch bis zu drei Vierteln der Befragten die Arbeitslosigkeit als drängendstes politisches Problem, gefolgt mit weitem Abstand von der allgemeinen Wirtschaftslage, die durchweg eher pessimistisch eingeschätzt wurde[18] Die Unionsopposition und deren Kanzlerkandidat Stoiber konzentrierten ihren Wahlkampf infolgedessen verständlicherweise auf Wirtschaftsthemen und die ihnen zugewiesene Kompetenz auf wirtschaftspolitischem Felde. Naheliegend war auch der dem Kandidaten-Berater Spreng zugerechnete Wechsel Edmund Stoibers in die programmatische Mitte, damit dem ungeschriebenen Gesetz Rechnung tragend, dass „Wahlen in der politischen Mitte" entschieden würden. Vor allem aber versuchte man dadurch die deutlichen Unterschiede in der Kanzlerfrage und in den Sympathiewerten zu konterkarieren. In den Bewertungsskalen des Politbarometers der FGW lag Edmund Stoiber nämlich nicht nur durchweg hinter Außenminister Joschka Fischer und Kanzler Schröder, sondern auch hinter Unionspolitikern wie Angela Merkel, Wolfgang Schäuble oder Lothar Späth zurück[19] In der Kandidaten-Alternative rangierte der Amtsinhaber während des gesamten Wahlkampfes deutlich vor dem Herausforderer. Allein im Juli holte Edmund Stoiber bei Werten von 49 zu 42 bis auf sieben Prozentpunkte auf. In der Folge jedoch wuchs der Vorsprung Schröders wieder auf über 20 Prozentpunkte an, wobei er im Norden und Osten der Republik noch höher ausfiel[20]. Mit den Ereignissen des Monats August wurden die Wirtschaftsthemen zudem in den Hintergrund gedrängt[21].

---

18 Siehe die Ergebnisse im monatlichen Politbarometer der FGW. Im Februar 2002 nannten z.B. 75 Prozent der Befragten die Arbeitslosigkeit als wichtigstes Thema, gefolgt mit weitem Abstand von der allgemeinen Wirtschaftslage (13 Prozent); Mitte August 2002 waren es 81 respektive 15 Prozent der Befragten.

19 Siehe FGW: Politbarometer, jeweiliger Monat bzw. Woche.

20 Ende August führte Gerhard Schröder in der Frage nach der Kanzler-Direktwahl-Präferenz bundesweit mit 55:32, in den neuen Ländern mit 60:25; in der zweiten September Woche gar bundesweit mit 61:27 und in den neuen Ländern mit 65:20; vgl. Infratest dimap: Wahlreport (Anm. 1), S. 119.

21 Vgl. den Medientenor u.a. vom 30. August, 15. September, 24. September, 15. Oktober, 15. November; zur Interpretation siehe Brettschneider (Anm. 14).

Tabelle 1: Bundestagswahlen 2002: Wahlentscheidende Themen in Wählergruppen

Angaben in Prozent (Mehrfachnennungen)	Alle	SPD	CDU/CSU	Grüne	FDP	PDS
Gesamtes Bundesgebiet						
Wirtschaftspolitik	38	28	**53**	15	51	17
Ausländerpolitik	16	12	19	17	14	11
Arbeitsmarktpolitik	31	24	41	11	34	28
Innere Sicherheit/Kriminalität	13	12	16	4	10	10
Umweltpolitik	15	18	4	**64**	5	10
Steuerpolitik	16	11	21	5	30	8
Soziale Gerechtigkeit	30	**42**	15	39	18	**61**
Schul-/Bildungspolitik	14	13	14	14	21	19
Außen-/Sicherheitspolitik	18	24	12	29	9	21
Alte Bundesländer						
Wirtschaftspolitik	39	28	**53**	15	52	20
Ausländerpolitik	17	13	19	18	14	26
Arbeitsmarktpolitik	30	23	41	11	33	28
Innere Sicherheit/Kriminalität	14	13	17	4	10	8
Umweltpolitik	16	20	5	**65**	5	17
Steuerpolitik	17	12	21	5	31	17
Soziale Gerechtigkeit	28	**41**	15	40	17	**60**
Schul-/Bildungspolitik	15	13	15	14	22	19
Außen-/Sicherheitspolitik	18	24	12	29	9	25
Neue Bundesländer						
Wirtschaftspolitik	33	27	**53**	19	**46**	16
Ausländerpolitik	12	9	15	12	12	8
Arbeitsmarktpolitik	31	25	42	13	39	28
Innere Sicherheit/Kriminalität	11	10	12	6	9	10
Umweltpolitik	10	12	2	59	4	7
Steuerpolitik	11	8	16	3	24	5
Soziale Gerechtigkeit	**38**	45	18	36	22	**61**
Schul-/Bildungspolitik	13	12	10	11	19	19
Außen-/Sicherheitspolitik	17	24	7	25	6	20

Das jeweils wichtigste Thema ist fett markiert.

Quelle: Infratest dimap: Wahlreport (Anm. 1), S. 80.

In der Kommentierung veranlasste dies so manchen Analytiker in den Medien und aus naheliegenden Gründen auch die Wahlkampfführung Edmund Stoibers und der Union zu der Einschätzung, dass der Herausforderer und die Union mit Blick auf das agenda setting in den Medien auf Sachthemen und Kompetenz, der Kanzler und die Sozialdemokraten jedoch auf Amtsbonus, Sympathie und Emotionen setzen würden. Vordergründig mag dieser Eindruck zutreffen, insbesondere seit dem durch die Flutkatastrophe ab Mitte August veränderten Kontext. Tatsächlich handelt es sich um interessengeleitete und leicht zu widerlegende Fehlinterpretationen. Denn schaut man auf die von Infratest dimap ermittelten Daten, war der Kompetenzvorsprung von Stoiber und Union in den verschiedenen Politikfeldern so eindeutig nicht (s. Tab. 1). Zweifelsohne wies die Union während des gesamten Wahlkampfes auf einigen Politikfeldern einen deutlichen Vorsprung auf, beispielsweise auf dem Feld der Wirtschaftspolitik (53 zu 38 Prozent) und der Arbeitsmarktpolitik (41 zu 24 Prozent). In der Steuerpolitik rangierte die FDP vor der Union (30 zu 21 Prozent). Auf den Feldern der sozialen Gerechtigkeit hingegen lagen die Sozialdemokraten vor der Union (42 zu 15 Prozent) und schnitten B'90/Grüne (39 Prozent) gut ab. In der Außen- und Sicherheitspolitik wurden Grüne (29 Prozent) und SPD (24 Prozent) besser eingeschätzt als die Union, während bei der Umweltpolitik die Grünen klar vorn (64 Prozent) lagen. Die Daten der FGW liefern nur in den Nuancen ein unterschiedliches Bild: bei Wirtschaft und Arbeitslosigkeit rangierte die Union mit 36 Prozent bzw. 38 Prozent an erster Stelle vor der SPD mit 31 Prozent bzw. 29 Prozent; bei Familien-, Renten- und Ausländerpolitik lag die SPD klar vor der Union; die Sozialdemokraten waren auch mit 35 zu 32 Prozent knapp vorne bei der allgemeinen Frage, wer die Zukunft besser gestalten würde[22].

Die unterschiedliche Einschätzung der Sachkompetenzen durch die Wähler lässt zwei Schlüsse zu: Die Bewertung der Issues reflektiert erstens die Themensetzung der Parteien und die von ihnen gewählten Schwerpunkte. Und die Themen polarisieren wie mobilisieren. Die Einschätzung der Wähler folgt zweitens aber auch den politisch-ideologischen Grundüberzeugungen der jeweiligen Parteiwählerschaften. Ähnlich verhält es sich, betrachtet man das Profil der beiden Kanzlerkandidaten (s. Graphik 8). Der Amtsinhaber Schröder gilt in der Bewertung durch die Wähler als sympathischer, durchsetzungsfähiger, glaubwürdiger. Der Herausforderer Stoiber führt – wie die Daten von Infratest dimap zeigen – auf den Feldern der Wirtschaftspolitik, der Bildungspolitik, überraschend auch in der Frage der Regelung der Zuwanderung, wobei wohl eher die Begrenzung von Zuwanderung gemeint ist. Kanzler Schröder wird indes eindeutig präferiert bei Fragen der sozialen Gerechtigkeit, in der Außenpolitik, bei der Schaffung von Arbeitsplätzen und beim Aufbau Ost. Der Kanzler führte sodann in der Frage, wer die richtigen Konzepte für die Zukunft hat, und zwar deutlich mit 43 zu 34 Prozent. Auch diese Daten machen deutlich, wie schief, mindestens aber einseitig die Gegenüberstellung Sympathie und Emotionen versus Sachkompetenz war. Die Kompetenzvorsprünge unterschieden sich vielmehr je nach Politikfeldern. Emotional begründet war im übrigen mit ihrer „Mir-san-mir"-Reaktion auch das Votum vieler Stoiber-Wähler in Bayern, als während des Wahlkampfes zunehmend sichtbarer wurde, dass Stoibers Kandidatur außerhalb Bayerns auf Zu-

Graphik 8: Profilvergleich der Kanzlerkandidaten in Prozent (Mehrfachnennungen)

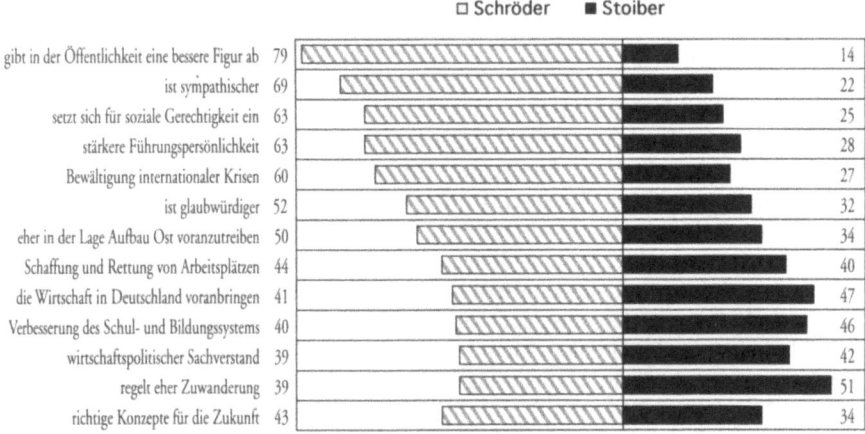

Quelle: Infratest dimap, Wahlreport (Anm. 1), S. 121f.

---

22 Vgl. FGW: Bundestagswahl (Anm. 1), S. 40 ff.

rückhaltung bis Ablehnung stieß. Zudem sind Wahlkämpfe wie individuelle Wähler-entscheidungen – auch dies macht die Analyse deutlich – immer bestimmt von einem Mix aus strukturellen Determinanten, symbolhafter Mobilisierung und Emotio-nalisierung, rationaler Themenwahl und Entscheidung. Es bestätigt sich einmal mehr, dass von einem „kontinuierliche[n] Bedeutungsgewinn der unpolitischen Merkmale eines Kandidaten für dessen Gesamtbeurteilung" keine Rede sein kann, wie Frank Brettschneider in einer international vergleichenden Studie für die 1960er bis 1990er Jahre nachgewiesen hat. Die analytische Trennung, ob Themenorientierung oder Kan-didateneinschätzung für die Wählerentscheidung ausschlaggebend seien, gehe in die Irre; vielmehr beziehen die Wähler beides, Kandidaten-Alternative und Issues, auf-einander und man kann am ehesten von „themenbezogenen Kandidatenorien-tierungen"[23] sprechen.

In der heißen Phase des Wahlkampfes traf der Kanzler in mehrfacher Hinsicht die Erwartungen und längerfristigen Politikpräferenzen breiter Wählerschichten, insbe-sondere jene potentiellen Wähler der Sozialdemokratie: Dies gilt erstens für Schröders kategorisches Nein zu einer deutschen Beteiligung an einer möglichen Militär-intervention im Irak. Die Betonung der gesamtdeutschen Solidarität während der Flutkatastrophe entsprach zweitens der großen Bedeutung des Issues sozialer Ge-rechtigkeit und ihrer Garantie bzw. Herstellung durch die Politik – und zwar in der traditionellen sozialdemokratischen Wählerklientel, aber auch weit darüber hinaus und insbesondere im Norden und Osten der Republik. Und last but not least erlaubte beides dem Kanzler, seine Handlungsfähigkeit unter Beweis zu stellen. Wenn es den Wählern mit ihrer Entscheidung tatsächlich wesentlich um die Übertragung von Handlungsvollmacht geht, so traf Gerhard Schröder auch insofern die Erwartungs-haltung potentieller Wählerschichten.

4. Bundestagswahlen als Lager- bzw. Koalitionswahl-entscheidungen

Der Wähler besitzt bei Bundestagswahlen bekanntlich zwei Stimmen. Mit dem Split-ting von Erst- und Zweitstimme wird ihm die Möglichkeit eingeräumt, die Erst-stimme einem Wahlkreiskandidaten zu geben, der nicht der Partei angehört, die er mit der Zweitstimme wählt. Seit den 1960er Jahren haben – ausweislich der Reprä-sentativauszählungen des Statistischen Bundesamtes – bis zu 10 Prozent, seit den Wah-len der 1980er Jahre deutlich über 10 Prozent der Wähler vom Splitting Gebrauch gemacht. Laut Wahltagbefragungen (die Repräsentativauszählungen waren zeitweilig ausgesetzt[24] haben 1994 und 1998 sogar 16,3 Prozent bzw. 20,9 Prozent der Wähler

---

23 Frank Brettschneider: Candidate-Voting. Die Bedeutung von Spitzenkandidaten für das Wählerver-halten in Deutschland, Großbritannien und den USA von 1960 bis 1998, in: Hans-Dieter Klingemann/Max Kaase (Hrsg.): Wahlen und Wähler. Analysen aus Anlass der Bundestagswahl 1998, Wiesbaden 2001, S. 351–400 (Zitat: S. 388).

24 Die Repräsentativauszählungen zu Alter, Geschlecht und Stimmen-Splitting waren 1994 und 1998 aus-gesetzt, wurden aber 2002 wieder durchgeführt. Sie sind, da es sich nicht um Umfragen, sondern um die Stimmabgabe selbst handelt sowie aufgrund der großen Fallzahlen, wesentlich zuverlässiger als Umfragen.

Erst- und Zweitstimme unterschiedlich abgegeben – zum größten Teil aus wahltaktischen und koalitionspolitischen Erwägungen, wenngleich in der Wahlforschung immer wieder kontrovers diskutiert wird, ob die Wähler die Wirkweise des Zweistimmensystem tatsächlich verstehen und sie das Splitting rational einsetzen[25]. Vor allem Wähler kleinerer Parteien wie der FDP oder von B'90/Grünen wollen dadurch ihrer Partei den Einzug ins Parlament ermöglichen. So gaben z. B. 1972 53 Prozent der FDP-Wähler ihre Erststimmen einem Kandidaten des Koalitionspartners (SPD), 1983 nach dem Koalitionswechsel zur CDU/-CSU taten dies 58 Prozent zugunsten der Kandidaten der Union. 1994 votierten von den Zweitstimmenwählern der FDP nur ca. ein Drittel für die FDP, über 50 Prozent für die CDU/CSU, so dass die Liberalen allein aufgrund des Stimmensplittings und der Koalitionswahlentscheidung vieler bürgerlicher Wähler den Sprung über die Fünf-Prozent-Hürde und damit den Einzug in den Bundestag schafften[26].

Von den Zweitstimmenwählern der FDP stimmten 1998 61 Prozent für die Kandidaten der Union, 54 Prozent der Zweitstimmenwähler von B'90/Grünen für die Bewerber der SPD. Von den PDS-Wählern gaben rund zwei Drittel ihre Stimmen einheitlich ab, 23 Prozent votierten für die Bewerber der SPD. Die Zweitstimmenwähler der beiden großen Parteien SPD und CDU/CSU mit Aussichten auf den Mandatsgewinn im Wahlkreis gaben ihre zwei Stimmen überwiegend (zu 90 Prozent bzw. 94 Prozent) einheitlich ab – auch dies, ob bewusst oder unbewusst, ein strategisch durchaus plausibles Verhalten[27]. Das Erst- und Zweitstimmen-Verhalten von Unions- und SPD-Wählern war bei der Wahl vom September 2002 kaum verändert; nach der wieder durchgeführten Repräsentativauszählung votierten 92 Prozent bzw. 84 Prozent einheitlich. Das Splitting der Zweitstimmenwähler von B'90/Grünen und FDP wies 2002 indessen markante Unterschiede auf. Von den FDP-Wählern stimmten diesmal „nur" 36,1 Prozent für die Wahlkreiskandidaten der Unionsparteien, 11,9 Prozent für die der SPD, jedoch 44,6 Prozent für den Bewerber der eigenen Partei – verglichen mit früheren Wahlen ein deutlich höherer Prozentsatz. Von den Zweitstimmen-Wählern von B'90/Grünen unterstützten hingegen 31,3 Prozent die eigenen Wahlkreiskandidaten, jedoch 59,7 Prozent den Bewerber der SPD.

Mit Blick auf das Abschneiden der kleineren Parteien erklärt das Stimmensplitting nicht alles, aber doch einiges. Wahlentscheidungen in der Bundesrepublik sind und bleiben Lager- und Koalitionswahlentscheidungen, wovon der kleinere Partner profitiert, sofern er zur Koalitionsbildung tatsächlich gebraucht wird. Joschka Fischer und die Grünen haben diesem Tatbestand mit ihrem prononcierten Koalitionswahlkampf, auch durch die Betonung des Gerechtigkeitsthemas, Rechnung getragen und Erfolg gehabt. Die Liberalen hingegen waren einer „grotesken strategischen Fehleinschätzung"[28] unterlegen, zum Teil wohl auch deshalb, weil sie im Meinungsklima so

25 Siehe u.a. Eckhard Jesse: Die Bundestagswahlen von 1972 bis 1987 im Spiegel der repräsentativen Wahlstatistik, in: Zeitschrift für Parlamentsfragen 18 (1987), 232–242; Harald Schoen: Eine Form taktischer Wahlentscheidung, in: Zeitschrift für Parlamentsfragen 29 (1998), S. 223–244; ders.: Stimmensplitting bei Bundestagswahlen – ein Spiegelbild des Verhältnisses zwischen Bürgern und Parteien, in: Markus Klein u.a. (Hrsg.): 50 Jahre empirische Wahlforschung in Deutschland, Wiesbaden 2000, S. 361–388.
26 Vgl. Schultze (Anm. 17).
27 Vgl. Schultze: Wählerverhalten bei Bundestagswahlen (Anm. 5).
28 So Dieter Oberndörfer/Gerd Mielke/Ulrich Eith in ihrer Wahlanalyse in der Frankfurter Rundschau vom 27. September 2002.

mancher Umfrage, nicht zuletzt denen des Allensbacher Instituts[29], vertraut hatten. Zum für die FDP aus ihrer überzogenen Erwartungshaltung heraus so enttäuschenden Ergebnis hat zweifellos auch Jürgen W. Möllemann wesentlich beigetragen als Erfinder des „Projektes 18", durch seinen Versuch der populistischen „Haiderisierung" der Partei, durch seine Auseinandersetzung mit Michel Friedman und dem Zentralrat der Juden usw. Wichtiger waren indes mindestens drei strategische Fehler der gesamten FDP-Führung: (1) Die Momentaufnahmen des Meinungsklimas sowie die Landtagswahlergebnisse während der Vertrauenskrise der Union im Gefolge des Parteienspendenskandals verleiteten die FDP-Führung dazu, diese Daten auf Bundestagswahlverhältnisse hochzurechnen – eine grandiose Fehleinschätzung, die alle Erfahrungen bundesdeutschen Wählerverhaltens außer Acht ließ. (2) Sie unterschätzte die negativen Wirkungen des Spaß-Wahlkampfes und der überheblichen Idee der Kanzlerkandidatur. (3) Sie verzichtete aufgrund ihrer These von der Äquidistanz zu den beiden Großparteien auf jegliche Koalitionsaussage.

Zwar erhöhte sich dadurch der Erststimmenanteil der Liberalen; sie erzielten immerhin 5,8 Prozent der Erststimmen und blieben nur 1,6 Prozentpunkte hinter ihrem Zweitstimmenergebnis zurück, während die Differenz bei B'90/Grünen aufgrund des hohen Splitting-Anteils 3,0 Prozentpunkte ausmachte. Jedoch verhinderte die Strategie der Äquidistanz größere Zuwanderung aus dem bürgerlichen Lager. Die Liberalen haben im Saldo von der Union nicht nur keine Stimmen hinzugewonnen, sondern sogar welche an sie abgegeben. Bei einer Zuwanderung von 810.000 und einer Abwanderung von 830.000 Stimmen ermittelte Infratest dimap einen Negativ-Saldo von 20.000 Stimmen im Verhältnis FDP – Union[30] Im Übrigen fand die FGW, dass zwei Drittel aller Wähler eine Koalitionsaussage der FDP gewünscht und 60 Prozent der FDP-Wähler für eine Koalitionsaussage zugunsten der Union plädiert hätten[31]. Ein Indiz für die vergleichsweise geringe Wirkung des sicherlich zu Recht heftig kritisierten Wahlkampf-Flyers Jürgen Möllemanns aus der letzten Woche vor der Wahl liefert das Briefwahlergebnis der Liberalen: Traditionell erzielt die FDP bei Briefwahlen Stimmenanteile, die deutlich über dem Gesamtergebnis für die Partei liegen – bei der Wahl von 1998 z.B. um 1,9 Prozentpunkte bei einem Gesamtstimmenanteil von 6,2 Prozent. Der Anteil der sog. Urnenwähler, also derjenigen Wähler, die ihre Stimme am Wahltag abgaben, lag 2002 genauso wie vor vier Jahren um 0,3 Prozentpunkte unter dem Gesamtergebnis von 7,4 Prozent, der Anteil der Briefwähler deutlich geringer als 1998 nur um 1,0 Prozentpunkte darüber[32].

---

29 Das Allensbacher Institut für Demoskopie, das die Oppositionsparteien während des Wahlkampfes demoskopisch beraten hat, hat die FDP im Wahljahr durchweg deutlich besser bewertet als die anderen Institute und beständig im zweistelligen Bereich notiert – im Januar 2002 bei 11 Prozent, im März gar bei 13,1 Prozent und auch noch am 11. September mit 10,1 Prozent. Solche Zahlen dürfte die gesamte FDP-Führung als Bestätigung ihres Projektes 18 verstanden haben.
30 Vgl. Infratest dimap: Wahlreport (Anm. 1), S. 37 ff.
31 Vgl. FGW: Bundestagswahl (Anm. 1), S. 13.
32 Etwas anders verhält es sich bei den Sozialdemokraten, deren Anteile an den Briefwahlstimmen in der Vergangenheit traditionell deutlich unter denen der Urnenwähler lagen, 1998 bei 36,5 Prozent Briefwahlstimmen um 5,3 Punkte unter dem Urnenergebnis bei einem Gesamtergebnis von 40,9 Prozent. Bei dieser Wahl fiel die Differenz um einiges geringer aus: 36,0 Prozent Briefwahlanteil bei 39,1 Prozent Urnenstimmen und einem Gesamtergebnis von 38,5 Prozent. Hier bestätigten sich die Zahlen der Demoskopen, die einen Rückgang in den Umfragewerten der SPD in den letzten zehn Tagen vor dem Wahltermin feststellten. Ob dabei auch die Debatte um die Äußerungen der damaligen Justizministerin Herta Däubler-Gmelin eine Rolle gespielt haben, sei dahingestellt. Die Briefwahlergebnisse wurden dem Autor dankenswerter Weise vom Statistischen Bundesamt vor der Veröffentlichung zugänglich gemacht.

Nicht die Auseinandersetzungen um Jürgen Möllemann und seinen Flyer, sondern eine grundfalsche Strategie hat die Liberalen den dritten Platz im Parteiensystem gekostet[33]. Mehr als neun Prozent der Zweitstimmen waren selbst bei einer klaren Koalitionsaussage zugunsten der Union und einem ernsthaften Wahlkampf ohne Spaß und ohne Möllemannsche Eskapaden nicht zu erwarten, denn der Kernwählerstamm der FDP liegt deutlich unter der Fünf-Prozent-Marke[34].

5. Geringere Mobilisierung und sinkende Wahlbeteiligung

In Anbetracht des offenkundigen Kopf-an-Kopf-Rennens von Regierung und Opposition erwartete man allgemein eine hohe, wenn nicht gar gestiegene Wahlbeteiligung – ein Effekt, der nicht eingetreten ist; im Gegenteil: Verglichen mit 1998 ging die Beteiligung bundesweit um 3,1 Prozentpunkte zurück und fiel mit 79,1 Prozent auf das Niveau der Bundestagswahl von 1994 (79,0 Prozent). Auf Landesebene war allein in Bayern ein Anstieg zu verzeichnen (+2,4), wo sich bei früheren Wahlen indessen meist unterdurchschnittlich viele Wähler beteiligt hatten. In allen anderen Ländern war die Wahlbeteiligung rückläufig, wobei deutliche West-Ost-Diskrepanzen zu Tage treten. In den alten Ländern lag die Beteiligung mit einer Ausnahme durchweg über dem Durchschnitt zwischen 78,9 Prozent in Bremen und 81,6 Prozent in Bayern, im Osten der Republik hingegen deutlich unter dem Durchschnitt zwischen 77,6 Prozent in Berlin und 68,7 Prozent in Sachsen-Anhalt. In Mecklenburg-Vorpommern, Sachsen wie Sachsen-Anhalt ist die Beteiligung gegenüber 1998 stark um mehr als acht Prozentpunkte abgesunken. Dies lässt sich mit einiger Berechtigung auf die fehlende und/oder nur gering ausgeprägte Wahlnorm zurückführen und auf die weit größere Volatilität im politischen Verhalten.

Fragt man nach dem Zusammenhang zwischen Wahlbeteiligung und Parteistärken, bestätigen sich die beachtlichen Unterschiede im Partizipationsverhalten von Ost und West. Bundesweit gilt, dass mit steigender Wahlbeteiligung der Stimmenanteil der SPD sinkt, während die Stimmenanteile von Union und Grünen ansteigen. Betrachtet man die gegenüber 1998 eingetretenen prozentualen Veränderungen in Wahlbeteiligung und Parteistärken und schlüsselt man diese regional auf, zeigen sich für die SPD Verluste jeweils nahe an ihrem Durchschnittsverlust, für B'90/Grüne Gewinne analog zum Durchschnitt, während die Gewinne der Union mit zunehmender Beteiligung steigen. In den neuen Bundesländern hingegen besteht ein direkter Zusammenhang zwischen der Höhe der SPD-Gewinne und der PDS-Verluste bei sinkender Wahlbeteiligung. Dies ist ganz sicher ein Indiz für die Abwanderung in die Nichtwahl und den Parteiwechsel zu den Sozialdemokraten von ehemaligen PDS-Wählern und PDS-Sympathisanten in Ostdeutschland. Beide Wanderungsbewegungen führten dazu, dass bundesweit die Postkommunisten an der Sperrklausel scheiterten und die Sozialdemokraten sich knapp vor den Unionsparteien behaupten konnten.

---

33 Ähnlich auch FGW: Bundestagswahl (Anm. 1), S. 31.
34 Ähnlich u. a. Oberdörfer/Mielke/Eith (Anm. 28).

6. Regionale und lokale Differenzen im Wähler- verhalten

Wahlgeographisch zweigeteilt – so der Tenor vieler Kommentare unmittelbar nach der Bundestagswahl – sei die politische Landschaft[35]. Im Süden dominiere die Union, die Sozialdemokratie hingegen im Ruhrgebiet, im Norden und Osten der Republik. Manche Analytiker sahen die SPD denn auch auf dem Weg, die Union als „strukturelle Mehrheitspartei" abzulösen. Blickt man nur auf die Wahlkreisergebnisse, liegen solche Einschätzungen nahe: Die Unionsparteien gewannen 125 der 299 Direktmandate, davon die CSU allein 43 in Bayern und die CDU 30 in Baden-Württemberg. Die Sozialdemokraten erzielten 171 Direktmandate, nur 19 von ihnen im Süden der Republik, hingegen 54 in den Neuen Ländern, 43 in Norddeutschland und 45 in Nordrhein-Westfalen.

Der Blick auf die „Schwarz-Rot-Malerei" der Wahlkreiskarte vermittelt indes ein schiefes Bild; tatsächlich sind die wahlgeographischen Verhältnisse regional und lokal, insbesondere hinsichtlich der Stadt-Land-Unterschiede, differenzierter. Die regionale Zweitstimmen-Verteilung der Parteien zeigt zunächst das bekannte Nord-Süd-Gefälle sowie die Differenzen zwischen West und Ost. Der Stimmenanteil von B'90/Grüne fällt im Westen mit 9,5 Prozent doppelt so hoch aus, liegt in den neuen Ländern durchweg unter fünf Prozent und bleibt hinter dem der Liberalen zurück, die dort zwischen 5,8 Prozent und 7,6 Prozent der Zweitstimmen erzielen. Die PDS erreicht trotz ihrer Verluste im Osten immerhin noch 16,9 Prozent der Stimmen und ist unverändert mit Abstand drittstärkste Partei in den neuen Ländern, bei 1,1 Prozent im Westen. Man sollte deshalb die PDS als ostdeutsche Regionalpartei nicht vorschnell abschreiben. In den alten Ländern erzielen die Grünen in den Stadtstaaten Hamburg (16,2 Prozent), Bremen (15,0 Prozent) und Berlin (14,6 Prozent) ihre besten Ergebnisse; sie schneiden zudem in den Flächenstaaten Baden-Württemberg (11,5 Prozent) und Hessen (10,7 Prozent) zweistellig ab. In Nordrhein-Westfalen und Rheinland-Pfalz liegen sie hinter den Liberalen zurück, die dort jeweils 9,4 Prozent und 8,2 Prozent der Zweitstimmen erzielen.

Die Zweitstimmenergebnisse von Unionsparteien und Sozialdemokraten ergeben aus der Kombination der beiden regionalen Grundmuster bei gleichzeitiger Binnendifferenzierung das folgende wahlgeographische Bild:

Das Nord-Süd-Gefälle besteht im Osten wie im Westen der Republik. Im Osten schneidet die Union stark unterdurchschnittlich in Brandenburg (22,3 Prozent) und Berlin (25,9 Prozent), am besten in den beiden südlichen Ländern Thüringen und Sachsen ab. Sie erreicht aber auch dort nur 29,4 Prozent bzw. 33,6 Prozent der Zweitstimmen und liegt allein in Sachsen, wenngleich nur um 0,3 Prozent, vor den Sozialdemokraten. Die SPD erzielt ihre besten Ergebnisse von deutlich über 40 Prozent in den nördlichen der neuen Länder. Im Westen liegt die Spanne zwischen dem jeweils besten und schlechtesten Landesergebnis für die CDU zwischen 24,5 Prozent in Bremen und 42,8 Prozent in Baden-Württemberg, für die SPD spiegelbildlich

---

35 Die folgende Passage beruht auf dem Beitrag des Verfassers: Mir san mir – Kleine Wahlgeographie Deutschlands, in: Frankfurter Allgemeine Sonntagszeitung vom 29. September 2002, S. 11.

zwischen 48,6 bzw. 47,8 Prozent in Bremen und Niedersachsen und 33,5 bzw. 26,1 Prozent in Baden-Württemberg und Bayern. Insgesamt rangiert die Union im Westen dank ihrer starken Ergebnisse in den südlichen Ländern Bayern, Baden-Württemberg und Rheinland-Pfalz (40,2 Prozent) um 2,7 Prozentpunkte vor den Sozialdemokraten.

In den vier Bundestagsfraktionen spiegeln sich diese Regionalverteilungen wider. Einerseits garantiert die personalisierte Verhältniswahl den Fraktionen (im Unterschied zur Verteilung der Wahlkreismandate nach relativer Mehrheitswahl) eine Repräsentation aus allen Teilen der Republik. Dies gilt selbst für die beiden kleinen Parteien, die – mit Ausnahme der Bündnis/Grünen in Mecklenburg-Vorpommern – mindestens einen Abgeordneten aus jedem Land in ihren Fraktionsreihen haben. Nichtsdestoweniger bestehen als Folge der regionalen Zweitstimmendifferenzen beachtliche Ungleichgewichte insbesondere in den Fraktionen von Sozialdemokraten und Union. Allein 105 der 248 Unionsabgeordneten stammen aus den drei südlichen Ländern der alten Bundesrepublik. Zusammen mit ihren Fraktionskollegen aus Hessen und dem Saarland verfügen sie in der Unionsfraktion über die Mehrheit, während Nordrhein-Westfalen nur 49 und der Osten gar nur 39 Abgeordnete innerhalb der Unionsfraktion stellt. Von den 251 Abgeordneten der SPD-Fraktion kommen 60 aus Nordrhein-Westfalen, 59 aus dem Norden, 54 aus dem Osten, jedoch nur 43 aus Bayern und Baden-Württemberg zusammen.

Deutliche landsmannschaftliche Färbungen und sozio-politische Unterschiede sind die Folge: Die oppositionelle Unionsfraktion ist stark süddeutsch – christlich/katholisch – liberal/konservativ geprägt, die regierende SPD-Fraktion demgegenüber nord- und ostdeutsch – protestantisch/säkular – wohlfahrtsstaatlich-sozialdemokratisch. Diese Muster in Wählerverhalten, Partei- und Mandatsstärken mit ihren fast spiegelbildlichen Mehrheits-/Minderheitsverhältnissen in den Fraktionen der beiden Großparteien reflektieren – cum grano salis – die maßgeblichen Elemente der gesellschaftlichen Konfliktstruktur, wie sie die Politik in der Bundesrepublik gegenwärtig insgesamt, aber eben auch in ihren regional unterschiedlichen sozialen wie kulturellen Ausprägungen bestimmt. Dies gilt für den wohlfahrtsstaatlichen Cleavage wie für die konfessionelle Konfliktlinie[36]. Postmaterialismus und ökologische Konfliktdimension

Tabelle 2: Zweitstimmenanteile und Gewinne bzw. Verluste nach Regionen, Bundestagswahl 2002 (in Prozent)

	NBL[1]		NORD (Schl.-H.; HH; HB; Nieders.)		NRW		Süd/Südwest (Saarl.; Rh.-Pf.); He.; Ba-Wü.)		Bayern		ABL	
	Anteil	Gew./ Verl.	Anteil	Gew./ Verl.	Anteil	Gew./ Verl.	Anteil	Gew./ Verl.	Anteil	Gew./ Verl.	Anteil	Gew./ Verl.
SPD	39,2	3,6	46,1	–2,1	43,0	–3,9	36,8	–2,5	26,1	–8,3	38,3	–4,1
CDU/CSU	28,7	1,1	33,6	0,1	35,1	1,3	40,3	3,6	58,6	10,9	41,0	3,8
GRÜNE	6,6	3	7,2	0,6	8,9	2,0	10,3	2,2	7,6	1,7	9,2	2,1
FDP	6,2	1	9,2	2,3	9,3	2,1	8,1	0,1	4,5	–0,6	7,6	0,6
PDS	15,3	–4,2	1,3	–	1,2	–	1,1	–	0,7	–	1,1	–

[1] = inkl. Berlin

Quelle: Berechnet auf der Basis der amtlichen Wahlstatistik; Statistisches Bundesamt (Anm. 1).

kommen in beiden Großparteien allerdings zu kurz. Die Wahlerfolge von B'90/ Grünen im Westen belegen dies ebenso wie deren schwache Wahlergebnisse im Osten, da beide Konfliktdimensionen dort aus nahe liegenden Gründen bislang keine besondere Rolle spielen.

Zum anderen äußern sich in den Unterschieden offenkundig historisch überkommene regionale Konfliktmuster, beispielsweise kulturell-landsmannschaftliche in Bayern, politisch abgesichert nicht zuletzt durch die Doppelrolle der CSU als bayerisch-regionaler „Staats- und Ordnungspartei" (Mintzel) und als christlich-konservativer Bundespartei im Verbund mit der CDU. Überkommene Konfliktmuster, verbunden mit der dortigen politischen Regionalkultur, deren Existenz niemanden verwundern sollte, sind auch im Osten zu erkennen, so dass man unverändert von der Existenz zweier Elektorate sprechen kann[37]. Sie speisen sich ganz sicher auch aus alten Traditionslinien, die man historisch durchaus weit zurückverfolgen kann, sodann noch immer maßgeblich aus den Sozialisationsprozessen in der Diktatur des real-existierenden DDR-Sozialismus, aber eben auch bereits aus den negativen Erfahrungen des Vereinigungsprozesses nach 1990. Zwar weist die ostdeutsche politische Regionalkultur Binnendifferenzierungen zwischen dem vormals preußischen und zu DDR-Zeiten privilegierten Norden und dem thüringischen und sächsischen Süden auf. Verglichen mit der westdeutschen politischen Kultur überwiegen jedoch die Gemeinsamkeiten eines sehr viel staatszentrierteren Politikverständnisses mit zudem andersartigen Politikpräferenzen, die weit stärker als im Westen an sozialer Gleichheit orientiert sind[38].

Differenziert zu betrachten sind desgleichen die offenkundigen Unterschiede im Wählerverhalten von Stadt und Land bzw. großstädtischem und ländlichem Raum. Dabei zeigen sich bekannte Muster, aber auch neue Akzentuierungen und Abweichungen von den Trends der Vergangenheit – und zwar nicht nur in den neuen, sondern auch in den alten Ländern. Das schlechte Abschneiden der Union in den städtischen Metropolen spielte dabei eine herausgehobene Rolle bei den parteiinternen Debatten und Erklärungsversuchen. Für den Westen bestätigen die von der FGW gruppierten Aggregatdaten zunächst, dass dort SPD, B'90/Grüne und FDP umso besser abschneiden, je höher die Bevölkerungsdichte ist. Für die Union hingegen zeigt sich der gegenteilige Trend; Stimmenanteile und prozentuale Gewinne sinken mit zunehmender Bevölkerungsdichte. Darin enthalten sind bereits die abweichenden Ergebnisse im Süden der Republik, nämlich die teilweise überdurchschnittlichen, teilweise auch starken Stimmengewinne in einigen süddeutschen Großstädten, so u.a. in Stuttgart (+ 2,9), in München (+ 5,6), in Nürnberg (+ 6,4) oder auch in Augsburg (+ 9,3 Prozentpunkte). Das Abschneiden der CDU in den Städten des Nordens und Ostens der Republik fällt also noch schlechter aus, als die gruppierten Daten der FGW nahe

---

36 Zum Cleavage-Konzept als makrosoziologischer Erklärung der Stabilität der Parteisysteme wie des Verhältnisses zwischen Parteien und Wählern siehe als Einstieg Franz Urban Pappi: Cleavage, in: Dieter Nohlen/Rainer-Olaf Schultze (Hrsg.), Lexikon der Politikwissenschaft, Bd. 1, (Anm. 5), S. 101–103; Ulrich Eith/Gerd Mielke (Hrsg.), Gesellschaftliche Konflikte und Parteiensysteme, Wiesbaden 2001.

37 Zu den Differenzen zwischen Ost und West im Wählerverhalten siehe u.a. Russell J Dalton./Wilhelm Bürklin: The Two German Electorates. The Social Bases of the Vote in 1990 and 1994, in: German Politics and Society 13 (1995), S. 75-99; Rainer-Olaf Schultze: Eine Bundestagswahl oder zwei? Wählerverhalten in Deutschland Ost und Deutschland West, in: Der Bürger im Staat 52 (2002), S. 16–25.

38 Vgl. ebd.

legen, mit Stimmenverlusten z.B. in Hamburg (-1,9), Hannover (− 1,1), Bremen/Bremerhaven (− 0,9), Köln (− 0,5 Prozentpunkte), wo die Union nicht einmal vom Spendenskandal der lokalen Kölner SPD profitieren konnte. In Ostdeutschland ist das regionale Bild demgegenüber uneinheitlich; zwar schneidet auch dort die CDU in den Großstädten besonders schlecht ab, doch fallen Gewinne und Stimmenanteile der SPD bei niedriger bis mittlerer Bevölkerungsdichte höher aus als in den Metropolen. In Bayern gewann die Union nicht nur in den Städten stark hinzu, sondern – abweichend von den langfristigen Trends – auch in ihren Hochburgen im agrarisch- wie kleinstädtisch-katholischen Milieu, insbesondere in Niederbayern (+ 17,0) und der Oberpfalz (+ 13,6 Prozentpunkte) bei zweistelligen Stimmenverlusten der dort traditionell ohnehin stimmschwachen SPD, ein Ergebnis auch der in Bayern insgesamt, aber im ländlichen und kleinstädtischen Milieu überdurchschnittlich angestiegenen Wahlbeteiligung. Man muss dies nicht gleich als „vehemente[n] ‚Aufstand der Provinz‘ gegen die ungeliebte rot-grüne Regierung in Berlin"[39] werten; ganz sicher jedoch äußert sich hierin die landsmannschaftlich geprägte Unterstützung der „native son-Kandidatur" Edmund Stoibers gegen den „ungeliebten" norddeutschen Kanzler Gerhard Schröder. Zwar profitierten in der Vergangenheit auch die anderen Kanzlerkandidaten in ihrem jeweiligen Bundesland vom Heimvorteil und „Landesvater-Bonus", jedoch erzielten weder Franz Josef Strauß (1980), Johannes Rau (1987), Oskar Lafontaine (1990) oder Rudolf Scharping (1994) noch Gerhard Schröder (1998) einen derartigen Stimmenzuwachs wie Edmund Stoiber, der das ohnehin starke Landesergebnis der CSU um 10,9 Prozentpunkte auf 58,6 Prozent steigerte[40].

Die „Mir-san-mir"-Abwehrreaktion vieler Bayern ist im übrigen ein treffender Beleg für das Wechselverhältnis zwischen Langfristdeterminanten, auch regional-ökonomischen und regional-kulturellen, und Kurzzeiteinflüssen für die Formierung von Wählerentscheidungen und die erforderliche Aktualisierung politisch-ideologischer Grundüberzeugungen durch die aktuelle Politik. Ähnliches gilt für das Wählerverhalten im Osten der Republik. Das konkrete Regierungshandeln Schröders während der Flutkatastrophe und der Irak-Krise entsprach weitgehend der ostdeutschen politischen Regionalkultur und aktualisierte die politisch-ideologischen Grundeinstellungen weiter Kreise der ostdeutschen Wähler zu seinen und der Sozialdemokraten Gunsten.

7. Das Verhalten von alt und jung

Erst- und Jungwähler beteiligen sich an Wahlen traditionell deutlich weniger als die Älteren. Daran hat sich auch bei der Wahl des Jahres 2002 grundsätzlich nichts geändert. Der Anteil der Erstwähler unter 21 Jahre lag 9,4, der 21–25-Jährigen 11,5 und der 25–30-Jährigen 9,5 Punkte unter dem Durchschnitt. Deutlich überdurchschnittlich beteiligten sich vor allem die Wähler aus den Altersgruppen der 50–70-Jährigen, wobei die Partizipationsraten von Männern und Frauen in den Altersgruppen nur minimal variierten (mit Ausnahme der über 70-Jährigen, was auf die unterschiedliche Lebenserwartung zurückzuführen sein dürfte). Hinsichtlich der Par-

---

39 So Infratest dimap: Wahlreport (Anm. 1), S. 59.
40 Vgl. ebd.

teipräferenzen fand indessen ein gewisser Angleichungsprozess statt, so dass – verglichen mit den Wahlen der 1970er und 1980er Jahre – die Unterschiede im Wählerverhalten von alt und jung nicht mehr so prononciert ausfallen. Die Sozialdemokraten sind in fast allen Altersgruppen gleich stark. Die Union erzielt zwar mit steigendem Alter höhere Stimmenanteile, doch sind die Differenzen nicht mehr so markant wie in der Vergangenheit, da sie bei den Älteren keine Zugewinne, sondern – gemessen an den Anteilen der 1980er und 1990er Jahre – Verluste hinnehmen musste, die sie jedoch durch beachtliche Zuwächse bei den jüngeren Wählern ausgleichen konnte. Anders als früher schnitten die Liberalen bei den Erst- und Jungwählern bis 35 Jahre überdurchschnittlich ab. Zudem variiert auch die Altersstruktur der Wähler von B'90/Grünen nicht mehr so wie in der Vergangenheit. Vielmehr bestätigt sich mit Blick auf die alten Bundesländer die These vom „Ergrauen der Grünen", die in den Altersgruppen unter 60 Jahre etwa gleich stark sind, ihr bestes Ergebnis in der Gruppe der 35–45-Jährigen erzielen und nur noch bei den über 60-Jährigen deutlich unterrepräsentiert sind, aber jetzt auch bei den Senioren auf vier Prozent kommen (s. Tab. 3).

Die statistischen Befunde sind folglich widersprüchlich, Generalisierungen über die Zeit und Altersgruppen hinweg problematisch. Einerseits sprechen die verringerten Differenzen für Angleichungstendenzen bei den Jugendlichen an die generellen Trends in Politik und Gesellschaft – eine Schlussfolgerung, die auch die jüngste Shell-Jugend-Studie nahe legt[41]. Andererseits ist das „Ergrauen der Grünen" ein deutliches Indiz für die langfristige Stabilität in Einstellungen und Verhaltensmustern von Wählergenerationen, ja es bestätigt wichtige Annahmen der ursprünglich von Karl Mannheim in den 1920er Jahren entwickelten und in den 1970er Jahren reformulierten Generationenthese (und gerade nicht die Lebenszyklusthese) der politischen Sozialisationsforschung[42]. Dies gilt für die Ausgangsüberlegung, dass sich im Prozess der politischen Sozialisation als „Ergebnis sich wandelnder Lebensbedingungen, von Umbrüchen in der politischen Ordnung und von komplexen Prozessen der Übertragung von sozial-moralischen Leitideen und politischen Überzeugungssystemen"[43] politische Generationen herausbilden, deren Einstellungen und Verhaltensmuster, in Übernahme der Persistenzthese der Sozialisationsforschung, zudem lang-, mindestens aber mittelfristig als stabil gelten. Und es gilt für die Annahme von der prägenden Bedeutung formativer Ereignisse und kritischer Weggabelungen im historisch-sozialen Raum. Fraglich dürfte im Blick auf die Gegenwart sein, ob und unter welchen Konstellationen sich solche Wählergenerationen herausbilden: (a) in Anbetracht des beschleunigten sozial-ökonomischen und politischen Wandels; (b) des Strukturwandels in der Medien- und Informationslandschaft; (c) der zunehmenden Brüche in den Lebens- und Arbeitsbiographien der Wähler; (d) möglicher Veränderungen in den Sozialisationszeiträumen, in denen die grundlegenden (dauerhaften bzw. nur unter außergewöhnlichen Umständen veränderbaren) politischen Werte und Einstellungen gelernt werden; (e) der steigenden Volatilität und zunehmender kurzfristiger Entschei-

---

41 Vgl. Deutsche Shell (Hrsg.): Jugend 2002. 14. Shell Jugend-Studie, Frankfurt a. M. 2002; Hartenstein/Hilmer (Anm. 2), S. 24 f.

42 Zum Konzept politischer Generationen siehe Karl Mannheim: Das Problem der Generationen, in: Ders., Wissenssoziologie, Berlin/Neuwied 1964, S. 509–565 (zuerst 1928); Helmut Fogt: Politische Generationen, Opladen 1981; Matthias Metje: Wählerschaft und Sozialstruktur im Generationenwechsel, Wiesbaden 1994.

43 M. Rainer Lepsius: (Art.) Generationen, in: Martin Greiffenhagen/Sylvia Greiffenhagen (Hrsg.): Handwörterbuch zur Politischen Kultur der Bundesrepublik Deutschland, 2. Aufl., Wiesbaden 2002, S. 162–165, das Zitat: S. 163.

Tabelle 3: Das Ergrauen der Grünen 1983–2002,
Stimmenanteil der Repräsentativauszählung

Alter	1983	1990	2002
		Alte Bundesländer	
18-25	13,9	9,8	12,2
25-35	10,8	9,8	12,8
35-45	4,4	6,1	14,0
45-60	2,4	1,8	10,0
60-	1,2	0,7	4,0
Ø	5,3	4,6	9,4
		Neue Bundesländer	
18-25		12,2	7,1
25-35		9,1	7,6
35-45		6,7	6,0
45-60		4,1	4,0
60-		1,6	2,7
Ø		5,5	4,7
		Insgesamt	
18-25	13,9	8,1	11,2
25-35	10,8	7,9	11,9
35-45	4,4	4,8	12,6
45-60	2,4	1,5	8,8
60-	1,2	0,6	3,8
Ø	5,3	4,7	8,6

Quelle: Statistisches Bundesamt (Anm. 1)

dungskalküle in der Wählerschaft. Die Frage politischer Generationen wie ihrer Sozialisations- und Entstehungszusammenhänge bedarf der neuerlichen Überprüfung. Ein hohes Maß an Konstanz und Stabilität in den Parteipräferenzen kennzeichnet indessen die Generation der Erst- und Jungwähler der Grünen aus der Entstehungszeit der Partei Ende der 1970er/Anfang der 1980er Jahre.

8. Das Verhalten von Frauen und Männern

Anders als bei den vorangegangenen Bundestagswahlen haben diesmal Männer und Frauen in größerer Zahl unterschiedlich votiert[44]. In allen Altersgruppen wählten deutlich mehr Frauen als Männer die Sozialdemokraten. Ähnliches gilt für B'90/Grüne. Demgegenüber schnitten Liberale und Unionsparteien 2002 bei den Frauen schlechter ab als in der Vergangenheit. Überdurchschnittliche Verluste der SPD bei den Männern zwischen 30-60 Jahren stehen beachtliche Gewinne der CDU/CSU zwischen 30 und 45 Jahren und bei den über 60-jährigen Männern gegenüber. Letzteres ist um so überraschender, als bei früheren Wahlen die Union stets auf die stark überproportionale Unterstützung durch die älteren Frauen zählen konnte. Im Verhalten der Geschlechter ist

---

44 Zum Wählerverhalten von Frauen und Männern bei früheren Bundestagswahlen vgl. Viola Neu/Ute Molitor, Das Wahlverhalten der Frauen bei der Bundestagswahl 1998: Kaum anders als das der Männer, in: Zeitschrift für Parlamentsfragen 30 (1999), 252-267.

damit gegenüber früher ein doch grundsätzlicherer Trendwechsel eingetreten: In der Wählerschaft von Sozialdemokraten und B'90/Grünen sind die Frauen überrepräsentiert[45] bei der SPD im Verhältnis 52 zu 48; bei B'90/Grünen im Verhältnis 55 zu 45. Bei Union und Liberalen überwiegen die männlichen Wähler: bei CDU/CSU im Verhältnis 54 zu 46; bei der FDP im Verhältnis 55 zu 45.

Besonders markant sind dabei die Unterschiede in der Altersstruktur der Parteiwählerschaften zwischen Ost und West. In der alten Bundesrepublik wählten – laut Repräsentativauszählung – im Durchschnitt aller Frauen 40,2 Prozent die Union, in den neuen Ländern waren es 27,2 Prozent. Bei den Wählerinnen bis 45 Jahre lag die Union im Westen rund sieben Punkte unter dem Durchschnitt, bei den Seniorinnen über 60 Jahre deutlich überdurchschnittlich bei 49,3 Prozent, im Osten jedoch nur 1,6 Punkte über dem Durchschnittswert von 27,2 Prozent (s. Tab. 4). In den neuen Ländern erzielten die Sozialdemokraten mit 45,3 Prozent überdurchschnittliche Ergebnisse bei den jungen Wählerinnen bis 25 Jahre mit 43,2 Prozent und bei den Seniorinnen über 60 Jahre. In der alten Bundesrepublik hingegen waren die Differenzen im Stimmenanteil der sozialdemokratischen Wählerinnen längst nicht so ausgeprägt. Sie variierten bei einem durchschnittlichen Anteil von 39,7 Prozent um weniger als drei Punkte zwischen 41,4 Prozent bei den 35–45jährigen und 38,5 Prozent bei den über 60jährigen Wählerinnen.

Man geht sicherlich nicht fehl, wenn man die Veränderungen im Wählerverhalten der Geschlechter, nicht zuletzt auch die Unterschiede zwischen Ost und West, sowohl mit kurzfristig situativen Einflüssen als auch mit längerfristig wirkenden Wandlungstendenzen in Verbindung bringt. Der drohende Irak-Krieg mag dabei in der älteren Generation eine Rolle gespielt haben. Für die parteipolitische Um- bzw. Neuorientierung der Wählerinnen aus der jüngeren und mittleren Generation dürften indes eher der eingetretene Werte- und Lebensstilwandel in und zwischen den Geschlechtern sowie die daraus folgenden familien- und bildungs-, aber auch sozial- und arbeitsmarktpolitischen Reformnotwendigkeiten ursächlich sein. Mit Blick auf die kulturelle Modernisierung von Politik und Gesellschaft, von der Frage der Zuwanderung über die Ökologieprobleme bis zur Familienpolitik, war die Kompetenzzuweisung durch die Wähler und Wählerinnen jedenfalls eindeutig. Die Union rangierte klar hinter den Sozialdemokraten und/oder B'90/Grünen. In der Familienpolitik lag die SPD – wie die FGW ermittelte – mit 43 zu 30 Prozent bei allen Wählern und mit 48 zu 22 Prozent bei den jüngeren Frauen unter 35 Jahre in der Kompetenzbewertung deutlich vor den Unionsparteien[46]. Die Umorientierung bei den Wählerinnen weist im übrigen Parallelen zum Einstellungswandel als Folge des gesellschaftspolitischen Aufbruchs in den späten 1960er Jahren und zu Beginn der sozial-liberalen Regierungszeit unter Willy Brandt zu Beginn der 1970er Jahre auf. Damals war es bei der Wahl 1972 erstmals zur Angleichung im Wählerverhalten der Geschlechter gekommen und hatten insbesondere die jüngeren Wählerinnen unter 30 Jahre stark überdurchschnittlich Willy Brandt und die Sozialdemokraten gewählt[47]. Den Bezug zur Gegenwart stellt Tabelle 4 her, in der die Stimmenanteile der Unionsparteien in den Altersgruppen der Wählerinnen über die drei Jahrzehnte hinweg wiedergegeben sind. Wenn auch die Jahrgänge nicht übereinstimmen und methodisch selbstverständlich aus Gruppenkon-

---

45 Vgl. FGW: Bundestagswahl (Anm. 1), S. 50 ff.
46 Vgl. Roth/Jung (Anm. 12), S. 11 f.
47 Laut Repräsentativauszählung votierten 1972 55,0 Prozent der 18–25jährigen und 47,5 Prozent der 25–35jährigen Wählerinnen für die SPD.

Tabelle 4: Zweitstimmenanteile der CDU/CSU bei den Frauen, 1972–2002 nach dem Alter, Repräsentativauszählung

Wahljahre	18–25	25–35	35–45	45—60	60–	Ø
			Alter			
1972	35,9	41,9	43,8	44,2	51,6	46,6
1983	40,3	42,8	50,9	50,9	53,5	49,2
1990	34,9	33,6	40,2	48,5	54,8	45,3
2002						
West	32,7	33,3	32,9	38,9	49,3	40,2
Ost	22,5	26,4	26,6	27,5	28,8	27,2
zum Vergleich 2002 SPD						
West	40,9	39,9	41,4	39,8	38,5	39,7
Ost	43,2	39,7	39,5	41,0	45,3	42,3

Quelle: Statistisches Bundesamt (Anm. 1).

stanz nicht auf das individuelle Verhalten geschlossen werden kann, so signalisieren die Ergebnisse doch eine gewisse Stabilität im Wählerverhalten der Frauen über die Zeit hinweg. Ein Indiz hierfür liefert nicht zuletzt das erstmals unterdurchschnittliche Ergebnis der Union in der Altersgruppe der 45–60jährigen Wählerinnen, die 1972 15 bis 30 Jahre alt waren. In die gleiche Richtung weisen die Zugewinne der Sozialdemokraten bei den älteren Wählerinnen und der bei 540.000 Stimmen deutlich negative Saldo der Union im Generationenwechsel, den die Infratest dimap Wanderungsbilanz ermittelte[48].

9. Wählerverhalten und Sozialstruktur

Fragt man nach der Sozial-, Berufs- und Konfessionsstruktur der Parteiwählerschaften, treten zunächst die bekannten Grundmuster deutschen Wählerverhaltens zutage. Die drei traditionellen Konfliktlinien, der wohlfahrtsstaatliche, konfessionelle und ökologische Cleavage bestehen fort[49]. Sie bestimmten das politische Verhalten auch bei der Wahl 2002 maßgeblich mit: (1) Die Sozialdemokraten sind auch weiterhin bei Arbeitern, Angestellten, Arbeitslosen und Gewerkschaftsmitgliedern überrepräsentiert; hingegen schneiden sie bei den kirchlich gebundenen Wählern unverändert schlecht ab. (2) Die Unionsparteien erzielen ihre besten Ergebnisse bei den Selbstständigen und insbesondere den Landwirten sowie den Beamten und bei den konfessionell gebundenen Wählern, bei Katholiken noch um einiges deutlicher als bei Protestanten. (3) B'90/Grüne werden stark überdurchschnittlich von Beamten gewählt, gefolgt von Selbständigen und Angestellten, mit nur geringen Wähleranteilen in der Arbeiterschaft. (4) Die Liberalen gewinnen wie in der Vergangenheit stark überdurchschnittlich bei den Selbstständigen.
Im Zeitvergleich, insbesondere mit der vorangegangenen Wahl von 1998, differenziert sich das Bild jedoch und werden Akzentverschiebungen sichtbar[50]. So verzeichnen die Sozial-

---

48 Vgl. Infratest dimap: Wahlreport (Anm. 1), S. 47 ff.
49 Vgl. Schultze: Wählerverhalten bei Bundestagswahlen (Anm. 5), S. 39 ff.

demokraten beachtliche Einbußen in ihrer Kernwählerschaft; gesamtdeutsch verlieren sie
– ausweislich der Daten der FGW – bei den Arbeitern vier, bei den gewerkschaftlich
organisierten Wählern gar fünf Prozentpunkte, wobei sie die Verluste vor allem in den
industriegesellschaftlich geprägten Kernlanden in Westdeutschland, schwerpunktmä-
ßig in Nordrhein-Westfalen, aber auch in den industriellen Ballungszentren Bayerns
hinnehmen mussten. Unter den gewerkschaftlich organisierten waren die Verluste dabei
mit acht Prozentpunkten doppelt so hoch wie bei den nicht organisierten Wählern. In
den Großstädten kam die Abwanderung sozialdemokratischer Beamten- und Angestell-
ten-Wähler zu B'90/Grünen hinzu, nicht zuletzt eine Folge des Koalitionswahlkampfes, aber auch der damit verbundenen, prononciert auf soziale Gerechtigkeit
setzenden Issueorientierung der grünen Spitzenkandidaten während des Wahlkampfes.

Von den Einbußen der SPD in der Arbeiterwählerschaft in Westdeutschland profitierten
die Unionsparteien, die sich gesamtdeutsch bei den Arbeitern um sieben Prozentpunkte verbesserten, so dass sie in den alten Ländern, aber auch gesamtdeutsch sozialstrukturell stark aufholten und bei Arbeitern und Angestellten nur noch geringfügig
unterdurchschnittlich repräsentiert sind. Allerdings sind dies überwiegend gewerkschaftlich nicht organisierte Wähler, während die SPD bei den gewerkschaftlich organisierten Angestellten ihr Ergebnis von 1998 nochmals um drei Punkte auf 56 Prozent verbesserte und zwar im Gegensatz zu den deutlichen Verlusten (minus sieben Punkte)
bei den organisierten Wählern der Arbeiterschaft[51]. In Ostdeutschland konnten die
Sozialdemokraten bei Arbeitern und Angestellten erneut Stimmen hinzugewinnen. Sie
sind dort zum zweiten Mal nach 1998 bei Arbeitern und Angestellten stärkste Partei
mit einem Stimmenanteil von 40 Prozent bzw. 41 Prozent, – auch dies ein Angleichungsprozess, der zur Folge hat, dass die Differenzen zum Ergebnis in der Arbeiter-
und Angestelltenwählerschaft der alten Bundesrepublik für die SPD nur mehr ca. fünf
Prozentpunkte ausmachen. Dennoch dürfte noch immer offen sein, ob die SPD-Gewinne im Osten der Republik eher der Situation und den Ereignissen, also konkret der
Flut-Katastrophe und dem drohenden Irak-Krieg, geschuldet sind oder ob sich mit der
Angleichung des sozialdemokratischen Stimmenpotentials der Klassencleavage auch in
den neuen Ländern dauerhaft zugunsten der SPD verfestigt. Dies dürfte umso fraglicher
sein, als die traditionellen sozialstrukturellen und sozialmoralischen Bindungskräfte ja
auch in der alten Bundesrepublik seit geraumer Zeit schwinden und zudem der berufsstrukturelle Wandel mit allen seinen Fragmentierungen quantitativ den Anteil der
(Industrie)-Arbeiterschaft an den Erwerbstätigen stark reduziert und qualitativ deren
soziale Kohärenz und politisch-ideologischen Gemeinsamkeiten aufgelöst hat.

10. Wählerwanderungen – im Normalmaß

Bei der Bundestagswahl 1998 war das Votum der Wähler klar. Sie wollten den Wechsel, wählten Kanzler Kohl und die Unionsparteien ab und betrauten die Sozialdemokraten mit der Regierungsführung. Die Union verlor, verglichen mit 1994, rund
2,2 Millionen Wähler, während die Sozialdemokraten ca. 3,0 Millionen Stimmen hin-
zugewannen[52]. Von der CDU/CSU wanderten dabei 1,3 Millionen Wähler direkt zur

---

50 Vgl. FGW: Bundestagswahl (Anm. 1), S. 55 ff.; Hartenstein/Müller-Hilmer (Anm. 1), S. 20 ff.
51 Vgl. FGW: Bundestagswahl (Anm. 1).

SPD; negativ betroffen war die Union auch vom Generationenwechsel; sie profitierte zudem nur gering von der gestiegenen Wahlbeteiligung. Die Sozialdemokraten verzeichneten Zugewinne auch von den Grünen und von den Liberalen. Rund 332.000 FDP-Wähler votierten 1998 für die SPD – sicherlich ein Indiz für die These vom Wechsel der Wähler aus der sog. „Neuen Mitte" zur SPD. Andererseits jedoch gelang es der SPD, rund 1,2 Millionen vormalige Nichtwähler zu mobilisieren. Kennzeichen der CDU/CSU-Verluste waren folglich Parteiwechsel, mangelnde Mobilisierung und Generationenwechsel; Kennzeichen der SPD-Gewinne waren Parteiwechsel über die Lagergrenzen hinweg und erfolgreiche Mobilisierung.

Bei der Wahl 2002 bewegen sich die Wählerwanderungen quantitativ im Normalmaß der Vergangenheit. Sie dürften damit um einiges geringer sein als 1998; der Anteil der Wechselwähler[53], also derjenigen Wähler, die sich an beiden Wahlen beteiligt und die Partei gewechselt haben, liegt bei 20 bis 25 Prozent. Den lagerinternen Wechselprozessen kommt dabei zahlenmäßig wie in der politischen Bedeutung ein höheres Gewicht zu[54]. Folgt man der Wählerstromanalyse von Infratest dimap, wie methodisch problematisch sie auch sein mag[55], verloren die Sozialdemokraten im Saldo 1,7 Millionen Stimmen, davon 1,1 Millionen in direkter Abwanderung an die Unionsparteien, 500.000 an B'90/Grüne und 340.000 an die Liberalen (s. Tab. 5). Die Sozialdemokraten profitierten in größerem Umfang allein von der Zuwanderung vormaliger PDS-Wähler in Ostdeutschland (im Saldo 310.000 Stimmen). Die Stimmengewinne der Unionsparteien resultierten primär aus der lagerübergreifenden Zuwanderung von vormaligen SPD-Wählern, sodann von Wählern, die 1998 für Splitterparteien votiert hatten sowie aus der Mobilisierung von Nicht-Wählern. Negativ betroffen waren CDU/CSU in beträchtlichem Umfang vom Generationenwechsel (im Saldo –540.000 Stimmen). B'90/Grüne profitierten im Wesentlichen von dem lagerinternen Wechsel vormaliger SPD-Wähler und in geringerem Umfang auch vom Generationenwechsel, während die Liberalen im Verhältnis zur Union wie zu B'90/Grünen ein Negativ-Saldo aufwiesen und ihre Zugewinne primär aus dem Lager sozialdemokratischer Wähler stammten (im Saldo 340.000 Stimmen, s. Tab. 5).

Die Wechselwähler stellen – wie bekannt – weder sozial noch hinsichtlich der Motive ihres Wechsels eine homogene Gruppe dar. Dies gilt ganz sicher auch für die Wechselmotive im Wahljahr 2002. Beruhte der Wahlsieg der Sozialdemokraten 1998 auf ihrem doppelstrategischen Versprechen „soziale Gerechtigkeit und Modernität" zu verwirklichen, symbolisiert nicht zuletzt durch ihre damalige Doppelspitze Lafontaine/ Schröder, so resultierten ihre Verluste 2002 gleichfalls aus verschiedenartigen Motivlagen – insbesondere wohl aus: (1) Rückwanderung aus Enttäuschung darüber, dass die Modernisierungsversprechen des Wahljahres 1998 von Gerhard Schröder

---

52 Vgl. Schultze: Wählerverhalten bei Bundestagswahlen (Anm. 5), S. 44 ff.

53 Zum Wechselwähler, „dem unbekannten Wesen", siehe Carsten Zelle: Der Wechselwähler, Opladen 1995; Richard Stöss: Stabilität im Umbruch. Wahlbeständigkeit und Parteienwettbewerb im Superwahljahr 1994, Opladen/Wiesbaden 1997; Harald Schoen/Jürgen W. Falter: It's time for a change – Wechselwähler bei der Bundestagswahl 1998, in: Klingemann/Kaase (Anm. 23), S. 57–89.

54 Der lagerinterne Wechsel ist ganz offensichtlich kein machtpolitisches Nullsummenspiel, wie Schoen/Falter (Anm. 53), S. 60, irrig formulieren. Gerade die Wahl von 2002 belegt das. Dies betrifft die Gewichte im Regierungs- wie Oppositionslager, und lagerübergreifend ermöglichte nicht zuletzt der lagerinterne Wechsel von PDS-Wählern zu den Sozialdemokraten in Ostdeutschland Mehrheit und Fortbestand der rot-grünen Bundesregierung.

55 Siehe Infratest dimap: Wahlreport (Anm. 1), S. 37 ff.; zur Methodik vgl. Peter Hoschka: (Art.) Wählerwanderungsbilanz, in: Nohlen/Schultze (Anm. 5), S. 1066 f.

Tabelle 5: Wählerwanderung 1998–2002

Absolutwerte	SPD 98	Union 98	Grüne 98	FDP 98	PDS 98	Andere 98	Nichtwähler 98	Erstwähler	Zugezogene	Summe
SPD 2002	13.470.000	870.000	570.000	270.000	510.000	320.000	1.340.000	920.000	210.000	18.480.000
Union 2002	1.990.000	12.690.000	150.000	830.000	90.000	480.000	1.450.000	670.000	120.000	18.470.000
Grüne 2002	1.070.000	150.000	1.960.000	130.000	100.000	100.000	240.000	270.000	60.000	4.080.000
FDP 2002	610.000	810.000	70.000	1.270.000	40.000	140.000	330.000	210.000	40.000	3.520.000
PDS 2002	220.000	40.000	100.000	20.000	1.220.000	50.000	130.000	90.000	20.000	1.890.000
Andere 2002	190.000	170.000	40.000	40.000	30.000	730.000	130.000	110.000	20.000	1.460.000
Nichtwähler 2002	1.400.000	1.260.000	300.000	320.000	390.000	930.000	7.220.000	1.010.000	570.000	13.400.000
Gestorbene	1.100.000	1.210.000	80.000	180.000	130.000	110.000	460.000	0	0	3.270.000
Weggezogene	120.000	100.000	30.000	20.000	30.000	30.000	130.000	0	0	460.000
Summe	20.170.000	17.300.000	3.300.000	3.080.000	2.540.000	2.890.000	11.430.000	3.280.000	1.040.000	65.030.000

Quelle: Infratest dimap: Wahlreport (Anm. 1), S. 39.

nicht oder nur unzureichend realisiert worden seien: Die viel beschworenen Wechselwähler der „Neuen Mitte", die eine große Wählergruppe, der die SPD 1998 den
Wahlsieg verdankte, dürften in beachtlicher Zahl ins bürgerliche Lager, zur Union, vor
allem aber zur FDP zurückgewechselt sein. (2) Abwanderung aus Enttäuschung
darüber, dass das Garantieversprechen sozialer Gerechtigkeit nicht ausreichend einge-
löst worden sei. Nicht von ungefähr wechselten diesmal eine große Zahl von Wählern
aus traditionell sozialdemokratischem Milieu zu den Unionsparteien (insbesondere in
Bayern zur CSU), die ihren Prozentsatz an Wählern aus der Arbeiterschaft deutlich
verbessern und fast dem Durchschnitt angleichen konnten. Zudem dürfte ein Gutteil
der 1,4 Millionen SPD-Wähler von 1998, die 2002 ins Lager der Nicht-Wähler abge-
wandert sind, aus eben diesen Gründen der SPD den Rücken gekehrt haben und zu
Hause geblieben sein. (3) Abwanderung aber auch als Resultat des Lagerwahlkampfes
und aus Koalitionsraison, sofern es die Wechselentscheidung zugunsten von
B'90/Grüne betraf.

Alle drei Wanderungsbewegungen können aus der Sicht der Wähler, die diese Schritte
vollzogen, durchaus als rationale Handlung begriffen werden. Den einen war die neo-
liberale Modernisierung in Wirtschaft und Sozialsystem zu halbherzig ausgefallen. Für
die anderen trat an die Stelle des versprochenen Ausbaus der Systeme sozialer Sicherheit das genaue Gegenteil, nämlich soziale Verunsicherung, Sozialstaatsabbau statt
-reform und zuletzt auch noch steigende Arbeitslosigkeit. Und den dritten ging es um
den Fortbestand der rot-grünen Regierung, damit die eingeleitete sozio-kulturelle
Modernisierung von Politik und Gesellschaft fortgesetzt werden könnte. Rational war
viertens auch die Wanderung von der PDS zu den Sozialdemokraten im Osten der
Republik, wenn man sich den Spagat und die internen Konflikte der Partei zwischen
Regierungsbeteiligung und Fundamentalopposition vor Augen hält. Nicht von
ungefähr ist bundesweit die Abwanderung von vormaligen PDS-Wählern in das Lager
der Nicht-Wähler ähnlich groß wie die Abwanderung zur SPD.

Makropolitisch führten die Wählerwanderungen im Regierungslager aufgrund des eindeutigen Koalitionswahlkampfes zur erwarteten Stärkung des kleineren Koalitionspartners, im Oppositionslager zur Stärkung der großen Volkspartei, da die Liberalen
aufgrund fehlender Koalitionsaussage ihr Potential im bürgerlichen Lager nicht auszu-
schöpfen vermochten. Lagerübergreifend und machtpolitisch stellte sich einerseits der
Fortbestand der kleinen, rot-grünen Koalition her (ermöglicht durch das Scheitern der
Postkommunisten an der Sperrklausel, wodurch nicht zuletzt die Sozialdemokraten im
Bundestag stimm- und mandatsstärkste Partei wurden), andererseits steht die
Opposition der Regierung fast auf gleicher Augenhöhe gegenüber.

11. Schlussbetrachtung

Wählerentscheidungen sind komplexe Prozesse; sie bilden sich im Zusammenwirken
einer Vielzahl von Faktoren, die zudem für die Einzelnen von höchst unterschiedlicher
Bedeutung sein können. Dabei spielen traditionelle Bindungen wie festgefügte
Strukturen auch heute noch eine maßgebliche Rolle. Dies gilt für die überkommen,
den wohlfahrtsstaatlichen und den konfessionellen Cleavage wie für neue längerfristig
wirkende Konflikte in Politik und Gesellschaft. Allerdings verändern und lockern sich

die strukturellen Vermittlungen politischer Präferenzen seit geraumer Zeit – und zwar sowohl quantitativ als auch qualitativ.

Mit der Partizipationspraxis hat für viele die sogenannte Wahlnorm, dass es in der Demokratie zum guten Ton gehöre, zur Wahl zu gehen, an Stellenwert verloren. Das Wahlrecht wird im Gegensatz zu früher nicht mehr als Wahlpflicht begriffen, sondern Nicht-Wahl ins taktische Kalkül mit einbezogen. Dies führt zu größeren Schwankungen in den Beteiligungsraten, zumal wenn man die sogenannten Nebenwahlen, etwa die Landtagswahlen mit berücksichtigt. Aber auch bei Bundestagswahlen ist die Wahlbeteiligung auf knapp über oder unter 80 Prozent abgesunken. Für die Parteien bedeutet dies, dass die Mobilisierung ihrer potentiellen Wähler, auch und gerade der traditionellen Stammwähler, nicht wie selbstverständlich unterstellt werden kann.

Rückläufig ist seit geraumer Zeit die Parteiidentifikation, also die langfristig stabile affektive Bindung des Wählers an eine Partei, erworben im Prozess der politischen Sozialisation. Sie ist in der alten Bundesrepublik seit Ende der 1970er Jahre stetig um ca. 15 Prozentpunkte auf rund 70 Prozent gesunken. In Ostdeutschland ist die Parteibindung ohnehin um einiges niedriger; sie liegt dort zwischen 50 und 60 Prozent[56]. Zudem sind die Bindungen derjenigen, die in Umfragen noch eine Parteiidentifikation nennen, nicht mehr so fest gefügt, sondern deutlich schwächer und folglich Abweichungen häufiger geworden – und sei es nur in Form der Verteilung von Denkzetteln durch einmalige Nicht- und/oder Protestwahl.

An die Stelle affektiver Bindungen treten zunehmend als Orientierungspunkt für die konkrete Wahlentscheidung wie als Bewertungsmaßstab für die Leistungsangebote der Parteien für viele Wähler – und zwar solche mit wie ohne Parteiidentifikation – ihre politisch-ideologischen Grundüberzeugungen. Diese entsprechen im Großen und Ganzen den traditionellen Konfliktlinien und ideologischen Spaltungen der deutschen Gesellschaft und polarisieren die Wählerschaft zwischen:

(a) soziale Gerechtigkeit/Solidarität versus Primat des Ökonomischen/individuelle Leistung;
(b) traditionelle Lebensformen versus sozio-kulturelle Modernisierung/Toleranz;
(c) starker Staat/Recht und Ordnung versus Garantie individueller Bürgerrechte/zivilgesellschaftliche Selbstbestimmung[57].

Folgt man den Ergebnissen der Wahltagbefragung von Infratest dimap, sprachen sich (teilweise deutliche) Mehrheiten aller Befragten für Toleranz und sozio-kulturelle Modernisierung der Gesellschaft wie für soziale Gerechtigkeit und Solidarität, aber auch für Recht und Ordnung durch einen starken Staat aus; unter den Parteianhängern ergaben sich indessen – wie zu erwarten – unterschiedliche Präferenzen und Mehrheiten, wobei insbesondere die Konflikte Solidarität versus Leistung und starker

---

56 Vgl. Schultze: Wählerverhalten bei Bundestagswahlen (Anm. 5), S. 42 f.; Jürgen W. Falter/Harald Schoen: Wahlen und Wählerverhalten in: Thomas Ellwein/Everhard Holtmann (Hrsg.): 50 Jahre Bundesrepublik Deutschland, Opladen/Wiesbaden 1999, S. 454-476.
57 Ähnliche Charakterisierungen der gegenwärtigen politisch-ideologischen Polarisierungen nehmen Joachim Raschke und Infratest dimap in ihren Wahlanalysen vor. Vgl. Joachim Raschke: Zwei Lager, drei Mehrheiten und der regierende Zufall. Zur Einordnung der Bundestagswahl 2002, in: Forschungsjournal Neue Soziale Bewegungen, Heft 1/2002; Infratest dimap: Wahlreport (Anm. 1), S. 123 ff.

Tabelle 6: Politisch-ideologische Zielvorstellungen und Parteianhänger 2002, in Prozent der Befragten

Wahltagbefragung	Anhänger von				
	Gesamt	SPD	B`90 Grüne	FDP	Union
Solidarität	52	65	68	29	37
versus					
Leistung	33	22	16	58	50
Traditionelle Werte	20	11	2	22	35
versus					
Tolerante Kultur	71	83	92	68	54
Starker Staat/Recht und Ordnung	53	53	21	49	64
versus					
Rechte des Einzelnen	33	35	58	36	20

Quelle: Infratest dimap: Wahlreport (Anm. 1), S. 123 ff.

Staat versus Bürgerrechte und Zivilgesellschaft stark und uneinheitlich polarisieren (s. Tab. 6). So treten – die Parteianhänger mit Ausnahme derjenigen von B'90/Grüne – (also auch die der FDP) mehrheitlich für einen starken Staat ein; hingegen sind deutliche Mehrheiten der rot-grünen Koalitionsanhänger für soziale Gerechtigkeit und Solidarität, der Anhänger der beiden Oppositionsparteien für das Primat individueller Leistung. Bei der Wahl vom 22. September 2002 fanden sich die Verfechter sozialer Gerechtigkeit und sozio-kultureller Modernisierung zu einer knappen Mehrheit zusammen, während die Anhänger ökonomischer Modernisierung trotz der Dominanz des neo-liberalen Paradigmas in Wirtschaft und Medien in der Minderheit blieben. Insofern trifft Joachim Raschkes Urteil von der „tiefe[n] Kluft zwischen der neo-liberalen Medienmehrheit und der gerechtigkeitsorientierten Wählermehrheit"[58] zu.

Solche politisch-ideologische Grundüberzeugungen sind indessen weniger stark organisiert und strukturell vermittelt als etwa die sich lockernden Milieubindungen der Vergangenheit; und sie sind im Gegensatz zur Parteiidentifikation weniger affektiv, sondern kognitiv und auf konkrete Ziele und Programme wie deren Verwirklichung bezogen. Mit der größeren Beweglichkeit der Wähler erhalten folglich sach- (wie per-sonen-)orientierte Entscheidungselemente einen höheren Stellenwert für die Bildung individueller Wahlentscheidungen. Sie sind dennoch nicht beliebig und auch nicht zufällig. Allerdings müssen die Parteien ihre Wählerkoalitionen beständig neu her-stellen – mit der möglichen Konsequenz, dass die Veränderungen im Meinungsklima zwischen den Wahlen schneller, ja abrupt eintreten und die Schwankungsbreiten größer ausfallen können, sollten die Leistungen von Regierung und/oder Opposition den jeweiligen mit der vorangegangenen Wahlentscheidung verbundenen Leistungs-erwartungen der Wählerkoalitionen nicht entsprechen. Dauerhafte strukturelle Asym-metrien zugunsten einer Partei oder Parteienkoalition gehören jedenfalls der Ver-gangenheit an.

---

58 Raschke (Anm. 57), S. 5 (im hektographischen Manuskript, das der Autor dankenswerter Weise vorab zur Verfügung stellte).

HARALD SCHOEN/JÜRGEN W. FALTER

Wahlsieg, aber auch Wählerauftrag?

Stamm-, Wechsel- und Nichtwähler
bei der Bundestagswahl 2002 und ihre Wahlmotive

1. Einleitung

Die rot-grüne Regierung unter Gerhard Schröder kann ihre Arbeit fortsetzen, das ist das zentrale Ergebnis der Bundestagswahl 2002. Aus der – geschrumpften – rot-grünen Bundestagsmehrheit leiteten führende Regierungspolitiker jedoch nicht nur den Anspruch auf eine weitere Amtszeit der rot-grünen Regierung ab, sondern reklamierten zusätzlich, vom Wähler ein Mandat erhalten zu haben, eine bestimmte inhaltliche Politik ins Werk zu setzen. So stellte Gerhard Schröder an die Spitze seiner Regierungserklärung vom 29. Oktober 2002 die Behauptung, die Wähler hätten der Regierung am 22. September 2002 den Auftrag erteilt, die soziale und ökologische Erneuerung der Bundesrepublik fortzusetzen, und zwar nach den Rezepten von SPD und Bündnis 90/Die Grünen.[1] Um diese Interpretation, die auf die *mandate*-Theorie[2] zurückgreift, sinnvoll einsetzen zu können, hätten die Wähler der Regierungsparteien bei der Stimmabgabe ganz bestimmte Motive aufweisen müssen: Im Idealfall sollten sie wegen der inhaltlichen Vorstellungen der Parteien ihre Stimme abgegeben haben; zumindest dürfen aber die *policy*-Präferenzen der Wähler nicht im Konflikt mit den Vorschlägen und Konzepten der gewählten Parteien stehen. Daher erschiene die *mandate*-Interpretation beispielsweise problematisch, wenn die Wähler einer Partei zwar darin übereinstimmten, dass diese über attraktives Personal verfüge, aber deren Programmvorschlägen skeptisch oder gar ablehnend gegenüberstünden. Ob und inwieweit das Ergebnis der Bundestagswahl 2002 als Auftrag an die rot-grüne Regierung verstanden werden kann, eine bestimmte Politik durchzusetzen, hängt somit zentral von den Einstellungen der Wähler zu den Angeboten der Parteien ab; vollkommen analog hätten CDU/CSU und FDP, falls sie im Kampf um die Regierungsmacht die Oberhand behalten hätten, nur bei entsprechenden Einstellungen ihrer Wähler ein Mandat für sich reklamieren können.

Die Wählerschaft von SPD und Grünen wie auch das Elektorat von Union und FDP setzen sich beim Urnengang 2002 aus drei Segmenten zusammen.[3] Erstens umfassen sie jene Bürger, die bereits 1998 für die jeweilige Partei votiert haben, also die Stammwähler. Zweitens ist es beiden Seiten gelungen, ehemalige Nichtwähler für sich zu gewinnen. Die dritte Komponente bilden schließlich die Wechselwähler, die sich 2002

---

1 Vgl. Regierungserklärung von Bundeskanzler Gerhard Schröder vor dem Deutschen Bundestag am 29. Oktober 2002 in Berlin, S. 1.

2 Vgl. Mark Benney/A. P. Gray/R. H. Pear: How People Vote, London 1956, S. 15; Peter G. J. Pulzer: Political Representation and Elections in Britain, London 1967, S. 131–148.

3 Siehe hierzu klassisch David Butler/Donald Stokes: Political Change in Britain. Forces Shaping Electoral Choice, London 1969, S. 275–283; Cornelis van der Eijk/Broer Niemöller: Electoral change in the Netherlands, Amsterdam 1983, S. 41–82.

für eine andere Partei als 1998 entschieden. Rein arithmetisch zählen die Stimmen aller Wähler gleich, politisch fallen die Voten der einzelnen Gruppen jedoch unterschiedlich schwer ins Gewicht. Indem es einer Partei gelingt, ihre Wähler des Jahres 1998 wieder zur Stimmabgabe zu bewegen, können sie einen Stimmenverlust – ob nun an die Nichtwähler oder an eine andere Partei – und damit einen Wettbewerbsnachteil vermeiden. Ein früherer Nichtwähler, der sich nun für eine Partei entscheidet, bedeutet dagegen einen echten Stimmenzugewinn. Einen noch größeren Vorteil bringt indes ein Wechsler von einer anderen Partei. Wechselt beispielsweise eine Person aus den Reihen der Nichtwähler zur SPD, gewinnt diese eine Stimme, den übrigen Parteien erwächst daraus jedoch nur indirekt ein Nachteil. Wandert dagegen ein Wähler etwa von der CDU zur SPD, fügt er der Union einen Stimmenverlust zu und beschert der SPD – mit derselben Handlung – einen Stimmengewinn. Die Voten von Wechselwählern fallen somit gleichsam doppelt ins Gewicht; sofern es um die Frage der Machtzuweisung geht, gilt dies erst recht für die Wechsler zwischen konkurrierenden potentiellen Regierungen, da sie beispielsweise unmittelbar eine rot-grüne Koalition auf Kosten einer christlich-liberalen stärken.[4] Daher empfiehlt es sich, auch bei der Untersuchung der Frage, ob ein Wahlsieg als ein Wählerauftrag verstanden werden kann, die politisch unterschiedlich wichtigen Wählergruppen[5] getrennt zu betrachten.

Um zu klären, ob sich nach dem 22. September 2002 eine der potentiellen Regierungen auf einen Auftrag berufen kann, eine bestimmte inhaltliche Politik zu verfolgen, gehen wir daher folgendermaßen vor. Zunächst untersuchen wir Wahlenthaltung, Wieder- und Wechselwahl bei der Bundestagswahl 2002 und fragen nach den Gründen für diese Formen des Stimmverhaltens. Im zweiten Schritt betrachten wir die Wählerschaften der beiden potentiellen Regierungsbündnisse aus SPD und Grünen einerseits sowie CDU/CSU und FDP andererseits[6] und fragen, inwieweit deren Stimmvergabe die Interpretation erlaubt, die Wähler hätten sich im Einklang mit ihren Einstellungen zu den programmatischen Vorstellungen der Parteien entschieden.

2. Gründe für Nichtwahl und Wechselwahl bei der Bundestagswahl 2002

2.1. Wahlbeteiligung und -enthaltung 2002

An der Bundestagswahl 2002 nahmen 79,1 Prozent der Wahlberechtigten teil. Damit sank die Wahlbeteiligung merklich unter den Wert des Jahres 1998, als 82,2 Prozent der Stimmberechtigten von ihrem Wahlrecht Gebrauch machten. In den alten Ländern nahm die Partizipation um 2,1 Prozentpunkte auf 80,3 Prozent ab, während sie in den neuen Ländern um 7,1 Prozentpunkte geradezu abstürzte, auf 72,9 Prozent, einen neuen Tiefstand bei Bundestagswahlen. Der Urnengang 2002 reiht sich damit in die Serie von Wahlen ein, die dafür sprechen, dass die Bürger in Ostdeutschland selte-

---

4 Vgl. Richard W. Boyd: Electoral Change in the United States and Great Britain, in: British Journal of Political Science 15 (1985), S. 517–528, hier: S. 519.

5 Siehe auch Stanley Kelley, Jr.: Interpreting Elections, Princeton 1983, S. 126–142.

6 Trotz der Wahlkampfstrategie der FDP, Unabhängigkeit und Äquidistanz zu möglichen Koalitionspartnern zu demonstrieren, betrachten wir die Wahl im Kern als Entscheidung zwischen der rot-grünen und einer christlich-liberalen Koalition, da sich die politische Auseinandersetzung – auch in den Augen der Bürger – im Laufe des Wahlkampfes auf diese Alternative zuspitzte.

ner an Wahlen teilnehmen als ihre westdeutschen Landsleute und ihre Beteiligungsbereitschaft größeren Schwankungen unterliegt. Augenscheinlich sehen mehr ostdeutsche als westdeutsche Bürger in der Stimmabgabe keine reine Selbstverständlichkeit
und machen sie stärker von situativen Faktoren abhängig, wie etwa der politischen
Konstellation bei einer Wahl.

Diese allein auf eine Aggregatbetrachtung gestützte Vermutung wird bestätigt, wenn
man die Ursachen der Beteiligung an der Wahl 2002 auf der Individualebene empirisch untersucht.[7] Sieht man von institutionellen Faktoren wie etwa der Registrierung
der Wahlberechtigten oder dem Wahlsystem ab,[8] führen Erklärungsversuche zum
einen die Ausstattung der Wahlberechtigten mit Ressourcen an, die politische Partizipation begünstigen, zum anderen die Motivation der Bürger, an der anstehenden Wahl
teilzunehmen. Die Ressourcenausstattung, etwa die formale Bildung, ist bei einer Person über die Zeit weitgehend konstant. Die Motivation, an einem anstehenden
Urnengang teilzunehmen, setzt sich aus stabilen und variablen Elementen zusammen.
Politisches Interesse oder die Auffassung, das demokratische Wahlrecht impliziere für
die Bürger eine Wahlpflicht, sind über die Zeit vergleichsweise stabile Einstellungen
und begünstigen die Teilnahme an Wahlen unabhängig davon, welche Parteien mit
welchen Programmen um die Gunst der Wahlberechtigten werben. Neben diesen
nicht auf eine Wahl bezogenen Motiven kann von einer konkreten Wahl ein Teilnah-
meanreiz ausgehen; beispielsweise kann ein attraktives Kandidatenangebot Bürger zur
Wahlbeteiligung veranlassen, während unausgegorene Programme beteiligungshem-
mend wirken. Soweit diese situativen Faktoren die Wahlbeteiligung beeinflussen, können Bürger in Abhängigkeit vom politischen Angebot von Wahl zu Wahl zwischen
Beteiligung und Abstinenz wechseln, während die vorher angesprochenen Größen für
eine beständige Teilnahme oder Enthaltung sprechen.

Empirisch[9] spielt die Ressourcenausstattung für die Wahlbeteiligung 2002 offenbar
keine eigenständige Rolle.[10] Denn in der multivariaten Analyse, deren Ergebnisse in
Tabelle 1 zusammengestellt sind, entfaltet die formale Bildung keine eindeutig von

---

7 Vgl. zur folgenden Analyse der Nichtwahl Harald Schoen/Jürgen W. Falter: Die Nichtwähler bei der
   Bundestagswahl 2002, in: Politische Studien 54 (2003), S. 34–43.
8 Siehe hierzu etwa Markus Freitag: Wahlbeteiligung in westlichen Demokratien, in: Schweizerische Zeitschrift für Politische Wissenschaft 2 (1996), S. 101–134, hier: S. 108–113; Martin P. Wattenberg: Where
   Have All the Voters gone?, Cambridge 2002, S. 162–173 sowie, wenn auch methodisch problematisch,
   Eva Anduiza Perea: Individual characteristics, institutional incentives and electoral abstention, in: European Journal of Political Research 41 (2002), S. 643–673.
9 Die empirischen Analysen stützen sich auf Daten aus der vor der Wahl 2002 durchgeführten Quer-
   schnittbefragung im Rahmen des DFG-Projekts „Politische Einstellungen, politische Partizipation und
   Wählerverhalten im vereinigten Deutschland". Projektnehmer sind Jürgen W. Falter, Oscar W. Gabriel
   und Hans Rattinger; die Daten wurden in der Zeit vom 3. August 2002 bis zum 21. September 2002
   vom Inra-Institut, Mölln, erhoben.
10 Die Wahlbeteiligung wird mit der im Anhang dokumentierten Frage erhoben; mit diesem Instrument
   wird die Partizipation überschätzt, wie in vielen anderen Umfragen auch. Siehe etwa Michael W.
   Traugott/John P. Katosh: Response Validity in Surveys of Voting Behavior, in: Public Opinion Quarterly
   43 (1979), S. 359–377; John P. Katosh/Michael W. Traugott: The Consequences of Validated and Self-
   reported Voting Measures, in: Public Opinion Quarterly 45 (1981), S. 519–535; siehe aber auch David
   Adamany/Mack C. Shelley: Encore! The Forgetful Voter, in: Public Opinion Quarterly 44 (1980),
   S. 234–240. Dazu tragen verschiedene Komponenten mit weitgehend unbekannter Gewichtung bei:
   Nichtwähler könnten für Interviews nur schlecht erreichbar und zu gewinnen sein, zweitens auf die
   Wahlabsichtsfrage „weiß nicht" äußern und drittens eine Wahlteilnahme angeben. Aussagen über
   Zusammenhänge mit anderen Merkmalen können von dieser Verzerrungstendenz ebenfalls beein-
   trächtigt werden, und zwar dann, wenn die Überschätzung der Wahlbeteiligung mit dem Merkmal

null verschiedene Wirkung; ja nicht einmal das Gefühl, politisch kompetent zu sein, kann unter Kontrolle anderer Einflussfaktoren einen selbstständigen Einfluß ausüben. Aus der Einbindung in soziale Netzwerke, hier gemessen anhand der Kirchenbindung, erwächst, anders als es Vertreter mikrosoziologischer Argumente postulieren,[11] ebenfalls keine eigenständige Motivation zur Stimmabgabe. Ebensowenig steigert eine ausgeprägte Zufriedenheit mit den politischen Akteuren und dem politischen Prozess in der Bundesrepublik die Bereitschaft, an Bundestagswahlen teilzunehmen; zumindest bei der Wahl 2002 scheinen politische Entfremdung und ein diffuses Gefühl der „Politikverdrossenheit"[12] die Partizipation nicht direkt gemindert zu haben.[13]

Tabelle 1: Bestimmungsgrößen der Wahlbeteiligung 2002 (multiple Regression)

	Alle Befragten		Schwache Wahlnorm		Starke Wahlnorm	
	b	beta	b	beta	b	beta
Konstante	.54***		.35***		.85***	
Kirchenbindung	.02	.05	.09	.08	.02*	.07
Responsivitätsgefühl	.00	.00	.10	.12	–.02	–.06
Subjektive Kompetenz	–.00	-.00	-.07	–.07	.02	.05
Demokratiezufriedenheit	.02	.04	.08	.09	.03**	.10
Formale Bildung	.01	.03	.08	.10	.00	.01
Politisches Interesse	.08***	.17	.16*	.19	.06***	.20
Stärke der Parteibindung	.05***	.12	.19**	.22	.03***	.12
Kanzler-/Sachfragenpräferenz	.11***	.18	.29***	.33	.03*	.07
Wahlnorm	.23***	.34	–	–	–	–
Korrigiertes R²	.30		.34		.10	
N	1175		177		998	

Datenbasis: Querschnitt-Vorwahlbefragung 2002, gesamtdeutsch repräsentativ gewichtet. Für die Operationalisierungen siehe den Anhang.
Lesehilfe: Ein b-Wert von 0,23 für die Wahlnorm bedeutet, daß eine um 1 Prozent stärkere Wahlnorm die Teilnahmewahrscheinlichkeit um 0,23 Prozent steigert. *: signifikant auf dem 95 Prozent-Niveau; **: signifikant auf dem 99 Prozent-Niveau; ***: signifikant auf dem 99,9 Prozent-Niveau.

Merklich ins Gewicht fallen empirisch nur vier Einstellungen, von denen drei mittel- und langfristig stabil sind und eine Einstellung kurzfristig variieren kann. Erstens wirkt eine generelle Distanz zur politischen Sphäre partizipationshemmend, was sich daran ablesen lässt, dass mit wachsendem politischen Interesse die Wahlbeteiligung zunimmt. Zweitens fördert eine starke Parteibindung die Beteiligungsbereitschaft, weil eine Parteiidentifikation in einem Bürger in der Regel den Wunsch weckt, die von ihm favorisierte Partei möge in der anstehenden Wahl möglichst gut abschneiden, und ihn daher motiviert, seine Stimme für sie abzugeben. Drittens fördert das Gefühl, mit dem

---

zusammenhängt, dessen Beziehung zur Stimmabgabe untersucht werden soll. Geht man etwa der Frage nach, wie stark das Gefühl, das demokratische Wahlrecht impliziere für die Bürger eine Wahlpflicht, Wahlpartizipation fördere, könnten unter den Nichtwählern jene mit einer verinnerlichten Wahlnorm systematisch häufiger wahrheitswidrig eine Wahlteilnahme angeben als Personen ohne Wahlpflichtgefühl. Im Ergebnis führte dies dazu, dass das empirische Muster stärker als bei korrekter Messung der Wahlbeteiligung im Einklang mit der Hypothese steht, eine Wahlnorm steigere die Wahlbeteiligung; der Zusammenhang würde somit überschätzt.

11 Siehe etwa Paul F. Lazarsfeld/Bernard Berelson/Hazel Gaudet: The People's Choice. How the Voter Makes up his Mind in a Presidential Campaign, New York 1944.
12 Siehe für eine überzeugende Kritik an dem Konzept Kai Arzheimer, Politikverdrossenheit, Wiesbaden 2002.
13 Siehe zu diesem Erklärungsmuster etwa Jürgen W. Falter/Siegfried Schumann: Nichtwahl und Protestwahl: Zwei Seiten einer Medaille, in: Aus Politik und Zeitgeschichte, B 11/93, S. 36–49; Thomas Kleinhenz: Die Nichtwähler, Opladen 1995, S. 167–174.

demokratischen Wahlrecht sei für die Bürger eine Pflicht zur Stimmabgabe verbunden, unabhängig vom konkreten Angebot an Kandidaten und Programmen bei einer Wahl die Bereitschaft, an einem Urnengang teilzunehmen. Da diese drei Einstellungen zwar nicht vollkommen unveränderlich sind, aber im Vergleich mit zahlreichen anderen politischen Attitüden nur relativ träge auf aktuelles politisches Geschehen reagieren, sprechen diese Bestimmungsgründe der Wahlbeteiligung dafür, dass Bürger unabhängig vom konkreten Angebot an Wahlen teilnehmen oder ihnen fernbleiben.[14] Doch entscheiden nicht allein stabile Faktoren über die Wahlbeteiligung: Eine Präferenz in Bezug auf das Kandidaten- und Programmangebot bei der anstehenden Wahl steigert auch unter Kontrolle anderer Einflussfaktoren die Teilnahmebereitschaft merklich. Die politische Elite kann also mit attraktiven Programmen und Personen auch Bürger zur Stimmabgabe bewegen, die sonst der Wahlurne fernbleiben würden; daher kann die Wahlbeteiligung von Urnengang zu Urnengang durchaus beträchtlich variieren und zwar je nach der politischen Angebotssituation.

Das Potential der politischen Elite, die Wahlbeteiligung kurzfristig zu stimulieren, darf man indes nicht überschätzen. Denn die kurzfristig variablen Faktoren stehen, dies zeigt ein Vergleich der beta-Werte für alle Befragten in Tabelle 1, im Schatten der mittel- und langfristig stabilen Merkmale.[15] Genaugenommen ist der Einfluss der kurzfristig variablen Einstellungen im Wesentlichen sogar auf ein Bevölkerungssegment beschränkt, nämlich die Bürger, die nicht ein Wahlpflichtgefühl verinnerlicht haben, das hier stellvertretend für langfristig stabile und die Wahlteilnahme unabhängig von der konkreten Angebotskonstellation begünstigende Dispositionen betrachtet wird: Wie sich den vier rechten Spalten von Tabelle 1 entnehmen lässt, fördert eine auf das Kandidaten- und Programmangebot bezogene Präferenz unter Bürgern, die von ihren langfristigen Dispositionen zur Stimmabgabe angeregt werden, nur vernachlässigenswert schwach die Wahlteilnahme. In nennenswertem Umfang können nur Personen, deren langfristige Dispositionen nicht für die Stimmabgabe sprechen, von einem attraktiven Angebot zur Wahlteilnahme veranlasst werden. Die Wahlnorm entscheidet somit darüber, ob sich ein Bürger in seiner Beteiligungsbereitschaft vom aktuellen politischen Angebot wesentlich beeinflussen lässt; sie wirkt daher als Moderator- oder Filtervariable.[16]

---

14 Vgl. Angus Campbell/Philip E. Converse/Warren E. Miller/Donald E. Stokes: The American Voter, New York 1960, S. 120–167; vgl. zur Parteiidentifikation in der Bundesrepublik Jürgen W. Falter/ Harald Schoen/Claudio Caballero: Dreißig Jahre danach: Zur Validierung des Konzepts „Parteiidentifikation" in der Bundesrepublik, in: Markus Klein/Wolfgang Jagodzinski/Ekkehard Mochmann/Dieter Ohr (Hrsg.): 50 Jahre Empirische Wahlforschung in Deutschland. Entwicklung, Befunde, Perspektiven, Daten, Wiesbaden 2000, S. 235–271; vgl. zur Wahlnorm in Deutschland Hans Rattinger/Jürgen Krämer: Wahlnorm und Wahlbeteiligung in der Bundesrepublik Deutschland: Eine Kausalanalyse, in: Politische Vierteljahresschrift 36 (1995), S. 267–285.

15 Siehe ähnlich etwa Jürgen W. Falter/Siegfried Schumann: Der Nichtwähler – das unbekannte Wesen, in: Hans-Dieter Klingemann/Max Kaase (Hrsg.): Wahlen und Wähler. Analysen aus Anlaß der Bundestagswahl 1990, Opladen 1994, S. 161–213; Thomas Kleinhenz: Die Nichtwähler, Opladen 1995, S. 190–200; Rattinger/ Krämer (Anm. 14), Max Kaase/Petra Bauer-Kaase: Zur Beteiligung an der Bundestagswahl 1994, in: Max Kaase/Hans-Dieter Klingemann (Hrsg.): Wahlen und Wähler. Analysen aus Anlaß der Bundestagswahl 1994, Opladen 1998, S. 85–112.

16 Dieser Effekt kann auch nachgewiesen werden, wenn man die hier der Übersichtlichkeit halber weggelassenen Standardfehler berücksichtigt oder die Moderatorthese mit Hilfe eines Interaktionsterms überprüft.

Das Elektorat besteht gewissermaßen aus zwei Segmenten, von denen eines unabhängig vom konkreten Angebot mit relativ hoher Wahrscheinlichkeit an Bundestagswahlen teilnimmt und von der politischen Konstellation nur unwesentlich zusätzlich zur Stimmabgabe angeregt werden kann; das andere setzt sich aus Bürgern zusammen, deren langfristige Dispositionen nicht für die Stimmabgabe sprechen, die aber von ansprechenden Kandidaten oder probaten Programmvorschlägen zur Stimmabgabe animiert werden können; diese zweite Gruppe bildet also das Reservoir für die konjunkturellen Nichtwähler, die an einer Wahl teilnehmen, der nächsten aber fernbleiben.

In der Bundesrepublik ist das erste Segment deutlich größer als das zweite, da die langfristig stabilen Dispositionen, die die Wahlbeteiligung fördern, relativ weit verbreitet sind; beispielsweise gaben vor der Wahl 2002 rund 80 Prozent der Deutschen an, es sei eine Pflicht der Bürger, an Wahlen teilzunehmen, und deutlich mehr als die Hälfte der Bevölkerung geben sich als Anhänger einer politischen Partei zu erkennen. Nur ein im Vergleich zu anderen Demokratien kleines Bevölkerungssegment nimmt nicht selbstverständlich an Wahlen teil und kann daher von den wechselnden Angeboten in seiner Partizipationsentscheidung maßgeblich beeinflusst werden, so dass von Wahl zu Wahl nur relativ kleine Schwankungen der Partizipationsrate auftreten können. In Ostdeutschland[17] sind diese langfristig stabilen Faktoren, etwa Parteibindungen[18], die Wahlnorm und das politische Interesse, schwächer ausgeprägt als im Westen, weshalb dort die „natürliche", d. h. ohne Mobilisierungsversuche der politischen Elite erreichbare Wahlbeteiligung niedriger liegt und die Partizipationsrate kurzfristig von Wahl zu Wahl stärker schwanken kann.

Tabelle 2: Wahlenthaltung 2002 in Abhängigkeit von Einstellungen und dem Wahlverhalten 1998 (in Prozent; Fallzahlen in Klammern)

	Zufriedenheit mit der Regierung		
Wahl 1998	Unzufrieden	Teils/teils	Zufrieden
SPD/Grüne	10 (93)	7 (223)	2 (326)
Union/FDP	3 (252)	3 (134)	5 (54)
	Sachkompetenz		
Wahl 1998	Union/FDP	Keine/andere	SPD/Grüne
SPD/Grüne	4 (100)	9 (136)	4 (380)
Union/FDP	2 (355)	6 (55)	5 (29)
	Kanzlerpräferenz		
Wahl 1998	Stoiber	Keiner/andere	Schröder
SPD/Grüne	4 (63)	14 (63)	4 (529)
Union/FDP	3 (306)	8 (78)	4 (59)

Datenbasis: Querschnitt-Vorwahlbefragung 2002, gesamtdeutsch repräsentativ gewichtet. Für die Operationalisierungen siehe den Anhang.
Lesehilfe: Der Wert 10 in der ersten Zelle in der ersten Zeile bedeutet, daß von den SPD/Grünen-Wählern des Jahres 1998, die mit der Leistung der Bundesregierung unzufrieden sind, rund 10 Prozent sich 2002 der Stimme enthalten.

17 Für West- und Ostdeutschland separat durchgeführte Analysen der Gründe für die Wahlbeteiligung führen in beiden Landesteilen zu strukturell identischen Ergebnissen; allenfalls wirkt die angebotsbezogene Präferenz unter den Personen ohne Wahlpflichtgefühl in den neuen Ländern tendenziell stärker als in den alten.
18 Vgl. Jürgen W. Falter/Hans Rattinger: Die deutschen Parteien im Urteil der öffentlichen Meinung 1977 bis 1999, in: Oscar W. Gabriel/Oskar Niedermayer/Richard Stöss (Hrsg.): Parteiendemokratie in Deutschland, Wiesbaden 2002, S. 484–503, hier: S. 489. Zudem ist durchaus umstritten, ob in den neuen Bundesländern tatsächlich Parteibindungen im Sinne des Parteiidentifikationskonzepts vorliegen.

Selbst wenn es sich nur um eine kleine Gruppe handelt, können die Wechsler zwischen Stimmabgabe und -enthaltung von einer zur nächsten Wahl jedoch die parteipolitischen Kräfteverhältnisse merklich beeinflussen. Damit wäre dann zu rechnen, wenn ehemalige Nichtwähler massenhaft für eine bestimmte Partei votierten und diese überdies ihre früheren Wähler deutlich besser als ihre Konkurrenz von der Wahlabstinenz abhalten könnte. Dazu müßte sie besonders attraktives Personal oder probate Lösungsvorschläge präsentieren, da die Bewegungen zwischen Wahlbeteiligung und -enthaltung erkennbar mit den Einstellungen der Bürger zum politischen Angebot zusammenhängen.

Dies lässt sich zunächst an den Bürgern beobachten, die der Wahl 2002 fernblieben, nachdem sie 1998 ihr Stimme abgegeben hatten. SPD/Grünen-Wähler des Jahres 1998 blieben der Wahl 2002 signifikant häufiger fern, wenn sie die Regierungsleistung kritisch beurteilen; gerade die umgekehrte Tendenz findet sich unter den Union-/FDP-Wählern des Jahres 1998, auf die Zufriedenheit mit der Regierung leicht demobilisierend gewirkt zu haben scheint (siehe Tabelle 2).[19] Wie die Befunde zur Lösungskompetenz und der Kandidatenbewertung zeigen, scheint aber Unzufriedenheit mit der Regierung die einstigen Regierungswähler nicht in jedem Fall zur Wahlabstinenz veranlasst zu haben, sondern vor allem dann, wenn sie kein geeignetes Alternativangebot sahen. Denn nicht die Kanzlerpräferenz für Stoiber wirkte auf frühere SPD/Grünen-Wähler signifikant demobilisierend, sondern das Urteil, keiner der beiden Kanzlerkandidaten sei geeignet.

Tabelle 3: Politische Einstellungen und die Wahlentscheidung der Nichtwähler 1998 bei der Wahl 2002 (Zeilenprozent)

	SPD/Grüne	Union/FDP	andere	Nichtwahl	N
Kanzlerpräferenz					
Schröder	38	17	10	36	17
keiner von beiden	7	19	5	69	42
Stoiber	12	53	0	35	42
Sachkompetenz					
SPD/Grüne	55	5	0	40	20
keine/andere	11	20	11	58	45
Union/FDP	5	59	5	32	22
Zufriedenheit mit der Regierung					
unzufrieden	14	22	6	58	36
teils/teils	22	31	8	39	36
zufrieden	39	28	6	28	18

Datenbasis: Querschnitt-Vorwahlbefragung 2002, repräsentativ gewichtet. Für die Operationalisierungen siehe den Anhang.

Die Mobilisierung ehemaliger Nichtwähler wird ebenfalls von deren Einstellungen zu den Leistungen und Angeboten der Parteien beeinflusst. Wie Tabelle 3 zeigt, steigt mit der Regierungszufriedenheit die Wahrscheinlichkeit, dass frühere Nichtwähler im Jahr 2002 für die Regierungsparteien stimmen; umgekehrt wächst aber mit der Unzufriedenheit nicht die Unterstützung für die Oppositionsparteien, sondern die neuer-

---

19 Da zum Zeitpunkt der Niederschrift des Textes nur vorläufige Daten aus einer Wiederholungsbefragung zu den Wahlen 1998 und 2002 vorliegen, die wegen der geringen Zahl der erfassten Nichtwähler keine seriösen Analysen gestatten, wird in den Analysen das Wahlverhalten 1998 mit der sogenannten Rückerinnerungsfrage gemessen, die zu einer künstlichen Harmonisierung der Angaben zu zurückliegendem Wahlverhalten mit den aktuellen Parteipräferenzen führt (siehe dazu auch Abschnitt 2.2).

liche Wahlabstinenz. Zugleich können die Parteien unter den Nichtwählern, die sie von ihren Angeboten überzeugen können, einen vergleichsweise großen Stimmenanteil verbuchen, während Nichtwähler, die keine Partei für kompetent und keinen Kanzlerkandidaten für geeignet halten, in ihrer übergroßen Mehrzahl nicht an der Wahl teilnehmen. Kurz, frühere Nichtwähler geben ihre Stimme offenbar ab, wenn sie eines der Angebote für attraktiv halten, und ehemalige Wähler bleiben der Urne in erster Linie dann fern, wenn sie nicht nur von der vormals gewählten Partei enttäuscht sind, sondern sich im Angebot keiner Partei wiederfinden.

2.2. Stamm- und Wechselwähler 2002

Bei der Bundestagswahl 2002 entschieden sich in den alten wie in den neuen Ländern ähnlich viele Wähler wie 1998 für eine andere Partei als noch vier Jahre vorher. In Westdeutschland wählte rund ein Viertel der Teilnehmer an beiden Urnengängen 2002 eine andere Partei als vier Jahre vorher, während in Ostdeutschland rund 30 Prozent Wechselwähler zu finden sind. Damit hat sich die Wechselrate in beiden Landesteilen auf einem im historischen Vergleich hohen Niveau stabilisiert.[20] Zu bedenken ist dabei, dass diese Wechselraten anhand der sogenannten Rückerinnerungsmethode ermittelt wurden: Die Befragten wurden im Jahr 2002 gebeten, ihr aktuelles Wahlverhalten sowie ihre Wahlentscheidung 1998 anzugeben. Zwar muss man nicht so weit gehen zu vermuten, Befragte fühlten sich „sündig"[21], wenn sie sich zu wechselndem Wahlverhalten bekennen, doch konnte in verschiedenen Ländern nachgewiesen werden, dass diese Erhebungstechnik Personen dazu verleitet, ihre Angaben zum früheren Wahlverhalten an ihre gegenwärtigen Parteipräferenzen anzupassen und daher die Stabilität ihres Stimmverhaltens zu übertreiben;[22] bei der Bundestagswahl 1998, beispielsweise, sorgte dies für eine Unterschätzung der Wechselrate um rund zehn Prozentpunkte.[23] Stellt man die Verzerrungstendenz in Rechnung, sprechen die berichteten Wechselraten erst recht dafür, in den für den politischen Wettbewerb zentral bedeutsamen Wechselwählern[24] nicht eine vernachlässigbare Randgruppe des Elektorats zu sehen, sondern ein auch zahlenmäßig wichtiges Segment.

---

20 Siehe auch Harald Schoen: Wechselwahl – Konzepte, Methoden und Befunde, in: Jürgen W. Falter/Harald Schoen (Hrsg.): Handbuch Empirische Wahlforschung (in Vorbereitung)

21 Erwin K. Scheuch: Die Sichtbarkeit politischer Einstellungen im alltäglichen Verhalten, in: Rudolf Wildenmann/Erwin K. Scheuch (Hrsg.): Zur Soziologie der Wahl, Opladen 1965, S. 113-125, hier: S. 117.

22 Siehe etwa Cees van der Eijk/Broer Niemöller: Recall Accuracy and its Determinants, in: Acta Politica 14 (1979), S. 289–342; Ragnar Waldahl/Bernt Olav Aardal: The Accuracy of Recalled Previous Voting: Evidence from Norwegian Election Study Panels, in: Scandinavian Political Studies 23 (2000), S. 373–389.

23 Vgl. Harald Schoen: Den Wechselwählern auf der Spur: Recall- und Paneldaten im Vergleich, in: Jan van Deth/Hans Rattinger/Edeltraud Roller (Hrsg.): Die Republik auf dem Weg zur Normalität?, Opladen 2000, S. 199–226. Im Vergleich zu Aussagen über die Höhe der Wechselrate verzerrt die Recallmethode Zusammenhänge der Wechselwahl mit anderen Größen nur relativ wenig. Siehe hierzu auch Jürgen W. Falter/Harald Schoen: Wechselwähler in Deutschland: Wählerelite oder politischer Flugsand?, in: Oskar Niedermayer/Bettina Westle (Hrsg.): Demokratie und Partizipation, Wiesbaden 2000, S. 13–33.

24 Vgl. Erwin Faul: Soziologie der westdeutschen Wählerschaft, in: Dolf Sternberger/Friedrich Erbe/Peter Molt/Erwin Faul: Wahlen und Wähler in Westdeutschland, Villingen 1960, S. 135–315, hier: S. 225.

Die Ursachen für Parteiwechsel liegen hauptsächlich in Einstellungsänderungen inner-halb einer Legislaturperiode.[25] Zum einen lässt sich dies daran ablesen, dass Wähler von SPD und Grünen, die sich 1998 eine gute rot-grüne Regierungsarbeit verspro-chen haben dürften, um so häufiger zu Union oder FDP wechseln, je unzufriedener sie mit der Regierung sind. Gerade umgekehrt entscheiden sich Union/FDP-Wähler des Jahres 1998, die damals eine rot-grüne Regierung mit Skepsis oder sogar Argwohn betrachtet haben dürften, um so wahrscheinlicher für SPD oder Grüne, je besser sie die Regierungsleistung beurteilen (siehe Tabelle 4).[26]

Tabelle 4: Stabilität des Wahlverhaltens in Abhängigkeit von der Wahlentscheidung 1998 und der Zufriedenheit mit der Regierung vor der Wahl 2002 (Zei-lenprozent)

Wahlverhalten 1998	unzufrieden	teils/teils	zufrieden	Cramers V	N
SPD/Grüne	52	36	(12)	.53***	385
Union/FDP	(10)	35	55	.45***	309

Siehe für die Operationalisierung den Anhang. Paneldaten, ost-west-gewichtet.
Lesehilfe: Der Wert 52 in der linken Zelle in der ersten Zeile bedeutet, daß Wähler, die sich 1998 für SPD oder Grüne entschieden und 2002 mit der Regierungsarbeit unzufrieden waren, zu 52 Prozent bei der Wahl 2002 zu CDU/CSU oder FDP wechselten.

Zum anderen ist ein deutlicher Effekt von geänderten Einstellungen zu den Spitzen-kandidaten und der Lösungskompetenz der Parteien erkennbar (siehe Tabelle 5). SPD- und Grünen-Wähler des Jahres 1998, die auch 2002 der Meinung waren, eine der Regierungsparteien sei am ehesten fähig, das wichtigste politische Problem zu lösen, hielten ihrer Partei zu 97 Prozent die Treue, während eine Änderung der Kom-petenzvermutung zugunsten von CDU/CSU oder FDP zu rund fünfzig Prozent einen entsprechenden Wechsel an der Wahlurne nach sich zog. Ganz ähnlich verhalten sich die Wähler von Union und FDP, so dass sich festhalten läßt: Ein Wechsel der Par-teipräferenz auf einer der Einstellungsdimensionen zieht mit relativ hoher Wahrschein-lichkeit einen Parteiwechsel an der Wahlurne nach sich.

Erweitert man die Betrachtung um verschiedene Dimensionen der Kandidatenbe-wertung, fallen einige interessante Unterschiede ins Auge. Generell beeinflussen die wahrgenommene Wirtschaftskompetenz und Vertrauenswürdigkeit der Bewerber um das Kanzleramt die Wechselentscheidung etwas stärker, als das Urteil über die Tatkraft der Kandidaten und die Sympathieeinschätzungen es vermögen. Dabei ist diese Ten-denz bei den Wechslern von Union und FDP etwas deutlicher erkennbar als bei den Wählern, die in der umgekehrten Richtung die Seiten wechselten. Es scheint, als hät-ten sich die Wähler, die CDU/CSU und FDP auch 1998 bei deren Erdrutsch-

---

25 Vgl. Harald Schoen/Jürgen W. Falter: It's time for a change! – Wechselwähler bei der Bundestagswahl 1998, in: Hans-Dieter Klingemann/Max Kaase (Hrsg.): Wahlen und Wähler. Analysen aus Anlaß der Bundestagswahl 1998, Wiesbaden 2001, S. 56-89; Oscar W. Gabriel: „It's Time for a Change" – Bestimmungsfaktoren des Wählerverhaltens bei der Bundestagswahl 1998, in: Fritz Plasser/Peter A. Ulram/Franz Sommer (Hrsg.): Das österreichische Wahlverhalten, Wien 2000, S. 333–392, hier: S. 357–387.

26 Die in den Tabellen 4-7 dargestellten Ergebnisse beruhen auf einer Wiederholungsbefragung der 1998 interviewten Personen vor der Wahl 2002, die im Rahmen des angeführten DFG-Projekts ebenfalls vom Inra-Institut durchgeführt wurde. Wegen der Panelmortalität und der Tatsache, daß nur die vor der Wahl 2002 erhobenen Interviews berücksichtigt werden konnten, sind die Befunde mit Vorsicht zu interpretieren; dies gilt insbesondere für absolute Prozentangaben; im Vergleich dazu sind Aussagen über Zusammenhänge, auf die sich die Darstellung konzentriert, relativ robust gegenüber möglichen Verzer-rungen.

Tabelle 5: Stabilität des Wahlverhaltens in Abhängigkeit vom Wahlverhalten 1998 und der Stabilität politischer Einstellungen (in Prozent)

Wahl 1998	Stabil oder Wechsel zur 1998 gewählten Seite	Wechsel zur anderen Seite	Cramers V	N
Problemlösungskompetenz				
SPD/Grüne	3	48	.56***	360
Union/FDP	9	60	.51***	294
Kandidatenpräferenz				
SPD/Grüne	7	71	.63***	380
Union/FDP	6	55	.55***	308
Kandidaten: Wirtschaftskompetenz				
SPD/Grüne	7	37	.36***	238
Union/FDP	11	52	.41***	166
Kandidaten: Sympathie				
SPD/Grüne	13	55	.40***	245
Union/FDP	16	22	.07	182
Kandidaten: Vertrauen				
SPD/Grüne	9	46	.43***	237
Union/FDP	7	44	.45***	171
Kandidaten: Tatkraft				
SPD/Grüne	10	42	.37***	238
Union/FDP	13	33	.23***	169

Siehe für die Operationalisierungen den Anhang. Paneldaten, ost-west-gewichtet.
Lesehilfe: Der Wert 3 in der linken Zelle in der ersten Zeile bedeutet, dass Wähler, die sich 1998 für SPD oder Grüne entschieden und bis 2002 ihre Kompetenzvermutung nicht oder zugunsten dieser beiden Parteien veränderten, zu drei Prozent bei der Wahl 2002 zu CDU/CSU oder FDP wechselten.

niederlage die Treue hielten, 2002 von vergleichsweise „unpolitischen" Eindrücken kaum zu einem weitreichenden Wechsel über die Lagergrenzen hinweg bewegen lassen, sondern vor allem von Zweifeln an der Kompetenz der vormals gewählten Partei; im Vergleich dazu konnten die Wähler des 1998 siegreichen Parteienbündnisses stärker auch von persönlichen Sympathien zu einer Revision ihrer Wahlentscheidung veranlasst werden.

Tabelle 6: Stabilität des Wahlverhaltens in Abhängigkeit vom Wahlverhalten 1998 und der Links-Rechts-Selbsteinstufung 1998 (in Prozent)

Wahlverhalten 1998	Links	Mitte	Rechts	Cramers V	N
SPD/Grüne	10	22	(32)	.19***	376
Union/FDP	(41)	19	7	.24***	296

Für die Operationalisierung siehe den Anhang. Paneldaten, ost-west-gewichtet.
Lesehilfe: Der Wert 10 in der linken Zelle in der ersten Zeile bedeutet, daß Wähler, die sich 1998 für SPD oder Grüne entschieden und als links einstuften, bei der Wahl 2002 zu zehn Prozent zu CDU/CSU oder FDP wechselten.

Für Attitüdenänderungen zuungunsten der ehedem gewählten Partei sind jene Wähler am anfälligsten, die von dieser Partei nicht völlig überzeugt waren, selbst als sie für sie stimmten. Dies lässt sich daran ablesen, daß Personen, die auf Grund ihrer Einstellungen als Kernklientel des rot-grünen bzw. des schwarz-gelben Lagers gelten können, ihrer Seite am ehesten die Treue hielten. Ordnet man die Befragten nach ihrer Selbsteinstufung auf dem Links-Rechts-Kontinuum an, zeigt sich: Je weiter links sich die

Tabelle 7: Stabilität des Wahlverhaltens in Abhängigkeit vom Wahlverhalten 1998 und der Parteiidentifikation 1998 (in Prozent)

Wahlverhalten 1998	Überzeugte Anhänger SPD/Grüne	Anhänger SPD/Grüne	Keine/ andere	Anhänger Union/FDP	Überzeuge Amhänger Union/FD	Cramers V	N
SPD/Grüne	10	14	29	(73)	(-)	.32***	387
Union/FDP	(80)	(83)	29	22	7	.38***	309

Für die Operationalisierung siehe den Anhang. Paneldaten, ost-west-gewichtet.
Lesehilfe: Der Wert 10 in der linken Zelle in der ersten Zeile bedeutet, daß Wähler, die sich 1998 für SPD oder Grüne entschieden und als überzeugte Anhänger einer dieser Parteien zu erkennen gaben, bei der Wahl 2002 zu zehn Prozent zu CDU/CSU oder FDP wechselten.

SPD- und Grünen-Wähler des Jahres 1998 einordneten, um so seltener wechselten sie 2002 auf die gegnerische Seite; gerade umgekehrt steigt unter den Wählern der 1998 zur Wiederwahl anstehenden christlich-liberalen Koalition mit einer linken Selbsteinstufung die Wahrscheinlichkeit, bei der Wahl 2002 zu SPD oder Grünen zu wechseln, auf über 40 Prozent an (siehe Tabelle 6). Ebenso steht die Parteiidentifikation in einem deutlichen Zusammenhang mit der Wechselbereitschaft: SPD- und Grünen-Wähler, die sich 1998 als überzeugte Anhänger einer dieser Parteien bezeichneten, kehrten diesen zu nur 10 Prozent den Rücken, schwache Anhänger zu 15 Prozent, Parteilose und Anhänger dritter Parteien etwa zu einem Drittel und Anhänger von Union und FDP wechselten mit deutlich höherer Wahrscheinlichkeit zur bürgerlichen Opposition (siehe Tabelle 7). Die über politische Einstellungen abgegrenzte Kernklientel der beiden potentiellen Lager legt also die größte Resistenz gegen Abwerbeversuche der Gegenseite an den Tag. Auch in der Politik schmilzt das Eis also zuerst an den Rändern.

2.3. Zusammenfassung

Aus der Analyse der Gründe für Wahlenthaltung sowie Wieder- und Wechselwahl lässt sich Folgendes festhalten. Wähler, die von ihrer bisherigen Partei enttäuscht sind, enthalten sich der Stimme oder stimmen für eine andere Partei. Ersteres ist wahrscheinlich, wenn sie sich im Angebot keiner der Parteien wiederfinden, da sie dann keinen Anreiz besitzen, an der Wahl teilzunehmen. Für die zweite Möglichkeit werden sie sich entscheiden, wenn sie eine andere Partei etwa wegen schlüssiger Programmvorschläge, eines ansprechenden öffentlichen Erscheinungsbildes oder populären Personals für attraktiver halten als die ehedem gewählte. Ebenso werden einige vormalige Nichtwähler eine Stimme abgeben, und zwar für die Partei, die ihnen im Moment am attraktivsten erscheint. Mit anderen Worten: Bürger kehren Parteien den Rücken zu, deren Angebot sie nicht mehr goutieren, und wenden sich jener Seite zu, die ihren Vorstellungen nun am nächsten kommt. Eine Wahl bietet den Bürgern also Gelegenheit, einen Gesinnungswandel an der Wahlurne in Stimmverhalten auszudrücken, weshalb die Wählerschaft einer Partei unmittelbar nach einem Urnengang in ihren politischen Einstellungen in der Regel homogener ist, als wenn man dieselben Personen im Laufe der folgenden Legislaturperiode nach ihren politischen Attitüden fragte.[27]

---

27 Siehe auch Robert S. Milne/Hugh C. Mackenzie: Straight Fight. A study of voting behaviour in the constituency of Bristol North-East at the General Election of 1951, London 1954, S. 104–112; Robert S. Milne/Hugh C. Mackenzie: Marginal Seat. A Study of Voting Behaviour in the Constituency of Bristol North East at the General Election of 1955, London 1958, S. 116 f.; Valdimer O. Key: The Responsible Electorate. Rationality in Presidential Voting 1936-1960, New York 1966.

Gleichwohl heißt das nicht zwangsläufig, dass die Wähler einer Partei zum Zeitpunkt des Urnengangs einmütig hinter den politisch-inhaltlichen Konzepten „ihrer" Partei stehen. Denn zum einen begünstigen Einstellungsänderungen zwar den Wechsel zu einer anderen Partei, doch – wie wir gesehen haben – bedeutet dies nicht unbedingt, dass alle Wechsler zu dieser Partei einen Einstellungswandel in diese Richtung vollzogen haben. Zum anderen sind Einstellungen zu Problemlösungsvorschlägen und zu Positionen in gesellschaftlichen Streitfragen nur ein möglicher Auslöser für einen Parteiwechsel; ebensogut können Einstellungen zu vergleichsweise unpolitischen Partei- oder Kandidatenimages über die Stimmvergabe entscheiden. Folglich spricht die Tatsache, dass Einstellungsänderungen der wesentliche Motor der Stimmenverschiebungen zwischen zwei Wahlen sind, zwar gegen einen gravierenden Dissens unter den Wählern einer Partei, doch kann daraus nicht ohne weiteres gefolgert werden, dass sie die Politik der gewählten Partei einhellig unterstützen. Um die Frage zu beantworten, ob sich nach der Wahl 2002 eine der beiden potentiellen Regierungen legitimerweise auf ein *policy*-Mandat berufen konnte, untersuchen wir daher im nächsten Schritt die politischen Einstellungen der Wähler von SPD und Grünen einerseits sowie von Union und FDP andererseits.

3. Politische Einstellungen der Wähler von SPD/Grüne und Union/FDP

Wahlsiegern steht es grundsätzlich frei, ihren Sieg nach ihrem Dafürhalten zu interpretieren, denn in der Demokratie gilt bekanntlich „Mehrheit ist Mehrheit". Ob die Interpretation eines Wahlergebnisses als Wählerauftrag jedoch stichhaltig ist, hängt entscheidend davon ab, inwieweit die Bürger ihre Stimmen im Einklang mit ihren politischen Präferenzen abgeben. Halten die Wähler etwa den Spitzenkandidaten der gewählten Partei für sehr attraktiv, können sich aber in deren Programmangebot nicht wiederfinden, wäre es fahrlässig, das Wählervotum als Auftrag für eine bestimmte inhaltliche Politik zu interpretieren; allenfalls als persönliches Mandat für den Spitzenbewerber könnte es gelten. Ebensowenig kann sich eine Partei auf ein überzeugendes inhaltliches Wählermandat berufen, deren Wähler allein die Ablehnung der übrigen Parteien eint. Wäre dagegen die Ablehnung der anderen Parteien mit der Überzeugung verbunden, die gewählte Partei vertrete vernünftige Konzepte und sei fähig, sie zu verwirklichen, dann ließe sich sinnvoll von einem solchen Wählerauftrag sprechen.

Verschiedenen Wählersegmenten kommt dabei unterschiedlich großes Gewicht zu. Mit der Mobilisierung von Stammwählern gelingt es einer Partei, einen Wettbewerbsnachteil zu vermeiden; zugleich ist bei diesen Wiederwählern eine vergleichsweise hohe Übereinstimmung mit dem Angebot der Partei zu erwarten. Einen größeren Gewinn in der Konkurrenz um die Parlamentssitze bringen Stimmen von ehemaligen Nichtwählern und erst recht von früheren Wählern anderer Parteien ein; wie die Analyse in Abschnitt 2.2. nahelegt, dürften diese Stimmbürger jedoch die gewählte Partei und deren Vorhaben weniger unterstützen als deren Stammwähler. Paradoxerweise könnten daher unter den Wählern einer Partei jene am wenigsten hinter deren Politik stehen, die mit ihrem Stimmverhalten den größten Beitrag dazu leisten, dass sich diese politischen Vorhaben verwirklichen lassen. Inwieweit diese Vermutungen zutreffen und inwieweit die Wähler 2002 den beiden potentiellen Regierungen einen Programmauftrag erteilten, gilt es im Folgenden empirisch zu untersuchen.

Die Wählerschaft der rot-grünen Regierungsparteien steht in großer Einhelligkeit hinter dem Kanzlerkandidaten Gerhard Schröder: 95 Prozent der rot-grünen Stammwähler, aber auch rund 85 Prozent der wenigen Wechsler zu SPD und Grünen ziehen den SPD-Vorsitzenden seinem bayerischen Herausforderer vor (siehe Tabelle 8). Im Vergleich dazu genießt Edmund Stoiber unter den Wählern von CDU/CSU und FDP nur schwachen Rückhalt. So ziehen ihn vier Fünftel der christlich-liberalen Stammwähler vor; nur gut die Hälfte derjenigen Wähler, die den Oppositionsparteien den Rücken direkt auf Kosten der rot-grünen Regierung stärkten, favorisiert ihn, immerhin ein knappes Drittel sähe dagegen Schröder lieber als Bundeskanzler; und unter den ehemaligen Nichtwählern, die 2002 für die bürgerlichen Oppositionsparteien stimmten, halten sich die Präferenzen für Stoiber und für Schröder sogar die Waage. Die Wähler von SPD und Grünen stehen praktisch einmütig hinter „ihrem" Kanzlerkandidaten, während die Stimmabgabe zugunsten von CDU/CSU und FDP häufig mit Skepsis gegenüber dem Unionskanzlerkandidaten verbunden ist – gerade zahlreiche Neuwähler von Union und FDP scheinen den Unionskanzlerkandidaten billigend in Kauf genommen zu haben.

Ein differenziertes Bild ergibt sich, wenn man nicht nur die globale Kanzlerpräferenz betrachtet, sondern einzelne Dimensionen der Kandidatenbewertung untersucht. Was die vermutete Tatkraft der Kanzlerkandidaten angeht, lassen sich nur geringfügige Unterschiede erkennen: Jeweils rund 60 Prozent der Stammwähler sehen im Kanzlerkandidaten ihrer Seite den tatkräftigeren Politiker, nur rund zehn Prozent vermuten beim gegnerischen Kanzlerkandidaten die größere Tatkraft; ebenso sehen beide Stammwählerschaften zu etwa drei Viertel in „ihrem" Kandidaten den vertrauenswürdigeren Menschen. Gleichwohl unterscheiden sich die Lagerwechsler in beiden Richtungen, da Schröder unter den Wechslern von CDU/CSU und FDP zu SPD und Grünen im Hinblick auf Tatkraft und Vertrauenswürdigkeit über einen tendenziell größeren Rückhalt verfügt als Stoiber unter den Wechslern zu Union und FDP. Gerade von den Wählern, die den beiden Oppositionsparteien unmittelbar auf Kosten der rot-grünen Koalition Stimmengewinne einbrachten, entschieden sich vergleichsweise viele somit nicht im Einklang mit ihrem Urteil über die Tatkraft und die Vertrauenswürdigkeit der Kandidaten.

Noch weniger günstig nimmt sich das Bild für Edmund Stoiber aus, wenn man nach der persönlichen Sympathie für die Bewerber fragt. Auf diesem Feld kann Gerhard Schröder unter rot-grünen Stammwählern 90 Prozent und unter den Neuwählern der Regierungsparteien 80 Prozent Zustimmung verbuchen. Unter den Stammwählern von CDU/CSU und FDP erscheint sein Konkurrent aus Bayern dagegen nur 44 Prozent als menschlich sympathischer, immerhin ein Viertel dieser Wähler hält Schröder für sympathischer; unter den Neuwählern von Union und FDP kehrt sich dieses Verhältnis sogar um. Die Bürger, die Union und FDP echte Stimmenzugewinne brachten und damit deren Aussichten auf die Regierungsübernahme erheblich verbesserten, stehen der Person des Unionskanzlerkandidaten also ausgesprochen reserviert gegenüber, ja nicht einmal die Stammwähler der bürgerlichen Oppositionsparteien konnte Stoiber menschlich mehrheitlich überzeugen.

Auf der vierten Bewertungsdimension sieht es etwas anders aus. Denn rund vier Fünftel der Stammwähler von CDU/CSU und FDP bescheinigen Edmund Stoiber eine größere Wirtschaftskompetenz als dem amtierenden Kanzler, ein Urteil, dem sich immerhin zwei Drittel der direkten Wechsler von SPD und Grünen zu Union und

Tabelle 8: Einstellungen zu Kandidaten, möglichen Koalitionen, der Regierungsarbeit und der Problemlösungskompetenz der Parteien bei der Bundestagswahl 2002 nach dem Wahlverhalten bei den Wahlen 1998 und 2002 (Angaben: Spaltenprozent)

	Stammwähler SPD/Grüne	Nichtwahl zu SPD/Grüne	Union/FDP zu SPD/Grüne	SPD/Grüne zu Nichtwahl	Union/FDP zu Nichtwahl	SPD/Grüne zu Union/FDP	Nichtwahl Union/FDP	Stammwähler Union/FDP
Kandidatenpräferenz								
Schröder	95	84	85	58	13	29	39	7
Keiner/beide	4	8	–	32	75	14	27	13
Stoiber	1	8	15	11	13	57	35	81
N	462	25	26	19	8	90	26	353
Kandidatenpräferenz: Tatkraft								
Schröder	59	35	58	40	20	17	30	8
Beide gleich	33	61	23	40	40	44	48	35
Stoiber	8	4	19	20	40	38	22	57
N	441	23	26	20	5	86	23	352
Kandidatenpräferenz: Vertrauen								
Schröder	76	67	65	52	14	21	22	6
Beide gleich	21	19	23	43	71	39	35	23
Stoiber	3	14	12	5	14	41	44	71
N	441	21	26	21	7	91	23	360
Kandidatenpräferenz: Sympathie								
Schröder	89	78	77	68	75	47	46	24
Beide gleich	7	9	15	27	13	26	27	33
Stoiber	4	13	8	5	13	26	27	44
N	460	23	26	22	8	91	26	363
Kandidatenpräferenz: Wirtschaftskompetenz								
Schröder	65	61	19	52	25	19	19	4
Beide gleich	27	30	58	29	50	15	35	12
Stoiber	8	9	23	19	25	66	46	83
N	437	23	26	21	8	89	26	349

	Stammwähler SPD/Grüne	Nichtwahl zu SPD/Grüne	Union/FDP zu SPD/Grüne	SPD/Grüne zu Nichtwahl	Union/FDP zu Nichtwahl	SPD/Grüne zu Union/FDP	Nichtwahl Union/FDP	Stammwähler Union/FDP
Zufriedenheit mit der Regierung								
Unzufrieden	7	17	11	35	56	34	27	62
Teils/teils	31	38	56	40	22	51	46	28
Zufrieden	63	46	33	25	22	15	27	10
N	453	24	27	20	9	86	26	356
Koalitionspräferenz								
SPD/Grüne	66	41	44	26	–	4	–	0
Große Koalition	10	27	20	32	33	26	36	13
Andere Koalition	24	32	28	37	–	20	20	6
Union/FDP	0	–	8	5	67	50	44	81
N	455	22	25	19	6	90	25	359
Problemlösungskompetenz								
SPD/Grüne	73	59	63	33	43	9	8	2
Andere/keine	21	32	15	58	57	23	35	11
Union/FDP	7	9	22	8	–	68	58	87
N	464	22	27	24	7	90	26	367

Siehe für die Operationalisierungen den Anhang. Gewichtete Vorwahl-Querschnittdaten, gesamtdeutsche Ergebnisse; siehe auch Fußnote 23.

FDP anschließen. Ebenso viele Stammwähler der rot-grünen Koalition halten Schröder für den ökonomisch kompetenteren Kandidaten; auf diesem zentralen Feld der deutschen Innenpolitik findet Edmund Stoiber in seiner Stammklientel somit deutlich größeren Rückhalt als der amtierende Bundeskanzler in seiner. Erst recht hat er einen Vorsprung unter den „Interlagerwechslern", da die Wähler, die direkt von CDU/CSU und FDP zu SPD und Grünen wechseln, nur zu einem Fünftel von der größeren Wirtschaftskompetenz Schröders überzeugt sind. Am 22. September 2002 stimmten also merklich mehr Wähler von SPD und Grünen nicht im Einklang mit ihrem Urteil über die ökonomische Sachkompetenz des Kandidaten als Wähler von Union und FDP; nicht zuletzt scheinen – dies lässt sich auch angesichts der teilweise sehr niedrigen Fallzahlen festhalten – die Wechselwähler, die die rot-grüne Regierung unmittelbar auf Kosten der bürgerlichen Oppositionsparteien stärkten, deutlich größere Zweifel an der Wirtschaftskompetenz „ihres" Kanzlerkandidaten aufzuweisen, als dies für die Wechsler in die Gegenrichtung galt.

Generell können daher die Stimmen für die rot-grüne Koalition als Vertrauensbeweis für Gerhard Schröder gelesen werden, der jedoch in Bezug auf die rollennahen, also eher „politischen" Kandidatendimensionen erkennbar schwächer ausfällt als hinsichtlich der rollenfernen.[28] Im Vergleich dazu sind die Voten für Union und FDP mit deutlich größeren Vorbehalten gegen den Unionskandidaten verbunden: Zwar besitzt Edmund Stoiber auf rollennahen Dimensionen, etwa im Hinblick auf die Wirtschaftskompetenz, einen Vorsprung, doch stößt er auf erhebliche Akzeptanzprobleme, wenn es um seine wahrgenommenen kommunikativ-menschlichen Qualitäten geht. Zugespitzt formuliert, favorisieren die Wähler von Union und FDP eher den Politiker Edmund Stoiber, während die Wähler von SPD und Grünen in erster Linie dem Menschen Gerhard Schröder den Vorzug geben, obgleich sie Zweifel an seinen fachlichen Qualitäten hegen.[29]

Zweifel an der Sachkompetenz der rot-grünen Regierung werden auch deutlich, fragt man die Bürger nach ihrer Zufriedenheit mit der Regierungsarbeit. Zwar stellen rund zwei Drittel der Stammwähler von SPD und Grünen der Regierung für die Legislaturperiode von 1998 bis 2002 ein gutes Zeugnis aus, doch lediglich ein Drittel der Wechsler zu den Regierungsparteien schließt sich diesem Urteil an. Auch wenn man in Rechnung stellt, dass sich von den SPD- und Grünen-Wählern weniger als ein Fünftel unzufrieden mit der Regierungsarbeit zeigt, kann man zumindest folgern, dass die Regierungsparteien ihre Wählerunterstützung nicht als uneingeschränkte Zustimmung zu ihrer Politik in der vorangegangenen Legislaturperiode werten dürfen. Ein schlichtes „Weiter so!" scheinen die SPD- und Grünen-Wähler offenbar nicht zu wünschen.

---

28 Siehe für unterschiedliche Konzeptionalisierungen der Kandidatendimensionen etwa Markus Klein/ Dieter Ohr: Die Wahrnehmung der politischen und persönlichen Eigenschaften von Helmut Kohl und Gerhard Schröder und ihr Einfluß auf die Wahlentscheidung bei der Bundestagswahl 1998, in: Klingemann/Kaase (Anm. 25), S. 91–132, Frank Brettschneider: Candidate-Voting. Die Bedeutung von Spitzenkandidaten für das Wählerverhalten in Deutschland, Großbritannien und den USA von 1960 bis 1998, in: Klingemann/Kaase (Anm. 25), S. 351–400.

29 Die Ergebnisse zu den Kanzlerkandidaten sind nicht dadurch verzerrt, dass FDP-Wähler womöglich den Kandidaten ihrer Partei vorzogen. Denn der Analyse liegen in der Regel Vergleiche von Ratingskalen zu Schröder und Stoiber zugrunde; lediglich die summarische Kanzlerpräferenz wird mit einem anderen Instrument gemessen (siehe Anhang), das jedoch – wie hier nicht berichtete Validierungsanalysen belegen – zu keinen Verzerrungen führt.

Eine gewisse Reserve gegenüber dem rot-grünen Bündnis verraten auch die Koalitions-präferenzen der Wähler. Denn selbst von den rot-grünen Stammwählern sprechen sich nur zwei Drittel für eine Fortsetzung dieser Koalition aus; dagegen plädieren unter den Stammwählern von CDU/CSU und FDP immerhin vier Fünftel für ein Bündnis bei-der Parteien. In diesem Ergebnis spiegelt sich zwar zu einem gewissen Teil auch die größere Zahl an Koalitionsoptionen wider, über die die SPD vor der Bundestagswahl 2002 im Vergleich zur Union verfügte, doch deuten die Befunde ferner darauf hin, dass die rot-grüne Koalition in ihrer Stammklientel auf größere Vorbehalte stieß als ein potentielles christlich-liberales Bündnis in seiner Stammwählerschaft. Die Unterschiede zwischen den beiden potentiellen Koalitionen verschwinden, wenn man die Wechsel-wähler in den Blick nimmt: Jeweils zwischen 40 und 50 Prozent sprechen sich für die „richtige" Koalition aus, während die übrigen Wähler eine Große Koalition oder ein anderes Regierungsbündnis vorziehen. Gemessen an den Koalitionspräferenzen ihrer Wähler, können sich daher beide möglichen Koalitionen nicht auf uneingeschränkte Unterstützung berufen, wobei das rot-grüne Bündnis noch etwas skeptischer gesehen wird als ein schwarz-gelbes; soweit sich Koalitionspräferenzen aus Vorstellungen zu den Inhalten der Regierungspolitik speisen, deutet dies zugleich auf vergleichsweise große Zweifel an der Politik der rot-grünen Regierung unter ihren Wählern hin.

Direkter als die Koalitionspräferenz erfasst die Frage nach der Problemlösungskom-petenz Urteile über das inhaltliche Angebot der Parteien, da ein solches Kompetenz-urteil die Zustimmung zu den Vorschlägen einer Partei auf einem zentralen Politikfeld voraussetzt. Ihren Stammwählern erscheinen beide potentielle Koalitionen bei Zustim-mungsraten von jeweils rund vier Fünfteln ähnlich kompetent. Indes findet das christlich-liberale Bündnis unter den Wechslern von SPD und Grünen zu Union und FDP – auch wenn man die niedrigen Fallzahlen berücksichtigt – deutlich größere Unterstützung als die rot-grüne Koalition unter den Wechslern in der entgegengesetz-ten Richtung. Die Wähler, die den größten Anteil daran haben, dass die rot-grüne Koalition im Amt bleiben konnte, zeigen sich somit wesentlich unsicherer in ihrem Kompetenzurteil über die gewählte Partei als die Bürger, die am stärksten zu einem möglichen Machtwechsel beigetragen haben. Insoweit hätte eine christlich-liberale Koalition aus einem Wahlsieg für sich eher einen Auftrag ableiten dürfen, eine bestimmte Politik zu verwirklichen, als die schließlich siegreiche rot-grüne Koalition.[30]

Insgesamt unterstützen in beiden potentiellen Regierungslagern die Stammwähler die Kandidaten und Konzepte „ihrer" Seite nachdrücklicher als die Wechsel- und ehema-ligen Nichtwähler; doch selbst dieser harte Kern favorisiert in keinem Fall zu hundert Prozent diese Angebote. Daher können sich weder das rot-grüne noch ein mögliches schwarz-gelbes Bündnis auf ein uneingeschränktes Wählermandat berufen; gleichwohl lässt es die vergleichsweise große Zustimmung in den Reihen ihrer Wähler nicht voll-kommen abwegig erscheinen, wenn eine der beiden Seiten einen Wählerauftrag für sich reklamiert. Nimmt man die Einstellungen der Wähler jedoch ernst, sind die Auf-träge an beide „Lager" unterschiedlich nuanciert: Auf seiten der rot-grünen Koalition bezieht er sich in erster Linie auf die personelle Kontinuität an der Regierungsspitze und etwas weniger auf die Politikinhalte; dagegen sprechen die Einstellungen der Wähler von Union und FDP zwar für einen relativ deutlichen *policy*-Auftrag, doch verraten sie zugleich erhebliche Skepsis gegenüber dem Unionskanzlerkandidaten.

---

30 Wie hier nicht dokumentierte Analysen zeigen, unterscheiden sich die verschiedenen Wählergruppen in der Beurteilung, auf welchen Politikfeldern die zentralen gesellschaftlichen Probleme liegen, nicht gra-vierend, da allesamt in erster Linic arbeitsmarkt- und wirtschaftspolitischen Handlungsbedarf sehen.

4. Schluss

In der Bundestagswahl 2002 bestätigten die deutschen Wähler ihre Entscheidung des Jahres 1998, die christlich-liberale durch eine rot-grüne Regierung zu ersetzen. Die parteipolitische Zusammensetzung der Regierung blieb unverändert, obwohl erhebliche Wählerwanderungen zwischen den Parteien, aber auch zwischen dem Nichtwählerlager und den Parteien stattfanden. Der Schritt von der Wahlabstinenz zur Beteiligung an einem Urnengang kann vor allem damit erklärt werden, dass ein Bürger, der angesichts seiner skeptischen Haltung zu Politik und Wahlen seine Stimme nicht abgäbe, vom aktuellen Angebot an Konzepten oder Kandidaten doch noch zur Teilnahme motiviert wird. Der Rückzug in die Wahlenthaltung kann dagegen so verstanden werden, dass eine Person von der zuletzt gewählten Partei enttäuscht ist, zugleich aber kein anderes Angebot als glaubwürdig oder leistungsfähig genug ansieht, um sie zur neuerlichen Stimmabgabe zu bewegen. Der Wechsel zwischen zwei Parteien, also jener Schritt, der am deutlichsten zu Verschiebungen der parteipolitischen Kräfteverhältnisse beiträgt, erklärt sich am ehesten mit einem Wandel der politischen Einstellungen zu den Parteien und deren programmatischem und personellem Angebot. Da Einstellungsänderugen nicht zuletzt von Veränderungen des Angebots seitens der Parteien verursacht werden, kann ein Wahlergebnis somit zumindest bezogen auf die Wählerbewegungen als „Echo"[31] der Bürger auf das frühere Handeln und die in die Zukunft gerichteten Vorschläge der politischen Elite gelten.

Wie die Analyse gezeigt hat, darf dieser Befund gleichwohl nicht zu dem Trugschluss verleiten, die Wähler einer Partei oder Koalition befürworteten deren programmatisches und personelles Angebot einhellig. Denn bei der Bundestagswahl 2002 stehen die Stammwähler von SPD und Grünen einerseits sowie CDU/CSU und FDP andererseits nicht hundertprozentig hinter den Vorschlägen der von ihnen gewählten Parteien; erst recht gilt dies für Wechsler von anderen Parteien oder aus dem Nichtwählerlager. Einen ungeschmälerten Wählerauftrag kann somit – wenigstens auf der Basis der hier analysierten Vorwahldaten – keines der beiden potentiellen Regierungsbündnisse für sich beanspruchen. Gleichwohl unterstützen die Wähler auf den hier betrachteten Dimensionen „ihre" Seite zumindest mehrheitlich, so dass es nicht vollkommen absurd erscheint, wenn eines der beiden möglichen Regierungslager ein Wählermandat für sich beansprucht. Hätten CDU/CSU und FDP bei der Wahl den Sieg davongetragen, hätten sie in Bezug auf ihre inhaltlichen Vorhaben durchaus ein Mandat besessen, nur sehr bedingt jedoch hinsichtlich der Person des Regierungschefs. Dagegen sind die Wähler von SPD und Grünen von den persönlichen Qualitäten Gerhard Schröders überzeugt – nicht umsonst dachte er kurzzeitig daran, die Wahl 2002 zu einer Entscheidung unter der Devise „Er oder ich" zu stilisieren; im Vergleich dazu melden sie jedoch deutliche Zweifel an Schröders fachlicher Kompetenz sowie der Richtigkeit der von der rot-grünen Koalition vertretenen Politikinhalte an; es handelt sich also eher um ein persönliches als ein programmatisches Mandat.

Als sich Gerhard Schröder in seiner Regierungserklärung vom 29. Oktober 2002 auf einen inhaltlichen Wählerauftrag berief, interpretierte er daher den Wählerwillen zwar nicht vollkommen unverzerrt, doch gab seine Deutung die Intentionen der SPD/Grünen-Wähler dem Tenor nach durchaus zutreffend wieder. Indes scheinen ihm und seiner Regierung bei der konkreten Interpretation des Wählerauftrages – womöglich

---

31 Key (Anm. 27), S. 2.

begünstigt durch die Vagheit programmatischer Wahlkampf-Aussagen – einige Miss-verständnisse unterlaufen zu sein. Denn wie sich Meinungsumfragen aus der Zeit nach der Wahl entnehmen lässt,[32] üben die Bürger, darunter nicht zuletzt Wähler von SPD und Grünen, heftige Kritik an dem in ihrem Namen von der Regierung verfolgten Kurs. Damit droht der Verweis auf ein Wählermandat zu einem Bumerang zu werden: War er ursprünglich vermutlich nicht zuletzt dazu gedacht, die Regierungspolitik der parlamentarischen Kritik zu entziehen, können nun Regierungskritiker ins Feld füh-ren, die Regierung interpretiere den Wählerauftrag falsch, weshalb sie abgelöst werden müsse. Daher ist es für die rot-grüne Regierung unabdingbar, möglichst rasch eine richtige Interpretation des Wählerwillens zu finden oder die Bürger von der Richtig-keit ihrer Deutung zu überzeugen, da andernfalls ihre Handlungsfähigkeit stark einge-schränkt würde und ihr nach zwei Legislaturperioden jenes Schicksal drohen könnte, das die christlich-liberale Koalition nach 16 Jahren ereilte.

Anhang: Operationalisierungen

Wahlbeteiligung
„Bei dieser kommenden Bundestagswahl: Werden Sie da bestimmt zur Wahl gehen, wahrscheinlich zur Wahl gehen, vielleicht zur Wahl gehen, wahrscheinlich nicht oder bestimmt nicht zur Wahl gehen?"; den fünf Antwortmöglichkeiten wurden die Wahr-scheinlichkeiten 1, 0,75, 0,5, 0,25 bzw. 0 zugeordnet; soweit mit einer dichotomen Variable gearbeitet wird, werden die ersten beiden Ausprägungen als Wahlteilnahme, die übrigen drei als Abstinenz codiert.

Kirchenbindung
„Wie oft gehen Sie im allgemeinen zur Kirche?" 0 (nie, seltener als einmal im Jahr, einmal im Jahr), 0,5 (mehrmals im Jahr, mindestens einmal im Monat), 1 (einmal in der Woche, mehrmals in der Woche).

Formale Bildung
niedrig: maximal Hauptschulabschluß; mittel: maximal mittlere Reife; hoch: minde-stens Fachhochschulreife

Wahlnorm: „In der Demokratie ist es die Pflicht jedes Bürgers, sich regelmäßig an Wahlen zu beteiligen" 0: stimme überhaupt/eher nicht zu; 0,5: teils/teils; 1: stimme eher/voll und ganz zu.
Politisches Interesse: „Wie stark interessieren Sie sich für Politik?" 0: überhaupt nicht, weniger stark; 0,5: mittelmäßig; 1: ziemlich/sehr stark; die Dichotomie „schwache vs. starke Wahlnorm" wurde gebildet, indem die ersten beiden Ausprägungen der dreistu-figen Variable zusammengefaßt wurden.

Demokratiezufriedenheit: „Wie zufrieden oder unzufrieden sind Sie – alles in allem – mit der Demokratie, so wie sie in Deutschland besteht?" 0: ziemlich/sehr unzufrieden; 0,5: teils/teils; 1: ziemlich/sehr zufrieden.

---

32 Vgl. Forschungsgruppe Wahlen e.V. (Hrsg.): Politbarometer 11/2002, Mannheim 2000; Infratest dimap (Hrsg.): DeutschlandTREND, November 2002.

Kompetenzgefühl

Index aus folgenden drei Items: „Die ganze Politik ist so kompliziert, daß jemand wie ich nicht versteht, was vorgeht." (umgepolt), „Ich traue mir zu, in einer Gruppe, die sich mit politischen Fragen befaßt, eine aktive Rolle zu übernehmen.", „Wichtige politische Fragen kann ich gut verstehen und einschätzen."

Responsivitätsgefühl

Index aus folgenden zwei Items: „Leute wie ich haben keinen Einfluß auf die Regierung", „Die Bürger haben kaum Möglichkeiten, auf die Politik Einfluß zu nehmen"

Links-Rechts-Selbsteinstufung

„In der Politik reden die Leute häufig von „Links" und „Rechts". Wenn Sie diese Skala von 1 bis 11 benutzen, wo würden Sie sich selbst einordnen, wenn 1 links und 11 rechts ist?" Codierung: 1 bis 4 = links; 5 bis 7 = Mitte; 8 bis 11 = rechts.

Kanzlerpräferenz

„Gerhard Schröder und Edmund Stoiber sind ja die Kanzlerkandidaten der beiden großen Parteien. Welchen von beiden hätten Sie nach der Bundestagswahl lieber als Bundeskanzler?"
Gerhard Schröder, Edmund Stoiber, keinen von beiden

Dimensionen der Kandidatenbewertung

Wirtschaftskompetenz: „Er hat vernünftige Vorstellungen, um die Wirtschaft anzukurbeln."
Sympathie: „Er ist menschlich sympathisch."
Vertrauenswürdigkeit: „Er ist politisch vertrauenswürdig."
Tatkraft: „Er ist tatkräftig."
Die Befragten konnten mit einer Skala -2 (trifft überhaupt nicht zu) bis $+2$ (trifft voll und ganz zu) beurteilen, inwieweit die vier Aussagen auf Gerhard Schröder und Edmund Stoiber zutreffen. Für die Analyse wurden die Einschätzungen zu beiden Kandidaten miteinander verglichen, wobei ein höherer Wert für Schröder als Präferenz für ihn, ein höherer Wert für Stoiber als Präferenz für ihn und gleich hohe Werte für beide Bewerber als Indifferenz gewertet wurde.

Sachfragenpräferenz

„Was sind Ihrer Meinung nach die wichtigsten Probleme, die es heute in der Bundesrepublik zu lösen gilt. (...) Das für Sie wichtigste Problem ist ... Welche Partei ist Ihrer Meinung nach am besten geeignet, dieses Problem zu lösen? Das für Sie zweitwichtigste Problem ist... Welche Partei ist Ihrer Meinung nach am besten geeignet, dieses Problem zu lösen?" Für beide Probleme wurde folgende Codierung gewählt: -1: CDU/CSU, FDP; 0: andere Parteien, alle gleich, keine; 1: SPD, Bündnis 90/Die Grünen. Anschließend wurden die Werte zu beiden Problemen addiert und die resultierende Summe durch zwei dividiert.

Kandidaten-/Sachfragenpräferenz: 0: weder Kandidaten- noch Sachfragenpräferenz; 0,5: Kandidaten- oder Sachfragenpräferenz; 1: Kandidaten- und Sachfragenpräferenz.

Koalitionspräferenz

„Unabhängig davon, wie die Parteien sich entscheiden: Was wäre Ihnen persönlich am liebsten, von welchen Parteien Deutschland in den nächsten vier Jahren regiert wird?"

Antwortvorgaben: „Große Koalition" aus SPD und CDU/CSU; SPD und Bündnis 90/Die Grünen; SPD und FDP; SPD und PDS; CDU/CSU und FDP; CDU/CSU und Bündnis 90/Die Grünen; SPD, Bündnis 90/Die Grünen und FDP; SPD, Bündnis 90/Die Grünen und PDS.

Parteiidentifikation
»Viele Leute neigen in der Bundesrepublik längere Zeit einer bestimmten Partei zu, obwohl sie auch ab und zu eine andere Partei wählen. Wie ist das bei Ihnen: Neigen Sie – ganz allgemein gesprochen – einer bestimmten Partei zu? Wenn ja, welcher?"
„Wie stark oder wie schwach neigen Sie, alles zusammengenommen, dieser Partei zu? Neigen Sie ihr sehr stark, stark, mittelmäßig, schwach oder sehr schwach zu?"
Codierung: starke Parteibindung: sehr stark und stark; schwache Parteibindung: mittelmäßig, schwach, sehr schwach; keine Parteibindung: keine Partei auf erste Frage angegeben.

Zufriedenheit mit der Regierung
„Sind Sie mit den Leistungen der Bundesregierung (SPD-Bündnis90/Die Grünen) in Berlin eher zufrieden oder eher unzufrieden?" -5: vollständig unzufrieden; +5: voll und ganz zufrieden. Codierung: −5 bis −2: unzufrieden; −1 bis +1: teils/teils; +2 bis +5: zufrieden.

Wahl als „Demoskopiedemokratie"?
Überlegungen zur Meinungsforschung und ihren Wirkungen aus Anlass der Bundestagswahl 2002

1. Einführung

In Wahljahren nimmt die Nachfrage nach den aus der berühmten „Sonntagsfrage" gewonnenen Daten rapide zu. Für Thomas Ellwein und Joachim Jens Hesse gilt – grob gesprochen – folgende Beziehung: „Je mehr Wahlen im Ergebnis neben festgefügten Strukturen auch von der Beweglichkeit einer größeren Wählergruppe abhängen, desto spannender werden sie, desto genauer betrachten die Parteien die Ergebnisse der Wahlforschung, desto größer wird der Einfluss der Meinungsforschung."[1] Es ist eine kaum zu bestreitende Tatsache, dass die Wähler im Ganzen unberechenbarer geworden sind. Die Wahlforscher stellen seit Jahren das Aufweichen von einst festgefügten Sozialmilieus, eine abnehmende Parteiidentifikation, eine wachsende Gruppe von Wechselwählern sowie eine zunehmende Tendenz zum Stimmensplitting fest. Das Parteiensystem ist in Bewegung geraten, Regierungswechsel sind wahrscheinlicher als in früheren Jahren.[2] Angesichts dieses Wandels und der Erfordernisse der Mediengesellschaft ist das Verlangen nach Umfragen gewachsen. Professionelle Berater, darunter Meinungsforscher, entwickeln Strategien und steuern Kampagnen, um unentschlossene, zum Wechsel bereite Wähler zu mobilisieren und auf ihre Seite zu ziehen. Auch wenn es an gesicherten empirischen Befunden mangelt[3], so dürfte doch die Bedeutung von Wahlkämpfen für den Ausgang der Wahlen gestiegen sein – und damit ebenfalls der Bedarf an demoskopischem Know-how.

Angesichts dieser Tendenzen und der Tatsache, dass die Demoskopie – trotz der ihr weiterhin entgegengebrachten Kritik – fest im politischen System der demokratischen Verfassungsstaaten verankert ist und ihr Rang eher noch steigt als sinkt, will dieser Aufsatz – jenseits so manch aktualistischer Aufgeregtheit im Umfeld der Bundestagswahlen 2002 – die politischen Wirkungen der Meinungsforschung bilanzieren. Hingegen strebt er keine detaillierte Analyse des Wahlresultats anhand von Daten der Mei-

---

1 Joachim Jens Hesse/Thomas Ellwein: Das Regierungssystem der Bundesrepublik Deutschland, Band 1: Text, 8. Aufl., Opladen 1997, S. 238.

2 Vgl. den Überblick von Jürgen W. Falter/Harald Schoen: Wahlen und Wählerverhalten, in: Thomas Ellwein/Everhard Holtmann (Hrsg.): 50 Jahre Bundesrepublik Deutschland. Rahmenbedingungen – Entwicklungen – Perspektiven, Opladen 1999, S. 454–470.

3 Zu dieser Schlussfolgerung gelangen Kathrin Bretthauer/Patrick Horst: Wahlentscheidende Effekte von Wahlkämpfen? Zur Aussagekraft gängiger Erklärungen anhand in der ZParl publizierter Wahlanalysen, in: Zeitschrift für Parlamentsfragen 32 (2001), S. 387–408; siehe die neueren Darstellungen von David M. Farrell/Rüdiger Schmitt-Beck (Hrsg.): Do Political Campaigns Matter? Campaign effects in elections and referendums, London/New York 2002; Andreas Dörner/Ludgera Vogt (Hrsg.): Wahl-Kämpfe. Betrachtungen über ein demokratisches Ritual, Frankfurt a.M. 2002; Otto Altendorfer/Josef Hollerith/Gerd Müller (Hrsg.): Die Inszenierung der Parteien am Beispiel der Wahlparteitage 2002, Eichstätt 2003.

nungsforschung an; er widmet sich vielmehr aus Anlass der letzten Parlamentswahlen den verschiedenen Spannungsfeldern, in denen sich die Demoskopie bewegt. So gilt es, das Verhältnis zwischen Meinungsforschung und (1) Bevölkerung, (2) Medien sowie (3) Politikern und Kampagnenstrategen näher auszuleuchten. Am Beginn soll freilich in konzentrierter Form die Umfrageforschung rund um die Bundestagswahlen 2002 beleuchtet werden. Am Ende steht das Plädoyer für eine systematische Demoskopiewirkungsforschung, die angesichts vielfältiger Mängel dringend erforderlich erscheint; und die knappe Diskussion der normativen Frage, welches demokratische Potential die Meinungsforschung besitzt, ob sie die Demokratie eher fördert oder ihr doch mehr Schaden zufügt.

2. Meinungsforschung und die Bundestagswahl 2002

Gerade rund um die Bundestagswahlen vom 22. September 2002 fand die Demoskopie erhöhte Aufmerksamkeit in den Medien. Sie begegneten der politischen Meinungsforschung zumeist mit einem gehörigen Maß an Skepsis (gleichwohl veröffentlichten sie die von ihr gelieferten Daten regelmäßig). Die Rede war von den „Grenzen der Meinungsforschung" (*Financial Times Deutschland* vom 23. September 2002), „Demoskopen im Zwielicht" (*Die Welt* vom 24. September 2002), dem „Elend der Demoskopie" (*Spiegel Online* vom 27. August 2002) oder gar von der „Umfragemonarchie Deutschland" (Freitag vom 20. September 2002). Als die eigentlichen Verlierer am Wahlabend galten, so war vielfach in der Presse zu lesen, die Meinungsforschungsinstitute, die im Vorfeld der Wahlen „gespalten wie noch nie" (*Die Welt* vom 24. August 2002) erschienen seien. Am Wahlsonntag hätten sie schließlich eine „Prognosen-Pleite" (*Frankfurter Rundschau* vom 26. September 2002) erlebt – eine These, die kaum haltbar erscheint, vergleicht man die zuletzt veröffentlichten Prognosen der Institute mit dem Wahlergebnis.[4]

Tabelle 1: **Bundestagswahl 2002 – Prognosen und Wahlergebnis** (in Prozent)

	Wahlergebnis	IfD Allensbach	Emnid	Forsa	FG Wahlen	Infratest dimap
	22. 9. 2002	20. 9. 2002	19. 9. 2002	20. 9. 2002	13. 9. 2002	13. 9. 2002
SPD	38,5	37,5	39,0	39,0	40,0	38,5
CDU/CSU	38,5	37,0	37,0	37,5	37,0	36,0
Grüne	8,6	7,5	7,0	7,0	7,0	8,0
FDP	7,4	9,5	8,0	7,5	7,5	8,5
PDS	4,0	4,5	5,0	4,25	4,5	4,7
Sonstige	3,0	4,0	4,0	4,75	4,0	4,3

Quelle: Zusammenstellung des Autors

---

4 Vgl. auch die Übersicht zur Sonntagsfrage der verschiedenen Institute bei Jutta Graf/Viola Neu: Analyse der Bundestagswahl vom 22. September 2002, Sankt Augustin, Oktober 2002 (PolitikKompass Nr. 91/2002 der Konrad-Adenauer-Stiftung), S. 77–84; die unterschiedlichen Stellungnahmen der Meinungsforscher sind zusammengetragen bei Frank Drieschner: Vier Wahlforscher, vier Ansichten. Warum Schröder siegte und Stoiber verlor – Demoskopen streiten sich über ihren Einfluss auf die Bundestagswahl, in: Die Zeit vom 26. September 2002.

Gleichwohl bezog der Bundestagswahlkampf seine Spannung nicht zuletzt aus einer Demoskopiekurve, die einen „atemberaubenden Verlauf"[5] nahm. Bis weit in den Sommer hinein betrachteten alle Umfrageinstitute den Sieg der Union-FDP-Opposition als sicher. Die *Frankfurter Allgemeine Zeitung* titelte noch am 2. August 2002 „Die Zeichen stehen auf Wechsel". In den Augen der meisten politischen Beobachter schien die Niederlage für Rot-Grün besiegelt. Erst in der zweiten Hälfte des Augusts 2002 stellte die Mehrheit der Demoskopen einen Umschwung und eine Aufholjagd der rot-grünen Koalitionsparteien fest. Die Daten wurden regelmäßig publik gemacht. Die Forschungsgruppe Wahlen veröffentlichte ihre Ergebnisse im ZDF, Infratest dimap in der ARD, Emnid bei n-tv, Forsa bei RTL und das Institut für Demoskopie Allensbach in der *Frankfurter Allgemeinen*. Damit sind zugleich die bekanntesten Marktführer der politischen Umfrageforschung in Deutschland benannt. Die heftigen Revirements innerhalb der Wählerstimmung waren im Wahljahr 2002 stärker ausgeprägt als je zuvor, und sie beschäftigen die Demoskopen weiterhin.[6] Andererseits deutete sich ein derartiges Auf und Ab in den kontinuierlichen Erhebungen der Umfrageinstitute während der 14. Legislaturperiode ebenso wie angesichts erdrutschartiger Siege bei den

Tabelle 2: Die Marktführer der politischen Meinungsforschung in der
Bundesrepublik

Institut	Gründungs-jahr	Mitarbeiter 1999 hauptamt-liche/freie	Umsatz 1999 (in Mio. DM)	Anteil der Wahl- und Politik-forschung (in Prozent)	Wichtigste regelmäßige Auftraggeber
EMNID	1945	213/1600	61	10-15	Der Spiegel n-tv
IfD Allensbach	1947	97/2095	15	12	Bundesreg. CDU, FAZ
Ipos	1973	5/300*	1,7**	70	Bundesreg. Landesreg. (diverse)
Forschungs-gruppe Wahlen	1974	16/300*	5,6	100	ZDF
Forsa	1984	46/900	13,6	15	Bundesreg. Die Woche Stern, RTL
Polis	1990	11/90	4,7	60	SPD Landesreg. (diverse)
Infratest dimap	1996	20/3000	10	90	ARD Bundesreg. Medien(div.)

* Als Forschungsgruppe Wahlen Feld GmbH organisatorisch ausgegliedert.
** Angabe für 1998
Quelle: Frank Decker: Politische Meinungsforschung in der Bundesrepublik Deutschland. Eine Bilanz nach fünfzig Jahren, in: Zeitschrift für Politikwissenschaft 11 (2001), S. 40.

5 Patrick Horst: Wahljahr 2002 – eine Bilanz. Tagung der Deutschen Vereinigung für Parlamentsfragen in der Akademie für Politische Bildung Tutzing vom 9. bis 11. Dezember 2002. Ein Bericht, in: Zeitschrift für Parlamentsfragen 34 (2003), S. 239.
6 Vgl. etwa Guido Heinen: Und plötzlich kippte das Meinungsklima. Die Wahl 2002 beschäftigt weiter die Demoskopen, in: Die Welt vom 4. April 2003.

Landtagswahlen in diesem Zeitraum bereits an. Es zeichneten sich Schwankungen ab, „deren Ausmaß und zeitliche Abfolge bis dahin beispiellos waren".[7]

Doch ungeachtet solcher Vorboten sind die Herausforderungen an die Meinungsforscher gewachsen – angesichts eines Elektorats, das zunehmend erst kurz vor dem Wahltermin eine Entscheidung trifft. So antworteten in der Wahltagsbefragung von Infratest-dimap 1998 16 Prozent, sich am Wahlsonntag für eine Partei entschieden zu haben, und 20 Prozent „während der letzten Tage".[8] Die – ganz ähnlichen – Daten für die Bundestagswahlen 2002 im Blick formulierten Dieter Roth und Matthias Jung von der Mannheimer Forschungsgruppe Wahlen: „Bei einem Drittel der Wahlberechtigten ohne mittel- und längerfristige Bindungen an Parteien, die das immer größer werdende Potenzial des Wechsels bilden und sich erfahrungsgemäß spät entscheiden, sind Prognosen mehrere Monate vor der Wahl kaum vertretbar." Die gestiegene Volatilität der Wähler erfordert „von der Wahlforschung moderne und zeitnahe Instrumente der Wählerbeobachtung, welche die Meinungsbildungsprozesse gerade in Abhängigkeit von den jeweiligen Ereignissen realitätsnah nachzeichnen können"[9].

Nach dem 22. September 2002 hat die mehr oder weniger intensive Suche nach den Gründen für den in dieser Dimension bisher unbekannten Umschwung in der Wählermeinung eingesetzt. Situative und momentane Faktoren wie die Elbe-Flut und die Irak-Krise, so lauten seither die gängigen Erklärungen, haben kurzfristige Wirkungen entfaltet und zu den Stimmungsumschwüngen beigetragen, die – verbunden mit der erhöhten Wechselfähigkeit der Wähler – die Vorhersagen der Meinungsforschungsinstitute erheblich erschwert haben. Ohne Zweifel beeinflussten diese kurzfristigen Entwicklungen die Wahl. Ihnen kam eine Verstärkerfunktion zu. Doch müssen sie eher als Auslöser, denn Ursache gelten. Mindestens ebenso bedeutsam für die Trendwende dürften die unterschiedlichen Mobilisierungsphasen der Parteien und ihrer Wahlkampfteams gewesen sein.

Weitere Aspekte sind in Betracht zu ziehen. So war vor der Wahl auf der einen Seite eine außerordentlich hohe Unzufriedenheit mit der Bundesregierung festzustellen. Auf der anderen Seite billigten die Befragten einer von der Union geführten Regierung keine höhere Problemlösungskompetenz zu. Im Unterschied zu 1998 fehlte die ausgeprägte Wechselstimmung. Daher bestand für die Bundesregierung während der gesamten Zeit noch die Möglichkeit, in der Wählergunst wieder zuzulegen. Hinzu kommt, dass die Mehrheit der Deutschen aufgrund eines Hangs zur Kontinuität fast allen Bundesregierungen eine zweite Amtszeit gegönnt hat und bei der deutschen Wählerschaft durchaus eine gouvernementale Ausrichtung zu erkennen ist. Diese Neigung, verbunden mit den Kurzfristfaktoren, gereichte Schröder am Ende zum Vorteil, weil er angesichts von Katastrophe (Flut) und Krise (Irak) seine Handlungsfähigkeit als Kanzler erfolgreich unter Beweis stellen konnte. Ihm kam sein Amtsbonus zugute.

---

7 Richard Hilmer: Bundestagswahl 2002: eine zweite Chance für Rot-Grün, in: Zeitschrift für Parlamentsfragen 34 (2003), S. 188.

8 Diese Angaben finden sich bei Markus Rettich/Roland Schatz: Amerikanisierung oder Die Macht der Themen. Bundestagswahl 1998: Die Medien-Tenor-Analyse der Berichterstattung und ihrer Auswirkung auf das Wählervotum, Bonn 1998, S. 6; siehe auch Wolfgang G. Gibowski: Wie gut sind Wahlprognosen? Eine Betrachtung am Beispiel der Bundestagswahl 1998, in: Oskar Niedermayer/Bettina Westle (Hrsg.): Demokratie und Partizipation. Festschrift für Max Kaase, Wiesbaden 2000, S. 417–422.

9 Dieter Roth/Matthias Jung: Ablösung der Regierung vertagt: Eine Analyse der Bundestagswahl 2002, in: Aus Politik und Zeitgeschichte B 49–50/2002, S. 4.

Der inhaltlich, weniger auf Personen ausgerichtete Wahlkampf (vor allem auf Wirtschaft und Arbeitslosigkeit) der Union lief unter diesen Bedingungen ins Leere, die auf die Person des Kanzlers zugeschnittene Strategie der SPD entfaltete hingegen nun ihre Wirkung. Schröder als sozialdemokratischer Spitzenkandidat konnte insgesamt auch in den erstmals in Deutschland ausgetragenen Fernsehduellen punkten. Nach der zweiten Livedebatte hatte sich das Blatt – nicht zuletzt im Osten Deutschlands – zugunsten des Regierungschefs gewendet. Die Kanzlerfrage prägte sich am Ende deutlich stärker als im Verlauf des Wahlkampfs aus. Insgesamt kam Sachthemen bei den sozialdemokratischen Wählern eine geringere Bedeutung zu als bei denen der anderen Parteien. Zahlreiche Wähler schwankten indes „zwischen einem Parteivotum für die Union und einem Kanzlervotum zu Gunsten Schröders".[10] Die Personalisierung spielte mithin beim Kopf-an-Kopf-Rennen vor der Bundestagswahl 2002 ebenso eine wichtige Rolle für den Wahlsieg von Rot-Grün wie das effizientere Themenmanagement der Kampa.

Tabelle 3: TV-Duelle vor der Bundestagswahl 2002 – Frage nach der Kanzlerpräferenz (im Falle einer Direktwahl)

	Duell 1			Duell 2		
	Vorher	nachher	Differenz	Vorher	nachher	Differenz
Gesamt						
Schröder	40	42	+2	44	51	+7
Stoiber	29	36	+7	29	31	+2
West						
Schröder	40	41	+1	42	48	+6
Stoiber	30	38	+8	31	33	+2
Ost						
Schröder	39	45	+6	49	60	+11
Stoiber	24	27	–3	23	20	–3

Quelle: Infratest dimap. Abgedruckt in: Richard Hilmer: Bundestagswahl 2002: eine zweite Chance für Rot-Grün, in: Zeitschrift für Parlamentsfragen 34 (2003), S. 200.

Besonders heftig unter Beschuss geriet schon im Vorfeld, besonders aber nach der Wahl, das Institut für Demoskopie Allensbach, das länger als die Umfragekonkurrenz vom Sieg einer schwarz-gelben Koalition ausging, gerade weil es die FDP wohl überbewertete. Nach Auffassung sowohl der Wahlkampfberater der SPD als auch der CDU/CSU habe der Glaube an die Allensbacher Daten der Opposition geschadet und Rot-Grün mit zum Wahlsieg verholfen. Kritiker wie Wolfgang Gibowski und Dieter Roth unterstellen Allensbach fragwürdige, zumindest nicht offengelegte Gewichtungsmethoden und eine lange Auswertungszeit der Face-to-Face-Befragungen (im Unterschied zu den computergestützten Telefonumfragen der anderen Institute). Allensbach habe teilweise mit „alten" Daten „neue" Ereignisse kommentiert.[11]

Der Allensbach-kritischen Interpretation zufolge kann die Demoskopie – in diesem Falle: ein Institut – eine beträchtliche Wirkung entfalten. Auch in ihrer Verteidigung – das ist aufschlussreich – schreibt Renate Köcher dem Einfluss der Meinungsforschung

---

10 Hilmer (Anm. 7), S. 215.
11 Diese Kritik findet sich zusammengestellt bei Horst (Anm. 5), S. 240 f.; vgl. auch Wolfgang Gibowski: Das falsche Gewicht. Die Methoden der Meinungsforschungsinstitute werfen Fragen auf, in: Die Welt vom 14. September 2002.

auf das Wählerverhalten eine erhebliche Bedeutung zu. Allensbach hätte die Stimmung in der Bevölkerung richtig erfasst, und erst die Prognosen der anderen Institute, die einen hohen Grad an Konsistenz aufwiesen und die Regierungsparteien in einer zunehmend vorteilhaften Position sahen, hätten im Verbund mit den Medien zu einem Wandel des Meinungsklimas beigetragen. Die „Siegeserwartung" der Oppositionsanhänger sei deshalb kurz vor der Wahl zusammengebrochen. Statt Stimmen zu erfassen, habe die Demoskopie selbst Stimmungen erzeugt.[12] Diese eindeutigen, wenn man so will, „Schuldzuweisungen" stehen einer Forschung über die Wirkungen der Demoskopie gegenüber, die an Klarheit vermissen lässt. Max Kaase plädiert deshalb dafür, dass die Umfrageforschung „in ihren gesellschaftlichen und politischen Implikationen in Öffentlichkeit und Wissenschaft viel mehr bedacht und untersucht werden"[13] sollte als bisher.

3. Macht und Ohnmacht der Demoskopen

3.1. Wirkungshypothesen ohne eindeutige Belege

Auf die Frage, ob und wie Umfrageergebnisse und insbesondere Wahlprognosen das Wahlverhalten der Bevölkerung beeinflussen, fehlen bis heute gleich eindeutige wie empirisch abgesicherte Antworten. Es lässt sich indes nachweisen, dass der Anteil derer, die vor Wahlen Umfragedaten wahrnehmen, über die Jahre hinweg angestiegen ist. Gaben im Jahr 1957 lediglich 17 Prozent der Befragten an, vor Wahlen Ergebnisse aus Umfragen beachtet zu haben, so kletterte deren Zahl 1965 auf 35, 1976 auf 57 und 1983 sogar auf 72 Prozent. In den Wahljahren 1987 und 1994 meinten jeweils 67 Prozent der befragten Bundesbürger, im Vorfeld der Wahlen von Meinungsumfragen gelesen oder gehört zu haben, 1990 waren es sogar 81 Prozent. Auch die Umfrageberichterstattung hat signifikant zugenommen. So fanden sich in den letzten zwölf Wochen vor der Wahl in der *Frankfurter Allgemeinen Zeitung*, der *Frankfurter Rundschau*, der *Süddeutschen Zeitung* sowie der *Welt* im Jahr 1980 65 Artikel über Demoskopie und Umfrageergebnisse. Die Zahl stieg 1990 auf 94 und im Wahljahr 1998 auf 328 Beiträge an.[14] Allein diese Ziffern und Zuwachsraten lassen die Untersuchung zweier Probleme wichtig erscheinen: (1) ob Wahlumfragen die Wahlbeteiligung beeinflussen und ob sie sich (2) auf das Wahlverhalten grundsätzlich oder in einer bestimmten Richtung auswirken.

Im ersten Fall existieren vier Wirkungsvermutungen: Mobilisierungs-, Defätismus-, Lethargie- und Bequemlichkeitseffekt. Unerschütterliche Belege für die Richtigkeit

---

12 Vgl. Drieschner (Anm. 4); Heinen (Anm. 6); Max Kaase: Die Bundesrepublik Deutschland nach der Bundestagswahl 2002 – Überlegungen eines Wahlsoziologen, in: Politische Vierteljahresschrift 44 (2003), S. 3–9.

13 Ebd., S. 8.

14 Siehe die Daten bei Frank Brettschneider: Demoskopie im Wahlkampf – Leitstern oder Irrlicht?, in: Markus Klein u.a. (Hrsg.): 50 Jahre empirische Wahlforschung in Deutschland. Entwicklung, Befunde, Perspektiven, Daten, Wiesbaden 2000, S. 491, 481; vgl. zum gesamten Problemkomplex auch ders.: Wahlumfragen und Medien – Eine empirische Untersuchung der Presseberichterstattung über Meinungsumfragen vor den Bundestagswahlen 1980 bis 1994, in: Politische Vierteljahresschrift 37 (1996), S. 475–493; ders.: Wahlumfragen. Empirische Befunde zur Darstellung in den Medien und zum Einfluß auf das Wahlverhalten in der Bundesrepublik Deutschland und den USA, München 1991.

dieser widerstreitenden Hypothesen konnten bislang nicht erbracht werden.[15] Die Antworten auf die Frage nach dem Einfluss von Wahlumfragen auf die Wahlentscheidung stehen bis heute gleichfalls auf empirisch unsicherem Boden. Die zwei prominentesten Wirkungsvermutungen sind dabei fast so alt wie die Demoskopie selbst: der Bandwagon- sowie der Underdogeffekt.[16]

Zwei weitere Wirkungsvermutungen sind gerade mit Blick auf die deutsche Koalitionsdemokratie in der Diskussion. Sie ergeben sich aus den Eigentümlichkeiten eines durch die Fünf-Prozent-Sperrklausel eingeschränkten Verhältniswahlrechts: Dem Fallbeileffekt[17] zufolge stimmt der Wähler nur dann für die von ihm bevorzugte Partei, wenn deren Einzug in das Parlament – angesichts der Sperrklausel – mindestens wahrscheinlich ist. Ansonsten votiert er für eine andere Partei, will er doch seine Stimme nicht „verschenken".[18] Dem Leihstimmeneffekt nach geben taktische oder „rationale" Wähler in Kenntnis von Umfrageergebnissen nicht der eigentlich bevorzugten Partei die Stimme, sondern entscheiden sich stattdessen für den kleineren, in Aussicht stehenden Koalitionspartner.

In ihrer Analyse der Bundestagswahl 2002 hält es die Forschungsgruppe Wahlen für einen wesentlichen Grund des Wahlgewinns der Grünen, dass sich ihnen in der Woche vor der Wahl verstärkt solche taktischen Wähler zugewandt hätten, die eine rot-gelbe Koalition verhindern wollten. Rund dreißig Prozent der Grünen-Wähler – mehr als je zuvor – identifizierten sich mit der SPD, hätten dann aber aufgrund koalitionsstrategischer Erwägungen mit der Zweitstimme für die Grünen gestimmt. Umgekehrt, das stellt Infratest Dimap in seiner Wählerwanderungsbilanz fest, fiel diesmal – wohl wegen der ausgebliebenen Koalitionsaussage der Liberalen – der Zweitstimmen-Transfer von der Union zur FDP deutlich niedriger als in vorherigen Wahljahren aus.[19] Wiederum ist es allerdings nicht möglich, aus den empirischen Befunden zu den beiden zuletzt vorgestellten Wirkungshypothesen allgemeingültige Regeln abzuleiten.[20]

---

15 Vgl. ders.: Demoskopie im Wahlkampf (Anm. 14), S. 491-493; Alexander Gallus: Demoskopie in Zeiten des Wahlkampfs. „Wirkliche Macht" oder „Faktor ohne politische Bedeutung", in: Aus Politik und Zeitgeschichte. Beilage zur Wochenzeitung Das Parlament B 15–16/2002, S. 33 f.

16 Vgl. ebd. sowie neben den diversen Analysen von Brettschneider (Anm. 14) auch Wolfgang Donsbach: Die Rolle der Demoskopie in der Wahlkampf-Kommunikation. Empirische und normative Aspekte der Hypothese über den Einfluß der Meinungsforschung auf die Wählermeinung, in: Zeitschrift für Politik 31 (1984), S. 388–407 sowie Gregor Daschmann: Vox Pop & Polls: The Impact of Poll Results and Voter Statements in the Media on the Perception of a Climate of Opinion, in: International Journal of Public Opinion Research 12 (2000), S. 160–181.

17 Vgl. Kurt Reumann: Gibt es den Fallbeil-Effekt für die kleinen Parteien? Zum Streit um die Veröffentlichung von Umfrage-Ergebnissen vor Wahlen, in: Frankfurter Allgemeine Zeitung vom 9. März 1983.

18 Vgl. Frank Brettschneider: Der taktische und rationale Wähler. Über den Einfluß von Wahlumfragen auf das Wählerverhalten bei den Bundestagswahlen 1983 bis 1990, in: Politische Vierteljahresschrift 33 (1992), S. 55–72.

19 Vgl. Der knappe Wahlsieg von Rot-Grün hat zwei Väter. SPD büßt Vertrauen ein, Stoiber ist im Norden unbeliebt. Analysen der Institute Forschungsgruppe Wahlen und Infratest dimap, in: Frankfurter Rundschau vom 24. September 2002; Roth/Jung (Anm. 9), S. 3–17; Wolfgang Hartenstein/Rita Müller-Hilmer: Die Bundestagswahl 2002: Neue Themen – neue Allianzen, in: Aus Politik und Zeitgeschichte B 49-50/2002, S. 18–26.

20 Vgl. Harald Schoen: Mehr oder weniger als fünf Prozent – Ist das wirklich die Frage?, in: Kölner Zeitschrift für Soziologie und Sozialpsychologie 51 (1999), S. 565–582; ders.: Appelle zu taktischem Wahlverhalten – effektive Werbung oder verfehlte Wahlkampfrhetorik?, in: Jürgen Falter/Oscar W. Gabriel/Hans Rattinger (Hrsg.): Wirklich ein Volk? Die politischen Orientierungen von Ost- und Westdeutschen im Vergleich, Opladen 2000, S. 641–673.

3.2. Fragwürdige Verbotsbegehren

Belege für (eindeutige) Wirkungen der Demoskopie auf das Wahlverhalten sind bis heute Mangelware. Trotz der fehlenden Beweise haftet ihr aber weiterhin der „Geruch des Unerlaubten"[21] an und ist wiederholt die Forderung nach einem gesetzlichen Veröffentlichungsverbot von Umfragedaten vor Wahlen laut geworden. Vor den Bundestagswahlen 2002 brachte Bundestagspräsident Wolfgang Thierse ein solches Begehren behutsam in die Diskussion – mit der Absicht, so der viel beschworenen „Stimmungsdemokratie" ein wenig entgegenwirken zu können: „Ein solches Verbot könnte sicher zu einer Beruhigung einer gelegentlich sehr hektischen Atmosphäre beitragen. [...] Sollte es [...] eine Verständigung darüber geben, zwei oder drei Wochen vor Wahlen Ruhe einkehren zu lassen, muss das nicht falsch sein."[22]

In einer Reihe von Ländern gibt es derartige Verbotsregelungen. In Deutschland erscheint eine solche Maßnahme hingegen kaum mit der vom Grundgesetz gewährleisteten Presse- und Informationsfreiheit vereinbar. In den Augen des ehemaligen Präsidenten des Bundesverfassungsgerichts Ernst Benda ist ein „gesetzliches Publikationsverbot zumindest solange unzulässig [...], als nicht die Wählerbeeinflussung empirisch hinreichend gesichert erscheint".[23] Im Übrigen sollte man bedenken, dass ein Verbot sogar gefährlich werden kann, wenn Umfrageergebnisse nur noch den Politikern, die sie in Auftrag geben, nicht jedoch der Öffentlichkeit bekannt gemacht würden. Die Demoskopie könnte in diesem Fall unversehens zu einem schwer kontrollierbaren Machtmittel werden. Einem Verbot entgegen steht ferner der Gedanke, dass Wahlumfragen – gleichsam als Ergänzung zu den parteilich gefärbten Stellungnahmen der Politiker und den Mutmaßungen von Journalisten über den Ausgang der nächsten Wahlen – „objektive" Informationen bereithalten, die den Wähler bei seiner Orientierung und Entscheidung auf legitime Weise unterstützen. „Kurioserweise", das unterstreicht Harald Schoen, „soll dabei der Bannstrahl ausgerechnet dasjenige Instrument treffen, das – verglichen mit anderen möglichen Quellen der individuellen Vermutungen – objektiv und präzise Auskunft über die Verteilung der Parteipräferenzen in einer Gesellschaft gibt."[24] Daten der Meinungsforschungsinstitute dürften, wenn auch nur bei einem kleinen Teil der Wählerschaft, zu einer überlegteren Wahlentscheidung führen. Der Augsburger Kommunikationswissenschaftler Frank Brettschneider appelliert

21 Wolfgang Hartenstein: Mit Prognosen leben: Der Einfluß von Wahlvoraussagen auf das Wählerverhalten, in: Carl Böhret/Dieter Grosser (Hrsg.): Interdependenz von Politik und Wirtschaft. Festschrift für Gert von Eynern, Berlin 1967, S. 285.

22 „Vieles erfahre ich erst aus der Zeitung". Bundestagspräsident Wolfgang Thierse über die Affären-Anfälligkeit seiner Kollegen und Meinungsumfragen, in: Die Welt vom 16. August 2002.

23 Ernst Benda: Meinungsforschung und repräsentative Demokratie, in: Horst Baier/Hans Mathias Kepplinger/Kurt Reumann (Hrsg.): Öffentliche Meinung und sozialer Wandel. Public Opinion and Social Change. Für Elisabeth Noelle-Neumann, Opladen 1981, S. 101; zur rechtlichen Würdigung siehe: Wolfgang Donsbach: Public Opinion Polls. Legal Regulation, in: The International Encyclopedia of Elections, Washington/DC 2000, S. 246 f.; Wolfgang Hartenstein: Gesetzliches Verbot von Wahlprognosen?, in: Zeitschrift für Rechtspolitik 2 (1969), S. 201 f.; Joachim Neeff: Demokratie und Demoskopie, in: Juristenzeitung 26 (1971), S. 16–18; Michael Kloepfer: Öffentliche Meinung, Massenmedien, in: Josef Isensee/Paul Kirchhof (Hrsg.): Handbuch des Staatsrechts der Bundesrepublik Deutschland, Band II, 2. Aufl., Heidelberg 1998, S. 171–205.

24 Harald Schoen: Wirkungen von Wahlprognosen auf Wahlen, in: Thomas Berg (Hrsg.): Moderner Wahlkampf. Blick hinter die Kulissen, Opladen 2002, S. 187.

aus diesem Grunde sogar an die empirischen Wahl- und Sozialforscher, „offensiv auf den demokratischen Nutzen dieses Einflusses für rationales und strategisches Wählen in Mehrparteiensystemen hin[zu]weisen".[25]

3.3. Qualitätskriterien für Umfragen und Berichterstattung

Dringlicher und sinnvoller als die Durchsetzung eines Verbotsbegehrens erscheinen verstärkte Bemühungen, die Qualität von Umfragen und der Berichterstattung darüber zu steigern. Gerade in Wahlkampfzeiten werden nämlich unter Kosten- und Zeitdruck allzu oft Erhebungen vorgenommen, die Qualitätsstandards unterlaufen, wie sie etwa in den Richtlinien der *American Association of Public Opinion Research* und neuerdings in einer Denkschrift der Deutschen Forschungsgemeinschaft festgeschrieben sind.[26] Der Leiter des Forsa-Instituts hat jüngst – im Zuge der Bundestagswahl 2002 – sogar die Etablierung eines TÜV für Meinungsforschungsinstitute in die Debatte gebracht.[27] Es ist eine häufig vorgetragene, freilich häufig unerfüllte Forderung, dass wissenschaftliche, aber auch journalistische Publikationen ein Mindestmaß solcher Qualitätskriterien beachten sollten. So müsste jede derartige Veröffentlichung unter Anderem Angaben zur Stichprobengröße, zur Fehlertoleranz, zum Zeitraum und Modus der Befragung (telefonisch, persönlich, schriftlich) enthalten und – besonders wichtig – die demoskopischen Fragen im Wortlaut wiedergeben. Das Ziel wäre ein

Tabelle 4: Veröffentlichung von Umfrageergebnissen

Der Deutsche Presserat empfiehlt folgende Angaben bei der Veröffentlichung von Umfrageergebnissen zu machen: • Zahl der Befragten • Zeitpunkt der Befragung • Auftraggeber • Fragestellung.
Die American Association of Public Opinion Research (AAPOR) und der Arbeitskreis Deutscher Markt- und Sozialforschungsinstitute e.V. wünschen sich die Beachtung folgender Mindestkriterien bei der Veröffentlichung von Umfragedaten: • Umfrageinstitut • Grundgesamtheit (Zielpopulation) • Stichprobenbasis (zum Beispiel Wählerliste, Meldedatei) • Stichprobenmethode (insbesondere Zufallsauswahl) • Erhebungsmethode (telefonisch/persönlich/schriftlich) • Befragungsort • Ausschöpfungsquote • Gewichtungsverfahren • Stichprobenfehler • Teilstichprobengröße bei Teilergebnissen.
Zusammenstellung nach Max Kaase (Hrsg.): Qualitätskriterien der Umfrageforschung. Denkschrift der Deutschen Forschungsgemeinschaft, Berlin 1999, S. 75.

---

25 Brettschneider: Demoskopie im Wahlkampf (Anm. 14), S. 501.
26 Vgl. Max Kaase (Hrsg.): Qualitätskriterien der Umfrageforschung. Denkschrift der Deutschen Forschungsgemeinschaft, Berlin 1999.
27 Vgl. Jan Feddersen: Vom Wahlkalkül ausgetrickst, in: die tageszeitung vom 25. September 2002.

„Precision-" statt eines „Horse-Race"-Journalismus, der nach überraschenden Nachrichten wie einem möglichst hohen Unterhaltungswert verlangt und Umfrageergebnisse nur als Munition für die mediale Inszenierung betrachtet.[28]

Manches wäre auch damit gewonnen, gelänge es, Journalisten wie Bevölkerung darüber zu unterrichten, von wie geringer Aussagekraft etwa die „Sonntagsfrage" ist. Sie erfasst nicht mehr als die Stimmung unter den Wahlberechtigten zum Zeitpunkt der Befragung. Als Prognose sind die daraus gewonnen Daten um so unsicherer, je weiter der Wahltermin entfernt liegt. Außerdem beruhen derartige Ergebnisse auf mehr oder minder transparenten Gewichtungsverfahren, die zu Recht immer wieder in der Kritik stehen.[29] Nicht zu vernachlässigen ist darüber hinaus eine keineswegs unbeträchtliche statistische Fehlerspanne, die alle Umfragen betrifft. Demoskopische Daten, die bis auf Zehntel und Hundertstel ausgewiesen werden, gaukeln eine Genauigkeit vor, die alleine aufgrund der Gesetze der Wahrscheinlichkeitsrechnung nicht gegeben ist.

Die Forderung nach der Einführung und vor allem Beachtung von einheitlichen Gütekriterien für die Erstellung von Umfragen, aber auch für die Berichterstattung über sie kann nicht oft genug vorgetragen werden, denn von einem hinterfragenden und aufklärerischen Umgang mit Umfragedaten war rund um die Bundestagswahlen 2002 nur wenig zu spüren. Insofern ist es nicht ganz verkehrt, wenn Michael Rutschky im Nachgang zur Wahl kritisch bemerkt: „Dabei behandelte die Medienerzählung die Prognosen so, als stellten sie schon das Wahlergebnis dar, aus dem jetzt Schlüsse zu ziehen seien. Die Medienerzählung verwandelte die Umfragewerte in eine Art Halluzination des Wählerwillens."[30]

3.4. Demoskopische Politikberatung

Es ist schon paradox: Parteien und Politiker schauen wie gebannt auf die Ergebnisse der Demoskopie – einerseits; andererseits werden sie nicht müde zu betonen, dass sie Umfragen grundsätzlich misstrauen (zumal wenn sie für sie „schlechte" Daten vermitteln). Das konnte man nicht erst im Bundestagswahljahr 2002 beobachten. Ursula Feist und Klaus Liepelt sprechen treffend von einem „Zynismus öffentlicher Verach-

---

28 Vgl. ebd., S. 76 f.; Brettschneider: Demoskopie im Wahlkampf (Anm. 14), S. 501 f.; Sibylle Hardmeier: Meinungsumfragen im Journalismus. Nachrichtenwert, Präzision und Publikum, in: Medien & Kommunikationswissenschaft 48 (2000), S. 371–395; Frank Donovitz: Journalismus und Demoskopie. Wahlumfragen in den Medien, Berlin 1999; David Weaver/Sung Tae Kim: Quality in Public Opinion Poll Reports. Issue Salience, Knowledge, and Conformity to AAPOR/WAPOR Standards, in: International Journal of Public Opinion Research 14 (2002), S. 202–212; Everett Carl Ladd: Polling and the Press. The Clash of Institutional Imperatives, in: Public Opinion Quarterly 44 (1980), S. 574–584; Elisabeth Noelle-Neumann; The Public Opinion Research Correspondent, in: Ebd., S. 585–597; Kathleen A. Frankovic: Public Opinion and Polling, in: Doris Graber/Denis McQuail/Pippa Norris (Hrsg.): The Politics of News. The News of Politics, Washington, DC 1998, S. 150–170.

29 Darauf ist wohl die auf den ersten Blick verblüffende Aussage gerichtet: „Wahlprognosen sind eine zu ernste Sache, als daß man sie den Meinungsforschungsinstituten überlassen könnte." So Thomas Gschwend/Helmut Norpoth: „Wenn am nächsten Sonntag ...": Ein Prognosemodell für Bundestagswahlen, in: Hans-Dieter Klingemann/Max Kaase (Hrsg.): Wahlen und Wähler. Analysen aus Anlass der Bundestagswahl 1998, Wiesbaden 2001, S. 473.

30 Michael Rutschky: Was der Wähler will. Die Medienhermeneutik und die politischen Gefühle, in: Frankfurter Rundschau vom 25. September 2002.

tung und geheimer Wertschätzung" für die Demoskopie unter Politikern.[31] Und Christoph Schwennicke kommentierte im Vorfeld der Bundestagswahlen 2002 in der *Süddeutschen Zeitung*: „Wenn es um die Demoskopie in Deutschland geht, werden Politiker gern schizophren: Gerade vor Wahlen werden die Polit-Auguren leidenschaftlich beschimpft, zugleich werden in den Strategie-Stuben alle Befragungen mit seismografischer Empfindsamkeit wahrgenommen."[32] Politiker und Parteien warnen – gerade wenn die eigenen Umfragedaten ungünstig erscheinen – vor einer Beeinflussung der Bürger durch die Demoskopie; dabei werden sie durch die Ergebnisse der Volksbeschauer womöglich stärker beeindruckt als das Volk selbst. Gerade in Zeiten des Wahlkampfs schrecken Politiker vor unpopulären Schritten zurück und schauen angespannt auf Umfragen. Der amerikanische Wahlkampfexperte Bob Squier äußerte Mitte der neunziger Jahre sogar einmal: „Wahlkampf ist wie eine Konversation. Du hörst den Wählern durch die Umfragen zu und die Wähler hören dir über die Fernsehspots zu. Das ist Dialog."[33]

Der langjährige Wahlkampfberater der Union Peter Radunski hat die vielfältigen Leistungen der Wahl- und Meinungsforschung für den Wahlkampf in mehreren Punkten zusammengefasst:

(1) Regelmäßige Umfragen erfassen Grundstimmungen und Grundtrends in der Bevölkerung und vervollständigen so das Bild, das Politiker aus der veröffentlichten Meinung gewinnen.

(2) Mittels Themenanalysen lässt sich ermitteln, welche Probleme und Themen die Wähler für wichtig halten und welche in ihren Augen vernachlässigt werden.

(3) Kandidatenanalysen liefern Daten zu Popularität und Image der Spitzenpolitiker.

(4) Ergebnisanalysen spüren Hochburgen bzw. Schwachstellen auf und vollziehen Wählerwanderungen nach.

(5) Nachwahluntersuchungen erörtern, wie die Wähler den Wahlkampf wahrgenommen haben, und destillieren daraus Hinweise für die Verbesserung künftiger Kampagnen.

(6) Innerparteiliche Kommunikationsstudien ermöglichen eine bessere Einschätzung der Chancen einer Mobilisierung im eigenen politischen Lager.

(7) Massenkommunikationsstudien erfassen die Mediennutzung (potentieller) Wähler, um so eine zielgruppengenaue Mediaplanung vornehmen zu können. Diesem Aspekt kommt im Zeitalter der Fernsehdemokratie und „Mediokratie" eine besonders große Bedeutung zu.

(8) Werbemitteltests helfen, die Wirkung von Anzeigen, Plakaten oder Werbespots besser einschätzen zu können.

(9) Semantische Analysen ermitteln, was die Wähler mit verschiedenen Begriffen verbinden – ob etwas Positives oder Negatives.

---

31 Ursula Feist/Klaus Liepelt: Demokratie nach Quoten? Zur kommunikationsstrategischen Instrumentalisierung der Wählerforschung im Wahljahr 1994, in: Max Kaase/Hans-Dieter Klingemann (Hrsg.): Wahlen und Wähler. Analysen aus Anlaß der Bundestagswahl 1994, Opladen/Wiesbaden 1998, S. 629.

32 Christoph Schwennicke: „Die anderen gewinnen die Umfragen, wir die Wahlen". Wie Spitzenpolitiker mit den Prognosen der Meinungsforschungsinstitute umgehen, in: Süddeutsche Zeitung vom 23. August 2002.

33 Zitiert bei Albrecht Müller: Von der Parteiendemokratie zur Mediendemokratie. Beobachtungen zum Bundestagswahlkampf 1998 im Spiegel früherer Erfahrungen, Opladen 1999, S. 55.

(10) Mit Hilfe von Redentests können empirisch gesicherte Aussagen zur Wirkung von Spitzenpolitikern bei öffentlichen Auftritten getroffen werden.[34]

Die Beratung von Politikern im Wahlkampf durch Demoskopen stellt kein neuartiges Phänomen dar. In der Bundesrepublik reichen ihre Wurzeln bis in die frühen fünfziger Jahre zurück. Als erstes lieferte das Allensbacher Institut für Demoskopie dem Kanzleramt Umfragedaten und -analysen. Die Leiter des Instituts zählten außerdem zu Adenauers engstem Beraterkreis. Vor dem Wahlkampf 1957 beauftragte die CDU-Bundesgeschäftsstelle darüber hinaus das Emnid-Institut, auch um eigene Lücken im bis dahin fast exklusiven Umfragewissen des Kanzlers zu kompensieren. Bereits in jenem Jahr formulierte der scharfzüngige Freiburger Politikwissenschaftler Wilhelm Hennis: „Nach allem kann man mit Sicherheit sagen, dass die Meinungsumfragen in der Bundesrepublik zu einem anerkannten Instrument des politischen Kampfes avanciert sind, das aus der Technik moderner Herrschaftsformen kaum mehr weggedacht werden kann. Das um so mehr, als die Entwicklung gerade der westdeutschen Gesellschaft und ihres Parteiensystems dieses Instrument vom Gesichtspunkt des Machterwerbs aus immer unentbehrlicher macht."[35]

Während der fünfziger Jahre hat demoskopischer Rat Adenauer und der Union „wichtige Wettbewerbsvorteile" verschafft, indem dadurch „maßgeblich die personelle, stilistische und inhaltliche Gestaltung der Kampagnen" bestimmt wurde. Erst im nächsten Jahrzehnt holte die Sozialdemokratie nach und auf. Seit 1961 herrscht wenigstens „von der Datenverfügbarkeit her weitgehende Waffengleichheit zwischen beiden Parteien".[36] Die Sozialdemokraten beauftragten lange Zeit vor allem Klaus Liepelts Institut für angewandte Sozialwissenschaft sowie Infratest. Die CDU wird seit Ende der sechziger Jahre außer von privaten Meinungsforschungsinstituten vom Sozialwissenschaftlichen Forschungsinstitut der Konrad-Adenauer-Stiftung beraten. Seit den Bundestagswahlen 1990 greift die SPD vorwiegend auf die vom Münchner Polis-Institut ermittelten Umfragedaten zurück.

Bei den Bundestagswahlen von 1998 und 2002 gelangte der Einsatz der Demoskopie für Wahlkampfplanung und -führung an einen – zumindest vorläufigen – Höhepunkt. Das trifft nicht zuletzt auf die sozialdemokratische Wahlkampfzentrale „Kampa" zu, wo „keine Strategie und kein Instrument dem Zufall überlassen, sondern alles durch

---

34 Vgl. Peter Radunski: Wahlkämpfe. Moderne Wahlkampfführung als politische Kommunikation, München/Wien 1980, S. 29–32; auch Karl Furmaniak/Peter Hoschka/Hermann Schunck: Wahlforschung, Demoskopie und Politikberatung: Erwartungen, Möglichkeiten, Mißverständnisse – ein Erfahrungsbericht, in: Zeitschrift für Parlamentsfragen 6 (1975), S. 566–579 sowie neuerdings Gerd Strohmeier: Moderne Wahlkämpfe – wie sie geplant, geführt und gewonnen werden, Baden-Baden 2002. Zu den einzelnen Befragungsformen, die bei der Analyse der Wählerschaft eingesetzt werden (vom „benchmark survey" bis zur „focus group""), siehe Herbert Asher: Polling and the Public. What Every Citizen Should Know, 3. Aufl., Washington/DC 1995, S. 104–112.

35 Wilhelm Hennis: Meinungsforschung und repräsentative Demokratie. Zur Kritik politischer Umfragen (1957), in: Ders.: Regieren im modernen Staat. Politikwissenschaftliche Abhandlungen I, Tübingen 1999, S. 38 f.

36 So Volker Hetterich: Von Adenauer zu Schröder – Der Kampf um Stimmen. Eine Längsschnittanalyse der Wahlkampagnen von CDU und SPD bei den Bundestagswahlen 1949 bis 1998, Opladen 2000, S. 345 f.

Meinungsforschung abgesichert"[37] wurde. Spätestens seit den Wahlen von 1998 erscheint die – bislang kaum diskutierte – Frage akut, wie (sehr) Wahlkampagnen (und speziell die Demoskopie) auf den Ausgang von Wahlen einwirken.[38] Eine weitere Frage, die einer intensiven Auseinandersetzung bedarf, zielt auf die Bedeutung der Demoskopie für Willensbildungsprozesse und den Kampf der Eliten innerhalb der einzelnen Parteien. Glaubt man dem Freiburger Politikwissenschaftler Dieter Oberndörfer, kann sie in diesem bislang so wenig ausgeleuchteten Bereich eine „geradezu schicksalhafte Bedeutung gewinnen".[39] So war im Vorfeld der Bundestagswahlen 2002 – nach der Nominierung des bayerischen Ministerpräsidenten Edmund Stoiber zum Kanzlerkandidaten anstelle von CDU-Chefin Angela Merkel – aus den Reihen der Christdemokraten hier und da die Klage zu vernehmen, die Demoskopie habe einmal mehr über die Demokratie einen Sieg errungen.[40]

4. Plädoyer für eine systematische Demoskopiewirkungsforschung

Es ist schon eine Krux: Weder lassen sich über Zweifel erhabene Nachweise für die These finden, dass Umfrageergebnisse auf Politiker etwa wie eine Art imperatives Mandat wirken, noch kann ein unmittelbarer und eindeutiger Wirkungszusammenhang mit Blick auf die Bevölkerung festgestellt werden. Eine große Zahl von Fragezeichen bleibt am Ende der Bilanz und Erörterung bestehen. Dies sollte die Demoskopen selbst veranlassen, die „Forschung über Meinungsforschung"[41] zu intensivieren und die Etablierung einer systematischen Demoskopiewirkungsforschung (ähnlich der Medienwirkungsforschung) anzustreben. So omnipräsent die politische Meinungsforschung nämlich heute ist, so ungesichert und vage erscheint unser Wissen über ihre Wirkungen und Funktionen bei den Vorgängen der politischen Entscheidungsfindung und Willensbildung. Besonders wenig wissen wir über die Wirkung von Wahlprognosen auf Kandidaten und ihre Kampagnenleiter sowie über das Zusammenspiel und -wirken von Umfragen, Politikerstrategien, Medienveröffentlichungen und dem (Wahl-)Verhalten der Bevölkerung.

37 Diana von Webel: Der Wahlkampf der SPD, in: Elisabeth Noelle-Neumann/Hans Mathias Kepplinger/Wolfgang Donsbach (Hrsg.): Kampa. Meinungsklima und Medienwirkung im Bundestagswahlkampf 1998, Freiburg/München 1999, S. 17; siehe auch Knut Bergmann: Der Bundestagswahlkampf 1998. Vorgeschichte, Strategien, Ergebnis, Wiesbaden 2002; Uwe Jun: Der Wahlkampf der SPD zur Bundestagswahl 1998: Der Kampf um die „Neue Mitte" als Medieninszenierung, in: Gerhard Hirscher/Roland Sturm (Hrsg.): Die Strategie des „Dritten Weges". Legitimation und Praxis sozialdemokratischer Regierungspolitik, München 2001, S. 51–95.
38 Vgl. Bretthauer/Horst (Anm. 3); Rüdiger Schmitt-Beck: Ein Sieg der „Kampa"? Politische Symbolik in der Wahlkampagne der SPD und ihre Resonanz in der Wählerschaft, in: Klingemann/Kaase (Anm. 29), S. 133-162.
39 Dieter Oberndörfer: Politische Meinungsforschung und Politik, in: Ders. (Hrsg.): Wählerverhalten in der Bundesrepublik Deutschland. Studien zu ausgewählten Problemen der Wahlforschung aus Anlaß der Bundestagswahl 1976, Berlin 1978, S. 18.
40 Siehe hierzu auch den mit dem entsprechenden empirischen Material angereicherten Aufsatz: Demoskopie, Politik und die „K-Frage", in: Elisabeth Noelle-Neumann/Renate Köcher (Hrsg.): Allensbacher Jahrbuch der Demoskopie 1998-2002, Band 11, Allensbach/München 2002, S. 762–768.
41 Friedhelm Neidhardt: Forschung über Meinungsforschung, in: ZA-Information, (1987) 21, S. 18–28.

In Wahlkampfzeiten ist der Bedeutungszuwachs der Demoskopie offensichtlich. Meinungsforscher können dann zu Meinungsmachern werden, von Beobachtern zu Akteuren. Die Gefahr eines Politikmarketing liegt auf der Hand. Staatsbürger drohen zu reinen Politikkonsumenten zurückgestuft zu werden, Regierende könnten sich, statt eine Entscheidungspolitik zu forcieren, zu einer bloßen Darstellungspolitik[42] verleiten lassen. Doch wäre es nicht gerechtfertigt, die Verantwortung im Angesicht derartiger Entwicklungen auf die Umfrageforscher abzuwälzen, vorausgesetzt sie arbeiten methodisch einwandfrei und halten sich von Datenmanipulationen fern. Schließlich müssen die Politiker und ihre „Consultants" oder „Spin Doctors" selbst beurteilen, ob sie angesichts des gesteigerten Wissens über die Wünsche und Ängste der Bevölkerung ihren Politikstil hin zum Populismus wandeln wollen und – das ist eine Konsequenz daraus – so selbst rascher als erwartet zu Getriebenen öffentlicher Tageslaunen werden.

Insofern erscheint im übrigen die Kritik von Edmund Stoibers Medienberater Michael Spreng, die er nach der Wahl 2002 an der Meinungsforschung und besonders am Institut für Demoskopie übte, überzogen: „Allensbach war ein Verhängnis. Die unrealistischen Prognosen haben einen Teil der CDU in einer falschen Sicherheit gewiegt. Der folgende Schnellabsturz, den Allensbach vornehmen musste, um am Ende noch bei den Siegern zu sein, hat die negative Wirkung weiter verstärkt und die Union einige Tage gelähmt."[43] Diese Stellungnahme ist vielmehr Zeichen dafür, dass auch bei manchem Wahlkampfprofi eine erhebliche Unsicherheit darüber herrscht, wie die Daten der Meinungsforschung genutzt und verarbeitet werden sollten. "Kampagneros", die ihre Strategie nur an der demoskopisch ermittelten Mehrheitsmeinung ausrichten, ohne klare Wert- oder Themenprioritäten festzulegen, gehen ein großes Risiko ein.

Die Umfrageforschung birgt nicht nur für Wahlkämpfer manche Gefahr – und Chance –, sondern auch insgesamt für den demokratischen Prozess. Eine vorteilhafte Wirkung kann die Demoskopie insofern entfalten, als sie eine ausgleichende oder korrigierende Funktion gegenüber der veröffentlichten Meinung wahrnimmt – in manchen Fällen allerdings auch eine verstärkende ("Echo-Demoskopie"). Wie bedeutend die Größe des allumfassenden Meinungsklimas sein kann, ist seit Noelle-Neumanns „Schweigespiralen"-Theorie hinlänglich bekannt. Die Demoskopie gleicht in manchem Falle von den Medien hervorgerufene Fehlwahrnehmungen und sozial-optische Täuschungen aus. Auch können Umfrageanalysen, das ist ein weiterer begrüßenswerter Effekt, politischen Akteuren dabei helfen, „ihre Aufgabe der Interessenintegration und der schöpferischen politischen Interessenverarbeitung besser leisten zu können"[44]. Nicht zuletzt die Pioniere der Meinungsforschung empfanden diese als eine Stärkung der Demokratie, weil sie der Bevölkerung zusätzliche Artikulationschancen gegeben hätte.[45]

---

42 Vgl. Karl-Rudolf Korte/Gerhard Hirscher (Hrsg.): Darstellungspolitik oder Entscheidungspolitik? Über den Wandel von Politikstilen in westlichen Demokratien, München 2000.

43 Spiegel-Streitgespräch: Sündenbock und „IM Cohiba". Die ehemaligen Wahlkampfmanager von SPD und Union, Matthias Machnig, 42, und Michael Spreng, 54, über Fehleinschätzungen, den Einfluss von Beratern und Intrigen auf höchster Parteiebene, in: Der Spiegel vom 30. Dezember 2002, S. 47; „Allensbach hat den Schaden für die Union vergrößert". Edmund Stoibers Medienberater Michael Spreng über die Macht der Meinungsforscher im Bundestagswahlkampf 2002, in: Die Zeit vom 10. Oktober 2002.

44 Oberndörfer (Anm. 39), S. 26.

45 Daran erinnert Daniel Yankelovich: A New Direction for Survey Research, in: International Journal of Public Opinion Research 8 (1996), S. 1–9.

Beschwor der damalige Bundespräsident Richard von Weizsäcker Anfang der neunziger Jahre die gefährlichen Entwicklungen einer „Demoskopiedemokratie"[46], so betonte Sidney Verba in seiner „Presidential Address" an den amerikanischen Politologenverband Mitte der Neunziger die positiven Impulse einer „survey democracy", ohne aber für ein „government by survey" einzutreten.[47] Zur Begründung hieß es: „Surveys produce just what democracy is supposed to produce – equal representation of all citizens. The sample survey is rigorously egalitarian; it is designed so that each citizen has an equal chance to participate and an equal voice when participating. Here is where science and political representation meet."[48]

Hinter diesem Streit steht die alte Frage, ob Umfragen als quasi-plebiszitäres Element die repräsentative Demokratie in sinnvoller Weise ergänzen oder diese beschädigen und wie groß die „Responsivität" der Regierungen gegenüber der öffentlichen Meinung sein sollte. Die Urteile gehen weit auseinander und hängen eng mit der unterschiedlichen Definition und Auslegung des Begriffs der öffentlichen Meinung zusammen. Stimmt dieser schillernde Terminus für die einen mit den aggregierten (von Umfragen erfassten) Individualmeinungen überein, so reduzieren ihn die anderen auf die Meinung der besonders qualifizierten, gebildeten und am besten informierten Bürger.[49] Nicht allein die Rolle und Wirkung der Demoskopie im politischen Entscheidungsprozess (speziell vor Wahlen) liegt weiterhin im Halbschatten. Ihre Würdigung aus normativ-demokratietheoretischem Blickwinkel bleibt gleichfalls ambivalent.

Zumindest drei Forderungen oder auch Forschungsdesiderata sind daher abschließend festzuhalten:
1. Die Formulierung und vor allem Durchsetzung einheitlicher und allgemein akzeptierter Qualitätsstandards für Umfragen ist dringend notwendig. Die Kriterien sowie insbesondere ihre Einhaltung könnten etwa von einer Einrichtung der Selbstkontrolle überprüft werden.
2. Im Angesicht der angeführten Mängel und der zahlreichen politischen und gesellschaftlichen Implikationen der Meinungsforschung ist die Forschung über die Demoskopie selbst auszuweiten und eine – an der Universität anzusiedelnde – systematische Demoskopiewirkungsforschung zu etablieren. Sie hätte die Funktionen und Wirkungen ihres Untersuchungsgegenstandes bei den Vorgängen der politischen Willensbildung und Entscheidungsfindung genau zu untersuchen.
3. Schließlich sollte das Feld der Umfrageforschung nicht den Empirikern allein überlassen werden. Es gilt, die Demoskopie auch unter normativen Gesichtspunkten zu erörtern; so nicht zuletzt die alte, indes keineswegs überholte Frage, in welchem Verhältnis die vielfältig ermittelten Daten zur öffentlichen Meinung stehen.

---

46 Richard von Weizsäcker: Im Gespräch mit Gunter Hofmann und Werner A. Perger, Frankfurt a.M. 1992, S. 165.
47 Sidney Verba: The Citizen as Respondent: Sample Surveys and American Democracy. Presidential Address, American Political Science Association, 1995, in: American Political Science Review 90 (1996), S. 6.
48 Ebd., S. 3.
49 Siehe dazu den noch immer lesenswerten Text von Hennis (Anm. 35), S. 37–88; zur Auslegung des Begriffs der öffentlichen Meinung und ihrer Rolle in der Demokratie vgl. Alexander Gallus/Marion Lühe: Öffentliche Meinung und Demoskopie, Opladen 1998, S. 10–49; Philip E. Converse: Changing Conceptions of Public Opinion in the Political Process, in: Public Opinion Quarterly 51 (1987), S. S12–S24; Max Kaase: Wahlforschung und Demokratie. Eine Bilanz am Ende des Jahrhunderts, in: ZUMA-Nachrichten 23 (1999), Heft 44, S. 62–82; ders./Barbara Pfetsch: Umfrageforschung und Demokratie. Analysen zu einem schwierigen Verhältnis, in: Hans-Dieter Klingemann/Friedhelm Neidhardt (Hrsg.): Zur Zukunft der Demokratie. Herausforderungen im Zeitalter der Globalisierung, Berlin 2000, S. 153–182.

Episode oder Projekt?
Die rot-grüne Koalition seit 1998

1. Einleitung

Die Ausgangslage für die rot-grüne Regierungskoalition 2002 ist fundamental verschieden von derjenigen im Jahre 1998. Für die SPD war es 1998 eher überraschend, dass eine Koalition mit Bündnis90/Die Grünen eine parlamentarische Mehrheit erreichen konnte. „Von den weitaus meisten Wählern erwartet *und auch gewünscht* wurden vor der Wahl ganz andere Koalitionsvarianten. Noch bis zum Wahltag rechneten praktisch nicht nur alle Umfrageinstitute und in deren Gefolge viele akademische Wahlforscher, sondern auch die meisten Wahlberechtigten mit einer Großen Koalition"[1], so die Beobachtung des Wahlforschers Jürgen Falter.

Die Option der Großen Koalition wurde also im politischen Diskurs keineswegs rigoros ausgeschlossen. Sie schien für einen Kanzlerkandidaten Schröder sogar in besonderem Maße geeignet, hatte er doch den Wahlkampf auch als Auseinandersetzung mit der eigenen, von Oskar Lafontaine geprägten Partei geführt, zumindest was seine Distanz zu den Gewerkschaften und seinen wirtschaftspolitischen Pragmatismus betraf. Die rot-grüne Option war selbst als taktische Option gerade mal für knapp die Hälfte der SPD-Wähler denkbar.[2] Nur bei den Grünen lebte bereits der Traum von der „neuen Mehrheit", dem „rot-grünen Projekt". Dieses sollte Ökologie und Ökonomie verbinden, Friedenspolitik, Atomausstieg und soziale Gerechtigkeit. Vor allem aber sollte ein gesellschaftspolitischer Neuanfang durchgesetzt werden, der stärker Minderheiteninteressen berücksichtigt und eine positive Werthaltung zur multikulturellen Gesellschaft lebt.

Mindestens bis zur Bundestagswahl 2002 – und womöglich darüber hinaus – blieben, auch angesichts der im Hinblick auf ein politisches Projekt nur mäßig kohärenten Politikergebnisse der ersten Regierung Schröder, Zweifel erhalten, ob Rot-Grün ein Zukunftsprojekt sein könne oder nicht doch nur eine politische Episode bleiben würde. Die Dauerverluste der Grünen bei 15 Landtagswahlen und der Europawahl konnten je nach Standpunkt als Preis für rot-grüne Kompromisse[3] oder als Preis für die fehlende Akzeptanz eines rot-grünen Projektes interpretiert werden.

---

1 Jürgen Falter: Die zwei Wählerschaften der SPD, in: Heinrich Oberreuter (Hrsg.): Umbruch '98. Wähler, Parteien, Kommunikation, München 2001, S. 209 (Hervorhebung im Original).

2 Ebd., S. 210.

3 „Die Partei hat aus Koalitionsräson Beschlüsse mitgetragen, die mit ihren Grundsätzen nicht vereinbar sind und Teilen der Parteibasis deshalb nur schwer zu vermitteln waren." Jürgen Hoffmann: Werden die Grünen überleben? Probleme einer Oppositionsbewegung an der Macht, in: Tilman Mayer/Reinhard C. Meier-Walser (Hrsg.): Der Kampf um die politische Mitte. Politische Kultur und Parteiensystem seit 1998, München 2002, S. 133.

Was bis 2002 unklar blieb, und was vielleicht auch heute noch nicht geklärt ist, ist die Frage, ob der Wahlerfolg von 1998 eine tektonische Verschiebung in der deutschen Wählerlandschaft abbildete. Die fast totgesagten Grünen verschwanden nicht. Im Gegenteil – sie regieren weiter. Aber was für eine Art von Wähleraussage ist das? Gibt es inzwischen einen Wählerauftrag einer neuen gesellschaftlichen Koalition für Rot-Grün, einer, wie formuliert wurde, „kulturellen Mehrheit"[4], die in diese Regierung die Hoffnung setzt, Deutschland umzugestalten, und wenn ja, wie könnte dieses Projekt aussehen?

Von einer entsprechenden gesellschaftlichen Koalition wäre zu erwarten, dass sie an ihren Rändern und auch insgesamt weniger stabil ist als beispielsweise die bisher so scheinbar festgefügte, nun aber durchbrochene sozialstrukturelle Dominanz des bürgerlichen Lagers in der deutschen Politik[5]. Das grüne Milieu ist längst nicht mehr auf politische Mobilisierung gegründet. Die Anhängerschaft der Grünen, so die Position von Franz Walter und Tobias Dürr, hat sich über die Jahre hinweg nicht nur erweitert, sondern auch entpolitisiert. „Anfang 1997 kamen dann die professionellen Meinungsforscher zu dem verblüffenden Ergebnis, dass sich im Lager der Grünen von allen Parteien die meisten politisch desinteressierten Menschen fanden."[6] Und auch insgesamt gilt: Die Volatilität des Wählerverhaltens hat einen Punkt erreicht, an dem sich eine neue sozialstrukturelle Dominanz eines politischen Lagers nur noch schwer herausbildet. Politische Projekte sind deshalb nicht mehr notwendigerweise Ausdruck sozialstruktureller Interessenkonflikte, sondern können mit einiger Aussicht auf Erfolg durch Personen und Themen gegenüber dem wählenden Konsumenten relativ freihändig zusammenfügbare Bündel von Politikinitiativen sein.

Heute käme niemand mehr auf die Idee, wie dies Gerhart Baum – von 1978 bis 1982 Bundesinnenminister – Anfang der siebziger Jahre gleichsam stellvertretend für eine Reihe von Freiburg-bewegten Köpfen in der FDP-Spitze getan hatte, von der Regierungskoalition als einem gesellschaftlichen Bündnis zu sprechen. Baum sah in der sozial-liberalen Koalition die endlich erreichte historische Allianz von Bürgertum und Arbeiterschaft. Rot-Grün sieht heute dagegen analog niemand als historische Allianz zwischen Arbeiterschaft und neuen sozialen Bewegungen. Und es ist auch eine offene Frage, ob Joschka Fischer seine Aussage von Mitte der achtziger Jahre noch aufrecht erhalten möchte, mit der er die Perspektiven eines Bündnisses mit der SPD so kommentierte: „Für uns sehe ich eigentlich, wenn wir gesellschaftlich hegemonial werden wollen, langfristig keine andere Perspektive, als solch ein Bündnis anzustreben, *aber als ein gesellschaftliches Bündnis, weniger als ein arithmetisches*. Es muss stehen. Das müssen kräftig entwickelte Füße und Beine sein, auch inhaltlicher Art. Bisher bestanden die Bündnisse fast nur aus Taktik zwischen Sozialdemokratie und Grünen."[7]

---

4 So Richard Meng: Was Schröder alles weiß. Wie anders wird Rot-Grün II? Die Linken wollen mehr – und glauben erst einmal an das Gute im Kanzler, in: Frankfurter Rundschau vom 26. September 2002, S. 3.

5 „Für die Union bleibt die Erkenntnis, dass sie die Position einer strukturellen Mehrheitspartei, die sie über Jahrzehnte im deutschen Parteiensystem eingenommen und erst 1998 verloren hatte, noch nicht wieder zurückerobern konnte." (Dieter Oberndörfer/Gerd Mielke/Ulrich Eith: SPD und Union wirkten konzeptionell kraftlos und ausgebrannt, in: Frankfurter Rundschau vom 27. September 2002, S. 20).

6 Franz Walter/Tobias Dürr: Die Heimatlosigkeit der Macht. Wie die Politik in Deutschland ihren Boden verlor, Berlin 2000, S. 54.

7 Zitiert nach Klaus-Jürgen Scherer/Fritz Vilmar: Ökosozialismus? Rot-grüne Bündnispolitik, 2. Aufl. Berlin 1986, S. 99 f. (Hervorhebung des Autors).

Gewählt wurde 2002 nicht „die Linke" in allen ihren Facetten und auch kein neues gesellschaftliches Bündnis. Allenfalls Willy Brandts Hoffnung auf eine dauerhafte Mehrheit „links von der Mitte", mit der er gegen Helmut Schmidts Überzeugung versucht hatte, die Friedensbewegung in ein sozialdemokratisches Projekt einzubinden, klingt in Äußerungen Joschka Fischers zum Wahlsieg nach. „Für mich," so Fischer in einem „Spiegel"-Interview[8], „war immer die Frage, ob es eine demokratische linke Mehrheit in Deutschland gibt." Für ein Projekt reicht diese arithmetische Verortung nicht aus, zumal aus der Sicht von Bundeskanzler Schröder, Rot-Grün inzwischen aus einem Persönlichkeitsbündnis Schröder/Fischer besteht.

Der linke Bündnisgedanke spielte in der ersten Regierungsperiode Schröder/Fischer keine eigenständige strategische Rolle und es ist zweifelhaft, ob sich dies nach 2002 ändern wird. Richard Meng hat beobachtet, dass für den Bundeskanzler Rot-Grün nicht bedeutete, „dass SPD und Grüne sich den gleichen neuen Fragen nähern und dabei vor ihren unterschiedlichen sozial-ideologischen Hintergründen miteinander um Antworten ringen. Rot-Grün bedeutete für den Kanzler, dass beide Parteien sich die Rollen teilen, dass die Grünen einige Minderheiten bedienen und die SPD sich als Sachwalter der demoskopisch erhobenen Mehrheitsmeinung fühlt."[9] Die Addition von Positionen je nach politischen Opportunitätserwägungen wird aber dem Anspruch von gesellschaftlichen Richtungsentscheidungen nicht gerecht.

Die Frage Episode oder Projekt stellt sich auf der Ebene der Wähler und Mitglieder der Regierungsparteien nicht. Gründe hierfür sind die diffus gewordene und zum Teil sogar zerbrochene[10] Rückbindung der Grünen an eine politisch mobilisierte Basis und auf Seiten der SPD spätestens mit der Übernahme des Parteivorsitzes durch Gerhard Schröder die Stillegung der Partei[11] im Sinne der „prinzipielle(n) Abkehr von der Vorstellung, über die Attraktivität von Parteilichkeit Zustimmung gewinnen zu wollen."[12] Die Frage Episode oder Projekt stellt sich, wenn überhaupt auf der tagespolitischen Ebene, der Ebene des Regierungshandelns. Gibt es genug thematische Substanz und einen ausreichenden Vorrat gemeinsamer Ziele für eine zweite Regierungsperiode, die über das Abarbeiten von Problemen der Tagespolitik hinausreichen? Funktioniert die Zusammenarbeit der Koalitionspartner in der neuen Regierung? Lässt der Regierungsstil ein Nachdenken über die angekündigten Pfade politischer Modernisierung[13] zu?

Diese Fragen können im Augenblick noch nur unter Rückgriff auf die Erfahrungen mit der Regierungspraxis der ersten Regierung Schröder beantwortet werden. Es folgen weiterführende perspektivische Überlegungen zur rot-grünen Zusammenarbeit und zur Parteientwicklung von Bündnis 90/Die Grünen und SPD vor allem bezogen auf ihre Rolle als Regierungsparteien.

---

8 „Spiegel"- Wahlsonderheft vom 24. September 2002, S. 14.

9 Richard Meng: Der Medienkanzler. Was bleibt vom System Schröder?, Frankfurt a.M. 2002, S. 143 f.

10 Zum Beispiel: Beim ersten Atomtransport unter neuem Recht standen ehemalige Grüne vor, der grüne Umweltminister hinter der Polizei. Joachim Raschke (Die Zukunft der Grünen, Frankfurt a.M./New York 2001, S. 188) kommentierte den Kompromiss zum Atomausstieg so: „Die Akzeptanz-Bolzerei im Dezember 1999 zeigt, wie es bei den Grünen zugeht, wenn es ernst wird: nicht-diskursiv, autoritär und mit der Entfaltung eines enormen Konformitäts- und Ausgrenzungsdrucks."

11 Eckhard Jesse: Die SPD vor der Bundestagswahl 2002, in: Mayer/Meier-Walser (Anm. 3), S. 69.

12 Meng (Anm. 9), S. 129 f.

13 So Bundeskanzler Schröder nach Gunter Hofmann: Suche nach der verlorenen Vision, in: Die Zeit vom 26. September 2002, S. 3.

2. Das Regierungsbündnis 1998–2002

2.1. „Kultur des Dialogs"

Es ist eine Merkwürdigkeit nationalstaatlicher – und nicht nur deutscher – Politik heute, dass sich Regierungen und Parteien weder bei der Formulierung von Programmen noch bei Überlegungen zu deren Umsetzung Rechenschaft über die Grenzen ihrer politischen Handlungsmöglichkeiten geben. So kommt es immer wieder vor, dass sie von Themen „überrascht" werden, die aus ihrer Sicht von außen in die deutsche Politik eingeführt werden, oder dass sie gezwungen sind, politische Pläne zu revidieren, weil deren Durchsetzung anderweitige vertragliche Verpflichtungen entgegenstehen. Die rot-grüne Regierung bildete hier keine Ausnahme. Hochfliegende Pläne im Hinblick auf eine radikale Agrarwende der grünen Verbraucherschutzministerin Künast beispielsweise wurden ebenso europäisch „entschärft" und zurecht gestutzt, wie die Atomausstiegspläne der Grünen, als sich die Regierung Schröder mit Schadensersatzforderungen der deutschen Atomindustrie konfrontiert sah.[14]

Der Ausweg, den die Regierung innenpolitisch angesichts solcher Handlungsrestriktionen aber auch konfrontiert mit anderen gesellschaftlichen Gegenkräften ging, war die Suche nach Konsens durch Dialog mit den widerspenstigen gesellschaftlichen Interessen. Außenpolitisch, vor allem innerhalb der EU, wurden Paketlösungen angestrebt, die notwendigerweise Konzessionen bei der Vertretung deutscher Positionen beinhalten. Innenpolitisch reichte die Palette der Konsenssuche vom informellen Gespräch bis hin zur Institutionalisierung von Konfliktschlichtung, zum Beispiel im „Bündnis für Arbeit".

Aus politikwissenschaftlicher Sicht spiegelt das Abdanken hierarchischer Steuerungsmöglichkeiten des Staates und sein Vertrauen auf das Verhandeln politischer Lösungen bzw. oft nur ihre symbolische Thematisierung eine generelle Entwicklung wider, die im Kern Staatlichkeit reduziert und neu definiert, aber allerdings nicht alternativlos ist. Traditionelle Steuerungsmedien wie Recht (Gesetze), Geld (Angebote finanzieller Leistungen des Staates) und Wissen (Know how-Vorsprung der staatlichen Bürokratie) können aus der Sicht derjenigen, die den Staat des 21. Jahrhunderts als kooperativen Staat sehen, heute und in der Zukunft längst nicht mehr selbstverständlich als wirksam betrachtet werden. Wenn der staatliche Eingriff durch Zwang, Anreiz oder Beratung nicht mehr alle politischen Ziele verwirklichen kann, bleibt nur noch die Suche nach gesellschaftlichem Konsens. Die Logik der Konsensbildung impliziert die praktische und wie sich in der zunehmenden Zahl der public-private partnerships zur Erfüllung von Staatsaufgaben zeigt, zudem die rechtliche Aufhebung der klassischen Trennung von hoheitlicher und privatwirtschaftlicher Sphäre.

Das heißt aber auch, der Staat kooperiert nicht nur mit gesellschaftlichen Interessen; er verändert sich auch selbst in diesem Prozess. Verhandeln ist im kooperativen Staat wichtiger als Handeln. Das Aufrechterhalten des Kooperationsprozesses wird selbst

---

14 „Die Regierung [...] bewegte sich spätestens seit Herbst 1999 nur noch in einem juristisch-administrativen Feld des Diskurses, bei dem von ihr vorbereiteten Ausstiegsgesetz auf die Frage reduziert: „Wie muß das Gesetz aussehen, damit negative Folgen durch Verfassungsgericht oder Haushalt vermieden werden?" So Raschke (Anm. 10), S. 201.

zum politischen Erfolg. Die Interessenneutralität des Staates bei gesellschaftlichen Konflikten manifestiert sich nicht in normativer Offenheit von Entscheidungsprozessen in staatlichen Institutionen, sondern in der Aufrechterhaltung von die Entscheidungsprozesse erst ermöglichenden Kooperationsbeziehungen, in jedem Falle: „Das bedeutet, dass auch dort, wo ein direkter Steuerungsdurchgriff staatlicher Stellen (verfassungs-)rechtlich durchaus möglich und die Folgebereitschaft der Adressaten zumindest erzwingbar wäre, auf eine Ausübung dieses Rechts verzichtet und statt dessen für eine freiwillige Erfüllung der staatlichen ‚Wünsche' – ggf. im Wege tauschförmiger Verhandlungen (‚Bargaining') – geworben wird."[15]

Die rot-grüne Koalition hat diese Art der Zusammenarbeit extensiv gepflegt. Der selbst erteilte Entscheidungsspielraum der Exekutive gibt sich dabei „politikneutral" und vorwiegend effizienzorientiert. Kein Parteitag der Grünen oder der SPD beschäftigt sich jemals mit den Ergebnissen dessen, was der Chef des Bundeskanzleramtes, Walter Steinmeier, „Dialogkultur" nennt.[16] Steinmeier rechtfertigt das Ignorieren traditioneller Entscheidungswege auf der Suche nach gesellschaftlichem Konsens am Parlament vorbei mit dem bemerkenswerten Hinweis, dass diese Entscheidungswege zu kompliziert seien. Sie seien nicht fähig, schnell und in adäquater Weise auf neue Herausforderungen zu reagieren. Wenn man zu sehr auf die institutionellen Vorgaben vertraue, werden diese selbst zu einem Problem, statt zur Lösung von Problemen beizutragen.[17]

Die Liste der politischen Lösungen, die die „Dialogkultur" in der ersten Regierung Schröder produzierte, ist lang. Nicht immer verdiente sich der Entscheidungsprozess den Namen „Dialog", sowohl was den Austausch mit gesellschaftlichen Interessen als auch im Verbund Rot-Grün betrifft. Ein Extrembeispiel war Schröders Anweisung an den grünen Umweltminister Jürgen Trittin 1999, die Beschlussfassung im EU-Ministerrat über die von der Vorgängerregierung ausgehandelte Altauto-Richtlinie zu verhindern. Der Kanzler reagierte auf ein Gespräch mit dem damaligen VW-Chef Piëch und zwang Trittin gegen seinen Willen eine bisher von der Bundesrepublik unterstützte und von der Europäischen Kommission und dem Europaparlament abgesegnete Regelung in Frage zu stellen, um vermeintlichen Schaden von der deutschen Autoindustrie abzuwenden.[18]

Andere Fälle tragen deutlicher den Stempel des Gebens und Nehmens, das aus dem Dialog mit gesellschaftlichen Kräften entsteht. So verzichtete die Gesundheitsministerin Ulla Schmidt auf Ausgabenbeschränkungen für Arzneimittel, als sich der Verband forschender Arzneimittelhersteller bereit erklärte, 400 Millionen DM an die Krankenkassen abzuführen.[19] Und die Tabakindustrie verpflichtete sich im Gegenzug zum Verzicht auf eine Tabaksteuererhöhung (Stand erste Wahlperiode der Regierung Schröder bis 2007), Steuerleistungen früher zu erbringen. Journalisten[20] haben bis 2001 bereits

---

15 Rüdiger Voigt: Der kooperative Staat. Auf der Suche nach einem neuen Steuerungsmodus, in: Ders. (Hrsg.): Der kooperative Staat, Krisenbewältigung durch Verhandlung?, Baden-Baden 1995, S. 42.

16 Elisabeth Niejahr: Politik gegen Bares. Dosenpfand, Tabaksteuer, Arzneirabatt – Kanzler Schröder macht Kuhhandel zur Methode, in: Die Zeit vom 8. November 2001, S. 25.

17 Der Spiegel vom 28. Mai 2001, S. 50.

18 Raschke (Anm. 10), S. 153-157.

19 Nils C. Bandelow: Ist das Gesundheitswesen noch bezahlbar? Problemstrukturen und Problemlösungen, in: Gesellschaft-Wirtschaft-Politik 51 (2001), S. 6.

20 Niejahr (Anm. 16).

achtzig dieser Vereinbarungen gezählt, alleine wenn es um Mitglieder des BDI als Partner der Regierung geht. Die tatsächliche Anzahl der Fälle dieser Art rot-grüner Politiksteuerung ist noch erheblich größer.

Hier erübrigt sich in der Tat die Frage nach parteipolitischen Weichenstellungen oder gar Visionen. Die Dialogkultur sucht pragmatisch nach Lösungen und wird durch Wertbezüge der Parteien nie unmittelbar herausgefordert. Die Wertbezüge, die in der 14. Legislaturperiode von den Regierungsparteien herausgestellt wurden, nämlich Gerechtigkeit und Nachhaltigkeit, sind legitimatorisch ausreichend dehnbar und auch ausreichend definitionsoffen, um die relative Autonomie des politischen Machtzentrums, die Voraussetzung für eine funktionierende Dialogkultur ist, nicht einzuschränken.

2.2. Neokorporatismus

Älter als die Dialogkultur ist der Neokorporatismus als Strategie, politische Entscheidungen dem parteipolitischen Wettbewerb zu entziehen und scheinbar neutralen Sachzwängen zuzuordnen. Im Zentrum der neokorporatistischen Strategie der Regierung Schröder stand von Beginn an das Bündnis für Arbeit[21], was Sonderorganisationen mit überlappender Kompetenz, wie die Hartz-Kommission, nicht ausschloss. Der Gedanke, im Gespräch der im Bündnis für Arbeit eingebundenen Tarifpartner Strategien für den Arbeitsmarkt zu entwickeln, hatte die dreifache Funktion der Einbindung der Gewerkschaften, der Aufrechterhaltung des gesellschaftlichen Dialogs und – angesichts hoher Arbeitslosenzahlen – der legitimatorischen Entlastung der Regierung. Anders als die Konzertierte Aktion der siebziger Jahre war das Bündnis für Arbeit weder gesellschaftspolitisch innovativ noch das Machtzentrum wirtschaftlicher Weichenstellung. Gegen Ende von Gerhard Schröders erster Wahlperiode als Bundeskanzler, zu der er seine Rolle als Parteivorsitzender neu entdeckte, bewegten sich die sozialdemokratischen Gesetzesinitiativen bei der Arbeitsgesetzgebung (sowohl was die Reform des Betriebsverfassungsgesetzes[22] angeht als auch was das Job-Aqtiv-Gesetz[23] betrifft) außerhalb dessen, was die Unternehmerseite im Bündnis für Arbeit mitzutragen bereit war.

Die Integration neokorporatistischer Strukturen in die Logik der Dialogkultur entleerte sie ihres gesellschaftlichen Steuerungsanspruchs und machte das Bündnis für Arbeit zu einem zwar enorm formalisierten, aber keineswegs wirksamen Instrument der rot-grünen Regierungspolitik. Der Chef des Bundeskanzleramtes Frank-Walter Steinmeier idealisiert die Konsenssuche als „dynamischen Prozess, in dessen Verlauf man traditionelle Blockaden überwindet und dafür sorgt, dass sich in komplexen Entscheidungsprozessen die Waagschale im richtigen Moment zugunsten der Erneuerung senkt." Das unbestimmte „man" weist aber gerade auf das ungelöste Steuerungsproblem hin. Folgerichtig stellt Steinmeier denn auch fest: „Die drei Partner begegnen sich auf gleicher Augenhöhe und die Bundesregierung kann, wenn überhaupt, hier nur Primus inter Pares sein."[24]

---

21 Wolfgang Schröder/Josef Esser: Modell Deutschland: Von der Konzertierten Aktion zum Bündnis für Arbeit, in: Aus Politik und Zeitgeschichte, B 37/1999, S. 3–12.
22 Markus M. Müller: Die Reform der Betriebsverfassung, in: Gegenwartskunde 50 (2001), S. 93-102.
23 Hans-Hermann Hartwich: Das „Job-AQTIV-Gesetz, in: Gesellschaft-Wirtschaft-Politik 51 (2002), S. 73–77.
24 Frank-Walter Steinmeier: Abschied von den Machern. Wie das Bündnis für Arbeit die Erneuerung schafft – durch Konsens, in: Die Zeit vom 1. März 2001, S. 9.

In gewisser Weise lag beim Bündnis für Arbeit wohl ein permanentes Missverständnis vor, einerseits zwischen den gesellschaftlichen Gruppen, die am Bündnis für Arbeit beteiligt waren, und der Regierungsseite andererseits. Letztere hatte vor allem prozedurale Interessen. Der Dialog im Bündnis sollte ständige Quelle des Ausweises arbeitsmarktpolitischer Aktivität sein. Ideen konnte die benchmarking-Gruppe der Wissenschaftler liefern, die nicht zuletzt die Praxis anderer Länder beobachtete.

„Tatsächlich ist das ergebnisarme Bündnis für Arbeit", so Richard Meng, „aus Sicht des Kanzlers kein Instrument zur direkten Politikbeeinflussung, es ist ein Medienereignis: In regelmäßiger Folge wird bewusst, dass das Kanzleramt der Ort ist, an dem alle für die Wirtschaft Wichtigen nach Lösungen suchen. Über diese mediale Vermittlung wird auch in die beteiligten Großorganisationen hinein das Bild transportiert, dass man beim Kanzler ernst genommen werde."[25] Die gesellschaftlichen Gruppen versprachen sich fälschlicherweise durch das Bündnis für Arbeit eine institutionalisierte Partizipation bei Entscheidungen, die sie oder ihre Interessen betrafen.

2.3. „Die Berliner Räterepublik"[26]

Die parteipolitische Neutralität der Dialogkultur macht die Überzeugung des Kanzleramtes deutlich, dass es in der Politik nicht um die Umsetzung von Programmen, sondern um das Finden von möglichst sachgerechten und deshalb parteipolitisch eigentlich nicht mehr bewertbaren Lösungen gehe. Eine besondere Form dieser Entscheidungsfindung war die Entscheidungsvorbereitung in Expertengremien, in Räten, Kommissionen und Zukunftsinitiativen, für die die Regierung in den Jahren 1999 bis 2002 nach eigenen Angaben (ohne Reisegeld, Verpflegung, Tagegeld oder ähnliches) insgesamt 11, 765 Millionen DM aus dem verabschiedeten Bundeshaushalt, sowie in Einzelfällen weitere Finanzmittel zur Verfügung stellte[27]. Ca. einhundert solcher ad hoc-Beratungsgruppen wurden gezählt[28].

Die naheliegende Kritik bezieht sich auf die Entparlamentarisierung des politischen Entscheidungsprozesses, den solche Strukturen befördern, bis hin zur Absurdität, dass ein regierungsamtlich ernannter Ethikrat die Autorität der Enquête-Kommission des Parlaments beim Thema Gentechnik überspielte. Die Regierung Schröder verweist zur Rechtfertigung der Vernachlässigung traditioneller Entscheidungsprozesse gerne auf die vermeintlich zivilgesellschaftliche Logik, die Folgendes besagen soll: „Die politischen Institutionen können kein Monopol mehr auf Entscheidungsprozesse erheben. In Zeiten hoch komplexer Einzelentscheidungen sei eine demokratische Optimierung nur unter fallweiser Einbeziehung gesellschaftlicher Experten möglich."[29] Politik wird definiert als „lernendes System"[30], in der Praxis bleibt es aber bestenfalls bei der „ler-

---

25 Meng (Anm. 9), S. 66.

26 Rolf G. Heinze: Die Berliner Räterepublik. Viel Rat – wenig Tat?, Wiesbaden 2002.

27 Angaben nach Bundestagsdrucksache 14/7722, S. 5.

28 Robert Leicht: Alles Verhandlungssache. Das Kommissionswesen blüht, das Parlament verkümmert, in: Die Zeit vom 23. Mai 2001, S. 5.

29 Vgl. Meng (Anm. 9), S. 64.

30 Ausführlicher aus der Sicht von Rot-Grün siehe Corinna Edmundts: Politik als lernendes System. Zwischen Globalisierung und gesellschaftlichen Interessen müssen Regierende zugeben lernen, dass sie nicht alles wissen – bei Rot-grün zeichnet sich ein neuer Stil schon ab, in: Frankfurter Rundschau vom 23. September 2002, S. 7.

Art des Gremiums	Aufgabe	Zahl der Treffen (1998–2001)	Federführendes Ressort
Aktionsbündnise	gegen Extremismus und Gewalt	6	BMI
	gegen Sextourismus	5	BMI
	Bündnis für den Film	4	BKM
Netzwerke	Integration von Spätaussiedlern	auf lokaler Ebene nach örtlichem Bedarf	BMI
Kooperationen	Menschenrechte und Wirtschaft	6	AA
	Grenzbezogene Rauschgiftkriminalität	2	BMI
	Umwelt- und Auslandsdirektinvestitionen	2	BMU
Runde Tische	Atomkonsensrunde	mehrmals im Jahr, ab 2002 einmal im Jahr	BMWi
	Bauwirtschaft gegen illegale Beschäftigung	2	BMA
	Gesundheitswesen	2	BMG
Kommissionen	Gemeinsame Sicherheit und Zukunft der Bundeswehr	12	BMV
	„Historische Mitte Berlin"	7	BMVBW
	„Wohnungswirtschaftlicher Strukturwandel in den Neuen Ländern"	6	BMVBW
	Reform der Unternehmensbesteuerung	11	BMF
	„Zuwanderung"	14 Plenarsitzungen, 30 Arbeitsgruppen	BMI
Zukunftsinitiativen	Forum Bildung	12	BMBF
	Innovationsbeirat	2–3 jährlich	BMBF

Quelle: Übersicht über Aktionsbündnisse, Netzwerke, Kooperationen, Runde Tische, Kommissionen, Zukunftsinitiativen, Offensiven und Allianzen, Bundestagsdrucksache 14/7722 vom 4. Dezember 2001.

nenden Exekutive". Die Emanzipation der Exekutive vom Parlament ist aber nur eine Seite der Medaille, die andere ist die Emanzipation der Spitzenpolitiker von ihren Parteien, sowohl machtpolitisch als auch inhaltlich.

2.4. „Situatives Regieren"

Die inhaltliche Emanzipation wird durch die inhaltliche Offenheit politischer Prozesse erleichtert. Entscheidungen werden getroffen, wenn sie nötig sind, vorher getroffene Vereinbarungen, wie beispielsweise Koalitionsabkommen, sind am verbindlichsten, wenn Ämter verteilt werden[31], ansonsten eher ein Akt symbolischer Politik. Die Verve, mit der sich die Grünen 1998 in den Koalitionsverhandlungen engagierten, um möglichst viel festzuschreiben und vorzuentscheiden, erschien am Ende der Legislaturperiode als pure Zeitverschwendung. Bestenfalls hatten sie Themen auf die bundespolitische Agenda setzen können, nicht aber Weichenstellungen festgezurrt. „Bei einem Stil situativen Regierens, wie er kennzeichnend für die Kanzlerdemokratie Schröder geworden ist, stehen", so Joachim Raschke, „Verabredungen immer unter vielfachen Vorbehalten."[32] Die Programmgläubigkeit der Grünen zu Beginn der ersten rot-grünen Koalition auch hinsichtlich des Koalitionsvertrags führte viele ihrer Anhänger und Funktionsträger in die Irre. Situatives Regieren ist das Gegenteil eines rot-grünen Projektes. „Rot-grün" wird, wie Raschke schlussfolgerte, so zu „irgendeiner Koalition".[33]

Im Amtsverständnis von Bundeskanzler Schröder – und hier gleicht er durchaus seinem Vorgänger – sind von der Partei und selbst von der Fraktion keine Impulse für innovatives Handeln zu erwarten. Für diese Art der Politik „von unten" besteht vor allem aber kein Bedarf. Die Erfindung der Metapher von der Politik der „ruhigen Hand" weist in Richtung „Präsidentialisierung" des Amtsverständnisses mit dem Kanzler als Moderator, der in selbst definierten Notsituationen, aber auch erst dann, durchaus per Machtwort in einer Weise konkret werden kann, die sogar die Richtlinienkompetenz des Bundeskanzlers überdehnt. Der Normalfall ist dagegen die „Ruhigstellung von Politik, solange niemand aufbegehrt."[34]

Die Präsidentialisierungsthese[35] wurde im Zusammenhang mit der Betrachtung der Politikstile deutscher Kanzler schon häufig ins Feld geführt. Ihre Begründung im Detail ist hier weniger wichtig. Für situatives Regieren ist der Maßstab entscheidend, den der Kryptopräsidentialismus für die Auswahl politischer Themen kreiert. Politisches Entscheiden dient in seinem Schatten vor allem der Bearbeitung von Herausforderungen der Sonderstellung des Kanzlers und damit verbunden seiner medienvermittelten Außendarstellung.

2.5. Koalitionspolitik

Die erste rot-grüne Koalition war eine der wenigen extrem asymmetrischen Koalitionen in der Bundesrepublik vergleichbar nur einigen CDU-dominierten Kabinetten Adenauer. Nicht nur hatte der Wahlsieger SPD 1998 weitere Koalitionsoptionen, die Partei der Grünen aber nicht. Hinzu kam auch, dass die Grünen, anders als die SPD,

---

31 Vgl. zur ersten rot-grünen Koalitionsvereinbarung: Sabine Kropp: Die rot-grüne Koalitionsvereinbarung der Bundesparteien vom 20. Oktober 1998, in: Gegenwartskunde 48 (1999), S. 31–44.

32 Raschke (Anm. 10), S. 94.

33 Ebd., S. 419.

34 Meng (Anm. 9), S. 243.

35 Vgl. u. a. Karl-Rudolf Korte: Veränderte Entscheidungskultur: Die Politikstile der deutschen Bundeskanzler, in: Ders./Gerhard Hirscher (Hrsg.): Darstellungspolitik oder Entscheidungspolitik?, München 2000, S. 30 f.

erst ihre „Regierungsfähigkeit" unter Beweis stellen mussten. Neben die Asymmetrie bei den Machtressourcen der beiden Koalitionspartner trat bei den Grünen noch ein strukturelles Problem. Weder traten die drei grünen Minister in der Regierung als Einheit auf, noch war einer der grünen Minister gleichzeitig für die eigene Partei verantwortlich.

Das letzte Problem stellte sich als geringer heraus, als dies hätte vermutet werden können, weil die machtpolitische Selbstdisziplinierung der Grünen in einem erstaunlichen Maße möglich war und inhaltlicher Widerwille gegen Kurskorrekturen bzw. programmatische Entleerung durch die Ministerriege sich stärker als erwartet in Grenzen hielt. Richard Meng zitiert den Parteivorsitzenden Fritz Kuhn, der nach dem Lernprozess der Grünen in der Regierung die Taktik politischen Überlebens zum Programm erhob. Kuhn sagte „Politiksteuerung sei ‚nur noch sehr begrenzt eine Sache langfristiger Planung'. Sie vollziehe sich ‚immer als direkte Reaktion auf Tagesereignisse', als ‚Reaktion auf Mikrofone'."[36]

Was den Grünen machtpolitisch am meisten schadete und was als offenes Problem der neuen Koalition zu gelten hat, ist die bisher mangelnde Solidarität ihrer Ministerriege. Gerhard Schröder durfte unwidersprochen mehr Fischer und weniger Trittin fordern, die Grünen selbst sahen sich zuerst als Ressortvertreter und nicht als Vertreter eines grünen Projekts oder wenigstens der grünen Identität in der Regierung.[37] Koalitionspolitik konnte der Kanzler mit oder gegen einzelne grüne Minister machen, nicht aber war er zur Auseinandersetzung mit grünen Essentials einer gemeinsamen rot-grünen Politik gezwungen.

3. Die Zukunft der Regierungsparteien

3.1. Die Regierungsparteien in der neuen rot-grünen Koalition

Die Grünen sind heute Regierungspartei und spätestens seit der Bundestagswahl 2002 zum „Vizekanzlerwahlverein" geworden. Durch diese Regierungsorientierung und durch die Personalisierung von Programm und Strategie hat sich ihre interne Funktionslogik den Strukturimperativen angenähert, die der SPD zu eigen sind. Verblassende Erinnerungen an quotierte Doppelspitzen und Basisbindung wurden zum folkloristischen Beiwerk. Der „virtuelle Vorsitzende" Fischer ist, besonders nach dem Wahlkampf 2002, auch ohne das Amt des Parteivorsitzenden faktisch der unangefochtene Repräsentant der Grünen.

Im Unterschied zur SPD haben die Grünen ihren Vorrat an profilierteren Köpfen noch nicht so stark ausgeschöpft. In der SPD haben die Kämpfe um die Spitzenposition und die Ministerrücktritte eine personelle Lücke nach Schröder hinterlassen. Die SPD kann bei ihrer Regierungsorientierung am ehesten neues politisches Personal auf der Landesebene finden, wie beispielsweise der Wechsel von Wolfgang Clement von Düsseldorf nach Berlin demonstrierte. Der Parteispitze ist wenig an einer innerpartei-

---

36 Zitiert nach Meng (Anm. 9), S. 148.
37 Ausführlich Raschke (Anm. 10), S. 266–295.

lich lebendigen SPD gelegen, denn eine solche SPD würde unter Umständen unbequeme Fragen an ihre Berliner Vertreter richten. „In Schröders Verständnis", so Richard Meng, „bleibt die SPD in zentralen Tagesfragen letztlich ein Anhängsel der Führung, das notfalls in ‚schmerzhaften Lernprozessen‘ das nachzuvollziehen hat, was ihre Repräsentanten bei Strafe des Wahlverlustes für richtig und alternativlos erkennen."[38] Die Partei, so Franz Walter, hat mit dieser Sicht der Dinge keine Probleme: „Die SPD bereitet dem Kanzler keine Schwierigkeiten mehr, weil es ihr an Energie, an Leidenschaften, an konzeptioneller Kreativität dafür fehlt."[39]

Die Grünen haben strukturell und inhaltlich, ähnlich wie die SPD, ihren Wertehaushalt so flexibel gestaltet, dass Regierungshandeln interpretierend immer eingebunden werden kann. Das Grundsatzprogramm von 2002 nennt die Werte „Ökologie, Selbstbestimmung, Gerechtigkeit und Demokratie". Damit wird die Partei auch immer weniger unterscheidbar von ihren Konkurrenten.[40] Konkret nachprüfbare Politikprüfsteine früherer Programme, wie Gewaltfreiheit oder Basisdemokratie, gehören der Vergangenheit an. Dies heißt nicht, dass sie bei den Anhängern der Grünen nicht geschätzt werden, sie können aber diese früher festgeschriebenen Werte heute nicht mehr mit Hinweis auf das Parteiprogramm zum Ausgangspunkt innerparteilicher Beschlüsse machen, die die Regierungsgrünen binden sollen.

Im Wahlkampf 2002 tauchten alte Wertebezüge vor allem bei den zahlreichen Unterstützeraktionen für die Grünen noch einmal auf, wie Franz Walter eloquent argumentierte: „Eine neue Mitte, ein neues Establishment der Küsschen-auf-die-Wange-Geber sah die eigenen Lebensformen, die eigenen kulturellen Errungenschaften durch den ‚reaktionären Bayern‘ bedroht – und schlug im letzten Moment nach einer lange währenden Phase ästhetisierend-nörgelnder Reserve heftig zurück. [...] Rot-grün remobilisierte die (neuakademische) Beteiligungskohorte der sozialliberalen Jahre. Aber", so Walter warnend weiter, „ man wird nicht für alle Zeit aus alten Depots zehren können."[41] Viele Enttäuschte an der grünen Basis, denen die politischen Kompromisse der Regierungsgrünen in der ersten rot-grünen Koalition zu weit gingen, wählten 2002 nicht mehr wie früher die grüne Alternative, sondern das kleinere Übel. Dass sich auch bei grünen Stammwählern diese in der Demokratie durchaus nicht seltene Sichtweise des politischen Angebots bei Wahlen einstellte, ist ein weiteres Indiz für die machtpolitische Überformung des grünen Profils.

Weder aus der Parteiarbeit der SPD noch aus der der Grünen sind inhaltliche Impulse zu erwarten, die die Regierungsarbeit befruchten. Hinzu kommt, dass Joschka Fischer ebenso wenig wie Gerhard Schröder meint, solche Impulse zu benötigen. Noch dürftiger ist es trotz Modernisierungs- und Reformrhetorik um eine gemeinsame politische Richtungsbestimmung bestellt. Raschke kommt zu dem Schluß: „Rot-Grün hat *kein*

38 Meng (Anm. 9), S. 137.
39 Franz Walter: Vom Wählerspagat zur „Neuen Mitte": die SPD, in: Der Bürger im Staat 52 (2002), S. 46.
40 „Aber werteorientiert, ökologisch, sozial, den Menschenrechten und einer umfassenden Gerechtigkeit verpflichtet zu sein behaupten alle anderen demokratischen Parteien inzwischen auch von sich." So Richard Herzinger: Schleichende Zermürbung. Am Wochenende geben sich die Bündnisgrünen ein neues Programm. Ihren Bruch mit dem alten versuchen sie zu kaschieren, in: Die Zeit vom 14. März 2002, S. 9.
41 Franz Walter: Eine ordentliche Portion Aufsässigkeit kann nicht schaden. Ein Appell zu Mut, Verwegenheit und kühnem Reformismus an die SPD-Generation nach Schröder, in: Frankfurter Rundschau vom 30. September 2002, S. 10.

gemeinsames Projekt (Hervorhebung i. O.). Es fehlen ein bis zwei längerfristige, wichtige Themen, die für beide Parteien und die Gesellschaft von großer Bedeutung sind."[42] Und Hofmann fügt hinzu: „Selbst wenn es die große Idee gäbe, ein Kanzler des Gesellschaftsentwurfs wird Schröder auch in der zweiten Runde nicht. Das gilt übrigens auch für Fischer. Aber die beiden werden sich schon entschließen müssen, in einigen Modernisierungsfragen klar Position zu beziehen und sich im Zweifelsfall zusammenzuraufen."[43]

Der Koalitionsvertrag von 2002 lässt hierzu ausreichend Spielraum. Er ist weit weniger konkret in seinen Forderungen als derjenige des Jahres 2002. Über die von ihm genannten zentralen Aufgaben der Politik gibt es keinen Streit zwischen den Bundestagsparteien. Der Rekurs auf Werte wie Gerechtigkeit, Wachstum und Nachhaltigkeit erfüllt ebenso wie die angekündigten neuen, machtpolitisch aber peripheren Institutionen bestenfalls eine symbolische Funktion.[44] Zu erwarten ist also weiterhin eine weitgehend reaktive, pragmatische demoskopie- und medienkompatible Politikgestaltung, die darauf setzt, nicht durch Visionen oder neue Formen politischer Teilhabe, sondern durch themenadäquate Diskurskompetenz und Politikergebnisse zu überzeugen.

3.2. SPD und Grüne als politische Wettbewerber

Als politischen Wettbewerbern, die ihr politisches Profil gegenüber dem Wähler schärfen müssen, sollte SPD und Grünen aber zumindest an einem begrenzten Haushalt von durchaus kontroversen Themen auch auf Bundesebene gelegen sein. Das Wahlergebnis hat die Grünen, falls sie es schaffen, in der Regierung geschlossener aufzutreten, konfliktfähiger gemacht. Paradoxerweise haben sie heute weniger Anlaß zum Konflikt als in der Zeit des ersten rot-grünen Bündnisses, wo es an inhaltlicher Abweichung von SPD-Positionen nicht mangelte, die Grünen sich aber als wenig durchsetzungsfähig erwiesen. Die knappe Mehrheit der rot-grünen Koalition wird ein Übriges tun, um aus grüner Sicht die politische Bedeutung der Abwesenheit ernsthafter Zielkonflikte mit der SPD bzw. von weitgehender Konfliktvermeidung noch positiver einzufärben.

Die Antwort, auf die Frage, wozu noch Grüne, die schon vor der Wahl zu verschämten Einladungen an Fischer führte, der SPD beizutreten, können die Grünen, das lehren uns die Erfahrungen der FDP, in der Regierung inhaltlich nur als effektives Korrektiv in einem profilierten Themenbereich beantworten. Zum Beispiel: Ökologie über Symbole wie die bisherige ökologische Steuerreform hinaus; Menschenrechtspolitik, dann aber weniger geographisch selektiv als bisher; oder Multikulturalismus – umfassender und nicht nur als Frage des Staatsbürgerrechts.

Die FDP-Erfahrungen weisen noch einen anderen ergänzenden Weg im politischen Wettbewerb. Die FDP war spätestens seit dem Beweis von 1969, dass sie die Fronten wechseln kann, die klassische Mehrheitsbeschafferpartei. Die Grünen könnten sich analog noch deutlicher als politische Funktionspartei definieren, eine Position, die einigen jungen Grünen bereits nachgesagt wird.[45] Nach der Wahl 2002 waren nicht

---

42 Raschke (Anm. 10), S. 420.
43 Hofmann (Anm. 13).
44 U. a. Osteuropazentrum für Wirtschaft und Kultur, Evaluationsagentur im Bildungswesen, Stiftung Baukultur, Gender-Kompetenz-Zentrum.
45 Meng (Anm. 9), S. 151.

nur aus dem Lager der CDU (z.B. von Christoph Böhr) Stimmen zu hören, die die Grünen als neue Funktionspartei anerkannten und forderten, schwarz-grüne Koalitionen in strategische Überlegungen einzubeziehen. Auch in der linksliberalen Presse war zu lesen: „Jede Wette: Schwarz-Grün wird wieder Thema werden."[46]

4. Schlussbetrachtung

Parteien in der Regierung sind selten Programmparteien. Dass dies nun auch für die Grünen zutrifft, ist das eigentlich Neue an der rot-grünen Koalition. Die Angleichung der Grünen an das vorherrschende Parteienverständnis ist nun vollständig. Aus dem Kreis der eigenen Sympathisanten war den Grünen vor ca. 20 Jahren diese Entwicklung übrigens vorhergesagt worden: „Wenn die Präsenz in der Institution", so Johannes Agnoli, „sich [...] als eine Strategie ausgibt, um die Institutionen alternativ zu gebrauchen, oder gar mittels der Institution eine radikale Veränderung vorzunehmen, so kann ich schon jetzt den Propheten spielen und sagen, über kurz oder lang werden die Institutionen die Leute zur Räson bringen, zu der der Institution eigenen Räson."[47] Die Normalität grünen Regierens kappt nicht nur einen Teil der Antennen zur Parteibasis, sie übt auch Druck auf die Fraktionen und ihre Mitglieder aus. Ein rot-grünes Projekt, das als inhaltliche Vorgabe weit in die Gesellschaft reichende Emotionen, aber auch Konflikte in der Regierungsarbeit entfachen könnte, lässt sich hinter der tagespolitischen Fassade nicht mehr entdecken.

Die rot-grüne Regierungspolitik will medienwirksam Konsens erzeugen. Eine langfristige Wirkung politischer Entscheidungen oder ihre Orientierung an konkreten Zielen oder gar Idealen tragen wenig zur Legitimation von Politik bei, wohl aber produziert mediale Kommunikation die höher geschätzte Akzeptanz des Regierens. Gerade deshalb bedeuten der Abschied von einem ambitionierteren Politikverständnis durch die Grünen und die stromlinienförmige Schröderisierung der SPD nach dem Abschied Oskar Lafontaines aus der Politik nicht notwendig ein wahlpolitisches Risiko. Inszenierte Soaps sind TV-Renner, weil sie dem Zuschauer wenig Neues zumuten und Erwartungen befriedigen, ohne ernsthaft gesellschaftliche Realität in die Gedankenwelt der Zuschauer hereinzulassen. Die Frage bleibt, ob sich der Gestaltungsauftrag von Politik mit einiger Hoffnung auf Erfolg heute in ähnlicher Form auf das den Problemen nacheilende Prozedurale, symbolisch-Konsensuelle reduzieren lässt.

Auch wenn – bezogen auf die Zahl der Regierungsjahre – Rot-Grün schwerlich als Episode eingeordnet werden kann, bleibt rot-grünes Regieren inhaltlich einem Neuanfang fern. Die zum Teil wortreichen Verbeugungen vor den Klientelgruppen der Regierungsparteien im Koalitionsvertrag sollten nicht mit einer politischen Vision verwechselt werden. Die Chance, dem gesellschaftlichen Veränderungsprozess in der Bundesrepublik Deutschland durch eine rot-grüne Schnittmenge politischer Vorgaben eine Richtung zu geben, wurde verpasst. Es fehlt damit eine Kontextualisierung des Wahlergebnisses von 2002. Bemerkenswerterweise greift der Koalitionsvertrag nicht

---

46 Axel Vornbäumen: Bürgerliche Pyrrhussiege, in: Frankfurter Rundschau vom 25. September 2002, S. 3.
47 Zwischen Bewegung und Institution. Ein Gespräch mit Johannes Agnoli, in: Wolfgang Kraushaar (Hrsg.): Was sollen die Grünen im Parlament?, Frankfurt a. M. 1983, S. 131 f.

einmal den naheliegenden (und vom Wahlkampfvorbild Tony Blair in Großbritannien so erfolgreich propagierten) Gedanken auf, dass die 2002 gewählte Regierung, die Arbeit an dem Projekt fortsetze, das sie 1998 begonnen habe. Im Unterschied zu Großbritannien fehlte in Deutschland der Kontext eines politischen Projektes, der diese Argumentation vermittelbar gemacht hätte. Die für ein politisches Projekt nötige und durch dieses mögliche Wählermobilisierung wurde im Wahlkampf 2002 nicht einmal versucht. Selbst der Gerechtigkeitsbegriff wurde auch von den Grünen, die weniger als die SPD hier den inhaltlichen Vorgaben der Gewerkschaften zuneigen müssten, einseitig als Besitzstandswahrung und sozialtechnologische Reform des Wohlfahrtsstaates interpretiert.

Es ist nicht vorhersehbar, ob eines der großen politischen Lager in der Zukunft noch einmal eine strukturelle Dominanz in der Wählerschaft erreichen kann. Die sozialstrukturellen Voraussetzungen für eine konservative Vorherrschaft sind im Zuge des gesellschaftlichen Wandels, dessen wahlsoziologische Konsequenz die erhöhte Volatilität des Wahlverhaltens ist, verloren gegangen. Für die gegenwärtige Regierung stellt sich ebenso wie für die gegenwärtige Opposition die Frage nach funktionalen Äquivalenten für jene sozialstrukturell begründete gesellschaftliche Dominanz. Die im Umfeld der Berichterstattung zu den Wahlen 2002 aufgeworfene Frage nach einer „kulturellen Mehrheit" in Deutschland weist auf eine Ebene der Aggregation politischer Präferenzen hin, auf der in Zukunft und vielleicht auch schon heute, gesellschaftliche Dominanzfragen beantwortet werden könnten. Der Kampf um die kulturelle Mehrheit, sollte nicht mit dem Bemühen um Erfolg in der Mediendemokratie verwechselt werden. Die Macht der Medien ist zwar offensichtlich und kaum zu unterschätzen. Die Medien selbst erzeugen aber keine gesellschaftliche Kohäsion. Im Rahmen einer Strategie der kulturellen Mehrheit geht es einzig und allein um die Suche nach dauerhaften, die Wahlentscheidungen prägenden Verbindlichkeiten, die sich weniger aus der sozialen Lage des Wählers als vielmehr aus seiner selbstdefinierten Zugehörigkeit zu einer bestimmten Sichtweise von Gesellschaft ergeben.

Rot-Grün schien 1998 zumindest aus der Sicht der Grünen die Chance zu bieten, hier Richtungsweisendes vorzugeben. Die kurzfristige Logik von Machterhalt und Machterwerb hat danach aber nicht nur den eigenen Anspruch reduziert, sondern auch die eigenen Chancen vermindert, glaubhaft über ein politisches Projekt, wahlpolitische Dominanz anzustreben. Die Frage nach der Möglichkeit, Regierungsübernahmen nicht nur als Episode im Sinne des kurzfristigen machtpolitischen Interessenausgleichs zu begreifen, sondern als perspektivisch im Sinne eines von einem gemeinsamen Gesellschaftsverständnis angeleiteten Gestaltungsauftrages, wurde damit an die Opposition weiter gegeben.

WERNER J. PATZELT
(unter Mitarbeit von KARIN ALGASINGER)

Fit für fordernde Verantwortung?
Die Zusammensetzung des 15. Deutschen Bundestages

1. Einleitung

Die Zusammensetzung eines Parlaments zu untersuchen, gehört eher zur Pflicht als zur Kür des politikwissenschaftlichen Gewerbes. Einesteils hat die Forschung Vermutungen des gesunden Menschenverstandes dahingehend erhärtet, die soziale Zusammensetzung eines Parlaments erkläre an dessen praktischem Wirken ohnehin nicht viel.[1] Tatsächlich kommen überaus viele andere Faktoren – vor allem (partei-)politische und aus der institutionellen Funktionslogik ableitbare taktische Faktoren – zwischen der individuellen Prägung der Parlamentarier und ihrem tatsächlichen Verhalten ins Spiel. Andernteils sind inhaltlich überraschende Untersuchungsergebnisse dann nicht zu erwarten, wenn – wie in Deutschland – die politischen Rekrutierungsmechanismen und deren Folgen grundsätzlich bekannt sowie ziemlich stabil sind. Etwa ist es immer noch typisch für westliche Demokratien, und nicht nur für sie, dass sich im Parlament vor allem Männer in ihren „besten Jahren" finden, die aus der – oft eher höheren – Mittelschicht stammen sowie politiknahen oder solchen Berufen nachgehen, die große Abkömmlichkeit vom Arbeitsplatz ermöglichen und erhebliche Verfügungsmöglichkeit über das eigene Zeitbudget eröffnen.

Außerdem lohnt auch nicht die populäre Erregung darüber, dass ein so zusammengesetztes Parlament nie ein verkleinertes Abbild jener Gesellschaft ist, aus welcher es hervorgeht. Repräsentation als Form gesellschaftlicher Arbeitsteilung verlangt von Abgeordneten ohnehin viel mehr, als nur wie eine „repräsentative Stichprobe" jener Gesellschaft zu fungieren, für die es Politik zu machen gilt.[2] Es ist ja nicht die einzige Aufgabe eines Parlaments, den „empirischen Volkswillen" herauszufinden oder widerzuspiegeln. Darin ist die moderne Demoskopie ohnehin viel besser. Sondern zu leisten ist vom Parlament gerade auch politische Führung, und zwar im Konfliktfall in eine Richtung, die eher dem – von den Abgeordneten in eigener Verantwortung zu definierenden – „hypothetischen Gemeinwillen" entspricht als dem empirisch vorfindbaren Volkswillen.[3] Erfüllt wird diese parlamentarische Führungsaufgabe einesteils, indem das Parlament gemeinsam mit der – im parlamentarischen Regierungssystem ohnehin

---

1   Zum Forschungsstand siehe Werner J. Patzelt: Recruitment and Retention in Western European Parliaments, in: Gerhard Loewenberg/Peverill Squire/D. Roderick Kiewiet (Hrsg.): Legislatures. Comparative Perspectives on Representative Assemblies, Michigan 2002, S. 80–118.
2   Siehe Werner J. Patzelt: Abgeordnete und Repräsentation. Amtsverständnis und Wahlkreisarbeit, Passau 1993, S. 17–55.
3   Siehe Ernst Fraenkel: Die repräsentative und die plebiszitäre Komponente im demokratischen Verfassungsstaat, in: Ders.: Deutschland und die westlichen Demokratien, 7. Aufl., Stuttgart u. a. 1979, S. 113–151.

von der Parlamentsmehrheit gestellten – Regierung durch Mobilisierung gesellschaftlichen Sachverstandes möglichst wünschenswerte Lösungen für anstehende Probleme erarbeitet und in Entscheidungen umsetzt. Anderenteils vollzieht sich parlamentarische Führung, indem das Parlament seine Entscheidungen, und insbesondere die unpopulären, den Bürgern in offensiver Argumentation vermittelt und um Unterstützung wirbt. Für die Bewältigung dieser Führungsaufgabe ist es aber weder hinreichend noch gar notwendig, dass sich ein Parlament wie eine „repräsentative Stichprobe" der von ihm vertretenen Bevölkerung zusammensetzt.

Dennoch können soziodemographisch fassbare Abweichungen zwischen der Zusammensetzung einer Vertretungskörperschaft und der Sozialstruktur der Vertretenen aus mindestens drei Gründen in größere politische Schwierigkeiten führen. Darum verdienen sie auch analytische Aufmerksamkeit. *Erstens* muss ein Parlament, um einer Gesellschaft bei der Bewältigung ihrer Probleme bestmöglich helfen zu können, schon in alle Zweige dieser Gesellschaft hinein vernetzt sein, um von ihnen her, und also möglichst aus erster Hand, wenig gefilterte Informationen über die dortigen Meinungen und Nöte, Möglichkeiten und Wünsche zu erlangen („Vernetzungsfunktion").[4] Fehlt es am fundierten Einblick in wichtige Gesellschaftsbereiche, so steigt nämlich das Risiko, dass diese seitens der Parlamentarier nachrangig oder sachungemäß behandelt werden („mangelnde Erfüllung der Responsivitätsfunktion"). *Zweitens* müssen kommunikative Führungsanstrengungen von Parlament und Parlamentariern schon auch in alle Gesellschaftsbereiche hineinwirken können, und zwar dauerhaft sowie in der dort verstandenen Sprache („kommunikative Führungsfunktion"). Andernfalls riskiert parlamentarische Politik solche Vermittlungs- und Vertrauenslücken, die dann ziemlich rasch von Protestbewegungen besiedelt werden. Letzteres aber steigert in der Regel nur die Kompliziertheit, nicht aber die Problemlösungsfähigkeit eines politischen Systems. Und *drittens* prägt der biographische Hintergrund von Parlamentariern, abzulesen an ihrer Alterskohorte bzw. „politischen Generation", an Herkunft, Bildungsstand und beruflichem Werdegang, durchaus jene kognitiven Landkarten, Wertorientierungen und politisch-kulturellen Selbstverständlichkeiten, die ihrerseits zur Grundlage politisch-parlamentarischen Wirkens werden. Wenn aber das, was an solcher Ausstattung gut für den Weg ins Parlament und passend für vergangene Zeiten war, sich weniger gut für die Arbeit an den im Parlament jetzt zu bewältigenden Gesellschaftsproblemen eignen sollte, dann wird das nicht ohne unvorteilhafte Folgen für die aktuelle Leistungsfähigkeit eines Parlaments bleiben.

Es ist keineswegs ausgemacht, dass diese drei Zusammenhänge wirklich in sonderliche Probleme führen. Meist werden Effekte all dessen auch nur langfristig sichtbar, nämlich als Saldierung vieler, für sich selbst unscheinbarer Schwierigkeiten. Vor allem hängt es ganz von den konkret zu bewältigenden Herausforderungen ab, ob in einer gegebenen Wahlperiode schon die Zusammensetzung eines Parlaments folgenreich werden kann. Diesbezüglich spricht aber manches dafür, dass beim 15. Deutschen Bundestag seine soziographisch fassbare Struktur nicht ganz folgenlos sein wird.

Schon im Wahlkampf war nämlich klar, dass die neu gewählten Abgeordneten große Herausforderungen würden meistern müssen. Es stand für kundige Akteure und Beobachter außer Zweifel, dass der 15. Deutsche Bundestag sich endlich zu tiefgrei-

---

4 Das ist der harte, vernünftige Kern der Forderungen nach „deskriptiver Repräsentation"; vgl. Hanna F. Pitkin: The Concept of Representation, Berkeley/Los Angeles 1967.

fenden sozialstaatlichen und wirtschaftspolitischen Reformen werde durchringen müssen, zumal die vorangegangene Wahlperiode, die erste der rot-grünen Koalition, durch diesbezüglich recht nachteilige Züge gekennzeichnet war: durch die Rücknahme der zaghaften sozialpolitischen Reformen der späten Kohl-Ära (demographischer Rentenfaktor, Medikamentenzuzahlung, Billigjobs usw.); durch eine – bewusst die Union ausgrenzende und recht andere Akzente setzende – Nachholung jener Steuerreform, welche die SPD mit ihrer damaligen Bundesratsmehrheit der letzten unionsgeführten Bundesregierung verweigert hatte; sowie – vor allem – durch eine Reihe von ziemlich zeitgeistgetragenen, genau darin aber den politisch-kulturellen Kern des rot-grünen Projekts ausmachende Reformen (vom neuen Staatsbürgerschaftsrecht über die „Ökosteuer" bis hin zur eingetragenen Lebenspartnerschaft gleichgeschlechtlicher Paare). Diese aber ließen hinter der durch sie vorgeblendeten Fortschrittlichkeitsfassade gerade das alles beim Alten, was im sozial- und wirtschaftspolitischen Bereich nun wirklich einer Runderneuerung bedarf. Weil jedoch die hier nötigen Reformen aufgrund der Natur der zu lösenden Probleme vom jahrzehntelang in Deutschland Konsensfähigen wegführen würden, war nicht minder klar, dass starke Zerr- und Scherkräfte auf jene Fraktionen zukommen müssten, die das Mandat zur Regierungsbildung bekämen.

Würden, wie es lange wahrscheinlich erschien, CDU/CSU und FDP regieren, gerieten sie in eine schwierige Lage: Die nötigen Reformen, allesamt Eingriffe in bisherige Besitzstände, würden äußerst unpopulär sein; weil sie dem sozialpolitischen Credo der SPD zuwiderliefen, würden Reformversuche diesen Hauptkonkurrenten schon unmittelbar nach ihrer Ankündigung politisch stärken; und allenfalls eine dem Funktionieren von Marktwirtschaft verpflichtete und bewusst *nicht* „volksparteiliche" FDP würde ohne fraktions- und parteiinterne Zerreißproben einen klaren Reformkurs fahren können, was dann aber eine Kette koalitionsinterner Konflikte wahrscheinlich machte. Würde hingegen die rot-grüne Koalition fortgesetzt, so geriete sie rasch in schwieriges Fahrwasser. Der Kanzler müsste sowohl gegenüber dem strukturkonservativen Gewerkschaftsflügel als auch gegenüber der Linken seiner Partei den Konflikt suchen, da beide die nötigen Maßnahmen durchaus nicht als „Reformen" auffassen, sondern als einen objektiv reaktionären Abbau des Erreichten; das aber gefährdete, angesichts der umfassenden Identifikation der SPD mit einer starken sozialstaatlichen Überformung der Marktwirtschaft, die Grundlagen innerparteilicher und innerfraktioneller Gefolgschaftstreue. Ferner müsste sich der Kanzler auf einen klaren und dann auch durchgehaltenen Kurs festlegen, was allerdings seine politische Integrationskraft entweder nach links oder in die politische Mitte gefährdete und somit die politisch-kulturelle Machtgrundlage seiner ganzen Regierung. Ferner würden sozial- und wirtschaftspolitische Präferenzunterschiede zwischen der staatsorientierten SPD und den auf gesellschaftliche Selbstorganisation setzenden GRÜNEN zutage treten, was bei knappen Mehrheitsverhältnissen den Zusammenhalt der Koalition erschweren müsste. Obendrein hätte sich das bei einer starken Machtstellung der CDU/CSU im Bundesrat zu vollziehen, was kenntliche Politikwechsel des Regierungsbündnisses auf Oppositionspositionen als politische Schwäche, ein ausbleibender Politikwechsel aber als Versagen der Regierungsmehrheit erscheinen lassen würde.

Nachdem, wohl auch um die öffentliche Aufmerksamkeit von den erörterten Problemperspektiven abzulenken, im Wahlkampf von SPD und GRÜNEN die Pazifismus-Karte ins Spiel gebracht worden war und auch siegbringend gestochen hatte, ließ sich die so bewirkte Veränderung des gesamten außen- und innenpolitischen Spiels nicht mehr rückgängig machen oder wenigstens um ihre Eigendynamik bringen. Weil Pazifismus aber seit dem Zweiten Weltkrieg eine breite, außerdem SPD und GRÜNE besonders stark verbindende Grundströmung der bundesdeutschen Mitte und Linken ist, wird die Stabilität des erneuerten Regierungsbündnisses entscheidend davon abhängen, ob und wie lange sich für außen- und sicherheitspolitische Entscheidungen auch dann noch eine verlässliche Koalitionsmehrheit im Bundestag finden lässt, wenn die derzeit aus der deutschen Nachkriegstradition deutlich ausspurende Außen- und Sicherheitspolitik der Regierung eines Tages wieder in sie einspuren wird. Eine parlamentarische Mehrheit für solches Wiedereinspuren wird allerdings um so schwerer zu sichern sein, je mehr sich die Vermutung bewahrheitet, das Pazifismusthema samt seiner klar antiamerikanischen Intonation sei nicht nur wahlkampftaktisch in den Vordergrund rotgrünen Selbstverständnisses gerückt worden: Hier brächen vielmehr die immer schon erkennbaren und im Vergleich mit Union und FDP so andersartigen außenpolitischen Überzeugungen und Prioritäten der nunmehr regierenden „68er Generation" durch. Zumindest aber wird das revitalisierte Pazifismus-Syndrom den Stimmen seiner Wortführer deutlich erhöhten Tauschwert verleihen, wenn es um die nicht minder schwierige Sicherung von parlamentarischer Unterstützung für den nötigen sozial- und wirtschaftspolitischen Reformkurs geht. Also wird das Regieren für die neue Bundestagsmehrheit noch komplizierter werden, als es ohnehin schon geworden wäre. Dann aber mag es im Einzelfall sehr von den ganz persönlichen Besonderheiten einiger weniger Parlamentarier abhängen, ob sich die Bundesregierung hält oder im internen Streit verbraucht.

2. Machtpolitisch zentrale Befunde

Zu den zentralen institutionellen Unwägbarkeiten der Bundestagswahl vom 22. September 2002 gehörte, wie sich die Verringerung der Zahl der Wahlkreise auswirken würde. Von 328 Bundeswahlkreisen im Jahr 1998 waren 299 geblieben, womit fortan dem Bundestag – allfällige Überhangmandate nicht eingerechnet – nur noch 598 statt 656 Mitglieder angehören würden. Folglich änderten sich einesteils, aufgrund anderen Zuschnitts vieler Wahlkreise, die Chancen für Direktbewerber, und anderenteils verengten sich auch für alle übrigen die Möglichkeiten, über eine Landesliste in den Bundestag einzuziehen. Der erstgenannte Grund schuf außerdem große Unklarheit über das künftige bundesparlamentarische Schicksal der PDS, konnte die Erringung von gleich drei Direktmandaten durch diese Partei nun doch nicht mehr als gesichert gelten.

Die Wahl endete mit einem leichten Mandatsvorsprung der bisherigen Regierungsparteien. Die SPD kam auf 41,6 Prozent der Bundestagsmandate (1998: 44,5 Prozent), die Union auf 41,1 Prozent (1998: 36,6 Prozent). Es folgten die GRÜNEN mit 9,1 Prozent (1998: 7,0 Prozent) und die FDP mit 7,8 Prozent (1998: 6,4 Prozent), während die PDS – dadurch in ihrer bundespolitischen Stellung tief erschüttert – auf ganze 0,3 Prozent (1998: 5,4 Prozent) Mandatsanteil zurückging.[5] Die Tabelle 1 zeigt die absoluten Gewinne und Verluste an Mandaten, und zwar sowohl faktisch als auch in einer hypothetischen Umrechnung auf einen Fortbestand der Wahlkreiseinteilung von 1998.

---

5   Im übrigen gehörten der letzten, frei gewählten Volkskammer der DDR nur noch 12 der Abgeordneten des 15. Deutschen Bundestages an. In der 14. Wahlperiode waren es noch 26, nach der Wahl von 1995 noch 51, nach der ersten gesamtdeutschen Bundestagswahl sogar noch 68 gewesen. Zahlen nach Michael L. Feldkamp: Deutscher Bundestag 1983 bis 2002/03: Parlaments- und Wahlstatistik, in: Zeitschrift für Parlamentsfragen 34 (2003), S. 5–21.

Klare Verluste – auf der Grundlage der Wahlkreiseinteilung von 2002 wie hypothetisch auf jener von 1998 – erlitten die SPD und die PDS. Die Verluste der PDS waren besonders dramatisch und folgenreich, weil diese Partei im Bundestag künftig auf nur noch zwei direkt gewählte Abgeordnete reduziert ist. Klare Gewinner waren die GRÜNEN, die FDP und – vor allem – die CSU: Alle drei legten sowohl faktisch als auch auf der hypothetischen Berechnungsgrundlage von 1998 deutlich zu. Die CDU, die faktisch Sitze verlor, hätte ohne Verkleinerung des Bundestages ebenfalls zulegen können. Jedenfalls ist seit dem Wahltag die Bundestagsbasis der rotgrünen Bundesregierung ziemlich geschrumpft, nämlich von 345 regierungstragenden versus 324 oppositionellen Abgeordneten im 14. Deutschen Bundestag (Differenz: 21) auf nunmehr 306 regierungstragende versus 297 nicht den Koalitionsparteien angehörende Abgeordnete im 15. Deutschen Bundestag (Differenz: 9). Das steigert – ganz gleich wer mit einer so knappen Mehrheit regieren muss – die Rolle des persönlichen Faktors bei grundlegenden Konflikten zwischen der Regierung und den sie tragenden Fraktionen gewaltig.

Tabelle 1: Die Sitzverteilung im 15. Deutschen Bundestag – Gewinne und Verluste

	Mandate insgesamt Diff.			Direktmandate Diff.			Listenmandate Diff.		
	2002	zu 1998 *	**	2002	zu 1998 *	**	2002	zu 1998 *	**
SPD	251	–47	–16	171	–41	–17	80	–6	+1
CDU	190	–8	+10	82	+8	+11	108	–16	–1
CSU	58	+11	+15	43	+5	+5	15	+6	+10
CDU/CSU	248	+3	+25	125	+13	+16	123	–10	+9
GRÜNE	55	+8	+12	1	+1	+1	54	+7	+11
FDP	47	+4	+7	0	0	0	47	+4	+7
PDS	2	–34	–30	2	–2	0	0	–32	–30
Insgeamt	603[1]	–66	–2	299	–29	0	304	–37	–2

   *) Differenz: Stand 1998 (328 Wahlkreise)
**) Differenz: Stand 2002 /299 Wahlkrese) – umgerechnete Ergebnisse/Sitze der Wahl con 1998

1) davon 5 Überhangmandate: SPD 4 (Hamburg 1, Sachsen-Anhalt 2, Thüringen 1)

Quelle: Forschungsgruppe Wahlen: Bundestagswahl. Eine Analyse der Wahl vom 22. September 2002, = Berichte der Forschungsgruppe Wahlen e.V., Mannheim, Nr. 108, S. 81.

Generell steigt die persönliche Konfliktfähigkeit eines Abgeordneten nun obendrein, wenn er ein Direktmandat mit einer so großen Mehrheit errungen hat, dass er auf Renominierung und Wiederwahl aus eigener Kraft rechnen kann.[6] Das macht den Blick auf die Anzahl der sogenannten „sicheren Wahlkreise" der einzelnen Fraktionen wichtig, also jener, in denen eine Partei bzw. ihr Kandidat mindestens 55,0 Prozent der Stimmenanteile erringen konnte.[7] Bei der SPD erhöhte sich 2002 geringfügig die

---

6 Vgl. Werner J. Patzelt: What can an Individual MP do in German Parliamentary Politics?, in: Lawrence D. Longley/Reuven Y. Hazan (Hrsg.): The Uneasy Relationships between Parliamentary Members and Leaders, London/Portland, S. 23–52.

7 So die Definition „sicherer Wahlkreise" von Feldkamp (Anm. 5), aus dessen Analyse auch die folgenden Zahlen stammen. Über die Validität dieser Operationalisierung von „Wahlkreissicherheit" mag man zwar streiten, hängt solche „Sicherheit" doch nicht nur vom Stimmenanteil der siegenden Partei ab, sondern auch – und bei großer Volatilität im Wahlverhalten sogar besonders stark – vom jeweiligen Stimmenabstand zum stärksten der geschlagenen Rivalen. Allerdings sagen Schwankungen im Anteil von Wahlkreisen, in denen – mit gleich welcher „Sicherheit" – ein Kandidat mindestens 55 Prozent der Stimmen erhalten hat, sehr wohl etwas über Festigkeit und Schwankungen an der elektoralen Basis einer Partei und ihrer Direktmandatare aus.

Anzahl ihrer „sicheren" Wahlkreise, nämlich von 19 im Jahr 1994 auf nunmehr 20. Damit liegt die SPD, trotz ihrer Verluste, immer noch deutlich über ihrem früheren „Besitzstand" an „sicheren" Wahlkreisen: 1990 waren es ganze 11, 1994 erst 14. Erhebliches Selbstbewusstsein und ziemliche Widerspenstigkeit nicht weniger Parlamentarier sind im Konfliktfall also zu erwarten.[8] Drastisch ist ebenfalls die Anzahl der „sicheren Wahlkreise" bei der CSU gestiegen, was wohl auf die große Mobilisierungswirkung ihres Parteivorsitzenden als Kanzlerkandidaten im eigenen Land zurückgeht: von 15 im Jahr 1998 auf nunmehr 31. Allerdings kommt dies überhaupt erst wieder an jene Zahl heran, die in den 1980er Jahren schon einmal erreicht wurde (1983: 35, 1987: 32), während der Rückgang „sicherer" CSU-Wahlkreise nach der Wiedervereinigung wohl mit der allmählichen Erosion bundesdeutscher Unionsmacht in jenen Jahren zusammenhängt: 1990 waren es noch 28, 1994 nur mehr 24 „sichere Wahlkreise". Mit weiterer Verstetigung und Verstärkung des notorischen Selbstbewusstseins der CSU-Abgeordneten ist darum zu rechnen. Das mag innerhalb der CDU/CSU-Fraktion zu Konflikten führen, sobald Zweifel an der Richtigkeit einer mehrheitlich von der CDU geprägten Oppositionsstrategie auftauchen.

Auch die CDU hatte bei den erdrutschartigen Bundestagswahlen von 1998 einen gewaltigen Einbruch ihrer „sicheren Wahlkreise" erlebt: Von 17 im Jahr 1994 reduzierten sie sich auf einen einzigen im Jahr 1998. Die Verdoppelung dieser Zahl bei der Wahl von 2002 brachte die CDU natürlich nicht recht weiter und unterstreicht nur, dass der Fast-Sieg des Unionslagers im September 2002 im Wesentlichen von der CSU errungen wurde. Wie anders war die Lage in den Jahren nach der Wiederauflage der christlich-liberalen Koalition gewesen: 1983 gab es bundesweit sogar 50 „sichere" CDU-Wahlkreise, und jeweils 23 bzw. 24 noch in den Jahren 1987 und 1990! Jetzt aber ist für viele CDU-Parlamentarier wohl immer noch der Rückenwind einer auf die Partei- und Fraktionsführung fokussierten allgemeinen Stimmung wichtiger als jener Rückhalt im eigenen Wahlkreis, mit dem man sich getrost auch auf fraktionsinterne Konflikte einlassen könnte. Das macht die CDU – nicht allerdings die CSU – in den nächsten Jahren viel leichter parlamentarisch führbar als die SPD, überdies die notwendige Reformpolitik dem Unionslager ja durchaus nicht gegen den Strich geht.

Blickt man darauf, wie gut die Bundestagsparteien über ihre Mandatsträger in den einzelnen Ländern verankert sind, so zeigt sich: Die mandatsstärkste Partei blieb bzw. wurde die SPD in Nordrhein-Westfalen (60 MdB), Niedersachsen (31), Hessen (18), Brandenburg (10), Sachsen-Anhalt (10), Schleswig-Holstein (10), Berlin (9), Thüringen (9), Hamburg (6) und Mecklenburg-Vorpommern (5), des Weiteren im Saarland (4) und in Bremen (2). Das ist die Bilanz eines – wenn auch knappen – Wahlsiegers. Die GRÜNEN, der „eigentliche" Wahlsieger, errangen die meisten ihrer Bundestagsmandate in Nordrhein-Westfalen (12), Baden-Württemberg (9) und Bayern (7), ferner in Niedersachsen (5), Hessen (5) und Berlin (4). Am meisten muss die rotgrüne Bundesregierung die Fundamente ihrer parlamentarischen Basis also in Nordrhein-Westfalen, Niedersachsen und Hessen im Auge behalten, wobei – nach den dramatischen Niederlagen der SPD bei den Landtagswahlen in Niedersachsen und Hessen – das Land Nordrhein-Westfalen zur letzten wirklichen Hochburg des rot-grünen Lagers geworden ist.[9]

---

8 Zahlen nach Feldkamp (Anm. 5).
9 Die PDS ist nur noch mit zwei Berliner Wahlkreisen im Bundestag vertreten. Der Bericht der Forschungsgruppe Wahlen über die Bundestagswahl 2002 (siehe Tabelle 1) gibt auf S. 82 irrtümlich an, es handele sich um zwei brandenburgische PDS-Mandate.

Im Unionslager hat von allen Ländern der Freistaat Bayern die größte Anzahl von Bundestagsmandaten: Nicht weniger als 58 fielen an die CSU, was sie überhaupt zur drittstärksten im Bundestag vertretenen Partei macht. Bei der CDU sind seit 2002 die mandatsreichsten Landesverbände die von Nordrhein-Westfalen (49), Baden-Württemberg (34), Niedersachsen (22), Hessen (17), Rheinland-Pfalz (13) und Sachsen (13). Dabei liegt nach Bundestagsmandaten nur in Bayern die CSU, in Baden-Württemberg die CDU klar vor der SPD, mit nur je einem Mandat Vorsprung die CDU außerdem in Rheinland-Pfalz und in Sachsen. Bei der FDP ist das mandatsstärkste Land Nordrhein-Westfalen (13). Mit weitem Abstand folgen Baden-Württemberg (6), Niedersachsen (5), Hessen (4) und Bayern (4). Eine bürgerliche Koalition wird ihren Wiederaufstieg also am besten über besondere Responsivitäts- und Führungsleistungen der Unions- und FDP-Landesverbände in Nordrhein-Westfalen, Bayern und Baden-Württemberg, in Niedersachsen und Hessen, auch in Rheinland-Pfalz und Sachsen nehmen.

3. Die soziale Zusammensetzung des 15. Deutschen Bundestages

Parlamentarier sind eine merkwürdige Elitengruppe. In parlamentarischen Regierungssystemen werden aus ihren Reihen zwar die zentralen politischen Spitzenämter besetzt; doch die Rekrutierung und Selektion von Abgeordneten erfolgt höchst dezentral. Und obwohl unter bundesdeutschen Bedingungen eine vorgängige „Fraktionsplanung" schlechterdings unmöglich ist, kann man doch – wenigstens in den großen Fraktionen – mit großer Sicherheit auf die Rückkehr wichtiger Parlamentarier zählen. Auch reproduzieren sich die Fraktionen von Wahl zu Wahl mit erfahrungsgemäß nur geringfügig veränderten soziographischen Merkmalen. Wandel, obwohl unverkennbar, vollzieht sich also meist in kleinen Schritten. Offensichtlich wirken, bei aller Dezentralität und rechtlichen Plastizität, überall ziemlich gleichartige und sehr stabile Mechanismen bei der Rekrutierung und Nominierung von Kandidaten.

Über längere Zeiträume durchgehaltene Analysen der sozialen Zusammensetzung von Parlamenten können diese Mechanismen von ihren Folgen her sichtbar machen und obendrein Anhaltspunkte dafür geben, was man im Großen und Ganzen von jener Elitengruppe erwarten darf. Für den Deutschen Bundestag legten bislang Peter Schindler, Adalbert Hess und Emil-Peter Müller die entsprechenden Untersuchungen vor; unlängst wurden sie von Michael Feldkamp, Franziska Deutsch und Suzanne S. Schüttemeyer fortgeschrieben.[10] Im folgenden sollen die zentralen Befunde zu den dabei fassbaren Merkmalen für den 15. Deutschen Bundestag überblickt, in größere Entwicklungsmuster eingebettet und im Hinblick darauf interpretiert werden, was sie

10 Bis 1999 informiert zuverlässig Peter Schindler (Bearb.): Datenhandbuch zur Geschichte des Deutschen Bundestages, 1949 bis 1999, 3 Bde, Baden-Baden 1999, Bd. 1, S. 678–717. Detaillierte und überdies interpretierende Analysen finden sich für die letzten Wahlperioden in Adalbert Hess: Daten und Aspekte zur Sozialstruktur des 12. Deutschen Bundestages, in: Zeitschrift für Parlamentsfragen 23 (1992), S. 201–216; ders.: Sozialstruktur des 13. Deutschen Bundestages, in: Zeitschrift für Parlamentsfragen 26 (1995), S. 567–585, und in Emil-Peter Müller: Wirtschaftliche und soziale Interessen im XII. Deutschen Bundestag, in: Zeitschrift für Parlamentsfragen 23 (1992), S. 5–16. Eine detaillierte Analyse bis hin zur Gegenwart bieten, samt weiteren Literaturhinweisen, Franziska Deutsch/Suzanne S. Schüttemeyer: Die Berufsstruktur des Deutschen Bundestages – 14. und 15. Wahlperiode, in: Zeitschrift für Parlamentsfragen 34 (2003), S. 21–32.

hinsichtlich der politischen Leistungsfähigkeit des neu gewählten Parlaments in Aussicht stellen.[11]

a. Herkunft aus den alten oder neuen Ländern[12]

Im 15. Deutschen Bundestag kommen nur noch 14,9 Prozent der Abgeordneten aus den neuen Ländern (alte Länder: 81,3 Prozent, Berlin: 3,8 Prozent), während es in der 14. Wahlperiode 18,8 Prozent gewesen waren (alte Länder: 77,4 Prozent, Berlin: 3,7 Prozent). Ursächlich ist nicht einfach die durch Geburtenrückgang und Abwanderung reduzierte Bevölkerungszahl der neuen Länder, die sich nun auch bei der Neueinteilung der Bundeswahlkreise aus Anlass der Verkleinerung des Bundestages bemerkbar macht. Viel stärker fällt ins Gewicht, dass die Zweitstimmen der PDS – immerhin 1,9 Millionen und weitestgehend in den neuen Ländern errungen – wegen der elektoralen Erfolglosigkeit dieser Partei nicht in die Berechnung und Verteilung der Bundestagsmandate eingingen. Die PDS errang nur zwei Direktmandate statt jener drei, die zur Nichtanwendung der 5 Prozent-Sperrklausel geführt hätten, und sie gewann bundesweit lediglich 4,0 Prozent der gültigen Stimmen, womit das übliche Einzugskriterium verfehlt wurde. Außerdem büßten die neuen Länder aufgrund der auch von der Wahlbeteiligung abhängigen Verteilung der Listenmandate insgesamt rund zehn Mandate ein, weil in Ostdeutschland die Wahlbeteiligung nur bei 72,9 Prozent lag, in Westdeutschland aber bei 80,7 Prozent. Es dürfte dieser „Repräsentanzschwund" der neuen Länder aber nicht sehr folgenreich sein. Einesteils hindert nichts den Bundeskanzler daran, den „Aufbau Ost" aus eigenem Entschluss als „Chefsache" zu betreiben, und andernteils können sich die ostdeutschen Länder, und zumal die drei von der Bundestagsopposition regierten, jederzeit über den Bundesrat Gehör und Geltung verschaffen. Viel folgenreicher wird sein, dass der PDS fortan der Bundestag weitgehend als wichtige Bühne fehlt, bundesweit auf sich – und gar erst in einer Rolle als „authentischer Wortführer ostdeutscher Interessen" – aufmerksam zu machen. Das wird die PDS erst recht in ihrer Rolle als ostdeutscher Regionalpartei festhalten.

b. Frauenanteil

Es bedurfte immer schon sehr verklemmter Argumente, um die Absenz von Frauen im politischen Leben oder in den Parlamenten als wünschenswert oder akzeptabel hinzustellen. Sie bringt heute kaum mehr jemand vor. Gestritten wird nur über den bestmöglichen Weg, den Frauenanteil in der Politik zu steigern, sowie darüber, ob eine getreuliche Widerspiegelung des gesellschaftlichen Geschlechterproporzes in den Reihen der politischen Elite an sich ein – gar vorrangiges – Ziel sein müsse.

Jedenfalls haben im September 1028 Frauen für den Bundestag kandidiert. Das entspricht 29,0 Prozent der insgesamt 3544 Kandidaten. Damit lag der Anteil kandidierender Frauen leicht unter den Prozentsätzen von 1998 (30,9 Prozent) und 1994 (29,5 Prozent), aber deutlich über jenem von 1990 (24,2 Prozent), 1987 (25,4 Pro-

---

11 Sofern nicht anders angegeben, stammen die im folgenden präsentierten Strukturdaten aus der schon erwähnten Untersuchung von Feldkamp (Anm. 5), Angaben über parlamentarische Neulinge hingegen aus Analysen von Karin Algasinger.
12 Die folgenden Angaben beruhen auf Auszählungen von Karin Algasinger.

zent) oder gar 1983 (19,2 Prozent), wenn natürlich auch weit unter dem Frauenanteil in der Gesamtbevölkerung. Noch stetiger ist seit der 10. Wahlperiode (1983-1987) der Anteil von Frauen unter den tatsächlich gewählten Abgeordneten angestiegen. Das hängt mit besseren Listenplazierungen und somit Wahlchancen von Kandidatinnen zusammen, was seinerseits in erster Linie auf die Einführung von – unterschiedlichen – Quotierungsregeln in allen Parteien zurückgeht. Die Zahlen präsentieren eine – sicher noch nicht zum Abschluß gekommene – Erfolgsgeschichte: Dem 15. Deutschen Bundestag gehören 32,8 Prozent Frauen an,[13] während das – zu Beginn der jeweiligen Wahlperiode – 1998 30,9 Prozent, 1994 26,2 Prozent, 1990 20,5 Prozent, 1987 15,4 Prozent und 1983 gar nur 9,8 Prozent Frauen waren. Im derzeitigen Deutschen Bundestag sind die absolut meisten Frauen, nämlich 95, Mitglieder der SPD-Fraktion; es folgen die Fraktionen von CDU/CSU mit 57 Frauen, der Grünen mit 32 und der FDP mit 12 Frauen. Prozentual haben allerdings – neben dem Sonderfall der zwei Parlamentarierinnen der PDS – die GRÜNEN den größten Frauenanteil. Mit 58,2 Prozent liegt er, aufgrund der für Frauen besonders vorteilhaften Quotierungsregeln,[14] sogar über dem Geschlechterproporz in der Bevölkerung. Es folgen mit großem Abstand die SPD-Fraktion mit 37,9 Prozent Frauenanteil, sodann – mit nicht minder großem Abstand – die FDP mit 25,5 Prozent und die CDU/CSU mit 23,0 Prozent. Gemäß allen Erfahrungen wird der Frauenanteil zum Ende der Wahlperiode hin leicht ansteigen, weil Frauen – aufgrund der ihnen üblicherweise zugewiesenen schlechteren Listenplätze – unter den Nachrückern überproportional vertreten sind. Für die politische Arbeit und Leistungsfähigkeit des Bundestages haben solche Veränderungen keine Folgen, weil Parlamentarierinnen, abgesehen von einigen – zumal ihrer bisherigen Minderheitsrolle geschuldeten – Besonderheiten bei Stil und Schwerpunktsetzung das politische Gewerbe kaum anders ausüben als ihre männlichen Kollegen.[15]

c. Vorhergehende Mitgliedschaft in einem Landtag[16]

Nicht wenige Landesparlamentarier neigen dazu, die Übernahme eines Bundestagsmandats als Fortsetzung ihrer bisherigen Karriere aufzufassen. Tatsächlich waren 16,1 Prozent der Mitglieder des 15. Deutschen Bundestages zuvor Mitglied in einem Landtag. Die meisten dieser „Karrierefortsetzer" finden sich mit 42 in der CDU/CSU-Fraktion, gefolgt von 31 in der SPD-Fraktion und 15 bei den GRÜNEN. Unter den FDP-Abgeordneten hatten sieben schon einmal ein Landtagsmandat, desgleichen die beiden Parlamentarierinnen der PDS. Im 14. Deutschen Bundestag lag die Zahl der vorgängigen Landtagsabgeordneten mit 15,8 Prozent in der gleichen Größenordnung, in den 1950er Jahren – unter ganz anderen politischen Karrierebedingungen – indessen bei rund einem Drittel. Typisch für den Karrierehintergrund von Bundestagsabgeordneten sind vorherige Landtagsmandate also nicht. Sie mögen zwar einen Bundestagsneuling mit nützlicher parlamentarischer Erfahrung ausstatten; doch solche Vorsprünge

---

13 Stand vom 15. Januar 2003, als zwei Frauen für zwei ihr Mandat nicht behaltende Männer nachgerückt waren. Wegen dieser hier berücksichtigten Veränderung der Zusammensetzung des Bundestages unterscheiden sich manche der folgenden Zahlen von jenen, die über die Zusammensetzung des Parlaments unmittelbar nach dessen Neuwahl publiziert wurden.

14 Die ungeraden Listenplätze, und somit auch der erste, werden in der Regel an Frauen vergeben.

15 Siehe Sabine Lemke-Müller: Abgeordnete im Parlament. Zur Parlamentskultur des Deutschen Bundestages, Rheinbreitbach 1999; dies.: Funktionen und Politikverständnis der weiblichen Abgeordneten in den Ausschüssen des 13. und 14. Deutschen Bundestages, in: Zeitschrift für Parlamentsfragen 30 (1999), S. 968–979.

16 Angaben aus Deutsch/Schüttemeyer (Anm. 10), Tabelle 3.

schmelzen rasch. Wichtiger ist der Personaltausch zwischen Bundes- und Landespolitik jedenfalls auf der Ebene exekutiver Spitzenämter: Kanzler und Bundesminister rekrutieren sich oft aus den Reihen der Ministerpräsidenten, Landesminister nach Regierungswechseln aus dem Kreis fachlich angesehener Bundestagsabgeordneter oder Parlamentarischer Staatssekretäre.

d. „Neulinge"

174 Abgeordnete gehörten dem Deutschen Bundestag nach dessen letzter Wahl zum ersten Mal an, also 28,9 Prozent seiner Mitglieder. Damit lag die Quote personeller Erneuerung über jener von 1998 mit damals 24,8 Prozent, doch immer noch unter den Quoten der ersten zwei nach der Wiedervereinigung gewählten Bundestage: 1990 gab es 35,5 Prozent „Neulinge", 1994 30,2 Prozent. Weil nach 1990 die Abgeordneten der neuen Länder überhaupt erstmals in den Bundestag gelangten, unter diesen sich aber nicht alle aus der „ersten Generation" im Parlament halten konnten, sind die damals so großen Erneuerungsquoten keineswegs erstaunlich. Es konnte gar nicht anders sein, als dass sie drastisch höher lagen als in den letzten beiden Bundestagen vor der Wiedervereinigung. 1983 zogen jedenfalls nur 17,7 Prozent der Abgeordneten erstmals in den Bundestag ein, und 1987 nicht mehr als 21,2 Prozent.

Eher wundert, dass die Erneuerungsquote 2002 wieder so hoch lag. Unterdurchschnittlich war nur die Erneuerungsrate der – freilich bereits 1998 sehr stark angewachsenen – SPD-Fraktion. Die Erklärung findet sich beim Blick auf die Tatsache, dass es die meisten neuen Abgeordneten in den Fraktionen der GRÜNEN und der CDU/CSU gibt, nennenswert viele auch bei der FDP. Bei den beiden bis 1998 regierenden Parteien sind jetzt nämlich viele jener politischen Spitzenkräfte ausgeschieden, die – in der Hoffnung auf einen weiteren Wahlsieg – zum 14. Deutschen Bundestag noch einmal kandidiert hatten. Es handelt sich hier also um eine nachholende, ganz besonderen Umständen geschuldete personelle Erneuerung. Bei den GRÜNEN hingegen geht die Tatsache, dass fast die Hälfte der Fraktion ausgetauscht wurde, sehr stark auf eine Reihe höchst individuell verursachter Niederlagen bisheriger Mandatsträger bei der Neuaufstellung zurück. Vermutlich wird die Integration so vieler „Neulinge" bei den GRÜNEN die Sicherung der rotgrünen Regierungsmehrheit mitunter schwierig machen.

e. Seniorität

Es gehört zu den gemeinplatzartigen Besorgnissen öffentlicher Debatten, dass die Parlamente zu innovationsunfähigen Clubs von Dauerabgeordneten würden, die sich ihrerseits der politischen Basis und Wählerschaft entfremdeten. Solche Sorge ließ die GRÜNEN einst das „Rotationsprinzip" einführen und macht derzeit die Forderung nach Amtszeitbeschränkungen für Parlamentarier populär. Meist wird eine Frist von zwei Wahlperioden befürwortet, was bei einer vierjährigen Legislatur zu acht Jahren, bei einer – immer wieder geforderten und auf Landesebene vielfach eingeführten – fünfjährigen Legislatur zu zehn Jahren parlamentarischer Verweilzeit führte.

Blickt man auf die Tatsachen, so zeigt sich: Im Durchschnitt hatten die Abgeordneten des 15. Deutschen Bundestages bei Beginn von dessen Wahlperiode nicht mehr als

6,93 Jahre als MdB hinter sich. Das allerdings ist der höchste Wert seit der Wiedervereinigung: 1990 waren die Abgeordneten zu Beginn der Wahlperiode durchschnittlich bereits 6,19 Jahre im Bundestag gewesen, 1994 nur 6,16 Jahre, 1998 aber schon 6,85 Jahre. Nur scheinbar ist eine grundsätzliche „Verlängerung" parlamentarischer Verweilzeiten festzustellen; vielmehr verhält es sich so, dass die Wiedervereinigung durch den Parlamentseintritt sehr vieler „Neulinge" die Durchschnittswerte parlamentarischer Seniorität zunächst einmal drastisch drückte. Derzeit nähert man sich also wieder früheren Zuständen. 1987 betrug die durchschnittliche Verweilzeit der Abgeordneten zu Beginn der Wahlperiode jedenfalls 8,17 Jahre, 1983 immerhin 7,17 Jahre.

Die am Ende der jeweiligen Wahlperiode erreichte Seniorität lag wiederum im Jahr 2002, also am Ende der 14. Wahlperiode, bei 10,64 Jahren, was ungefähr jenen 10,52 Jahren entspricht, die am Ende der 10. Wahlperiode im Jahr 1987 erreicht waren. Aufgrund der Verkürzung der 11. Wahlperiode (1987-1990) war die Maßzahl der an ihrem Ende erreichten Seniorität auf 9,05 Jahre gesunken, um am Ende der 12. und 13. Wahlperioden, also 1994 und 1998, über 9,69 und 9,85 Jahre wieder auf den langjährigen Durchschnittswert von rund zweieinhalb vierjährigen Wahlperioden zu steigen. Die populären Forderungen nach Amtszeitverkürzung verlangen also wenig Anderes, als das, was bei der vierjährigen Wahlperiode des Bundestages im Durchschnitt weitgehend und bei einer fünfjährigen ohnehin völlig erfüllt wäre.

Solche Forderungen haben indessen meist Einzelfälle im Blick und räumen rasch der Billigung von Ausnahmeregeln das Feld, sobald sich zeigt, dass es sich hier meist um ausgewiesene Leistungsträger ihrer Fraktionen handelt. Wiederum klärt der Blick auf die Tatsachen vieles.[17] Er erweist, dass 22,4 Prozent der Abgeordneten des 15. Deutschen Bundestages diesem erst seit 1998 angehören, weitere 18,7 Prozent seit 1994, und überdies 14,4 Prozent seit 1990. Derzeit überschreiten also 51,3 Prozent der Bundestagsabgeordneten die populäre „Zwei-Wahlperioden-Grenze" nicht: die 28,9 Prozent Neulinge ohnehin nicht, und weitere 22,4 Prozent deshalb nicht, weil sie bis zur letzten Bundestagswahl ja ihrerseits Neulinge waren. Fügt man jene 18,7 Prozent hinzu, welche derzeit ihre dritte – und die für den Durchschnitt der Abgeordneten dann auch letzte – Wahlperiode absolvieren, so kommt man auf derzeit 70,0 Prozent Parlamentarier, die sich im Rahmen der üblichen Mandatsdauer bewegen. Schon gar nicht ist zu erwarten, dass von jenen 14,4 Prozent, die im Augenblick ihre vierte Wahlperiode absolvieren, die Mehrheit auch noch eine fünfte Wahlperiode erreichen wird. Gegenwärtig sind in dieser Lage nämlich ganze 7,3 Prozent der Bundesparlamentarier. In ihrer sechsten bzw. siebten Wahlperiode befinden sich zur Zeit 2,2 Prozent bzw. 3,0 Prozent der Bundestagsabgeordneten, in ihrer achten 2,5 Prozent, und die neunte Wahlperiode – mit einer Stehzeit also seit 1972 – absolvieren nur 0,7 Prozent der Parlamentarier.

---

17 Leider sind die Tatsachen mitunter nicht gut genug dokumentiert. Das betrifft auch jene, die der nachstehenden Analyse zugrunde liegen. Sie folgt den Daten in Kürschners Volkshandbuch Deutscher Bundestag, (Sonderdruck für den Deutschen Bundestag, hrsg. von Klaus-J. Holzapfel, Rheinbreitbach 2003). Diese weichen von den Zahlen ab, die Feldkamp (Anm. 5) publizierte. In Kürschners Volkshandbuch werden nämlich alle von einem Abgeordneten ganz oder teilweise absolvierten Wahlperioden gezählt. Hingegen addiert die von Feldkamp veröffentlichte Parlamentsstatistik des Bundestages nicht nur die fortlaufend als Abgeordneter verbrachten Wahlperioden, sondern – fälschlicherweise! – auch die Absenzzeiten. So erfaßt sie beispielsweise jenen MdB mit drei (!) Wahlperioden, der 1994 bis 1998 im Bundestag war, zwischen 1998 und 2002 aber nicht, doch 2002 wieder in den Bundestag zurückkehrte. Als Folge dessen wird in der „amtlichen" Parlamentsstatistik die Zahl der absolvierten Wahlperioden stets (etwas) zu hoch angegeben.

Die geringste durchschnittliche Verweildauer im Bundestag weisen die Abgeordneten der GRÜNEN auf sowie – aufgrund des nunmehrigen Ausscheidens einer nennenswerten Zahl langjähriger Parlamentarier, die 1998 in Hoffnung auf einen erneuten Wahlsieg nochmals kandidiert hatten – die der CDU/CSU. Die größte parlamentarische Stehzeit findet sich in den Reihen der FDP und der SPD.[18] Dennoch besteht jenes Problem, das durch die populäre Einführung von Amtszeitbegrenzungen gelöst werden soll, in keiner zur Besorgnis Anlaß gebenden Größenordnung. Und keinesfalls ist vom 15. Deutschen Bundestag zu befürchten, wegen einer „Überalterung" oder „Abgehobenheit" seiner Mitglieder von ihren Parteien und Wählern[19] könne er an seinen Herausforderungen scheitern. Wenn er scheitern sollte, dann sicher aus anderen Gründen!

f. Alter und politische Generationen

Kaum verändert hat sich seit zwanzig Jahren das Durchschnittsalter der Bundestagsabgeordneten. 2002, zu Beginn der 15. Wahlperiode, lag es bei 49,3 Jahren. In den vorangehenden Wahlperioden waren das 49,9 (1998), 49,1 (1994), 48,7 (1990), 49,3 (1987) und 48,2 (1983) Jahre. Weder von einer „Juvenilisierung" noch von einer „Vergreisung" des Bundestages kann angesichts solcher Tatsachen die Rede sein. Vielmehr besteht der Bundestag im Durchschnitt aus Personen in jenen „besten Jahren" ihres Lebens, in welchen Tatkraft sich mit bereits umfangreicher Lebenserfahrung bündelt.

Niedriger liegt natürlich das Durchschnittsalter der Parlamentsneulinge: 2002 betrug es rund 44 Jahre. Insgesamt sind nur 3,8 Prozent der Parlamentarier jünger als 30 Jahre (Neulinge mit 30 und weniger Jahren:[20] 10,1 Prozent), jünger als 40 insgesamt 16,9 Prozent[21] (Neulinge mit 40 und weniger Jahren: 32,6 Prozent), und 43,4 Prozent sind jünger als 50 (Neulinge mit 50 und weniger Jahren: 70,8 Prozent). Im Alter zwischen 51 und 60 Jahren befinden sich 45,2 Prozent der Angehörigen des 15. Deutschen Bundestages; älter als 60 sind nur weitere 11,4 Prozent. Unter den „Neulingen" sind gar nur 29,2 Prozent überhaupt älter als 50. Die jüngsten „Neulinge" gibt es – mit durchschnittlich 43 Jahren – bei der CDU/CSU und GRÜNEN, also jenen Fraktionen, die sich auch insgesamt am meisten personell erneuert haben. Die ältesten „Neulinge" finden sich hingegen bei der FDP (45 Jahre) und bei der SPD (46 Jahre). Regelmäßig sind die männlichen Mitglieder des Bundestages im Durchschnitt um zwei bis drei Jahre älter als ihre Kolleginnen: Zu Beginn der 15. Wahlperiode lagen die jeweiligen Durchschnittsalter bei 50,2 bzw. 47,4 Jahren. Ein Grund wird darin liegen, dass sich besonders viele Frauen in der insgesamt jüngeren Fraktion der GRÜNEN finden. Ein anderer mag sein, dass die neuen Quotierungsregeln bei der Kandidatenaufstellung in Verbindung mit einem nachwirkend geringeren politischen Partizipationsgrad von Frauen den letzteren im Durchschnitt schnellere Karrieren ermöglichen, als sie inzwischen die Männer absolvieren.

---

18 Quelle: Berechnungen von Karin Algasinger.
19 Vgl. Werner J. Patzelt/Karin Algasinger: Abgehobene Abgeordnete? Die gesellschaftliche Vernetzung der deutschen Volksvertreter, in: Zeitschrift für Parlamentsfragen 32 (2001), S. 503–527.
20 In den verfügbaren Auszählungen liegt die Kategoriengrenze bei der Gesamtbetrachtung aller Parlamentarier zwischen 29 und 30 Jahren, bei den Neulingen hingegen zwischen 30 und 31. Das macht die Zahlen leider nur bedingt vergleichbar.
21 Hier und im Rest des Satzes sind kumulative Prozentwerte angegeben.

41,5 Prozent der derzeitigen Parlamentarier wurden zwischen 1940 und 1949 geboren, nur 2,7 Prozent noch im Jahrzehnt zuvor. Aus dem Jahrzehnt zwischen 1950 und 1959 stammen weitere 34,4 Prozent der jetzigen Bundestagsabgeordneten, und überdies 15,6 Prozent aus der Zeit zwischen 1969 und 1979. 5,8 Prozent sind noch jünger. Der durchschnittliche, knapp 50jährige Bundestagsabgeordnete mit westdeutscher Sozialisation hat also die Auseinandersetzungen um die wirtschafts- und außenpolitische Erstausrichtung der jungen Bundesrepublik Deutschland aus eigener Erfahrung ebensowenig mitbekommen wie die Großkrisen des Kalten Krieges um Berlin und Kuba. Sein persönlicher Erfahrungshorizont ist jener von wachsendem Wohlstand und gesichertem Frieden. Sein politisches Erwachen fällt in die Epoche der 1968er Revolte gegen das von Union und FDP eingerichtete westdeutsche Staatswesen, in die Ära der von Willy Brandt vermittelten sozialliberalen Hoch- und Aufbruchstimmung, und in die Periode des von Vietnamkrieg und Imperialismuskritik angefachten Antiamerikanismus. Er erlebte die letzten zwei Drittel der sozialliberalen Regierungszeit als eine Zeit des Auseinanderdriftens von sozialdemokratischen Idealen und sozialdemokratischer Realpolitik, in der auf der einen Seite die GRÜNEN und die Friedensbewegung das Erbe eines Gutteils sozialdemokratischer Visionen antraten, auf der anderen Seite aber die Unionsparteien als bereitwillige Vollstrecker von Dingen erstarkten, die Willy Brandts Nachfolger zwar wollte, gegen seine mehr und mehr lieber den Ideen als den Realien anhängende Partei aber nicht durchsetzen konnte.

Zum erfahrenen Politiker wurde dieser „altersdurchschnittliche" Bundestagsabgeordnete dann in der Ära Helmut Kohls: Entweder daran leidend, dass nun so deutlich gegen seine aus „68er Revolution" und Brandtschem Aufbruch stammenden Überzeugungen anregiert wurde, oder ständig irritiert über so breiten politischen und publizistischen Widerstand gegen eine von den Wählern doch immer wieder unterstützte Politik. Wann immer eine große politische Herausforderung zu bestehen war, polarisierten sich in der Folgezeit die großen Lager gemäß ihren ganz unterschiedlichen Grundüberzeugungen: die einen – je nach Politikfeld – bauend auf Macht- und Gleichgewichtspolitik sowie auf den Vorrang des Marktes vor staatlicher Steuerung, die anderen hingegen voller Vertrauen in einen Staat, der „die Wirtschaft" in ihre Schranken weise und sich gerechtigkeitsschaffender Umverteilung widme, sowie setzend auf die konkrete Utopie von „Frieden schaffen ohne Waffen". In der Außenpolitik, einem auch im parlamentarischen Regierungssystem klar exekutivdominierten Politikfeld, setzte sich Kohls Regierung meist durch – besonders zielstrebig, als es um die Nutzung der Chance auf die Wiedervereinigung Deutschlands ging. Doch in der Innenpolitik kam es seitens der Regierung oft zum vorauseilenden Verzicht auf von der linken Opposition blockierbare Maßnahmen, seitens der Opposition aber zur Empörung selbst über die kleinsten Schritte weg von jenem Status quo der deutschen Wirtschafts- und Sozialpolitik, der zur Fessel der Produktivkräfte geworden ist. Scharmützel und Feldzüge in zeitgeistrelevanten Fragen vergifteten überdies das Klima: von der richtigen Behandlung der Asylbewerber-, Einwanderungs- und Staatsbürgerschaftsproblematik über die Rolle der Familie bis hin zur Frage, ob es eine legitimerweise sich selbst behauptende deutsche Kultur jenseits der – mit den Österreichern geteilten – deutschen Sprache und freiheitlichen demokratischen Grundordnung gebe oder geben dürfe. In diesem Klima, und entlang seiner politischen Ungewitter, prägte sich die Grundhaltung und wechselseitige Einschätzung der den Bundestag heute dominierenden Parlamentarier aus, wobei die einen zunehmend in die Defensive gerieten, während die anderen Angriffswucht gewannen. Der Wahlsieg von 1998 brachte dieses zweite Lager dann nach sechzehn Jahren politischer Unterlegenheit endlich an die Macht, welche das rot-grüne Bündnis, sich kurzfristig sogar im Besitz der kulturellen Hegemonie wähnend, 2002 knapp verteidigte.

Nirgendwo wird sich im 15. Deutschen Bundestag der „soziodemographische Hintergrund" folgenreicher auswirken als im antithetischen Wirken dieser so „dialektischen" politischen Doppelgeneration. Sie wurde geprägt von einem regelrechten Geschichtsdrama. Es setzte ein mit dem – in den Bann ziehenden oder zur Abwehr veranlassenden – „Erweckungserlebnis" von Studentenrevolution und Brandtschem Charisma. Den Knoten schürzte das Auseinanderdriften von Idealen und Realien zur Zeit Helmut Schmidts. Der Höhepunkt des Dramas wurde in jenen epochalen Ereignissen erlebt, welche zu den Grundüberzeugungen der Linken schwerlich paßten: nämlich von den friedenssichernden Folgen der NATO-Nachrüstung über den als befreiend empfundenen Sturz des für überlegen gehaltenen kommunistischen Wirtschafts- und Gesellschaftsmodells bis hin zur Wiedervereinigung Deutschlands als Bestandteil einer Wiedervereinigung Europas auf demokratisch-marktwirtschaftlicher Grundlage. Zum retardierenden Element wurde der als besonders lang empfundene zweite Teil von Helmut Kohls Kanzlerschaft. Und den Schlussakt stellte die Bundestagswahl von 1998 dar, empfunden – je nach politischem Lager – als tragisch oder als „happy end" einer schier nicht enden wollenden Oppositionszeit.

Im Hintergrund aller Konflikte wird bei den Auseinandersetzungen des 15. Deutschen Bundestages darum stets das Schicksal jener konkurrierenden Politikprojekte verhandelt werden, für welche diese zwei missgeschwisterlichen Zweige derselben politischen Generation stehen. Die offene und immer mehr auf eine Antwort drängende Frage lautet nämlich: Werden in der rotgrünen Koalition epochale Irrtümer der „68er" offenkundig und abgetan – oder vollendet sich endlich, was damals begann, von Helmut Kohls bürgerlicher Koalition aber allzu lange aufgehalten wurde? Wenig wird dabei zur Sache tun, dass weder die jüngeren Abgeordneten des jetzigen Bundestages noch gar seine ostdeutschen Mitglieder jener politischen Doppelgeneration angehören, ja deren Kampf auch gar nicht als den ihren empfinden müssen. Denn bei den anstehenden wirtschafts- wie sozialpolitischen Reformaufgaben, und angesichts der neu zu justierenden Rolle Deutschlands in Europa sowie im westlichen Bündnis, geht es um überhaupt keine anderen Themen als um jene, über die sich jene Doppelgeneration während der rund drei Jahrzehnte ihres politischen Lebens zerstritt. Deren Angehörige aber stellen die Mehrheit im jetzigen Bundestag und in ihre Diskurse muss schlechterdings jeder eintreten, der heute politisch argumentiert.

g. Berufsstruktur

Parlamentarische Berufsstrukturanalysen sind schwierig. Erstens beruhen alle Angaben auf den – in der Regel freiwilligen und in keiner Weise standardisierten – Aussagen der Abgeordneten selbst, was Probleme von Vollständigkeit und Vergleichbarkeit nach sich zieht. Etwa sind Informationen über Ausbildungsabschlüsse, Tätigkeiten oder Berufe oft schwer entwirrbar vermengt und Hinweise – wie auf eine Tätigkeit als „Angestellter" – allzu unbestimmt. Zweitens führt die zunehmende Verschränkung von beruflichen und politischen Karrieren dazu, dass mitunter schon das Konzept eines außerhalb der Politik ausgeübten Berufs an sich wenig Sinn macht, nämlich dann nicht, wenn von Jugendjahren an Berufe im Umfeld politischer Institutionen und Akteure das Erwerbsleben ausmachten. Drittens verändern sich Berufsstrukturen und Berufsbezeichnungen, während – der Vergleichbarkeit von Zeitreihendaten willen – Kategorisierungen selbst dann fortgeschrieben werden müssen, wenn sie im Grunde überholt sind. Der subjektive Faktor kommt aus allen diesen Gründen sowohl seitens der Abgeordneten als auch der Wissenschaftler stark ins Spiel. Das wiederum lässt die Untersuchungsergebnisse immer wieder, wenn auch nicht in zentralen Grundzügen, voneinander abweichen. Das gilt auch bei der Anwendung des in Deutschland bis hin zur Gegenwart benutzten Kategorienschemas von Adalbert Hess, welches hier der Tabelle 2 sowie den folgenden Ausführungen zugrunde liegt.[22]

Trotzdem ist das Grundmuster der berufsstrukturellen Entwicklung des Bundestages seit der ersten Wahlperiode unstrittig, zumindest hinsichtlich jener großen – etwas unzweckmäßig aufgegliederten – Gruppen, über welche im Datenhandbuch zur Geschichte des Deutschen Bundestages Zeitreihenanalysen publiziert wurden: die Selbstständigen und Freiberufler; die Angestellten politischer und gesellschaftlicher Organisationen bzw. in der Wirtschaft; sowie die Beamten und Angestellten des öffentlichen Dienstes.[23] Die Abbildung 1 zeigt bei allen Schwankungen im Einzelnen: Der Anteil der Selbstständigen und Freiberufler, 1949 bei rund 30 Prozent und bis zur 3. Wahlperiode (1957–1961) auf etwa 35 Prozent angestiegen, sank anschließend – freilich mit einer zwischenzeitlichen Aufwärtsbewegung – sehr deutlich, um zur 13. Wahlperiode (1994–1998) dann gar auf gut 20 Prozent zurückzugehen. Mit dem Anteil der Angestellten politischer und gesellschaftlicher Organisationen sowie von Angestellten in der Wirtschaft vollzog sich eine über weite Strecken ähnliche Entwicklung. 1949 mit rund einem Drittel der Abgeordneten gestartet und rund 20 Jahre lang in dieser Dimension bleibend, sank ihr Anteil in der 6. Wahlperiode (1969–1973) auf rund ein Viertel, um dann – nach weiterem Rückgang bis zur 11. Wahlperiode (1987–1990) – in der 13. Wahlperiode wieder auf rund 28 Prozent anzusteigen. Die Beamten und Angestellten des öffentlichen Dienstes starteten hingegen 1949 mit rund 28 Prozent der Bundestagsabgeordneten an dritter Stelle. Nach einem leichten Rückgang ihres Anteils in den 1950er Jahren setzte in den siebziger Jahren ein Anstieg auf rund 36 Prozent ein. Ihm folgte in der 10. Wahlperiode (1983–1987) zwar ein leichter Rückgang auf ein Drittel, alsdann ein zunächst langsamer, zur 13. Wahlperiode (1994–1998) hin beschleunigter Anstieg auf damals rund 44 Prozent. Inzwischen also dominieren die Beamten und Angestellten des öffentlichen Dienstes den Bundestag mit großem Abstand, gefolgt von den (freilich besser nicht in eine einzige Gruppe zusammenzufassenden) Angestellten sowohl politischer und gesellschaftlicher Organisationen als auch der Wirtschaft, während die Selbstständigen und Freiberufler an letzter Stelle stehen.

Die Rekrutierungs- und Selektionsmuster für Parlamentarier müssen sich also deutlich verändert haben. Als Folge dessen sind Parlament und parlamentarisches Geschehen klar in die Hand von Personen mit vermutlich recht etatistischer Prägung geraten. Es liegt auf der Hand, dass dies für eine liberale Zurückdrängung staatlicher Regelungswünsche oder eine bürgergesellschaftliche Schaffung subsidiär-staatsabwehrenden Strukturen nicht gerade förderlich sein kann. Beides liegt in jener Richtung, welche die nunmehr nötigen wirtschafts- und sozialpolitischen Reformen zu nehmen hätten. Vielleicht ist der sanierungsbedürftige Zustand des ehemaligen „Modells Deutschland"

---

22 Siehe die entsprechende Diskussion in Deutsch/Schüttemeyer (Anm. 10).

23 Siehe Schindler (Anm. 10), S. 687. Detaillierte Vergleiche der dort graphisch wiedergegebenen Entwicklungen mit Berufsstatistiken aus anderen Quellen führen wohl unterschiedliche Prozentzahlen unterschiedlich abgegrenzter Berufsklassen vor Augen, ändern aber nichts am Gesamtbild.

Abbildung 1: Die Entwicklung der Berufsstruktur des Deutschen Bundestages

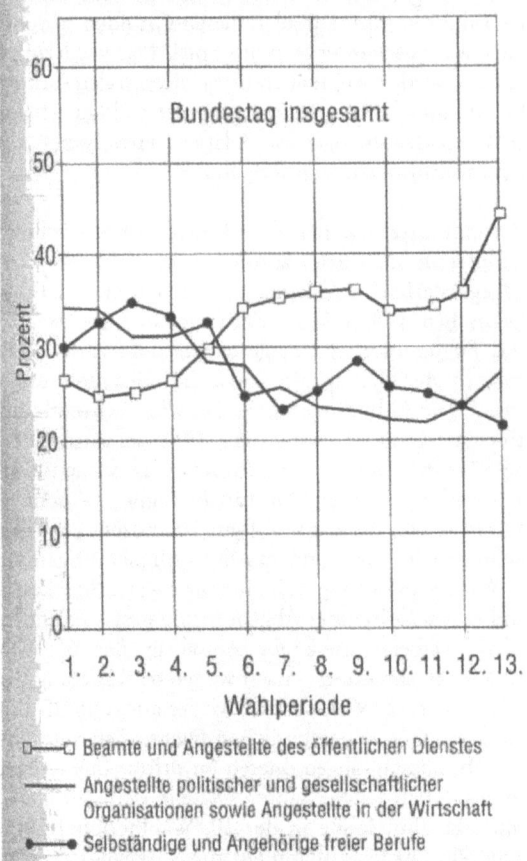

Quelle: Schindler (Anm. 10), S. 687.

ja auch eine Folge der veränderten Zusammensetzung jener Parlamente, welche den Weg zum heutigen Zustand gestalteten. Dann freilich lässt sich mit Blick auf die berufsstrukturelle Zusammensetzung des 15. Deutschen Bundestages durchaus abschätzen, wie fit er wohl für das anstehende Reformwerk sein wird. Die einschlägigen Einzelheiten zeigt die Tabelle 2.

Aus ihr geht hervor, dass auch im 15. Deutschen Bundestag – mit 33,5 Prozent – die am stärksten vertretene Berufsgruppe die der Beamten ist. Im 13. Bundestag betrug ihr Anteil 34,1 Prozent, im 14. sogar 36,8 Prozent. Unter den Beamten dominieren – ziemlich gleichgewichtig – die Lehrer an Gymnasien sowie an Real-, Haupt- bzw. Grundschulen; in etwa gleicher Dimension auch die Hochschulwissenschaftler ohne Professorenamt. Rund ebenso stark sind Beamte des höheren Verwaltungsdienstes und kommunale Wahlbeamte im Bundestag präsent, also jene, die mit der „eigentlichen" Verwaltung zu tun hatten und die Welt der Politik nicht vor allem unter der akademischen Brille kennenlernten. Einschließlich der Angestellten des öffentlichen Dienstes

168

oder von Körperschaften des öffentlichen Rechts, desgleichen der wenigen Bediensteten der EU, stellen öffentlich Bedienstete also 41,9 Prozent der Bundestagsabgeordneten. Aus dem Kreis der „Funktionäre", der Angestelltenschaft von politischen und gesellschaftlichen Organisationen, kommen weitere 11,6 Prozent der Parlamentarier. Zumal die Tätigkeit für Parteien und Fraktionen, darunter mehr und mehr die als Mitarbeiter von Abgeordneten, tritt als markantes Muster einer in den Bundestag führenden Karriere hervor. Damit ist über die Hälfte der Bundestagsangeordneten schon von ihrem beruflichen Hintergrund her der Sphäre von Staat, staatlicher Verwaltung und auf die Staatsleitung Einfluss nehmender Politik im engeren Sinn verbunden. Kurzschlüsse zwischen politisch-etatistischer Persönlichkeitsprägung und jetzigem Selbstverständnis als Parlamentarier sind darum nicht unwahrscheinlich.

Hingegen machen Abgeordnete mit biographischem Hintergrund im Wirtschaftsleben kaum mehr als ein Drittel, zusammen nur 35,7 Prozent der Bundestagsabgeordneten aus. Unter ihnen befinden sich ganze 0,5 Prozent Arbeiter, was wegen veränderter gesellschaftlicher Berufs- und Bildungsstrukturen, aufgrund erhöhter Anforderungen an bereits die Kandidaten für ein Parlamentsmandat sowie angesichts der Akademisierung der SPD auch nicht wundert. Mit 14,8 Prozent (und bei leicht steigender Tendenz) waren die meisten Bundestagsabgeordneten mit „Wirtschaftshintergrund" zuvor in Industrie, Handwerk, Gewerbe oder in entsprechenden Verbänden beschäftigt. Letzteres weist auf eine große Nähe ebenfalls eines Teiles dieser Personengruppe zum Bereich des Politisch-Organisatorischen und Administrativen hin.[24] Das wundert auch nicht: Eine echt unternehmerische Tätigkeit, zumal für ein persönlich besessenes Unternehmen, verlangt so viel Arbeits- und Zeiteinsatz, dass sie sich mit der traditionellen „Ochsentour" zum Mandat durch den vorpolitischen Raum und die unteren Parteigliederungen nur im seltenen Fall vereinbaren lässt.

Ähnliches gilt darum ebenfalls für die Selbstständigen (6,8 Prozent, mit leicht abnehmender Tendenz[25]): Auch sie sind oft zugleich in entsprechenden Verbänden tätig. Ehemalige Industriekapitäne und Experten globaler Finanzbeziehungen findet man unter den Abgeordneten ohnehin nicht. Unter den Freiberuflern (13,6 Prozent, mit klar ansteigender Tendenz) dominieren wiederum die tatsächlich als solche tätigen Rechtsanwälte und Notare. Auch hier spricht aber vieles dafür, dass solche Berufstätigkeit als Ausgangs- und Angelpunkt eines perspektivisch schon ins Berufspolitikertum hineinführenden politischen Engagements gesehen und betrieben wurde. Darum ist schwerlich zu unterstellen, jeder im guten Drittel der „wirtschaftsnahen" Parlamentarier bringe in den Bundestag unmittelbare, persönliche Erfahrungen aus seiner Berufsarbeit an der wirtschaftlichen Basis des Systems ein.[26] Der Bundestag ist offenkundig die Spitze des Eisbergs genuin *politischer* Aktivität, nicht ein Forum von Personen, in deren kollektiver Lebenserfahrung sich die *ganze* Bandbreite der deutschen Gesellschaft und ihrer wirtschaftlichen Basis spiegelt. Eine „repräsentative Stichprobe" sol-

---

24 Allerdings ist die Gruppe der Angestellten in der Wirtschaft außerordentlich heterogen, reicht sie doch vom Einzelhandelsfachverkäufer bis zum Geschäftsführer.

25 Das liegt vor allem am Rückgang der Zahl der selbständigen Land- und Forstwirte, der ihrerseits zu Lasten der CDU/CSU-Fraktion geht.

26 Die übrigen Gruppen – in Ausbildung befindliche Abgeordnete, zuvor Arbeitslose oder solche noch ohne Berufserfahrung mit 4,1 Prozent (darunter elf Abgeordnete, die nicht älter als 30 Jahre sind, zuvor aber ein Studium absolvierten), Hausfrauen mit 0,7 Prozent, (evangelische) Pfarrer und Diakone mit 0,3 Prozent – ändern an diesem Gesamtbild ebenso wenig wie jene 5 Prozent Parlamentarier, die nicht klassifiziert werden konnten.

Tabelle 2: Berufsstatistik des Deutschen Bundestages – 13. bis 15. Wahlperiode

Tabelle 1: Berufsstatistik Deutscher Bundestag – 13. bis 15. Wahlperiode

	13. Bundestag Stand: 1. Jan. 1995	14. Bundestag Stand: 1. Jan. 1999	15. Bundestag Stand: 1. Jan. 1003
Abgeordnete insgesamt:	672 (= 100%)	669 (= 100%)	603 (= 100%)
CDU/CSU	294	245	248
SPD	252	298	251
FDP	47	43	47
Grüne	49	47	55
PDS	30	36	(2)
Die Berufsgruppen[1]	13. Bundestag	14. Bundestag	15. Bundestag
1. Beamte			
a) So genannte politische Beamte		8	8
b) Andere Beamte des höheren Dienstes (Verwaltung)		57	36
c) Beamte des gehobenen und mittleren Dienstes (Verwaltung)		14	13
d) Richter und Staatsanwälte		16	9
e) Berufssoldaten		4	..
f) Kommunale Wahlbeamte		35	33
g) Professoren an Universitäten und Hochschulen		15	5
h) Andere Wissenschaftler an Universitäten und Hochschulen		41	31
i) Lehrer an Gymnasien (u.ä.)		40	33
j) Lehrer an Grund-, Haupt- und Realschulen (u.ä.)		36	34
Beamte zusammen	229 (= 34,1%)	246 (= 36,8%)	202 (= 33,5%)
2. Angestellte des öffentlichen Dienstes (auch von Körperschaften, Anstalten und Stiftungen des öffentlichen Rechts) zusammen	72 (= 10,7%)	56 (= 8,4%)	49 (= 8,1%)
2. a) Bedienstete der EG/EU zusammen	2 (= 0,3%)	2 (= 0,3%)	2 (= 0,3%)
3. (Ev.) Pfarrer und Diakone zusammen	9 (= 1,3%)	7 (= 1,0%)	6 (= 1,0%)
4. Angestellte von politischen und gesellschaftlichen Organisationen			
a) Angestellte von Parteien, Fraktionen (u.ä.)		44	37
b) Angestellte von Gewerkschaften und anderen Arbeitnehmerorganisationen			
c) Angestellte sonstiger Organisationen und Institutionen mit politischen, gesellschaftlichen, kulturellen und karitativen Zielsetzungen		20	19
Angestellte dieser Organisationen zusammen	89 (= 13,2%)	84 (= 12,6%)	70 (= 11,6%)
5. Angestellte in der Wirtschaft (in Industrie, Handel, Handwerk, Gewerbe und entsprechenden Verbänden) zusammen	69 (= 10,5%)	(92 (= 13,8%))	89 (= 14,8%)

Tabelle 1: Berufsstatistik Deutscher Bundestag – 13. bis 15. Wahlperiode (Fortsetzung)

Die Berufsgruppen[1]	13. Bundestag	14. Bundestag	15. Bundestag
6. Selbständige (oft zugleich in entsprecenden Verbänden tätig)			
a) Selbständige in Industrie, Handel, Handwerk und Gewerbe		32	32
b) Selbständige in Land- und Forstwirtschaft		14	9
Selbständige zusammen	56 (= 8,3%)	46 (= 6,9%)	41 (= 6,8%)
7. Angehörige freier Berufe			
a) Rechtsanwälte und Notare[2]		48	56
b) Angehörige anderer freier Berufe (Ärzte, Apotheker, Architekten, Ingenieure, Steuerberater, Schriftsteller und Journalisten u. a.)		23	26
Freiberufler zusammen	59 (= 8,8%)	71 (=10,6%)	82 (= 13,6%)
8. Hausfrauen zusammen	18 (= 2,7%)	7 (= 1,0%)	4 (= 0,7%)
9. Arbeiter (ohne solche Abgeordnete, die zwar beruflich als Arbeiter begonnen haben, jetzt aber anderen Gruppen zuzurechnen sind) zusammen	10 (= 1,5%)	9 (= 1,3%)	3 (= 0,5%)
10. Sonstige (darunter in der Ausbildung, befindliche, Arbeitslose oder bisher ohne Berufsausbildung) zusammen	25 (= 3,7%)	22 (= 3,3%)	25 (= 4,1%)
11. Nicht verwendbare Angaben (fehlende genaue Angaben im Sinne des vorliegenden Schemas) zusammen	34 (=5,1%)	27 (= 4,0%)	30 (=5,0%)
Insgesamt	672 (= 100%)	669 (= 100%)	603 (= 100%)

1 Aus Gründen der besseren Übersicht wurde auf eine Ergänzung der weiblichen Berufsbezeichnung verzichtet. Die Begriffe sind daher geschlechtsneutral zu verstehen.

2 Als Rechtsanwälte und Notare sind nur diejenigen aufgeführt, die tatsächlich auch freiberuflich als solche tätig waren. Maßgeblich für die Einordnung in die Gruppe 7a ist daher nicht die beruflihe Selbstbezeichnung der Abgeordneten, da Rechtsanwälte durchaus beispielsweise auch als Beamte (Gruppe 1), Selbständige (Gruppe 6) oder Angestellte in der Wirtschaft (Gruppe 5) tätig sein können.

Quelle: Franziska Deutsch/Suzanne S. Schüttemeyer: Die Berufsstruktur des Deutschen Bundestages – 14. und 15. Wahlperiode, in: Zeitschrift für Parlamentsfragen 34 (2003), dort Tabelle 1

cher Art soll und muss ein Parlament nun zwar nicht sein. Wenn den Abgeordneten eine vorurteilslose, auch für Umdenken aufgeschlossene Vernetzungs- und Kommunikationspflege hin zu auch allen anderen als nur den politischen Lebensbereichen gelingt, wird das zu keinen Defiziten in der Fähigkeit des Bundestages führen, wirtschaftliche und gesellschaftliche Probleme sachangemessen und zielführend zu bearbeiten. Eine sehr intensive und weit verzweigte Vernetzung dieser Art gelingt den deutschen Abgeordneten zwar sehr wohl,[27] doch eben nicht jedem einzelnen Parlamentarier, sondern nur allen insgesamt, und dabei mit je gruppenspezifischen Schwer- und Schwachpunkten.

Wie groß das Risiko entsprechender Defizite ist, wird deutlich beim – von der Tabelle 3 ermöglichten – Blick auf die Verteilung der Berufsgruppen über die einzelnen Fraktionen. Eindeutig stellt im 15. Deutschen Bundestag die SPD die Fraktion der Lehrer und Hochschulwissenschaftler, desgleichen – aufgrund eines Rückgangs entsprechender Unionsparlamentarier – die der Angestellten des Öffentlichen Dienstes. Auch ist sie die „Fraktion" der „Funktionäre", also der Angestellten von politischen und gesellschaftlichen Organisationen. Und exklusiv ist sie die „Fraktion" der ehemaligen Gewerkschaftsangestellten. Ebenso klar und andersartig akzentuiert sich die CDU/CSU als „Fraktion" der Selbstständigen, tendenziell auch als die der Freiberufler. Letzteres geht vor allem auf die große Anzahl von Rechtsanwälten und Notaren zurück, die – analog zu den „Funktionären" bei der SPD – oft langfristig an einer politischen Karriere arbeiteten. Unter der Beamtenschaft dominieren bei der CDU/CSU die Angehörigen des höheren Verwaltungsdienstes, d.h. die „eigentliche Verwaltung". Die Selbstständigen und Freiberufler sind ebenfalls markant in den Reihen der FDP-Parlamentarier vertreten, was auf ein mit den Unionsparteien gemeinsames Rekrutierungsfeld hinweist. Hingegen sind die Abgeordneten der GRÜNEN hinsichtlich ihres Berufshintergrundes jenen der SPD so ähnlich, wie man das bei zwei Zweigen desselben Baumes auch erwarten kann: Es finden sich in ihren Reihen markant viele Lehrer und Hochschulwissenschaftler, desgleichen Angestellte des öffentlichen Dienstes, der eigenen Partei oder der eigenen Fraktion. Alles in allem steht außer Zweifel, dass die Abgeordneten der rot-grünen Koalition sich viel stärker als die der bürgerlichen Oppositionsparteien im Erfahrungshorizont von Lehrberufen, generell des öffentlichen Dienstes sowie des Partei- und Gewerkschaftsbereichs bewegen, während die Parlamentarier von Union und FDP überdies vergleichsweise starke Wurzeln im Bereich der Selbstständigen und somit des nicht staatsdominierten Wirtschaftslebens haben. Diese Wurzeln sind, trotz der Verkleinerung des Bundestags, in der 15. Wahlperiode sogar quantitativ stärker geworden.

Es wäre überaus erstaunlich, wenn dieser zentrale soziodemographische Unterschied von Regierungs- und Oppositionslager in der gegenwärtigen Lage politisch folgenlos bleiben sollte. Ganz im Gegenteil sind angesichts der anstehenden Wirtschafts- und Sozialreformen sehr unterschiedliche Responsivitätsbereitschaften zu erwarten: Das eine Lager steht nun einmal dem produktiven, das andere dem redistributiven Teil der Volkswirtschaft viel näher. Und weil die – sowohl von ihrem Erfahrungshintergrund als auch von ihrer weltanschaulichen Einstellung her – eher staats- und weniger wirtschaftsorientierte Linke die Regierungsverantwortung trägt, ist nicht zu erwarten, dass sie die notwendigen Reformen, welche ja eine Rücknahme staatlicher Leistungsverheißungen und wirtschaftlicher Regulationen bachten, ohne Widerstreben und internen Widerstand anpackt. Das aber ist gleichbedeutend mit der Behauptung, der 15. Deutsche Bundestag sei mehrheitlich noch nicht fit für die ihm auferlegte Verantwortung.

Eher von symptomatischem Wert, darin aber nicht zu unterschätzen, sind zwei weitere, zunächst unscheinbare Befunde. Erstens gehört dem 15. Deutschen Bundestag kein einziger Berufssoldat mehr an – und das in einer Zeit, die gekennzeichnet ist vom

---

27 Siehe Patzelt/Algasinger (Anm. 19).

Umbau der Bundeswehr zu einer weltweiten Interventionsarmee, und von einer Rück-kehr des Krieges als eines zwar normativ abgelehnten, faktisch aber sehr konsequent ergriffenen Mittels der Krisenbewältigung. Gute Vernetzung von Abgeordneten mit der Welt der Streitkräfte kann derlei Absenz eigener Erfahrung mit ihr ein Stück weit zwar substituieren. Doch Vernetzung und Verständnis werden durchaus an Grenzen stoßen, wenn – wie in den Biographien vieler männlicher Abgeordneter der SPD und zumal der GRÜNEN – die bewusste Entscheidung gegen den Wehrdienst einst ein nicht unwichtiges Element der persönlichen politischen Sozialisation war. Frauen, wel-che über die Hälfte der den Bundesaußenminister stellenden Fraktion der GRÜNEN und fast 40 Prozent der SPD-Fraktion ausmachen, waren bis vor Kurzem von biogra-phischen Erfahrungen in der Bundeswehr ohnehin ausgeschlossen.

Zweitens hat – mit der Abgeordneten Krista Sager von den GRÜNEN – zum ersten Mal ein Parlamentsmitglied als Beruf ausdrücklich „Politiker(in)" angegeben. Eines-teils zeigt das, wie weit inzwischen die Vorstellung verbreitet ist, Politik sei ein – in jungen Jahren aufzunehmender und dann solange, wie man Unterstützung erfährt, fortzuführender – Broterwerb wie nachgerade jeder andere. Andernteils, und das ist die Pointe, bekennt sich nun eine Abgeordnete ausgerechnet jener Partei zu solcher Professionalisierung und Karrierisierung des politischen Gewerbes, die – unter dem Feldzeichen von „Basisdemokratie" – einst genau davon programmatisch gar nichts wissen wollte. Wer sich daran erinnert, mit wie viel Selbstgerechtigkeit die GRÜNEN in den 1980er Jahren bestrebt waren, den Beruf des Politikers und Abgeordneten durch Zwangsrotation und finanzielle Reduktion auf Facharbeitergehalt möglichst unattraktiv zu machen, der erkennt leicht: Nichts sozialisiert eine Partei gründlicher als ein gut eingerichtetes Parlament![28]

4. Wer sind die neuen Abgeordneten?

Den Wandel eines Parlaments stellt man am zuverlässigsten im Rückblick fest, näm-lich durch Blick auf Zeitreihendaten zu seiner Zusammensetzung, Struktur, Funk-tionserfüllung und öffentlichen Wahrnehmung. Wenn aber der Blick nach vorne gehen soll, dann ist – neben der Extrapolation von Trends – vor allem auf die erstmals ins Parlament gelangten Abgeordneten zu achten, im Fall des 15. Deutschen Bundes-tages also auf seine 181 „Neulinge".[29]

80 Prozent von ihnen kandidierten in den alten Ländern, 15 Prozent in den neuen, 5 Prozent in Berlin. Diese Verteilung, die mit einer Biographie als „Wessi" oder „Ossi"

---

28 Das ist sehr wohl als Kompliment an jene GRÜNEN zu verstehen, die entsprechende Lernprozesse durchlebt und akzeptiert haben. Trotzdem wird viele Analytiker jene offensive Selbstgerechtigkeit ärgern, mit der so mancher einst die Grenzen seiner persönlichen Einsicht für der Weisheit letzten Schluss hielt – und dies dennoch, als habe er nicht schon einmal grundsätzlich dazulernen müssen, auf anderen Poli-tikfeldern derzeit ebenso hält, obwohl ein Sachkundiger analoge Lernprozesse jetzt schon vorhersagen kann.

29 Die im Folgenden präsentierten Analysen hat Karin Algasinger erarbeitet. Weil die Berechnungen un-mittelbar nach der Wahl erfolgten, weichen die Zahlen geringfügig von der aktuellen Zusammensetzung der Schar der Neulinge ab. Vier von ihnen hatten ihr Mandat dann doch nicht angenommen. Außerdem sei angemerkt, dass zu den 181 Neulingen rechnerisch acht Abgeordnete gehören, die zuvor schon ein-mal Mitglied des Bundestages waren und darum faktisch keine „Neulinge" sind.

Tabelle 3: Berufsstatistik des 15. Deutschen Bundestages (nach Fraktionen)

Tabelle 2: Berufsstatistik des 15. Bundestages (nach Fraktionszugehörigkeit)

Abgeordnete insgesamt:	603 (= 100%)
SPD	251
CDU/CSU	248
FDP	47
Bündnis 90/Die Grünen	55
Frationslose	2

	SPD	CDU/CSU	B.90/Die Gr.	FDP	Fraktions-lose	Ins-gesamt
1. Beamte						
a) So genannte politische Beamte	2	4	–	2	–	8
b) Andere Beamte des höheren Dienstes (Verwaltung)	14	21	–	1	–	36
c) Beamte des gehobenen und mittleren Dienstes (Verwaltung)	3	9	–	1	–	13
d) Richter und Staatsanwälte	5	2	–	2	–	9
e) Berufssoldaten	–	–	–	–	–	–
f) Kommunale Wahlbeamte	15	17	–	1	–	33
g) Professoren an Universitäten und Hochschulen	2	2	–	1	–	5
h) Andere Wissenschaftler an Universitäten und Hochschulen	17	9	3	1	1	31
i) Lehrer an Gymnasien (u.ä.)	15	11	4	3	–	33
j) Lehrer an Grund-, Haupt- und Realschulen (u.ä.)	21	8	3	2	–	34
Beamte zusammen	94	83	10	14	1	202 (= 33,5%)
2. Angestellte des öffentlichen Dienstes	27	15	6	1	–	49 (= 8,1%)
2. a) Bedienstete der EG/EU	–	2	–	–	–	2 (= 0,3%)
3. (Ev.) Pfarrer und Diakone	2	4	–	–	–	6 (= 1,0%)
4. Angestellte von politischen und gesellschaftlichen Organisationen						
a) Angestellte von Parteien, Fraktionen (u.ä.)	16	10	9	1	1	37
b) Angestellte von Gewerkschaften und anderen Arbeitnehmer-organisationen	14	–	–	–	–	14
c) Angestellte sonstiger Organisationen und Institutionen mit politischen, gesellschaftlichen, kulturellen und karitativen Zielsetzungen	11	5	1	2	–	19
Angestellte dieser Organisationen zusammen	41	15	10	3	1	70 (= 11,6 %)
5. Angestellte in der Wirtschaft	36	40	5	8	–	89 (=14,8%)

	SPD	CDU/ CSU	B.90/ Die Gr.	FDP	Fraktions- lose	Ins- gesamt
Tabelle 2: Berufsstatistik des 15. Bundestages (nach Fraktionszugehörigkeit) (Fortsezung)						
Die Berufsgruppen						
6. **Selbständige**						
a) Selbständige in Industrie, Handel, Handwerk und Gewerbe	4	22	–	6	–	32
b) Selbständige in Land- und Forst-wirtschaft	–	7	1	1	–	9
Selbständige zusammen	4	29	1	7	–	41 (= 0,8%)
7. **Angehörige freier Berufe**						
a) Rechtsanwälte und Notare	18	28	4	6	–	56
b) Angehörige anderer freier Berufe (Ärzte, Apotheker, Architekten, Ingenieure, Steuerberater, Schrift-steller und Journalisten u. a.)	12	8	1	5	–	26
Freiberufler zusammen	30	36	5	11	–	82 (= 13,6%)
8. **Hausfrauen**	3	1	–	–	–	4 (= 0,7%)
9. **Arbeiter**	1	2	–	–	–	3 (= 0,5%)
10. **Sonstige**	6	10	7	2	–	25 (= 4,1%)
11. **Nicht verwendbare Angaben**	7	11	11	1	–	30 (= 5,0%)
Fraktionen zusammen	251	248	55	47	2	603 (= 100%)

Quelle: Franziska Deutsch/Suzanne S. Schüttemeyer: Die Berufsstruktur des Deutschen Bundestages – 14. und 15. Wahlperiode, in: Zeitschrift für Parlamentsfragen 34 (2003), dort Tabelle 2

nicht immer zusammenfällt, entspricht sehr genau jener der Herkunft der Bundestagsabgeordneten insgesamt aus West- bzw. Ostdeutschland. Wie diese reflektiert sie die –
oben erklärte – leichte „Unterrepräsentation" der neuen Länder im neuen Bundestag.
Im Übrigen waren unter den neu in den Bundestag Gewählten 64,6 Prozent Männer
und 35,4 Prozent Frauen, womit der Frauenanteil in dieser Gruppe klar höher liegt als
mit 32,5 Prozent Frauen im Bundestag insgesamt. Der Trend eines auf den gesellschaftlichen Geschlechterproporz zulaufenden Abbaus männlicher Dominanz im Parlament lässt sich also beim Blick auf die „Neulinge" bestätigen. Bestätigt wird die Vermutung, es gebe weiterhin besondere Schwierigkeiten von Frauen, ins Parlament zu
gelangen. Denn während insgesamt 45,9 Prozent der „Neulinge" über Direktmandate
in den Bundestag einzogen, waren das unter den neuen Parlamentarierinnen nur 32,8
Prozent, unter deren männlichen Kollegen hingegen 53 Prozent. Offenbar haben
Frauen bei den innerparteilichen Nominierungsprozessen gerade dann Nachteile,
wenn es um die als besonders attraktiv geltenden Direktmandate geht. Diese Nachteile
werden durch Quotierungsregln bei der Aufstellung der Landeslisten schwerlich auf-
gewogen, verschafft ein – zumal „sicheres" – Direktmandat doch größere Unabhängigkeit von Nominierungsgremien außerhalb des Wahlkreises.

Auch die meisten „Neulinge" gehören ihren Parteien schon ziemlich lange an: bei SPD
und CDU/CSU im Durchschnitt seit 20 Jahren, bei der FDP durchschnittlich seit 19
Jahren. Nur die Bundestagsneulinge der GRÜNEN konnten bereits nach rund neun-
jähriger Parteimitgliedschaft in den Bundestag gelangen. Letzteres verweist einesteils
auf die vergleichsweise kurze Geschichte dieser Partei: Erst rund 20 Jahre alt, muss ihre
durchschnittliche Mitgliedschaftsdauer unter der in den „Altparteien" liegen. Andernteils wird jene markante Differenz auch dadurch ein Stück weit erklärt, dass die – im
Vergleich zu den großen Parteien – viel dünnere Personaldecke der GRÜNEN in der
Vergangenheit recht häufig durch grundsätzliche politische Richtungsstreitigkeiten
durchscheuert wurde, was – beim Rückzug von exponierten Vertretern unterlegener
Parteiflügel – die Karrierechancen der Gewinner klar verbesserte. Hingegen sind bei
den „Altparteien" langfristige innerparteiliche Karrieren nicht nur möglich, sondern in
der Regel auch erforderlich, um als Kandidat für einen aussichtsreichen Listenplatz
oder für ein Direktmandat akzeptiert zu werden. Bei der Union und der FDP fehlen
überdies zwingende Quotierungsregln, die Frauen schon nach kurzer Parteimitgliedschaft auf aussichtsreiche Listenplätze und somit ins Parlament katapultieren können,
falls in der jeweiligen Parteigliederung die zur Deckung der Frauenquote nötige Zahl
weiblicher Bewerber kaum überschritten wird.

Angesichts der meist langen Parteimitgliedschaft der Bundestagsneulinge ist es nicht
erstaunlich, dass gut die Hälfte sogar früher schon im Hauptberuf politisch tätig war.
27,7 Prozent waren Landtags- oder (seltener) Europaabgeordnete, 5,5 Prozent kehrten
– nach einer Unterbrechung – in den Bundestag zurück; 16,6 Prozent waren zuvor
Mitarbeiter eines Abgeordneten, einer Fraktion oder Partei, 4,4 Prozent bereits Land-
rat oder Bürgermeister. Eines der neuen Bundestagsmitglieder, zweifellos eine Ausnahme, war sogar schon Regierungsmitglied ohne Parlamentsmandat. Selbst unter den 36
Parlamentsneulingen unter 36 Jahren haben 13 keinen anderen Beruf als eine haupt-
amtliche politische Tätigkeit ausgeübt! „Heurige Hasen" sind die meisten „Neulinge"
also keineswegs.

Art und Ausmaß und der von ihnen erworbenen politischen Kompetenzen kommen
noch deutlicher zum Ausdruck, wenn man die sehr individuellen Karrierewege anhand

detaillierter Operationalisierungen in eine fünfstufige Rangordnung der dabei gesammelten politischen Erfahrungen bringt. Zwar leidet eine solche Analyse unter beträchtlichen Problemen: Politische Erfahrungen aus anderen Bereichen als der Kommunal- und Parteipolitik, etwa aus Bürgerinitiativen und Verbänden, konnten nicht berücksichtigt werden, weil darüber kaum Informationen vorlagen; und wo es biographische Angaben gibt, besagen sie mitunter nichts über die für eine Untersuchung politischer Erfahrung doch unverzichtbare *Verweildauer* in Parteifunktionen und kommunalen Mandaten. Das erzwang den Ausschluss einiger Fälle. Dennoch eröffnet die Zusammenstellung der im Lauf ihrer partei- und kommunalpolitischen Karrieren gesammelten politischen Erfahrungen von 164 neu gewählten Parlamentariern (Tabelle 4) einen überaus aufschlussreichen Einblick in die derzeitigen Rekrutierungswege von Bundestagsabgeordneten.

Ausweislich der Tabelle 4 sind also über die Hälfte der Parlamentsneulinge Politiker mit überaus großen praktisch-politischen Erfahrungen. Selbst „sehr geringe" Erfahrungen im Sinn der Tabelle 4 verschaffen viel mehr politisch-praktische Einblicke, als sie der Durchschnittsbürger je gewinnen wird. Weitaus die größten politischen Erfahrungen im Sinn von Parteikarriere und kommunalpolitischem Engagement sind in der 15. Wahlperiode in der SPD-Fraktion versammelt, was angesichts ihrer oben erörterten Berufsstruktur auch nicht wundern muss. Nur um ein Weniges geringere politische Erfahrungen fanden in der FDP-Fraktion zusammen. Hingegen weisen die Fraktionen der CDU/CSU und – vor allem – der GRÜNEN viel größere Anteile an politisch (relativ!) „gering" erfahrenen Abgeordneten auf. Ein Stück weit geht das wohl darauf zurück, dass die „Neulinge" bei SPD und FDP um zwei bis drei Jahre älter sind als die „Neulinge" von Union und GRÜNEN. Überdies hat der Befund zu den GRÜNEN mit dem geringeren Gesamtalter dieser Partei und mit der in ihr bestehenden größeren „Aufstiegsgeschwindigkeit" zu tun.

„Politische Erfahrungen", wie sie also schon die erstmals in den Bundestag einziehenden Abgeordneten in reichem Maße haben, umschließen jedenfalls meist langjährig ausgeübte Parteifunktionen (v.a. auf der Kreis- bzw. Unterbezirksebene) und über mehrere Wahlperioden ausgeübte kommunale Mandate. Ferner tritt in der Tabelle 4 neben den konsekutiven Parlamentskarrieren auch das inzwischen verbreitete Karrieremuster als Abgeordneten-, Fraktions- oder Parteimitarbeiter hervor. Aus allen diesen Gründen ist der Begriff „Parlamentsneuling" ziemlich irreführend, insofern er nämlich die Vorstellung nahelegt, für diesen Personenkreis wäre nun für längere Frist eine Art „politische Lehrzeit" nötig. Erforderlich im Sinn einer „Lehrzeit" ist für die meisten „Jungparlamentarier"[30] nur das Kennenlernen der spezifischen Arbeitsweise als Parlamentarier bzw. im Bundestag. Die viel wichtigere Herausforderung indessen besteht für alle echten „Neulinge" darin, jetzt für (mindestens) ein konkretes Politikfeld für die eigene Fraktion in der Weise Verantwortung zu übernehmen, damit man zum fachlich verlässlichen und politisch die größeren Zusammenhänge im Auge behaltenden Experten wird. Das allerdings ist viel leichter gefordert als in der Praxis getan. Darum scheidet sich am Grad der Bewältigung dieser Aufgabe der parlamentarische Weizen zuverlässig von der Spreu. Im Bundestag nämlich reicht das rein Handwerkliche am politischen Gewerbe bald nicht mehr aus; vor allem dieses aber bringen die

---

30 So der irreführende Begriff im inhaltlich nicht minder problematischen Buch von Bernhard Badura/
Jürgen Reese: Jungparlamentarier in Bonn. Ihre Sozialisation im Deutschen Bundestag, Stuttgart/Bad
Cannstatt 1976.

meisten Abgeordneten schon bei ihrer ersten Wahl in den Bundestag mit. Fit für die Bewältigung der substantiellen – und nicht nur der technischen – Parlamentsaufgaben sind sie damit aber noch nicht. Arbeiten sie nicht an vorurteilsloser fachpolitischer Könnerschaft, etwa weil keine Not sie dazu zwingt, dann fördert eben die bereits besessene technisch-politische Kompetenz das Risiko, dass der parlamentarische Willensbildungsprozess ziemlich selbstbezüglich wird. Reduziert wird hingegen die Chance, solche gesellschaftlichen Probleme vom Parlament aus wirkungsvoll gelöst zu bekommen, die man erfolgreich nicht mit der Funktionslogik des Politischen, sondern nur mit jener des Wirtschaftsprozesses angehen kann. Viele werden den Eindruck teilen, dass es diesbezüglich auch mit der Fitneß des 15. Deutschen Bundestages einige Probleme geben wird.

5. Schlussbetrachtung

Zweifellos stehen die Abgeordneten des 15. Deutschen Bundestags vor großen Herausforderungen: Der wirtschafts- und sozialpolitische Reformstau im Lande muss endlich

Tabelle 4: Politische Erfahrungen der Neulinge im 15. Deutschen Bundestag

Ausmaß politischer Erfahrungen	Prozent (n=164)	Operationalisierung, d.h.: politischer Karriereweg
(1) vergleichsweise „sehr geringe" politische Erfahrungen	2,4	Parteifunktion auf Orts- und/oder Kreis- bzw. Unterbezirksebene bzw. Bezirksebene und/oder kommunalpolitisches Mandat (1 bis unter 3 Jahre); keine Parteifunktion auf Landes- und Bundesebene; keine hauptamtliche Tätigkeit bei Fraktionen oder Parteien
(2) vergleichsweise „geringe" politische Erfahrungen	5,5	Parteifunktion auf Orts- und/oder Kreis- bzw. Unterbezirksebene bzw. Bezirksebene und/oder kommunalpolitisches Mandat (3 bis unter 6 Jahre); keine Parteifunktion auf Landes- und Bundesebene; keine hauptamtliche Tätigkeit bei Fraktionen oder Parteien
(3) vergleichsweise „mittlere" politische Erfahrungen	13,4	Parteifunktion auf Orts- und/oder Kreis- bzw. Unterbezirksebene bzw. Bezirksebene und/oder kommunalpolitisches Mandat (6 bis unter 10 Jahre) und/oder hauptamtliche Tätigkeit bei Fraktionen oder Parteien für 1 bis 2 Jahre; keine Parteifunktion auf Landes- und Bundesebene
(4) vergleichsweise „große" politisch Erfahrungen	24,4	Parteifunktion auf Orts- und/oder Kreis- bzw. Unterbezirksebene bzw. Bezirksebene und/oder kommunalpolitisches Mandat (10 bis unter 15 Jahre) und/oder Landrat bzw. Bürgermeister (unter 4 Jahre) und/oder Parteifunktion (keine Delegierte) auf Landes- bzw. Bundesebene (1 bis 3 Jahre) und/oder hauptamtliche Tätigkeit bei Fraktionen oder Parteien (3 bis unter 6 Jahre) und/oder bereits einmal MdL, MdB oder MdEP gewesen (1 bis 4 Jahre)
(5) vergleichsweise „sehr große" politische Erfahrungen	54,3	Parteifunktion auf Orts- und/oder Kreis- bzw. Unterbezirksebene bzw. Bezirksebene und/oder kommunalpolitisches Mandat (15 Jahre und länger) und/oder Landrat bzw. Bürgermeister (4 Jahre und länger) und/oder Parteifunktionen (keine Delegierte) auf Landes- bzw. Bundesebene (4 Jahre und länger) und/oder hauptamtliche Tätigkeit bei Fraktionen oder Parteien (6 Jahre und länger) und/oder bereits einmal MdL, MdB oder MdEP gewesen (5 Jahre und länger) und/oder Mitglied einer Landes- oder Bundesregierung gewesen

aufgelöst, der im Wahlkampf und als Folge von dessen Festlegungen erzeugte Schaden bei der Außen- und Bündnispolitik eingegrenzt werden, wenn er schon nicht mehr zu heilen ist. Von der rotgrünen Koalition sind diese Herausforderungen unter den Bedingungen einer recht kleinen Regierungsmehrheit und einer im Bundesrat machtvollen Gegnerschaft der Opposition zu bewältigen, überdies unter den Augen einer Öffentlichkeit, die dem rot-grünen Projekt gegenüber skeptisch geworden ist. Das alles verlangt große Fraktionsdisziplin, und zwar gerade auf Politikfeldern, deren Handlungsnotwendigkeiten fortan völlig quer zu dem liegen, was bislang favorisiert wurde: Ausbau und Vervollkommnung des Sozialstaates seitens der SPD, pazifistische – und obendrein gern anti-amerikanische – Außenpolitik seitens der GRÜNEN. Solange das Regierungslager sich nicht selbst aufgibt, wird der 15. Deutsche Bundestag darum viele Exempel für das Erfordernis selbst schwer erträglicher Fraktionsdisziplin und für jene Mittel bieten, mit denen auf solche Disziplin hinzuwirken ist.

An Voraussetzungen für gutes Regieren trotz dieser Schwierigkeiten fehlt es eigentlich nicht: Umfangreich sind die politischen Erfahrungen der Parlamentarier, sehr gut ihre Arbeitsbedingungen, bestens ihre Kontaktmöglichkeiten zu allen Quellen gesellschaftlichen Sachverstandes. Doch ihr persönlicher Hintergrund wird einer großen Zahl der Volksvertreter Grenzen ihrer tatsächlichen Gestaltungskraft auferlegen. Erstens wurde der Großteil der Bundestagsabgeordneten politisch in Zeiten geprägt, da Wohlstand im „Modell Deutschland" ebenso gesichert erschien wie Stabilität auf dem vom Kalten Krieg domestizierten Erdball. Kritik konnte sich leicht als Kritik genau dieser Zustände, „Fortschrittlichkeit" als Pflege symbolisch aufgeladener Differenzen zum doch ohnehin Weiterbestehenden ausformen. Nun aber hat sich in jeder Hinsicht die Lage verändert: Weder Wohlstand noch Frieden sind selbstverständlich. Die gestern erworbenen Reflexe eines „kritischen" oder „fortschrittlichen" Gestus führen darum heute besonders leicht in die Irre, und zwar in der Sozial- und Wirtschaftspolitik nicht minder als in der Europa- und Weltpolitik. Zweitens kennt die Masse der Bundestagsabgeordneten die gesellschaftliche Wirklichkeit Deutschlands vor allem aus der Perspektive des Staatsapparates, der Partei- und Verbandspolitik, oder des auf didaktische Reduktion ausgerichteten Lehrbetriebes. Falsches Bewusstsein von den Realzusammenhängen der politisch zu gestaltenden Welt verfestigt sich unter solchen Bedingungen besonders leicht. Es gibt im Bundestag nur sehr wenige Abgeordnete, welche die Realität der globalisierten Wirtschaft samt ihren innerdeutschen Rückkopplungsschleifen aus eigener Erfahrung kennen. Dann aber steigt das Risiko politikleitender Analysen und Projekte, bei denen der Wunsch der Vater des Gedankens ist. Solche Fremdheit der meisten Bundestagsabgeordneten gegenüber der Welt und Funktionslogik der Wirtschaft, die ihren durchschnittlichen Biografien und Karrieren geschuldet ist, bleibt nur solange schadlos, wie intellektuelle und weltanschauliche Offenheit auf Seiten der Parlamentarier sich bereitwillig auf neue Einsichten in Zusammenhänge einlässt, die eben nicht jener Funktionslogik innenpolitischer Kompromissstiftung unterliegen, die schon den „Neulingen" unter den Abgeordneten so gut vertraut ist. Solche Offenheit aber besteht bei einem Großteil der Abgeordneten nicht: Sie gehören einer geistig ganz anders geprägten Generation an und sind auch noch stolz darauf.

Damit also wird man leben müssen, und zwar nicht nur hinsichtlich der vordringlichen Wirtschafts- und Sozialreformen. Man wird um so besser mit derartigen Fitnessmängeln leben können, je öfter man sich vor Augen führt, dass Parlamente – unter dem Druck von Realpolitik, von harten Bürgerforderungen und von kritischen Medien – vergleichsweise lernfähige Institutionen sind, die ihrerseits selbst unwilligen

Akteuren immer wieder die Anpassung an Handlungsnotwendigkeiten aufzwingen. Und ohnehin kann niemand von einer politischen Institution im Ernst verlangen, sie solle Probleme ganz ohne Versuch und dann eben auch Irrtum lösen. Also möge man auch Parlamentariern und Parlamentsmehrheiten ihre politischen Irrtümer solange nachsehen, wie sich das Bemühen um eine Befreiung aus ideologischen Ketten erkennen lässt. Ist ein bestimmter Schwellenwert funktionslogischen Neulernens aber überschritten, kann solche Befreiung auch sehr rasch gelingen. Freilich gibt es dafür keine Garantie. „Bedingt fit" lautet also die Diagnose.

Wäre es angesichts dessen eine Aufgabe des Staates, sozusagen des Gemeinwohls willen durch gesetzgeberische Maßnahmen auf eine andere, auf eine bessere Zusammensetzung der Parlamente Einfluss zu nehmen? Wägt und wendet man die einschlägigen Argumente, so wird rasch klar: Staat und Rechtsordnung leisten bereits das Bestmögliche, wenn sie freie Kandidatennominierungen und Parlamentswahlen sicherstellen. Sodann mag man gerne streiten: Sind die Abgeordneten des Deutschen Bundestages zu jung oder zu alt? Haben sie die falschen Berufe oder Laufbahnen? Sind sie offenen Sinnes oder ideologisch borniert? Und anschließend hindert nichts eine Partei oder einen Wähler daran, zum eigenen Urteil über das jeweilige Personalangebot zu gelangen und hieraus die Konsequenzen zu ziehen. Wenn es dann so gewollt wird, lassen sich Amtszeitbegrenzungen durch innerparteiliche Nominierungsvorschriften ja ebenso durchsetzen wie früher der Geschlechterproporz; und nichts hält eine Partei davon ab, parteiinterne oder offene Vorwahlen durchzuführen, die den Mitgliedern oder gar den Wählern selbst Einfluss schon auf das – den Kreis der Parteimitglieder dann gar auch überschreitende – Personalangebot der Partei geben. Noch weniger hindert ohnehin die Bürger daran, ihre Wahlentscheidung von solchen Gesichtspunkten abhängig zu machen, die auf die persönliche Qualität der Abgeordneten abgestellt sind und nicht auf den Charme des Spitzenkandidaten oder auf den Reiz einer geschickt in Szene gesetzten Wahlkampfaussage. Was für die Wähler wichtig ist, das wird alsbald auch für die Parteien wichtig sein. Langfristig trägt darum schon der Bürger selbst die Verantwortung dafür, ob sein Parlament fit für die anstehenden Herausforderungen ist.

Fehlstart der Regierung Schröder II?

Regierungsbildung in der Bundesrepublik Deutschland – das Beispiel 22. September 2002 bis 14. März 2003

1. Einleitung

Woran sind „Sinn und Zweck" der Regierungsbildung im System der Bundesrepublik Deutschland zu messen, wenn nicht zunächst an den Zielbestimmungen des parlamentarischen Regierungssystems der Bundesrepublik Deutschland gemäß dem von den Verfassungseltern formulierten Willen, und woran denn ist es der Bundeskanzler, wenn nicht daran, ob er aus diesem System an good governance herausgeholt hat, was es zu seiner Zeit hergab? War der Start der zweiten Regierung des Gerhard Schröder, der Regierung Schröder II, gelungen, war er ein Fehlstart, der zum Sturz des Kanzlers und zur Ablösung seines Kabinettes noch in der laufenden Legislaturperiode – und wenn ja, wann – führen wird? Oder hat die Regierung sich anfänglich nur verstolpert, wird sie wieder Schritt fassen, „nur" ein zweites Mal anfangen müssen? Gibt es einen demokratischen Zyklus von Machterwerb, Machterhalt, über den Machtzerfall bis zum Machtverlust? Diese Fragen harren der Beantwortung.

2. Maßstäbe und Methoden einer Theorie der Regierungsbildung

So fragen bedeutet, dass wir die Person in der Geschichte nicht als bloße Exponentin ihrer Zeit begreifen, sondern ihr ein Potential der Eigenverantwortung für die Geschichte zuweisen. So will es das Menschenbild des Grundgesetzes für seine Bürger, zumal für dessen wichtigsten Dienstleister, den Kanzler der Bundesrepublik Deutschland. Wir müssen uns also nicht in das Prokrustesbett eines rigiden Institutionalismus fügen, in welchem wir nur das Funktionieren oder Nicht-Funktionieren des Zusammenspiels von Institutionen analysieren. Klaus von Beyme hat den 9. November 1989 insofern zutreffend als „schwarzen Freitag der prognostischen Fähigkeiten der Sozialwissenschaften"[1] bezeichnet, als der Tag des Mauerfalls die äußerst begrenzten Seherfähigkeiten dieser Disziplinen offenbarte. Seither haben wir einen Paradigmenwechsel erlebt: Selbst in der Historiographie wird wieder weniger auf die – eventuellen – Gesetzmäßigkeiten der Geschichte geschaut als auf deren – unter Anderem eben menschlich bedingte – Unkalkulierbarkeit. Nomothetische Apodiktik und Modellgläubigkeit sind außer Mode. Unverändert aber weisen die institutionellen Vorgaben der Verfassungsstaaten in die genau gegenteilige Richtung: Sie begrenzen die Handlungsräume der Akteure, stellen die geschichtliche Entwicklung darüber hinaus

---

1 Klaus von Beyme: Ansätze zu einer Theorie der Transformation der ex-sozialistischen Länder, in: Wolfgang Merkel: Systemwechsel 1. Theorien, Ansätze und Konzeptionen, Opladen 1994, S. 168.

gerade nicht zu deren Disposition. Aus der Spannung der zur verantwortlich freien Gestaltung aufgerufenen Persönlichkeit, in unserem Falle insbesondere des Bundeskanzlers Gerhard Schröder, und ihrer verfassungsgesetzlichen Rückbindung ergibt sich der in diesem Beitrag verfolgte Ansatz des „akteurszentrierten Institutionalismus"[2].

Diese Spannung ist vermutlich in keiner Phase demokratischer Gemeinwesen ausgeprägter als während der Regierungsbildung. Wahlkampf nämlich ist jene Phase, in welcher (a) gewaltfrei um den Zugang zu den Hebeln der Macht gekämpft, in welcher (b) die Legitimation zu deren Handhabung erworben wird, mithin die rechtliche Kompetenzzuweisung erfolgt. Die Regierungsbildung ist dann eine neue Phase, in welcher die dazu Legitimierten sich in den Institutionen an den Hebeln der Macht einrichten, um sich darin und daran so lange wie möglich als Regierende (er)halten zu können. In dieser wiederkehrenden Abfolge ist ein Grund mehr zu sehen, historiographisch im Detail zu beschreiben, was wie geschah. Im Zuge der Dokumentation dieser spezifischen Ereignisse soll gemäß dem hier verfolgten Ansatz des akteurszentrierten Institutionalismus zugleich Ausschau gehalten werden nach erklärenden Aussagen über das Regierungssystem der Bundesrepublik Deutschland werden.

Dazu kommen wir an Vergleichen nicht vorbei, Komparatistik ist das Labor des Sozialwissenschaftlers. Auf der Suche nach Antworten – anspruchsvoller auch Erkenntnisse genannt – bedienen sich Politologen gleichermaßen des synchronen wie des diachronen Vergleiches, der aktuell vergleichenden wie der historisch vergleichenden Komparatistik. Sie setzen ihre Sonden horizontal ein, die Gegenwart auch anderer Systeme überblickend; und sie beurteilen die Gegenwart des eigenen Systems vertikal, am Maßstab der Vergangenheit desselben. An dieser Stelle zum Beispiel wäre unter Hinweis auf die Weimarer Republik (vertikal) und Belgien oder Italien (horizontal) die ungewöhnliche Stabilität des Regierens im Nachkriegsdeutschland zu konstatieren. In den vierzehn Jahren der Weimarer Republik erlebten deren Bürger zwanzig Reichskanzler – mehr als einen pro Jahr – und noch mehr Kabinette; für die mittlerweile 53 Jahre der Bundesrepublik sind dagegen nur sieben Kanzler und nur neunzehn[3], stets auf parlamentarische Mehrheit bauende Regierungen zu registrieren. In anderen europäischen Ländern – die auffälligsten Gegenbeispiele sind Belgien und Italien mit mehr als 40 beziehungsweise 60 Regierungen – waren weit mehr Regierungen zu registrieren, in den skandinavischen Ländern, den Niederlanden, Österreich, Portugal und Spanien zuweilen als Minderheitenregierungen; für Frankreich wäre die spezielle Konstellation geminderter Handlungsfähigkeit von „Cohabitation" in Rechnung zu stellen. Großbritannien, als parlamentarisches Regierungssystem ehestens zur Referenz heranzuziehen, erlebte in dieser Epoche immerhin zwölf Premierminister, obschon (oder vielleicht gerade weil) Großbritannien weder föderal gegliedert noch auf ein Proportionalwahlrecht gegründet ist. Unsere Verfassungseltern orientierten sich am britischen System des Parlamentarismus – mit Erfolg, wie wir ihnen nach Maßgabe der Statistik also bereits vor der zwanzigsten Regierung der Bundesrepublik Deutschland seit 1949 attestieren dürfen.

---

2 Fritz W. Scharpf: Interaktionsformen. Akteurzentrierter Institutionalismus in der Politikforschung, Opladen 2000.

3 Der Tabelle 1 entsprechend ergibt eine alle Varianten ausschöpfende Zählweise immerhin sechsundzwanzig Regierungen. Hier ist die auch empirisch-politisch angemessener zählende Chronologie des Handbuches des Deutschen Bundestages zugrunde gelegt, siehe Handbuch des Deutschen Bundestages, Bd. I, Baden-Baden, 1999, S. 1141 ff.

Tabelle 1: Die Regierungen der Bundesrepublik Deutschland und die Entstehung ihrer Großen Regierungserklärungen

	Tag der Bundestagswahl	Beginn der Koalitionsverhandlungen	Abschluss der Koalitionsverhandlungen	Kanzlerwahl	Vereidigung des Kabinetts	Rededatum der Regierungserklärung
Adenauer 1949	14.08.1949	06.09.1949	16.09.1949	15.09.1949	20.09.1949	20.09.1949
Adenauer 1953	06.09.1953	10.09.1953	19.10.1953	09.10.1953	20.10.1953	20.10.1953
Adenauer 1957	15.09.1957	20.09.1957	23.10.1957	22.10.1957	29.10.1957	22.10.1957
Adenauer 1961	17.09.1961	02.10.1961	13.11.1961	07.11.1961	14.11.1961	14.11.1961
Erhard 1963	23. April 1963 Erhard wird von der CDU/CSU-Fraktion zum Kanzlerkandidaten gewählt; Verhandlungen im Sommer 1963 (keine BT-Wahl)			15.10.1963 Rücktritt Adenauers; 16.10.1963 Wahl Erhards	17.10.1963	18.10.1963
Erhard 1965	19.09.1965	12.10.1965	20.10.1965	20.10.1965	26.10.1965	10.11.1965
Kiesinger 1966	28.10.1966 Ende der CDU-FDP-Koalition (keine BT-Wahl)	15.11.1966	30.11.1966	30.11.1966 Rücktritt Erhards 01.12.1966 Wahl Kiesingers	01.12.1966	13.12.1966
Brandt 1969	28.09.1969	30.09.1969	15.10.1969	21.10.1969	22.10.1969	28.10.1969
Brandt 1973	19.11.1972	23.11.1972	08.12.1972	14.12.1972	15.12.1972	18.01.1973
Schmidt 1974	06.05.1974 Rücktritt Brandts (keine BT-Wahl)	Keine Verhandlungen		16.05.1974	16.05.1974	17.05.1974
Schmidt 1976	03.10.1976	25.10.1976	14.12.1976	15.12.1976	16.12.1976	16.12.1976
Schmidt 1980	05.10.1980	27.10.1980	03.11.1980	05.11.1980	06.11.1980	24.11.1980
Kohl 1982	17.09.1982 Ende der SPD-FDP-Koalition (keine BT-Wahl)	20.09.1982	28.09.1982	01.10.1982 konstruktives Misstrauensvotum und Wahl Kohls	04.10.1982	13.10.1982
Kohl 1983	06.03.1983	17.03.1983	22.03.1983	29.03.1983	30.03.1983	04.05.1983
Kohl 1987	25.01.1987	05.02.1987	09.03.1987	11.03.1987	12.03.1987	18.03.1987
Kohl 1991	02.12.1990	04.12.1990	16.01.1991	17.01.1991	18.01.1991	30.01.1991
Kohl 1994	16.10.1994	27.10.1994	11.11.1994	15.11.1994	17.11.1994	23.11.1994
Schröder 1998	27.09.1998	01.10.1998	20.10.1998	27.10.1998	27.10.1998	10.11.1998
Schröder 2002	22.09.2002	01.10.2002	16.10.2002	22.10.2002	22.10.2002	29.10.2002

Quelle: Guido van den Berg/Silke Vogt: Die Großen Regierungserklärungen der Bundeskanzler im quantitativen Vergleich, in: Zeitschrift für Parlamentsfragen 33 (2002), S. 464, hier ergänzt um die letzte Zeile vom Verfasser.

Angesichts dieser Datenlage ist schon eingangs komparativ festzustellen, dass die Regierung Schröder II in einem Kontext der Stabilität begann, der in krassem Widerspruch zu der für sie unmittelbar darauf allenthalben wahrgenommenen Perspektive der Ungewissheit steht. Im (Wieder-)Erwerb der Macht hat sich Schröder als ein Meister der Schumpeterschen Demokratiedefinition erwiesen, derzufolge „Einzelne die

Entscheidungsbefugnis vermittels eines Konkurrenzkampfes um die Stimme des Volkes erwerben"[4]. Was aber ist und geschieht unmittelbar nach dem Erwerb dieser Macht, unmittelbar nach der „Besetzung" der Regierung, des politisch einflussreichsten Teiles des Gemeinwesens, der *polity*? Auf welche Weise, mit welcher Strategie, welcher Taktik, welchen *politics* also, werden welche Inhalte der Politik, welche *policies* verfolgt? Bei Aussparung der *policies* bliebe die politologische Analyse einer jeden Regierungsbildung theoretisch defizitär – evident um die Dimension der Politik verkürzt. Gravierender noch: Eine solche Politologie wäre nach Maßgabe jeder normativ orientierten Demokratietheorie zynisch, insofern sie sich auf die Abbildung von Machtkämpfen beschränken würde; sie könnte sich auf das (möglicherweise substanzfreie Ränke-)Spiel der Politik einlassen, ohne Sinn und Zweck der Regierungsbildung im Gemeinwesen erkennbar zu halten: die – notwendigerweise stets unvollständige – Gemeinwohlverwirklichung. Gibt es für deren wenigstens annäherungsweise Erreichung und Handhabung auch Kriterien der Meisterschaft samt entsprechender Sanktionsmechanismen im Falle des Scheiterns nach Maßgabe dieser Dimension der Politik?

Aus den theoretischen und methodologischen Überlegungen ergeben sich Konsequenzen für die Ausführung der hier beabsichtigten Darstellung: Die Bundesrepublik ist bekanntlich (aber meistens nicht systematisch durchdacht) ein System von mindestens sechs Subsystemen, eingebettet in ein weiteres, das internationale System. Sie ist erstens eine parlamentarische Demokratie, also werden wir die Vorgaben dieses parlamentarischen Regierungssystems zu berücksichtigen haben. Sie ist, damit engstens zusammenhängend, zweitens eine Kanzlerdemokratie (Loewenstein und Niclauß[5]), also werden wir deren Ausprägungen vor und gemäß Kanzler Schröder zu analysieren haben. Diese Republik sei, heißt es von Beginn an (etwa mit Leibholz[6]), drittens ein „Parteienstaat", also können wir die dadurch gesetzten Bedingungen nicht außer Acht lassen, auch nicht die – viertens – des „Koalitionenstaates"[7] – zumal nicht diejenigen, die sich aus der Existenz zweier Kammern ergeben, in welchen auf je eigene Weise „einheitlich" abzustimmen ist: in der einen, dem Bundesrat, strikt „einheitlich" nach Landeskoalitionen, in der anderen, dem Bundestag, möglichst gemäß der auf Bundesebene nach Koalitionen organisierten Parteiendisziplin. Die Bundesrepublik sei, heißt es ferner (in Variationen seit 1955 mit Theodor Eschenburg), fünftens ein „Verbändestaat"[8], und in der Tat erscheint uns heute kein Kanzler gut beraten, die Einsprüche der Interessengruppen unserer Gesellschaft, insbesondere die der mächtigen gesellschaftlichen Vetospieler, zu übersehen. Schon der Name dieses Staates, bekanntlich eine Bundesrepublik, verdeutlicht, dass es sich sechstens um ein föderatives System handelt, dessen Spezifika (Benz/Lehmbruch[9]) wir zu bedenken haben.

---

4 Joseph A. Schumpeter: Eine andere Theorie der Demokratie, hier zitiert nach Frank Grube/Gerhard Richter (Hrsg.): Demokratietheorien, Hamburg 1975, S. 33.

5 Vgl. Karlheinz Niclauß: Kanzlerdemokratie. Regierungspraxis von Konrad Adenauer bis Helmut Kohl, Stuttgart 1988; siehe auch Peter Haungs: Kanzlerprinzip und Regierungstechnik im Vergleich: Adenauers Nachfolger, in: Aus Parlament und Zeitgeschichte, B 1-2/89, S. 28 f.

6 Gerhard Leibholz: Strukturprobleme der modernen Demokratie, Karlsruhe 1958.

7 Vgl. zur Koalitionentheorie und zur Praxis der „Spielregeln" von Koalitionen (nicht nur) auf der Landesebene Sabine Kropp: Regieren in Koalitionen, Wiesbaden 2001.

8 Theodor Eschenburg: Herrschaft der Verbände?, 2. Aufl., Stuttgart 1963 (erstmals 1955).

9 Arthur Benz/Gerhard Lehmbruch (Hrsg.): Föderalismus. Analysen in entwicklungsgeschichtlicher und vergleichender Perspektive. Politische Vierteljahresschrift, Sonderheft 32/2001, Wiesbaden 2002.

Die Geschichte folgt zwar weitgehend den Vorgaben dieser Systeme, kennt aber für deren Miteinander keine chronologische Zwangsläufigkeit. Weil sie auf noch zu schildernde intensive Art ineinander übergehen, würde sich aus ihrer diachronen Berücksichtigung, also der Darstellung eines Systems nach dem anderen, keine verständige Dokumentation einer Regierungsbildung unter ihren Bedingungen ergeben. Allemal Regierungsbildungen – Herstellung, Erhalt und Veränderung der Machtkonstellationen – vollziehen sich in anderer Reihung als die konstitutionelle Abfolge des Versuches ihrer Bändigung, Ordnung und Strukturierung. Deshalb will Regierungsbildung nach Maßgabe der Historiographie erzählt werden. Soweit die genannten Subsysteme Variablen – abhängige oder unabhängige – der Regierungsbildung sind, werden sie jeweils an jener Stelle unserer Dokumentation besonders berücksichtigt werden, an welcher sie entsprechendes Gewicht entfalten und deshalb paradigmatisch erklärt werden können. So sehr diese Systeme auch einander überschneiden und infolgedessen bezüglich der Regierungsbildung auf Bundesebene nicht strikt nacheinander abgehandelt werden können, taugen sie insoweit doch zu einer gewissen Gliederung dieses Beitrages.

Aus unseren sechs Subsystemen ergeben sich hypothetisch mindestens dreißig Kombinationsmöglichkeiten. Unter solchen Bedingungen regieren zu müssen, erscheint schon reizvoll beziehungsweise riskant genug. Selbstverständlich aber sind diese Subsysteme in sich vielfach weiter differenziert und selbstverständlich wird zu beachten sein, dass sie einander zu unterschiedlichen Zeit unterschiedlich überlappen. „Wenn es einfach wäre", wird unser Kanzler zitiert[10], „könnten es auch andere machen". Wo er recht hat, hat er recht: Der Kanzlerposten muss beziehungsweise müsste dem Besten unter den Guten überantwortet sein. Überzeugte der Inhaber der Richtlinienkompetenz dementsprechend? Hat Gerhard Schröder die Möglichkeiten der internen und externen Systeme ausgeschöpft, daraus sein eigenes Regierungssystem und seinen eigenen Regierungsstil geschaffen – seine eigene Art und Weise, die Handlungsräume historisch einmalig und deshalb unverwechselbar wahrzunehmen und zu nutzen?

Spieltheoretisch[11] haben wir bis zu dieser Stelle die Handlungsoptionen nach innen beisammen, die systeminternen Möglichkeiten also. In Zeiten der Globalisierung nicht nur der Wirtschaft, sondern auch des Krieges (besonders in Gestalt von Terror), kommen Chancen und Restriktionen aus diversen externen Systemen hinzu: aus Bündnissen zum Beispiel wie der EU, der NATO und der UNO (Weltsicherheitsrat). Einigermaßen gewiss wird man noch ex-post empirisch nachzeichnen können, was wann wo und wie geschah. Die Beurteilung aber, ob die Regierungsbildung gelungen, gar optimal war, bleibt letztendlich ihrer Bewährung in der Geschichte vorbehalten – im Falle einer vorzeitigen Ablösung der Abstimmung im Parlament, im Falle ihrer Dauer über die Legislaturperiode dem Votum der Wähler. Heute, nach dem ersten Quartal 2003, können wir nur die Perspektiven erörtern, die sich für den einen oder anderen Fall aus dem Anfang der Regierung Schröder II ergeben.

Zum Ende und zum Beginn einer Legislaturperiode ist der potentielle oder tatsächliche Regierungschef besonders gefordert: am Ende des Wahlkampfes und – im Falle seines Wahlsieges – zu Beginn einer neuen Wahlperiode als Schlüsselfigur eines künftig möglichst tragfähigen politischen Bündnisses. Dies sind die Zeiten, in denen sich die

---

10 Von dem niedersächsischen Landtagsabgeordneten Uwe Inselmann (†).

11 Der Titel der amerikanischen Originalausgabe des oben zitierten Klassikers zum „akteurzentrierten Institutionalismus" von Fritz W. Scharpf lautet: „Games Real Actors Play".

(potentiellen) Regierungschefs[12] besonders zu bewähren haben; Phasen, in denen sie Weichen stellen beziehungsweise stellen müssten, in denen sie ihren „Stil" besonders herauskehren.[13]

3. Regierungsbildung 2002/03 im politischen System der Bundesrepublik Deutschland

3.1. Regierungsbildung im System der parlamentarischen Demokratie: die elektoralen Vorgaben

Im Unterschied zum britischen System und noch im Vergleich zur Weimarer Republik ist die Kreation und Garantie von Handlungsfähigkeit in der Bundesrepublik verfassungsrechtlich ausgefeilt festgeschrieben. Gleichwohl stimmen die britischen und die deutschen Stationen der Regierungsbildung im Wesentlichen überein. Im Grundsätzlichen der Schaffung sowie Legitimierung der Macht sind es nur drei Stationen:

1. Die Wahl entscheidet über die Zusammensetzung des Parlamentes.
2. Die Parlamentsmehrheit entscheidet über die Regierung, mindestens über den Regierungswechsel und – zumal im Falle von Koalitionsregierungen – über die Zusammensetzung des Kabinetts.
3. Die Regierung wird durch Abstimmung des Parlamentes im Amt und zum Amt verpflichtet. Dieser juristische Akt kommt de facto einer politischen Selbstverpflichtung der Mehrheit zur parlamentarischen Unterstützung, wenn nicht Garantie der Handlungsfähigkeit „ihrer" Regierung gleich.

Der Weg von der ersten zur dritten Station will organisiert sein. Er wird – auch in den essentiell identischen parlamentarischen Regierungssystemen – in unterschiedlichen Zwischenschritten gegangen. Anders als zum Beispiel in Großbritannien gibt es in Deutschland *de jure* keinen Auftrag des Staatsoberhauptes zur Regierungsbildung an den vom Staatsoberhaupt vermuteten mehrheitsfähigen Premierminister. In Deutschland wird die Mehrheitsfähigkeit ostentativ autonom von Anfang an ohne Auftrag und Vermittlung des Staatsoberhauptes im Parlament selbst ausgemacht – soweit dies nach der Wahl überhaupt noch nötig, weil nicht schon durch die Wahl entschieden ist. Selbst wenn dies nach der Wahl noch erforderlich sein sollte, wird in Deutschland, anders als zum Beispiel in Griechenland, (zunächst) auch kein „formateur" oder wie in den Niederlanden kein „informateur" eingeschaltet. Die Verfassungseltern wollten das Staatsoberhaupt möglichst weit aus der Kreation und aus den Konstellationen der Macht heraushalten. Deshalb wurde ihm im Zuge der Regierungsbildung weder die Rolle der monarchischen Krone noch die eines republikanischen Formateurs einge-

---

12 Politisch korrekt sei an dieser Stelle hinzugefügt, dass vom Regierungschef hier nur deshalb in der männlichen Form die Rede ist, weil wir in der Bundesrepublik – zumindest auf Bundesebene – noch keine Regierungschefin zu verzeichnen haben. Das könnte sich ändern. Man hat nicht den Eindruck, als ob die dafür derzeit ehestens in Betracht/Verdacht kommende Person partout auf den Titel „Kanzlerin" erpicht wäre.

13 Vgl. das hier gewählte methodische Vorgehen mit den darin im Wesentlichen übereinstimmenden, grundlegenden, in der nächsten Fußnote genannten Arbeiten von Karl-Rudolf Korte.

räumt. Deshalb auch ist die de facto und de jure vollkommen autonome Vereinbarung der Regierungskoalition unter den dafür in Betracht kommenden Fraktionen/Parteien in Deutschland das Herzstück der Regierungsbildung.

Empirisch als Kompliment kann begriffen werden, dass Zeithistoriker die deutsche Geschichte seit 1949 überwiegend nach den Stichdaten einschlägiger Wahlen periodisieren. In Wahlen wird nicht nur gezählt, sie zählen auch, bewirken Geschichte. So will es die Idee der Demokratie – auch und besonders bezogen auf die Regierungsbildung. Was bewirkten die Wahlen vom 22. September 2002? Hatten Gerhard Schröder und die SPD 1998 den bislang radikalsten „Machtwechsel" in der Geschichte der Bundesrepublik, zum bisher einzigen Male nämlich einen „kompletten Machtwechsel"[14], zustande gebracht, so waren vom Wahlergebnis 2002 nur minimale Veränderungen der „Machtkonstellation" zu erwarten – wenn überhaupt. Wurde das Wahlergebnis doch, was nahe lag, weithin als Absicht des Wählers gedeutet, das Mandat der alten Regierung um eine (weitere) Chance zu verlängern. Die alte Koalition hatte im Wahlkampf maßgeblich auf den entsprechenden Appell an die Wähler gesetzt. Wahlen verpflichten also – personell und programmatisch. Personell entscheiden sie über die politische Elite eines Landes und programmatisch über die Inhalte der Politik. Beides findet – gänzlich nicht zu trennen – Niederschlag unter Anderem in der Regierungsbildung, ist allerdings nur eine unter mehreren Stationen der Determinierung der weiteren Politik. Am Anfang stehen die Festlegungen in Wahlkämpfen, die programmatischen mehr als die personellen. In aller Regel nämlich legen sich die Parteien im Wahlkampf nur mit „ihrem" Kanzlerkandidaten fest, die führende Regierungspartei präsentiert den Amtsinhaber, die SPD des Jahres 2001 mithin Gerhard Schröder, als Kanzlerkandidaten, das führende Oppositionslager, die CDU/CSU, den „Herausforderer" des amtierenden Kanzlers, im Jahre 2002 mithin den bayerischen Ministerpräsidenten Edmund Stoiber. Die Opposition unterbreitet dem Wähler darüber hinaus auch noch regelmäßig ein alternatives Kabinett, 2002 ein „Kompetenzteam" um Stoiber. Die Regierungsparteien haben dies erstens nicht nötig, sie haben ihre besten Leute im Kabinett; zweitens würden sie durch die Präsentation einer künftigen Regierungsmannschaft genau daran Zweifel säen, die im Amt befindliche Crew mindestens in Teilen desavouieren; drittens müssen sie die Option für Veränderungen nach der Wahl gleichwohl offen halten, solche Innovationen auch den (unzufriedenen) Wählern, selbst ihren gegebenenfalls in der vorangegangenen Legislaturperiode unzufriedenen Stammwählern, verheißen. Personell entscheiden die Wahlen mithin nahezu unmittelbar nur über die Besetzung des Kanzlerpostens: Faktisch bestellte die Mehrheit der Wähler Gerhard Schröder bereits am 22. September 2002 erneut ins Bundeskanzleramt.

Landläufigen Annahmen zum Trotz reicht die programmatische Determinierung der Regierungsbildung und Regierungspolitik durch den Wahlkampf weiter als die personelle, „Wahlversprechen" finden sich in der Person des Kanzlers und über diese hinaus

---

14 Siehe zur Klassifizierung von „Strukturtypen" des Machtwechsels Karl-Rudolf Korte: Der Anfang vom Ende: Machtwechsel in Deutschland, in: Gerhard Hirscher/Karl-Rudolf Korte (Hrsg.): Aufstieg und Fall von Regierungen, München 2001, S. 32 ff. Siehe grundsätzlich zur Thematik auch eine weitere Studie desselben Autors: Deutschlandpolitik in Helmut Kohls Kanzlerschaft. Regierungsstil und Entscheidungen, Stuttgart 1998; Gerhard Hirscher/Karl-Rudolf Korte (Hrsg.): Darstellungs- oder Entscheidungspolitik? Über den Wandel von Politikstilen in westlichen Demokratien, München 2000; ders.: Konjunkturen des Machtwechsels in Deutschland: Regeln für das Ende der Regierungsmacht?, in: Zeitschrift für Parlamentsfragen 31 (2000), S. 833–856.

tatsächlich in aller Regel in späteren Regierungsprogrammen wieder, sogar in den davon nach Möglichkeit abgeleiteten Gesetzgebungsvorhaben der Regierung[15]. Deshalb ist zunächst einmal auf wesentliche programmatische Vorgaben des Wahlkampfes 2002 zurückzukommen, in unserer nachfolgenden Dokumentation bleibt nämlich zu prüfen, inwieweit diese Vorgaben ihren Niederschlag in der Regierungsbildung finden werden.

Als wahlentscheidend wurden in den vorangegangenen Analysen dieses Sammelbandes die vier F-Wörter hervorgehoben: „Familie" und „Frauen", die „Flut" und der „Friede" – genauer: die besondere Ansprache von Frauen über Themen der Familienpolitik; die Reaktion der Regierung Schröder auf die Flutkatastrophe im Osten des Landes während der Augustwochen 2002; und das Versprechen des Kanzlers, Deutschland aus einem möglichen/wahrscheinlichen Krieg im Irak herauszuhalten. Diese wahlentscheidenden *policies* werden bei der Regierungsbildung nach dem 22. September 2002 um so mehr zu berücksichtigen sein, als sie nicht nur von der SPD, sondern auch von den Grünen in einer Art „Koalitionswahlkampf" vorgetragen wurden – eine „Premiere" in der deutschen Wahlkampfgeschichte[16].

3.2. Vorgaben des Parteien- und Koalitionenstaates

Dazu nicht im Gegensatz standen die drei wichtigsten Entscheidungen der Regierungsbildung schon in der Nacht des offiziellen Wahlergebnisses 2002 fest – als Konsequenz der erzielten Parteienstärke im Koalitionenstaat:
1. Gerhard Schröder wird erneut Bundeskanzler, Chef der 19. Regierung der Bundesrepublik Deutschland, der Regierung Schröder II, werden.
2. Grundlage der Regierung Schröder II wird (gemäß hiesiger politischer Farbenlehre) eine Neuauflage der rot-grünen Koalition aus SPD und Bündnis 90/Die Grünen sein.
3. Vizekanzler und Außenminister der Regierung Schröder II wird Joseph (Joschka) Fischer – ein erfahrener, mindestens insoweit nicht mehr „grüner" Grüner.

War mehr entstanden, mehr zu erwarten als das von Roland Sturm so bezeichnete „Persönlichkeitsbündnis Schröder/Fischer"[17]? Im Folgenden wird darauf eine Antwort aus den Details der weiteren Regierungsbildung zu destillieren sein. Die noch zu erläuternde verfassungsrechtlich verbürgte Stärke des amtierenden Bundeskanzlers wird in der Gegenwart faktisch nachhaltig durch die „Medialisierung" der Politik[18] ausgebaut. Gerhard Schröder hatte dies weidlich zu nutzen gewusst, alle Wahlanalysen, auch die in diesem Sammelband voranstehenden, dokumentieren es. Die Nutzung der Medien, wie auch seine darauf bauende Wendung der Themenagenda im Wahlkampf, machte Schröder zum ersten und wichtigsten Sieger der Wahl und verlieh ihm eine entsprechend starke Ausgangsposition für die bevorstehende Regierungsbildung. Nicht auszu-

---

15 Daniel Rölle: Wahlprogramme: Richtschnur parlamentarischen Handelns, in: Zeitschrift für Parlamentsfragen 31 (2000), S. 821–833. Der Verfasser dieser Zeilen war wieder und wieder überrascht, wie sehr zur hiermit vorzulegenden Dokumentation einer Regierungsbildung immer auf die Vorgaben des Wahlkampfes zurückzukommen war.

16 Richard Hilmer: Bundestagswahl 2002: eine Chance für Rot-Grün, in: Zeitschrift für Parlamentsfragen 33 (2003), S. 187–220.

17 Siehe den Beitrag von Roland Sturm in diesem Band.

18 Siehe dazu grundsätzlich Rüdiger Schmitt-Beck: Politische Kommunikation und Wählerverhalten, Wiesbaden 2000.

schließen war allerdings, dass der zweite Sieger des 22. September, Joseph Fischer, den Entscheidungsspielraum des designierten Kanzlers einengen könnte. Nicht weniger mediengewandt als der amtierende und präsumptive Kanzler, hätte er den Sieg der rot-grünen Koalition als ein Verdienst vor allem seiner Partei und seiner Person herausstellen können. War der Marathon-Mann nicht sogar als erster (sozusagen mit einem Prozentpunktevorsprung von 4,3) durchs Ziel gelangt? Die Grünen hatten unter allen Parteien den auffälligsten Gewinn – 1,9 Prozentpunkte im Gegensatz zu dem Verlust der SPD von 2,4 Prozentpunkten – davongetragen.[19] War es da nicht angesichts des mäßigen Abschneidens der SPD vor allem den Grünen zu verdanken, dass die Neuauflage der alten Koalition überhaupt möglich wurde? Hätte der präsumptive Vizekanzler Fischer jetzt, nach seinem Triumph 2002, nicht auf einer Abflachung der seit 1998 augenfälligen Asymmetrie der Koalition[20] bestehen, etwa eine größere Zahl von grünen Ministern im zweiten Kabinett Schröder fordern können?

Dies geschah nicht, obwohl Schröder, dieses Mal anders als 1998, nicht wirklich über Koalitionsoptionen verfügte – etwa über die Möglichkeit zu einer Großen (gemäß deutscher politischer Farbenlehre: rot-schwarzen) Koalition, die 1998 heftig und seither immer wieder erörtert worden war; mit dieser Möglichkeit musste und konnte Schröder nach der Wahl 2002 nicht ernsthaft winken, weil sie unter den beiden nahezu gleichstarken großen Fraktionen des Bundestages die Kanzlerfrage aufgeworfen hätte. Eine „Ampelkoalition aus SPD, FDP und Grünen" (gemäß politischer Farbenlehre: rot-gelb-grün) kam für die Grünen wegen ihrer tief sitzenden Abneigung gegenüber der FDP von Anfang an nicht in Betracht, auch der linke Flügel der SPD wäre in ein solches Bündnis schwerlich einzufügen gewesen. Der Spitzenkandidat für das Kanzleramt musste den Grünen auch gar nicht mit alternativen Optionen zu Rot-Grün drohen, denn der wahlgestärkte präsumptive Vizekanzler Fischer gab sogleich die Parole grüner Bescheidung im Blick auf weitere als die bisherigen Kabinettsposten aus: Mehr als die bisherigen drei Minister sollten es nach 2002 nicht für die Grünen werden. An – konkurrierendem? – Kabinettszuwachs aus den eigenen Reihen schien ihm nicht gelegen. Schon damit war für die bevorstehenden Runden der Regierungsbildung ein programmatisches „Weiter-so" signalisiert. Faktisch ist die Koalitionsbildung in der Regel vor den Koalitionsverhandlungen entschieden – ein Beispiel für die Widersprüchlichkeiten aus einerseits der Logik der Macht und andererseits der institutionellen Systematik.

Der „Koalitionswahlkampf" von SPD und Grünen war genauso eine „Premiere" wie die Herausstellung eines Spitzenkandidaten Joseph Fischer bei den Bündnis 90/Die Grünen. Während des Wahlkampfes hielt Fischer die höchsten, Schröder die zweithöchsten Werte auf der Popularitätsskala der Demoskopen[21]. Die persönliche Zuschreibung ihrer Anteile am Wahlsieg von Rot-Grün schuf den beiden Spitzenkandidaten, dem präsumptiven Kanzler wie seinem Stellvertreter, ein Autoritätspolster für die bevorstehenden Koalitionsverhandlungen – ein mehr in ihre jeweils eigene Partei nach innen zu nutzendes „Machtwort" als gegen die des (präsumptiven) Koalitionspartners.

Das Ergebnis der Wahl findet seine der – institutionellen Regierungsbildung vorgängige – Widerspiegelung in der Zusammensetzung des Bundestages. Auch diese wird spezifische Schlüsse für die Regierungsprogrammatik und damit für das Regierungsperso-

---

19 Siehe Schaubild 1.
20 Siehe dazu den Beitrag von Roland Sturm in diesem Band.
21 Siehe Tabelle 2.

Schaubild 1: Sonntagsfrage von März 2002 bis März 2003 und Politikerranking von März 2002 bis Mai 2003

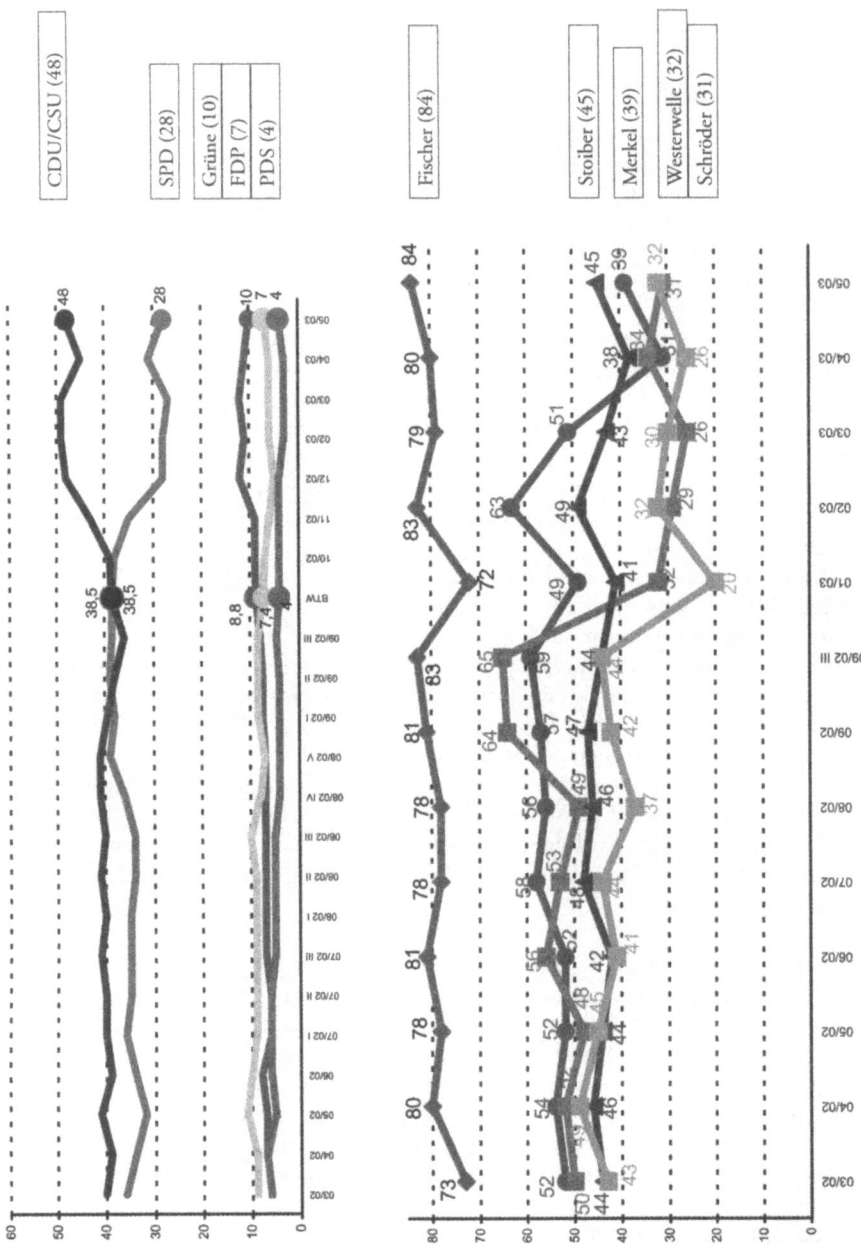

Legende: Daten von Infratest. Umfragewerte von März 2002 bis Mai 2003. Legende: Die Zahlen hinter den Namen der Parteien bzw. den – tatsächlichen oder heimlichen – Parteichefs bzw. der Parteien sind die letzten Werte aus dem März/Mai 2003. Die zur ersten Grafik gehörende „Sonntagsfrage" lautet: Welche Partei würden Sie wählen, wenn am nächsten Sonntag Bundestagswahlen wären?

Schaubild 2 : Stimmen im Bundesrat seit dem 2. Februar 2003

Sozial-demokratisch-geführte Länder (A Länder)

Land/Koalition	SPD allein	SPD und Grüne	SPD und PDS	SPD und FDP	Alle A Länder
Nordrhein-Westfalen (SPD/Grüne)		6			
Schleswig-Holstein (SPD/Grüne)		4 10 ───────────────────→			
Rheinland-Pfalz (SPD/FDP)				4 4→	
Berlin (SPD/PDS)			4		
Mecklenburg-Vorpommern (SPD/PDS)			3 7		21

SPD-geführte SPD/CDU Länder (A/B Länder)

Land/Koalition	SPD/CDU				Alle A/B Länder
Brandenburg (SPD/CDU)	4				
Bremen (SPD/CDU)	3 7 ──────────────────────→				7

CDU/CSU-geführte Länder (B Länder)

Land/Koalition	CDU allein	CSU allein	CDU/FDP	CDU/FDP und Schill	Alle B Länder
Bayern (CSU)		6			
Hessen (CDU)	6				
Saarland (CDU)	3				
Sachsen (CDU)	4				
Thüringen (CDU)	4	22			
Sachsen-Anhalt (CDU/FDP)			4		
Baden-Württemberg (CDU/FDP)			6		
Niedersachsen (CDU/FDP)			6 16 ──────→		
Hamburg (CDU/FDP/Schill)				3 3→	41

(Mehrheit 35 Stimmen, 2/3 Mehrheit 46 Stimmen)

nal zur Folge haben, wenn nicht gar zwingend erfordern. So wird nach den Konsequenzen der signifikanten Verjüngung des Bundestages zu fragen sein. Immerhin waren 181 Neulinge – fast ein Drittel (genau 30 Prozent) der 603 Abgeordneten – in den 15. Bundestag eingezogen; davon die anteilig meisten, nämlich 24 (= 45,5 Prozent) in die 55 Mitglieder umfassende Fraktion der Grünen. Und welche Berücksichtigung würde der gegenüber 1998 mit 32,5 Prozent um 1,6 Prozentpunkte größere Frauenanteil des Bundestages bei der Regierungsbildung 2002 finden? Diese Frage stellt sich umso dringlicher, als dass von den jetzt 196 weiblichen Mitgliedern des Bundestages 95 (= 37,9 Prozent) der 251 Mitglieder starken SPD-Fraktion und – weitmehr noch beeindruckender – 32 Frauen von 55 Mitgliedern (= 58,2 Prozent) der Fraktion der Grünen angehören? Und welche Folgerungen wurden bei der Regierungsbildung aus der Tatsache gezogen, dass die Wahl zwar im Osten gewonnen wurde, im 15. Bundestag jedoch weniger Mitglieder aus den ostdeutschen Ländern präsent sind als im 14. Bundestag[22], und welche daraus, dass der Gewerkschaftsflügel der SPD-Fraktion zwar entgegen landläufigen Behauptungen nicht gestärkt wurde, aber prominent und im Vergleich zu den anderen Fraktionen signifikant besetzt blieb? Denn: Alle 14 Gewerkschaftsfunktionäre des 15. Deutschen Bundestages sind Mitglieder der SPD-Fraktion und von den 251 SPD-Abgeordneten werden „etwa 115 der Parlamentarischen Linken"[23] zugeordnet.

Die Wahlanalytiker heben hervor, dass „Familie", „Flut" und „Frieden" nur symptomatische Gewinnwörter, also nicht ursächlich für den Wahlerfolg von Rot-Grün, gewesen seien. Wenn dem so ist, dann gibt es der Gründe mehr, nach den tiefer liegenden Auslösern des Wahlergebnisses zu forschen. Wer, wenn nicht die Politiker selbst, müssten diese erspüren, um diese wissen und sie entsprechend politisch, personell und programmatisch in der Regierung abbilden, gar ein „Projekt" daraus machen können?

Frühzeitig wurden, möglicher Output der denkbaren Wahlergebnisse des September 2002, „wahrscheinliche" und „sinnvolle" Koalitionen unterschieden[24]. Gemessen an den Wahlkampfaussagen der Parteien waren entweder eine rot-grüne oder eine schwarz-gelbe Koalition zu erwarten – dies, obwohl sich die FDP nicht festgelegt hatte. Der Verlauf der Wahlnacht bestätigte die Anfangshypothese aller Koalitionsforschung[25]: dass nämlich der kleinstmögliche Wahlgewinn die größtmöglichen Trophäen für die *office-seeking politicians* verspricht[26]. *Policy-oriented politicians* würden sich gegebenenfalls in größeren Koalitionen mit zusätzlichen (konkurrierenden) Anwärtern ein relativ knapperes Kontingent zu vergebender Positionen teilen müssen, dazu gab es tatsächlich in der Nacht des 22. zum 23. September 2002 keinerlei erkennbaren Impuls. Die deutsche Koalitionsbildung 2002 folgte des Weiteren dem gängigen europäischen Muster, demzufolge Parteien „ihre" Koalition nach einer Wahl fortsetzen, wenn es das Wahlergebnis irgend ermöglicht. In Deutschland kommt hinzu, dass es ein hierzulande anerkannter Brauch der Wähler zu sein scheint, einer Koalition die Möglichkeit einzuräumen, ihr Programm in mindestens mehr als einer Legislaturperiode zu realisieren. So war es 1953, (1965), 1972, (1980), 1987, und so war es jetzt, 2002. Noch nie wurde hierzulande eine Regierung nach nur vier Jahren abgelöst, die Ausnahme der großen Koalition von 1966 bis 1969 bestätigt diese Regel lediglich (siehe Tabelle 1). Die deutschen Wähler scheinen jene Reformer zu bestätigen, die eine Verlängerung der Wahlperiode anstreben: Sie beherzigen den Appell Abraham Lincolns auf eine Prolongierung des politischen Mandates zwecks Erledigung der „unfinished work" aus der vorangegangenen Periode.

Im Wahlkampf hatten sich SPD und Grüne – nicht zuletzt zum Erhalt ihrer Ämter – programmatisch so sehr angenähert, dass im Falle ihres Sieges von einer „kompakten

---

22 Die genauen Daten zu diesem Absatz bei Werner J. Patzelt in diesem Band; siehe auch Michael F. Feldkamp: Deutscher Bundestag 1983 bis 2002/03: Parlaments- und Wahlstatistik, in: Zeitschrift für Parlamentsfragen 34 (2003), S. 1–18.

23 Siehe zu diesen Daten auch Franziska Deutsch/Suzanne S. Schüttemeyer: Die Berufsstruktur des Deutschen Bundestages – 14. und 15.Wahlperiode, in Zeitschrift für Parlamentsfragen 34 (2003), S. 21–32. Siehe die politische Einordnung der „Parlamentarischen Linken" in: Der Spiegel, Heft 40/2002, S. 27.

24 Vgl. Eckhard Jesse: Die wahrscheinlichen und die sinnvollen Koalitionen (vor) der Bundestagswahl 2002, in: Zeitschrift für Parlamentsfragen 33 (2002), S. 421–435.

25 Siehe Michael Gallagher/Michael Laver/Peter Mair (Hrsg.): Representative Government in Modern Europe, 3. Aufl., McGraw Hill 2001, S. 342 f.

26 Vgl. ebd., S. 357.

Koalition" auszugehen war. Daran knüpften sich nahtlos Erwägungen über ein „rot-grünes Projekt" unmittelbar nach der Wahl – Aussagen, die zunächst auch zur sofortigen Abwehr möglicher Alternativen zu Rot-Grün in der bevorstehenden Regierungsbildung taugten. Im Ergebnis der Regierungsbildung kündigte sich hiermit das in der Koalitionsforschung als minimal connected winning coalition gekennzeichnete Regierungsbündnis an. In manchen Positionen notwendiger gesellschaftlicher Reformen (Gesundheits-, Renten- und Steuerpolitik) hatten sich die Grünen in der vorangegangenen Legislaturperiode von der SPD allerdings doch, wenngleich moderat, entfernt, besonders vom Gewerkschaftsflügel der SPD. Die Grünen bestätigten damit auch jene These der Koalitionsforschung, wonach europäische Koalitionen zur Mitte hin tendieren, insofern sie einen ideologisch mildernden Einfluss auf die Politikinhalte der jeweiligen Partner ausüben.

So stark die noch zu benennende konstitutionelle Stellung des Kanzlers ist, so stark ist auch die Gesamtheit der Gegenkräfte, in denen und gegen die er sich unter dem politischen Damoklesschwert des Misstrauensvotums behaupten muss, indem er sich bewährt – man könnte auch umgekehrt sagen: bewähren muss, indem er sich behauptet. Wer, wie Gerhard Schröder, die Zeichen der Zeit – Familie, Flut und Frieden – erkennt und zu nutzen weiß, der hat das Zeug zur Politik nachgewiesen. Ein solcher Nachweis der Handlungsfähigkeit allein kann unabhängig von den Maßnahmen im Einzelnen nicht schaden. Am Anfang der Wahlperiode steht dieser „Schub" des Wählerauftrages, gefolgt aber unmittelbar von der nur allzu verständlichen Erschöpfung der Akteure nach einem sie ganz und gar fordernden Wahlkampf. Und zu Beginn der neuen Legislaturperiode, dokumentiert auch die policy-Forschung, stehen eher noch redistributive Programme, welche die Wähler der neu bzw. erneut Regierenden – zum besonderen Ärger der Opposition – belohnen sollen/müssen[27].

Das „Zeitalter der Ideologie", konstatierte Karl Dietrich Bracher, sei zwar vorüber, spätestens seit dem Ende des Sowjetkommunismus. Nur einen Nachklapp habe es in Deutschland noch gegeben, in der Bundestagswahl 1998 sei es zu einem „späten Sieg des linken Zeitgeistes"[28] der Studentenrevolte von 1968 gekommen. Wenn heute dagegen ideologiefreie Problemlösungskompetenz im Zentrum der Wählererwartungen steht, dann stand und steht es schlecht um den Kanzler Schröder II und sein Kabinett. Denn auf diesem Felde haben ihm die Wähler vor dem 22. September 2002 und erst recht zu Beginn des Jahres 2003 wenig zugetraut[29]. 1998 war noch etwas vom Aufbruch einer neuen Generation zu unbekannten Ufern zu spüren. Sind davon – und zwar nicht zuletzt für die Anhänger dieses ersten wirklichen Machtwechsels in der Geschichte der Bundesrepublik Deutschland – mehr als heiße Luft und laues Wasser übrig geblieben?

3.3. Chancen und Risiken des Regierungschefs in einer „Kanzlerdemokratie"

3.3.1. Die Koalitionsvereinbarung

Anders als die Weimarer Verfassung hat das Grundgesetz für die Bundesrepublik Deutschland dem Regierungschef eine überaus starke Stellung zugewiesen. Die Kanzlerverantwortlichkeit ist so intensiv ausgebaut, dass die Bundesrepublik schon allein

---

27 Vgl. Korte: Der Anfang vom Ende (Anm. 14), S. 52.
28 Vgl. Karl Dietrich Bracher: Später Sieg des linken Zeitgeistes, in: Die politische Meinung, Heft 12/1998, S. 5 ff.
29 Siehe die Wahlanalysen in diesem Band.

aus verfassungsrechtlicher Sicht, aber sehr bald auch empirisch als „Kanzlerdemokratie"[30] charakterisiert wurde. Die alle überragende Position des Kanzlers im politischen System der Bundesrepublik ist in den Artikeln 63, 65 Satz 1, 67, 68, und 69 des Grundgesetzes begründet. Wer sich unter den Bedingungen des parlamentarischen Regierungssystems der Republik dieses Grundgesetzes das Recht erobert, das Amt des Kanzlers zu bekleiden, mag mindestens bis hierhin als Meister der Macht begriffen werden. Max Weber pries diese Wirkung des parlamentarischen Regierungssystems unter Anderem darin, dass es, anders als das System des Kaiserreiches, „charismatische Persönlichkeiten" von Format hervorbringe. Zu Max Weber – insbesondere zur „Politik als Beruf" – mögen sich die meisten Politiker unseres Landes bekennen. Niccólo Machiavelli hingegen mögen die Inhaber der Kanzlermacht tatsächlich nicht gelesen haben, jedenfalls werden sie sich dessen gegebenenfalls eher nicht rühmen. Dessen Lehrsatz aber wissen sie nach der Eroberung beziehungsweise Wiedergewinnung der Kanzlermacht zu beherzigen, demzufolge die schlimmen, die Untertanen am meisten schmerzenden Taten, auch „Grausamkeiten" genannt, zu Beginn der Regentschaft getan werden sollten. Sie wissen auch, dass ihr „Handlungskorridor"[31] vermutlich nie breiter als zu Beginn einer Legislaturperiode ist.

So sehr es diesen Korridor zu nutzen gilt, so erschöpft wird er von den siegreichen Wahlkämpfern erreicht und er erweist sich regelmäßig als kürzer und enger als zuvor angenommen. Das parlamentarische Regierungssystem ermöglicht zweifache Kontrolle der Regierung: zum einen durch die Mehrheit, zum anderen und anders durch die Opposition. Macht und Wirkung der Kontrolle der Regierung durch die Mehrheit sind vielfach (bedingt). Will die Mehrheit an der Macht bleiben, so darf sie „ihre" Regierung nicht wirklich gefährden. Dieses Gebot der Machterhaltung garantiert in der Staatspraxis die Beachtung der wichtigsten Aufgabe der Mehrheit, die Handlungsfähigkeit der Regierung nämlich und damit die Handlungsfähigkeit des Systems überhaupt und insgesamt zu gewährleisten. Dies, konkreter, ist es, was auch als „Regierung zur gesamten Hand"[32] von Parlament und Regierung gemeint ist. Wie sieht die Regierung, diese Mehrheit nach dem 22. September 2002, aus? Wie stabil ist sie? Wie belastbar?

Es gibt keinen in allen Einzelheiten verbindlichen Terminplan, nach welchem sich die Wahlsieger als Regierung aus- und einzurichten hätten. Die Verfassung und die immerhin fünfzehn bisherigen, im Anschluss an Wahlen stattgefundenen Regierungsbildungen haben aber eine Staatspraxis der Bundesrepublik geschaffen, an deren Vorgaben (siehe auch Tabelle 1) im Wesentlichen sich Schrittmaß und Stationen auch der Regierungsbildung 2002/03 auszurichten hatten:

– Die erste Woche nach der Wahl gilt den Siegesfeiern, der genaueren Interpretation des Wahlergebnisses und – wenn es gut steht – einer minimalen Verschnaufpause von der aus dem Wahlkampf herübergeschleppten allgemeinen Erschöpfung.

---

30 Vgl. Karl Dietrich Bracher: Die Kanzlerdemokratie, in: Richard Löwenthal/Hans Peter Schwarz (Hrsg.): Die zweite Republik. 25 Jahre Bundesrepublik Deutschland – Eine Bilanz, 2. Aufl., Stuttgart 1974, S. 179-203; dort auch die weiteren Literaturhinweise, u.a. auf Karl Loewenstein: Verfassungslehre, 2. Aufl. Tübingen 1969, der diesen Begriff in Deutschland einführte; später grundsätzlich bestätigend Niclauß (Anm. 5).

31 Manfred G. Schmidt: Vergleichende Policy-Forschung, in: Dirk Berg-Schlosser/Ferdinand Müller-Rommel (Hrsg.): Vergleichende Politikwissenschaft, Opladen 1987, S. 192.

32 Ernst Friesenhahn: Parlament und Regierung im modernen Staat, in: Veröffentlichungen der Vereinigung der Deutschen Staatsrechtslehrer 16 (1958), S. 9 ff., S. 36 ff.

- Es folgen etwa drei bis sechs Wochen intensiver Koalitionsverhandlungen, um die Koalitionsvereinbarung, das faktisch ausschlaggebende politische Herzstück der Regierungsbildung.
- Die Parteienstaatlichkeit der Bundesrepublik Deutschland dokumentiert sich in der Tatsache, dass die juristisch zutreffend lediglich als Koalitionsvereinbarung titulierte Übereinkunft faktisch als Koalitionsvertrag begriffen wird, als ein politischer Pakt der noch der endgültigen Bestätigung durch die Parteitage der Koalitionspartner bedarf. Dort müssen die Vereinbarungen „abgesegnet", d.h. durch Parteitagsbeschluss gleichsam beglaubigt werden, bevor daraus eine parlamentarisch einzubringende Regierungserklärung werden kann.
- Die Vereidigung des Kabinetts, der juristisch entscheidende offizielle Akt der Regierungsbildung, mag nur Tage darauf erfolgen.
- Im unmittelbaren Anschluss daran wird in der Regel die Regierungserklärung (wie gesagt auf der Grundlage der Koalitionsvereinbarung) vorgetragen.
- Die nunmehr amtierende neue Regierung sollte mit einer mehr oder minder gewahrten 100tägigen Schonfrist rechnen dürfen. Vom Tage ihrer faktischen Inthronisierung am 22. September aus gesehen, fiel das Ende der Schonfrist mit dem des Jahres 2002 zusammen; vom Tage ihrer förmlichen Institutionalisierung mit dem Beginn der nächsten Landtagswahlen.
- In Deutschland nämlich wird die Schonfrist wesentlich bestimmt durch das Datum der nächsten Landtagswahl(en) – nach der Bundestagswahlwahl im September 2002 durch die Landtagswahlen am 2. Februar 2003 in Hessen und Niedersachsen. Der dazu einsetzende Wahlkampf terminierte das Ende der Schonfrist für die Regierung Schröder II deutlich vor den üblichen 100 Tagen auf etwa Mitte Dezember 2002. Die neue Regierung konnte mithin nicht einmal die Hälfte der sonst gängigen zeitlichen Startvorgabe in Anspruch nehmen.
- Handelt es sich bei der neuen Regierung nicht um eine Neuanfängerin, sondern um die Fortsetzung der alten Koalition mit dem selben Kanzler, so verkürzt sich die gewährte Schonfrist sowohl wegen des vier Jahre zuvor bereits verbrauchten Zaubers eines jeden (neuen) Anfanges als auch wegen der in diesem Falle zum Angriff von Beginn an bereit stehenden und eingeübten Opposition.

Hatten die Wähler im September 2002 die wesentlichen Voraussetzungen einer Regierungsbildung geschaffen, so war es nunmehr am zugleich amtierenden wie präsumptiven Kanzler und seinem Stellvertreter, die neue Regierung, die Regierung Schröder II, auf diesen Weg und in Schwung zu bringen. Was haben sie aus ihrem Wählerauftrag, was aus ihrem Parlamentsmandat und was aus ihrer verfassungsrechtlichen Stärke konkret gemacht?

Eine Verschnaufpause war der neuen Regierung nicht vergönnt – weder dem sicher bestallten Spitzenduo Schröder/Fischer noch jenen alten Ministern, die aufpassen mussten, auch die neuen zu werden, noch den (Mehrheits-)Fraktionen. Schwerwiegende außen- wie innenpolitische Probleme verlangten allzu aufdringlich nach Antworten. Außenminister Fischer hatte sich sogleich den im deutschen Wahlkampf entstandenen diplomatischen Dissonanzen mit Großbritannien und den USA zuzuwenden. Seine Freude über den Wahlsieg vom Vortage dämpfte er gegenüber der New York Times mit den Worten: „Doch ich weiß, daß ich einen bitteren Preis für dieses Glück bezahlen werde, für diesen einen süßen Tag des Glücks"[33]. Schröder reiste sofort nach London.

---

33 Zitiert nach: Frankfurter Allgemeine Zeitung vom 30. Dezember 2002.

Innenpolitisch war die Lage keineswegs entspannter. Gleichsam von einem Tage auf den anderen schlug die veröffentlichte Stimmung um – nicht sogleich beim Wählerpublikum, wohl aber bei den politischen Profis unter den Regierenden selbst. Im Falle eines Machtwechsels malt die neue Regierung die von ihr übernommenen „Zustände" üblicherweise schwarz in Schwarz. Vor einem solchen Hintergrund erscheinen ihre Aufgaben dann umso gewaltiger, je düsterer das von ihr der Öffentlichkeit präsentierte Bild der von ihr jetzt zu übernehmenden Hinterlassenschaft ihrer Vorgängerin. Ihre eigenen, demgemäß als heroisch darzustellenden Anstrengungen – von Erfolgen nicht zu schweigen – erstrahlen fortan umso heller. Im Falle einer Fortsetzung der bisherigen Koalition kann so nicht verfahren werden.

Die Referenzdaten auch der Wahlsieger 2002 waren aus der Bilanz der vorangegangenen Regierung heranzuziehen, diese (alte) Regierung aber stellte nun die (neue) Regierungskoalition, hatte sich selbst mithin auch retrospektiv zu präsentieren. Also war eher Schönfärbung zu erwarten. Zur Überraschung selbst der eigenen Anhänger kam es 2002/2003 jedoch massiv anders. Umgehend vermittelte die noch amtierende (alte) rot-grüne Regierung schonungslose Bilder der Wirklichkeit, welche deutlich von ihren Wahlkampfgemälden und den Selbstportraits der Wahlkämpfer abwich. „Soviel Schlitzohrigkeit war selten in Deutschland", befand selbst der für seine Schlitzohrigkeit wie seine Unterstützung eher dieser Koalition gleichermaßen gerühmte wie geschmähte SPIEGEL schon in der Woche nach der Wahl. Dieses Mal müsse ein „Offenbarungseid" her, nur dieser könne der künftigen Regierung die bitter benötigte „Handlungsmacht"[34] verschaffen. Die Vordringlichkeiten bei den politischen Inhalten, den policies, würden sich aus einer düsteren Eröffnungsbilanz ergeben. Deren dramatischen Befunde fasste das Magazin in drastische Worte: „Die Konjunktur schmiert ab. ... Die Konsolidierung schlingert. ... Der Haushalt weist Löcher auf. ... Den Sozialkassen droht der Kollaps."[35]

Damit waren die programmatischen Aufgaben der bevorstehenden Koalitionsvereinbarungen umschrieben, wie sie in der Folge auch – moderater in der Wortwahl, versteht sich – von den noch amtierenden Ministern, voran zunächst vom Finanzminister, immer wieder dargestellt und verteidigt wurden. Diese Inhalte der Politik signalisierten von Anfang an die potentiellen Programmbruchstellen – Sollbruchstellen? – einer rotgrünen Regierung Schröder II: Einem gestärkten „linken" Flügel der SPD-Fraktion werden – und zwar auch von innovationswilligen Grünen – Reformen nach eher „rechter" Rezeptur abverlangt werden. Die harten Nüsse der deutschen Innenpolitik waren zwei Wochen nach der Wahl auf die Agenda der in Gang zu setzenden Koalitionsverhandlungen geraten – für jedermann sichtbar dort von den Verhandlungspartnern selbst platziert. Nach der Klarheit über das Spitzenduo Schröder/Fischer mussten weitere Personalfragen demgegenüber eher nachrangig erscheinen, zumal diese in aller Regel ohnehin erst zum Schluss der Koalitionsvereinbarungen zu entscheiden sind. Wirklich: Sind Personal- und Programmfragen einer Regierungsbildung voneinander zu trennen?

Anfang Oktober 2002 setzte eine Diskussion ein, auf welche sich die neue, obschon doch die alte Koalition offensichtlich nicht vorbereitet hatte. Es ging zum einen um die wirtschafts- und sozialpolitisch konzeptionelle Ausrichtung der notwendigen Reformen insgesamt, um das Magnetfeld, auf das sich alle Maßnahmen im Einzelnen

---

34 Der Spiegel, Heft 40/2002, S. 24–33.
35 Ebd., S. 25.

ausrichten mögen. Ein Kompass wurde gesucht, mit dessen Hilfe sich die geforderten politischen Akteure und das betroffene Publikum auf dem Feld der vielen Einzelpolitiken hätten orientieren können. Zur offenkundigen und in diesem Ausmaß verblüffenden Verärgerung der Öffentlichkeit hatte die neue Koalition aber weder Konzept noch Kompass anzubieten. Spätestens hier begann der Prozess des rapiden Ansehensverlustes einer anfänglich ja noch nicht einmal bestehenden Regierung, wie er in der Geschichte neu beginnender Regierungen der deutschen Nachkriegszeit so dramatisch noch nie zu beobachten war (siehe Schaubild 2).

Während des Wahlkampfes hatte der Kanzler wiederholt sozialkämpferische Töne angeschlagen, gegen die „Raffgier" der anderen hatte er seine eigene Biographie gesetzt und angedeutet, dass soziale Aufstiege wie der seine von den Raffgierigen am liebsten rückgängig gemacht werden würden, wenigstens nicht mehr möglich sein sollten, wenn das von der Opposition zu verantwortende „Ausplündern der kleinen Leute" nicht endlich aufhöre. So argumentierte ein Kanzler der Bundesrepublik, obwohl doch gerade er in dem von ihm nun so charakterisierten „CDU-Staat" groß geworden war. Ein Appell an den Sozialneid? Dieser Argumentationsduktus wurde nun jedenfalls vielerorts aufgenommen – von den gestärkten „Linken" in der Bundestagsfraktion wie von den Starpolitikern in Hessen und, vor allem in Niedersachsen, die sich auf ihren Wahlkampf vorbereiteten. Warum sollten die dortigen Wahlmatadore nicht mit der erfolgreichen Melodie des Bundeskanzlers auf Stimmenfang gehen dürfen? Die verschreckten Bundesbürger wurden nun mit immer neuen Besteuerungsvorschlägen konfrontiert – und zwar nicht nur die „Reichen" etwa mit der Erhöhung der Erbschaftssteuer oder der Einführung einer Vermögenssteuer, sondern auch und für diese besonders schmerzhaft die Leser der Bildzeitung, die unentwegt von bevorstehenden Erhöhungen ihrer Abgaben- und Versicherungslast lesen mussten und sich von Stichworten wie „Ökosteuer" oder „Raucheraufschlag" behelligt sahen. Alle diese Vorschläge waren in des Wortes doppelten Sinne (noch) nicht zwischen den Koalitionspartnern abgestimmt. Der Kanzler war von dieser „Kakophonie"[36] der Reformempfehlungen nicht erfreut. Mit welchem „Machtwort" auch immer er indessen die ungewollte Vielstimmigkeit zu stoppen versuchte, es wollte ihm nicht gelingen. Dies war für ihn auch deshalb ärgerlich, weil es den materiellen Spielraum der Koalitionsverhandlungen von außen zu determinieren drohte.

Die Koalitionsverhandlungen begannen am 1. Oktober 2002 mit einer „Generalrunde" der Diskussion sämtlicher Politikbereiche – selbstverständlich wie immer hinter verschlossenen Türen. Für die SPD nahmen daran wie an allen weiteren Verhandlungsrunden teil: Gerhard Schröder, Parteivorsitzender der SPD und Bundeskanzler; Wolfgang Thierse, Stellvertretender Parteivorsitzender und Bundestagspräsident; Heidemarie Wieczorek-Zeul, Stellvertretende Parteivorsitzende und Entwicklungsministerin; Wolfgang Clement, Stellvertretender Parteivorsitzender und Ministerpräsident von Nordrhein-Westfalen; Hans Eichel, Präsidiumsmitglied und Finanzminister; Franz Müntefering, Fraktionsvorsitzender; Frank-Walter Steinmeier, Chef des Kanzleramtes. Bündnis 90/Die Grünen wurden vertreten durch Joseph Fischer, Vizekanzler und Außenminister; Renate Künast, Verbraucherschutzministerin; Jürgen Trittin, Umweltminister; Claudia Roth, Parteivorsitzende; Fritz Kuhn, Parteivorsitzender; Kerstin Müller, Fraktionsvorsitzende; Rezzo Schlauch, Fraktionsvorsitzender.

---

36 Pressestatement am 1. Dezember 2002, zitiert aus dem Archiv von www.tagesschau.de vom 2. Dezember 2002.

Die selbstverständliche Mitgliedschaft der Parteivorsitzenden in der Koalitionsrunde unterstreicht die Parteienstaatlichkeit deutscher Regierungsweise seit 1949. Es waren und sind die Parteien, die Personal und Programm der Bundesrepublik Deutschland generiert haben. „Personal und Programm müssen stimmig sein", lautet die Devise einer jeden Regierungsbildung[37]. Darauf zu achten, müssen die Verhandelnden von niemandem aufmerksam gemacht werden. Denn die meisten von ihnen wollen selber Minister werden, sie halten sich selbstverständlich für die dazu Prädestinierten, und sie werden darauf bedacht bleiben, ihr ureigenstes Verständnis der Problem- und Lösungslage durchzusetzen sowie möglichst günstige Bedingungen für ihre bevorstehende Amtszeit herauszuschlagen. Tatsächlich wurden 10 der 14 Mitglieder der Berliner Koalitionsrunde drei Wochen später als Regierungsmitglieder vereidigt, nicht alle 10 als Minister (Kerstin Müller und Rezzo Schlauch wurden Staatssekretärin bzw. Staatssekretär).

Zu den Einzelthemen der Verhandlungen wurden Arbeitsgruppen gebildet. Nacheinander wurden die Politikbereiche abgehandelt – keineswegs in der Reihenfolge erkennbarer thematischer Konsistenz und inhaltlicher Logik, sondern eher nach Maßgabe der Evidenz jeweils schon beantwortbarer Programm- und Personalfragen. Dazwischen liegende Zeiten gaben Gelegenheit für das Informelle der heikelsten Personalien und Programmpunkte. Als wichtigstes Belegstück für die Verknüpfung von Programm und Person – oder umgekehrt: von Person und Programm? – sei jener Paradigmenwechsel sozialdemokratischer Wirtschafts- und Sozialpolitik illustriert, der sich in der zweiten Oktoberwoche mit der Präsentation des Superministers Clement „personalisierte". War bis dahin wie selbstverständlich davon ausgegangen worden, dass Hans Eichel auch der Superminister der zweiten Regierung Schröder sein werde, so änderte sich dieses mit immer lauter werdender Kritik an seinem Sparkurs. In den Diskussionsbeiträgen des Vorsitzenden wie anderer Mitglieder der Fraktion wurde ein Abwenden von Eichels Austerity/Spar-Kurs offenkundig. Eichels Kritiker forderten eine Politik, die jetzt mit staatlichen Investitionen im Sinne John Maynard Keynes die Konjunkturschwäche mindern, nach Möglichkeit sogar überwinden solle. Am 8. Oktober, vor Beginn der Koalitionsverhandlungen zum Komplex Arbeit/Wirtschaft und Ostdeutschland, präsentierte das Bundeskanzleramt Wolfgang Clement als Superminister, der zwar auch für Sparpolitik stehe, besonders aber eine neue staatliche Investitionspolitik verkörpere. Für das damit verbundene *deficit spending* – Aufträge insbesondere für Städte und Kommunen für Ganztagsschulen, Kinderkrippen und Kindergärten zum Beispiel – konnte er auf die Unterstützung der Fraktion bauen. Auch für die Maßnahmen zum Abbau der Investitionshemmnisse im Bereich des deutschen Arbeitsrechts?

Clement war und ist als Antwort des Kanzlers gedacht zur Bewältigung seines dringendsten inhaltlichen Problems: zum Abbau der Arbeitslosigkeit in Deutschland nämlich. Mit dieser Personalie konnte sich Schröder aber auch auf elegante Weise von weniger glänzenden Ministern seines alten Kabinetts trennen: von Werner Müller und Walter Riester. Außerdem wurden mit Clement, dem Ministerpräsidenten von Nordrhein-Westfalen, Ansprüche des größten Landesverbandes der Partei berücksichtigt und obendrein der zweite große „Macher" der SPD in die Kabinettsdisziplin eingebunden. Es mag zu alledem sowohl dem Kanzler als auch dem Vizekanzler gelegen gewesen sein, durch die Erweiterungen der Zuständigkeiten dieses Superministers (mögliche) Begehrlichkeiten aus den Reihen der Grünen abwehren zu können. Claudia

---

37 Korte: Der Anfang vom Ende (Anm.14), S. 55.

Roth als mögliches viertes Kabinettsmitglied der Grünen hätte gegen die erklärte Absicht einer Verkleinerung des Kabinetts gestanden und die Beschneidung der Kompetenzen von Jürgen Trittin konnten weder Schröder noch Fischer zornig stimmen.

Am Ende der Koalitionsverhandlungen standen schließlich die Entscheidungen über die Ressortzuschnitte und deren noch nicht entschiedenen Leiter. Als wichtigste Ergebnisse für die künftige Regierungsarbeit waren diesbezüglich zu verzeichnen: Als Superministerien werden eingerichtet die Ressorts: Arbeit und Wirtschaft (zu diesem Zeitpunkt noch nicht: „Wirtschaft und Arbeit"[38]); Gesundheit und Sozialordnung; Verkehr, Bau-und Wohnungswesen, Aufbau Ost. – Die Europapolitik wird im Auswärtigen Amt belassen und nicht – wie zeitweilig zur Verärgerung des AA und seines Chefs[39] diskutiert – in das Bundeskanzleramt überführt. – Verbraucherschutz, Ernährung und Landwirtschaft wird aufgewertet zur „Querschnittsaufgabe", mit einem Initiativrecht gegenüber allen anderen Ministerien ausgestattet. – Nach weitgehender Erschöpfung seines Programmes von 1998 erhält das Umweltministerium die Zuständigkeit für regenerative Energien hinzu. – Der/die Ausländerbeauftragte wird als „Integrationsbeauftragte/r" aufgewertet und zugleich Staatssekretär/in im Ministerium für Familie, Senioren, Frauen und Jugend.

Für die ersten 48 Jahre der Bundesrepublik ist dokumentiert, wie sehr die personelle Besetzung eines Bundeskabinetts eigenständige Sache der Koalitionspartner, zumal der Fraktionsführungen ist, nachdem einmal der Zuschnitt eines Kabinetts – zumeist schon aufgrund der in den Wahlen erreichten Anteile – feststeht[40]. Daran hatte sich schon 1998 und auch jetzt, 2002, prinzipiell nichts geändert. Obwohl die Kräfteverhältnisse 1998 relativ zu den Erwartungen günstiger für die SPD, 2002 dagegen deutlich günstiger für die Grünen ausfielen, blieb es 2002 bei der 1998 etablierten parteipolitischen „Asymmetrie" der Regierung: Parteienstaat und Koalitionenwirklichkeit der Bundesrepublik verlangten für die Regierungsbildung 2002 in der Koalitionsvereinbarung wiederum eine namentliche Nennung nur des Kanzlers und des Vizekanzlers, ansonsten wurden nur jene zehn Ressorts genannt, die der SPD zufallen sollten und jene zwei Ressorts (neben dem Auswärtigen Amt), die von den Grünen zu besetzen waren. Die Ressortchefs standen zwar auch schon am 16. Oktober, dem Tag der Unterzeichnung der Koalitionsvereinbarung, fest. Offiziell aber waren die Minister erst zur Vereidigung am 22. Oktober vom Kanzler namentlich zu benennen. Die beamteten und die Parlamentarischen Staatssekretäre sowie Staatsminister wurden auch dieses Mal erst nach der Vereidigung des Kabinetts offiziell genannt, weil sie *de jure* dem Vorschlagsrecht der Bundesministerinnen und Bundesminister obliegen. Ein Moment der gegenseitigen Kontrolle wie der Kooperationsicherung – je nach Bedarf – liegt in dem Vorschlagsrecht der SPD für den (roten) Staatsminister im (grünen) Auswärtigen Amt und für den (roten) Parlamentarischen Staassekretär im (grünen) Bundesministerium für Verbraucherschutz, Ernährung und Landwirtschaft. Bündnis 90/Die Grünen konnten dementsprechend umgekehrt das Vorschlagsrecht für den (grünen) Parlamentarischen Staatssekretär im (roten) Bundesministerium für Wirtschaft und Arbeit, im

---

38 In der offiziellen Beurkundung am 22. Oktober dann bezeichnenderweise umgekehrt „Wirtschaft und Arbeit" genannt.

39 Fischer antwortete am 10. Oktober auf entsprechende Spekulationen seinerseits brüsk mit dem Anspruch, sämtliche europawärtigen Kompetenzen in das Auswärtige Amt zu verlagern. Unter den Bedingungen der Einbindung deutscher Politik in die EU wäre er damit zum Super-Super-Minister avanciert, mächtiger vielleicht sogar als der Kanzler geworden.

40 Vgl. Suzanne S. Schüttemeyer: Fraktionen im Deutschen Bundestag, Wiesbaden 1998, S. 113 ff.

(roten) Bundesministerium für Wirtschaftliche Zusammenarbeit und Entwicklung sowie im (roten) Bundesministerium für Familie, Senioren, Frauen und Jugend geltend machen.

Als organisatorischer Reflex auf die Wahlversprechen wie die respektiven Wahlerfolge ist schließlich das institutionell bemerkenswerte Ministerium für Verkehr, Bau- und Wohnungswesen, Aufbau Ost hervorzuheben. Es ist ein weiteres Beispiel dafür, wie sehr bei genauerem Hinsehen sich die Linien vom Wahlkampf über die Koalitions- bis zur Regierungsbildung ziehen lassen – und zwar gegen die üblichen Unterstellungen allgegenwärtigen Wahlbetruges. Die SPD hatte in den ostdeutschen Ländern und in Berlin 47 Wahlkreise (die CDU nur 16) direkt erobert und sie stellt mit insgesamt 55 Bundestagsabgeordneten nahezu jeden zweiten der 113 Parlamentarier von dort. In der SPD-Fraktion sind sie mit 22 Prozent eine starke politische Basis nicht nur der SPD, sondern der Koalition insgesamt. Dem wurde nun mit der Einrichtung des genannten Superministeriums unter Einbeziehung des Aufbau Ost und des überraschend dafür designierten ehemaligen brandenburgischen Ministerpräsidenten Rechnung getragen.

Regierungsbildungen haben gewiss ihre eigene Dramaturgie. Dabei geht es aber keineswegs nur um die Besetzung von Regierungsämtern, sondern auch um parlamentarische Führungspositionen. Rollenzuweisungen wo auch immer, also auch im Mehrheitslager der Koalitionsfraktionen, sind in der Regel mit Stühlerücken an anderer Stelle verbunden. Insofern ist die Bestellung der Fraktionsführungen mindestens so wichtig wie die Besetzung der Ministerposten. Dabei ist der oder die Vorsitzende einer Regierungsfraktion – zumindest potentiell eine Schlüsselposition von größerer Bedeutung als jeder Minister – letztlich unter bestimmten Umständen selbst über das Schicksal der Kanzler entscheidend[41]. Darin im Kern wird das parlamentarische Regierungssystem der Bundesrepublik Deutschland überzeugend erkennbar.

Für die SPD gab es diesbezüglich 2002 keine Schwierigkeiten: Zu Franz Müntefering wurde keine Alternative in der Führung ihrer Bundestagsfraktion sichtbar. Bei den Grünen aber wurde ein Schwachpunkt der Koalition erkennbar. Ihre ohnehin bedenklich kurze Personaldecke erwies sich dadurch noch kürzer, dass die Grünen sich noch immer nicht nahtlos in die Raison der hierzulande praktizierten Parteienstaatlichkeit, die faktisch eine Fraktionenstaatlichkeit ist, fügen. Das Festhalten der Grünen an Prinzipien der Unvereinbarkeit von Amt und Mandat sowie der Rotation verwehrte es den Parteivorsitzenden Roth und Kuhn, sowohl ein Ministeramt als auch ein Führungsamt der Fraktion wahrzunehmen. Wären sie von ihren Positionen im Parteivorsitz rechtzeitig zurückgetreten, so hätten sie wenigstens noch Fraktionsvorsitzende werden können. Fischer, der faktische Vorsitzende der Grünen, musste in der Folge mit ansehen, wie der Versuch misslang, hieran etwas zu ändern. Mehr noch: Er musste den Aufstieg des von ihm nicht präferierten Reinhard Bütikhofer in die Position des Parteivorsitzenden (zusammen mit Angelika Beer) hinnehmen. Zur Führung der Fraktion wurden die (auf Bundesebene) bislang wenig erprobten Krista Sager und Katrin Dagmar Göring-Eckardt gewählt. Die Schwächen in der Führungsmannschaft der Grünen sind um so bedenklicher, als in der Fraktion Bündnis 90/Die Grünen, die anteilig mit 45 Prozent, größte Zahl der von ihrer politischen Sozialisation her am wenigsten gefü-

---

41 Dazu ausführlich ebd.

gigen Neulinge des Bundestages anzutreffen ist[42]. Besondere Fähigkeiten der grünen Fraktionsführung zur Zähmung mancher politisch Widerspenstiger werden vonnöten sein. Der Fraktion Bündnis 90/Die Grünen gelang keine Bestellung eines a priori überzeugenden Personaltableaus für die neue Legislaturperiode. Vielmehr setzten sie ein Zeichen politischer Verwundbarkeit der neuen Koalition.

Am 16. Oktober signierten Gerhard Schröder und Joschka Fischer, Heidemarie Wieczorek-Zeul und Olaf Scholz für die SPD, Fritz Kuhn und Claudia Roth für Bündnis 90/Die Grünen den politischen Pakt der Koalitionsvereinbarungen – und zwar in dieser Reihenfolge, wiederum eine Dokumentation sowohl der Kanzlerdemokratie als auch der Parteienstaatlichkeit hierzulande. Das 88seitige Programm mit dem Titel „Erneuerung – Gerechtigkeit – Nachhaltigkeit"[43] ist zwar politisch pauschal formuliert, wie üblich. Solchermaßen umfasst es aber sehr wohl noch einmal alle Versprechungen des für die Regierenden überraschend positiv ausgegangenen Wahlkampfes. Dankbar bedienten die Koalitionäre ihre Klientel. Handwerklich mit vielen Wörtern vage, sagt die Koalitonsvereinbarung wenig bis gar nichts darüber aus, auf welche Weise gleichzeitig so viel gespart und investiert werden soll, wie hier zum wiederholten Male versprochen. Es ist noch einmal ein Papier mehr der wohlfeilen Ankündigungen als erkennbar tatsächlicher Aktionen.

Umfassendere Analyse wird zu prüfen haben, ob dies schon der genaue Wendepunkt war, an dem die Übereinkunft der Wähler zerbrach, dieser Koalition eine zweite Chance zu geben. Gleichzeitig mit den Koalitionsverhandlungen wurden nämlich – und zwar buchstäblich Tag für Tag – neue Hiobsbotschaften über den tatsächlichen Kassenstand und die wirkliche Wirtschaftslage offiziell verkündet. Am 3. Oktober zum Beispiel hatte die Vorsitzende des Finanzausschusses im Bundestag, Christine Scheel (Grüne) erklärt, dass im kommenden Etat mindestens 20 Milliarden Euro gekürzt werden müssten. Das Dementi des Finanzministers folgte prompt. Was sollte gelten, was würde werden? Würde die für den 29. Oktober angekündigte Regierungserklärung Klarheit schaffen?

In der konstituierenden Sitzung des 15. Deutschen Bundestages am 17. Oktober 2002 wurde sofort deutlich, dass die Regierungskoalition seitens der parlamentarischen Opposition von Anfang an auf keine politische Schonung hoffen konnte. Gegen parlamentarische Gepflogenheit verweigerte die Mehrheit der Opposition dem Kandidaten der SPD für das Amt des Bundestagspräsidenten, Wolfgang Thierse, ihre Stimmen bei dessen Wiederwahl. SPD und Grüne „revanchierten" sich, indem sie einen von der CDU/CSU gewünschten, ihr aber proportional nicht zustehenden und insofern von der SPD ohnehin abgelehnten zweiten Stellvertreter des Bundestagspräsidenten nun erst recht ablehnten[44]. Am deutlichsten wurde die für den Anfang einer Legislaturperiode ungewöhnlich scharfe Gangart der Opposition darin erkennbar, dass die CDU/CSU-Fraktionsvorsitzende, Angela Merkel, erklärtermaßen zu keinem neuen

---

42 Siehe Werner J. Patzelt in diesem Band.
43 Der vollständige Titel lautet: „Erneuerung – Gerechtigkeit – Nachhaltigkeit. Für ein wirtschaftlich starkes, soziales und ökologisches Deutschland. Für eine lebendige Demokratie."
44 Sie „revanchierten" sich damit auch für eine Niederlage, die ihnen schon 1994 bei der Besetzung des Bundestagpräsidiums – vornehmlich von Wolfgang Schäuble – zugefügt worden war. Bei der Aufkündigung des Pairings im Jahre 2002 handelt es sich also um eine Contra-Re-Ausreizung, die bis hinter die Neufassung des § 2 GO-BT im Jahre 1994 zurückreicht.

Pairing-Abkommen[45] bereit war. Die Aufkündigung des Pairings zu Beginn der Legislaturperiode war ein Warnsignal an die gegenüber der 14. Legislaturperiode geschwächte Regierungsmehrheit des 15. Bundestag. Das Warnsignal blinkt auch nach Schröders Regierungserklärung vom 14. März 2003 noch.

3.3.2. Das neue Kabinett

Am 22. Oktober wurde die neue Regierung vereidigt. Obwohl mit einem Mandatsvorsprung der Regierungsfraktionen von neun Stimmen (306 gegen 297 Stimmen[46]) ausgestattet, wurde der Bundeskanzler mit nur 305 Stimmen gewählt. Damit wurde ihm schon im Startblock des ersten Anlaufes zu seiner zweiten Amtsperiode signalisiert, dass er sich „seiner" ohnehin knappen Mehrheit im Bundestag nicht gewiss sein möge. Entsprechend scharf fiel die Drohgebärde des neuen Fraktionsvorsitzenden gegen faktische und künftig denkbare Abweichler in den eigenen Reihen aus, dieses Ergebnis wollte Franz Müntefering keineswegs als Präzedenzfall durchgehen lassen.

Das zweite Kabinett Schröder erwies sich den Statistikern als kleiner und weiblicher, aber älter als das voran gegangene. Kleiner wurde das Kabinett durch die Errichtung dreier „Superministerien"[47] – mit 13 statt vorher 15 Ressorts sogar das kleinste seit 1949. Ein weiblicheres Gesicht erhielt das Kabinett am 22. Oktober 2002 durch den Einzug von sechs anstatt bisher fünf Ministerinnen, damit wurde dem erwähnten Votum insbesondere der Wählerinnen vom 22. September desselben Jahres Rechnung getragen, die mit jetzt 196 von 603 Mitgliedern des Deutschen Bundestages den Frauenanteil des Jahres 1998 von 30,9 Prozent auf den bisherigen Höchststand von 32,5 Prozent gebracht hatten. Jünger kann ein Kabinett, welches sich im Wesentlichen aus der Vorgängerregierung rekrutiert, kaum werden: Der Kanzler und die von ihm weitergeführten Minister sind vier Jahre älter geworden. Die vier neuen, erprobte Fahrensleute und politische Schlachtrösser aus den Ländern[48], konnten das Durchschnittsalter nicht drücken. Es stieg – Schröder (58, SPD) eingeschlossen – um ziemlich exakt die vier Jahre einer Legislaturperiode von 52,5 auf 56,2 Jahre. Diese relative Veralte-

---

45 Darunter ist die Übereinkunft zwischen Opposition und Regierungsmehrheit zu verstehen, Zufallsmehrheiten aufgrund z.B. dienstlich auf Auslandsreisen abwesender oder erkrankter Mitglieder des Bundestages zu vermeiden. Zu diesem Zwecke verständigen sich die Fraktionen der Regierungsmehrheit mit der/den (führenden) Oppositionsfraktion/en, im Falle einer solchen „unpolitischen" Abwesenheit auf die Geltungmachung des dadurch für die andere Seite entstehenden Vorteils zu verzichten. Abwesenheit auf der einen Seite wird solchermaßen durch Abstinenz bei den Abstimmungen auf der anderen Seite dem durch die Wahl ermittelten demokratischen Kräfteverhältnis entsprechend ausgeglichen. Es ist dies ein Gebot der politischen Fairness wie der Funktionsfähigkeit des parlamentarischen Regierungssystems. Siehe zum Pairing Helmuth Schulze-Fielitzsch: Parlamentsbrauch, Gewohnheitsrecht, Observanz, in: Hans-Peter Schneider/Wolfgang Zeh (Hrsg.): Parlamentsrecht und Parlamentspraxis in der Bundesrepublik Deutschland, Berlin/New York 1989, S. 378 u. 386; ferner Ludger-Anselm Versteyl: Beginn und Ende der Wahlperiode. Erwerb und Verlust des Mandats, ebd., S. 486; sowie Claus Arndt: Fraktionen und Abgeordnete, ebd., S. 671.

46 Siehe dazu im einzelnen in diesem Band den Beitrag von Rainer-Olaf Schultze.

47 Der Begriff ist missverständlich. Hier sind Ministerien neuen und erweiterten Zuschnitts im Vergleich zu ihrem Umriss in der vorangegangenen Legislaturperiode gemeint, diejenigen von Wolfgang Clement, Ulla Schmidt und Manfred Stolpe.

48 Zur Rekrutierung des bundespolitischen Regierungspersonals siehe grundsätzlich Schüttemeyer (Anm. 40). Zur Rekrutierung von der Länderebene siehe ferner Herbert Schneider: Ministerpräsidenten. Profil eines politischen Amtes, Opladen 2001. Der Verfasser dieser Zeilen hat – nicht zuletzt aus der Schrift von Schneider – bezogen auf die Spezifik des deutschen Föderalismus den Schluss gezogen, dass die Bundesrepublik sich zu einer „Republik des Kanzlers und der Landesfürsten" entwickelt habe; siehe Das Parlament vom 8. – 15. Juli 2002.

rung seit 1998 steht im Gegensatz zu einem mit 49,3 Jahren durchschnittlich um etwa sieben Jahre jüngeren Bundestag. Die weiblichen Abgeordneten sind mit durchschnittlich 47,4 Jahren zwar nur knapp drei Jahre jünger als ihre männlichen Kollegen mit durchschnittlich 50,2 Jahren, aber fast zehn Jahre jünger als die Kolleginnen und Kollegen des zweiten Kabinetts Schröder. Auch im Vergleich zum 14. hat sich der 15. Bundestag – wenngleich geringfügig, so doch symbolischen Anspruch rechtfertigend – verjüngt[49]. Insgesamt sieht sich das neue Kabinett Schröder einem signifikant jüngeren Bundestag gegenüber[50]. Könnte es dahin gekommen sein, dass die Jüngeren mit veralteten Programmen, den Programmen der Alten konfrontiert werden? Die Frage stellt sich um so dringlicher, je mehr von dem Erfordernis eines die bisherige Generationenverträge betreffenden massiven Einschnittes in die bisherige politische Programmatik ausgegangen wird.

Tabelle 2: Das Kabinett Gerhard Schröder II (22. Oktober 2002)

Außenminister	Joseph (Joschka) Fischer, (54, Bündnis 90/Die Grünen)
Bundesminister des Inneren	Otto Schily (70, SPD)
Bundesminister der Justiz	Brigitte Zypries, (48, SPD)
Bundesminister der Finanzen	Hans Eichel, (60, SPD)
Bundesminister für Wirtschaft und Arbeit	Wolfgang Clement, (62, SPD)
Bundesministerin für Gesundheit und Sozialordnung	Ulla Schmidt, (58, SPD)
Bundesministerin für Verbraucherschutz, Ernährung und Landwirtschaft	Renate Künast, (46, Bündnis 90/Die Grünen)
Bundesminister für Verteidigung	Dr. Peter Struck, (59, SPD)
Bundesministerin für Familie, Senioren, Frauen und Jugend	Renate Schmidt, (58, SPD)
Bundesminister für Verkehr, Bau- und Wohnungswesen, Aufbau Ost	Dr. Manfred Stolpe, (66, SPD)
Bundesministerin für Bildung und Forschung	Edelgard Bulmahn, (51, SPD)
Bundesminister für Umwelt, Naturschutz und Reaktorsicherheit	Jürgen Trittin, (48, Bündnis 90/Die Grünen)
Bundesministerin für wirtschaftliche Zusammenarbeit und Entwicklung	Heidemarie Wieczorek-Zeul, (60, SPD)

Das neue Kabinett ist jedoch durch Kontinuität mehr als durch Erneuerung gekennzeichnet. Kompetenz in der Sache, zumal – und das ist mindestens ebenso wichtig – politische Kompetenz wurde den meisten Kabinettsmitgliedern in der veröffentlichten Meinung zugebilligt. Von Anfang an schwerer wogen die Zweifel daran, ob dieses Team als geschlossene Mannschaft nach einem in sich stimmigen Konzept zusammenfinden werde. Am wenigsten überzeugte die Kommentatoren dieser Regierungsbildung die Ministerin Ulla Schmidt. Schröder, so wurde berichtet, hatte sich schon in der ersten Woche nach der Wahl entschieden, größere Veränderungen des Kabinetts erst in der Mitte der Legislaturperiode vorzunehmen – wie dies, wenn gewünscht oder notwendig, üblich ist.

---

49 Siehe die genauen Daten bei Feldkamp (Anm. 22), S. 5.

50 Es stellt darin jedoch nur einen Unterschied zu seinen Anfängen, zur „eigenen" Vorgängerregierung von 1998 nämlich und damit zu sich selbst dar. In seinem durchschnittlichen Altersunterschied zum Parlament unterscheidet sich die derzeitige Regierung ansonsten nicht grundsätzlich von vorangegangenen Kabinetten.

Im Vergleich zu 1998 war die Zukunft der Regierung 2002 insofern besser gesichtert, als kein (potentieller) Konkurrent des Kanzlers am Kabinettstisch Platz genommen hatte. Schröder hatte von Helmut Schmidt gelernt und – nach dem Rücktritt von Oscar Lafontaine – die Führung von Partei und Regierung in seiner Hand vereinigt. Er hatte damit die optimale Symbiose von Parteienstaat und Kanzlerdemokratie im parlamentarischen Regierungssystem realisiert. Denn: Die wirksamsten und deshalb stärksten Bestandsgefährdungen der Regierungen gehen von der Partei des jeweiligen Kanzlers aus. Dagegen hat sich Schröder machtpolitisch und organisatorisch optimal positioniert – musste er wohl auch, wie sich bald zeigen sollte.

3.3.3. Die Regierungserklärung

Die Regierungserklärung vom 29. Oktober wiederholte im Wesentlichen die Botschaften der Koalitionsvereinbarung. Von den Zielvorstellungen der Grünen war darin noch weniger zu finden als in den Koalitionsvereinbarungen. Schon diese gaben in bis dahin vermutlich noch nie dagewesener Eindeutigkeit das Wahlkampfmotto des grösseren Partners wieder: „Gerechtigkeit und Erneuerung". Unmittelbar nach der Wahl, im Triumphgefühl ihres prächtigen Ergebnisses, konnte noch von der Illusion ausgegangen werden, dass die Grünen gleichsam auf Augenhöhe mit der Sozialdemokratie verhandeln könnten. Fischer wollte es nicht, konnte es natürlich auch nicht. Die Asymmetrie der Koalitionspartner von 1998 wurde, wie gesagt, 2002 nicht verändert. Symbolisch für die nachlässige Einlösung von „Nachhaltigkeit" durch diese neue Regierung erschien vielen Grünen, dass das Kernkraftwerk Obrigheim wegen eines Wahlkampfversprechens des Kanzlers vorerst in Betrieb bleiben sollte. Nachhaltig aber bekamen die Grünen am Ende der Koalitionsverhandlungen vor allem den Unterschied zwischen 38,5 und 8,6 Prozentpunkten zu spüren – die jeweiligen Anteile der Koalitionspartner am Wahlergebnis.

Die erste Bundestagsrede, die Schröder als neu gewählter Kanzler der 15. Legislaturperiode hielt, war die zweitkürzeste Regierungserklärung in der Geschichte der Bundesrepublik[51]. Die so genannte „Große Regierungserklärung"[52], die erste Erklärung zu Beginn einer neuen Legislaturperiode, hätte als „Handschrift des Kanzlers seismographisch zum authentischen Bild der politischen Kultur der Bundesrepublik"[53] werden können. Umso ernüchternder waren die Reaktionen aus den Reihen der Regierungsfraktion und aus der Presse auf Schröders neuerliche Regierungserklärung: Sie wurde weithin als lust- und lieblos empfunden. Die Anhänger der Koalition vermissten die Inspiration eines kurzfristig verheißenen neuen „Projektes", einer „demokratischen linken Mehrheit", welche den „CDU-Staat" irreversibel durch eine neue „kulturelle Mehrheit"[54] ersetzen werde. Die Gegenrede der Oppositonsführerin fand zumindest in der Presse größere öffentliche Anerkennung.

---

51 Nach derjenigen von Kurt-Georg Kiesinger von 1966.
52 Siehe dazu Guido van den Berg/Silke Vogt: Die Großen Regierungserklärungen der Bundeskanzler im quantitativen Vergleich, in: Zeitschrift für Parlamentsfragen 33 (2002), S. 464. Siehe zu deren Bedeutung und Funktion jüngst auch die Einleitung von Klaus Stüwe (Hrsg.): Die großen Regierungserklärungen der deutschen Bundeskanzler von Adenauer bis Schröder, Opladen 2002.
53 So über den potentiellen politisch-kulturellen Rang von Regierungserklärungen Karl-Rudolf Korte: „Kampf um Wörter. Die Regierungserklärung als Führungsinstrument und Visitenkarte der Bundeskanzler", in: Forschung & Lehre, Heft 12/2002, S. 647.
54 Dies waren die Formeln, in denen und mit denen im Vorfeld der Parteitage und auf diesen selbst am 17. – 19. Oktober (die Grünen) respektive 20. Oktober (die SPD) gehandelt wurde.

Die Regierungserklärung enthält typische Schröder-Sätze wie: „Wir brauchen Zukunftsinvestitionen statt Zinszahlungen. [...] Was wir brauchen, ist [...] konjunkturgerechte Ausgestaltung. [...] Wir wollen keinen Staat, der verarmt und handlungsunfähig wird. [...] Deshalb ruft die Bundesregierung zu einer echten Verantwortungspartnerschaft auf." Kapitel V der Regierungserklärung handelt von einem „Deutschland des neuen Zusammenhalts, neuer Chancen und neuer Gerechtigkeit". „Neuer Gemeinsinn" und der Staat sollen „öffentliche Güter wie Gesundheit, Sicherheit und Mobilität bereitstellen, ohne in das Leben der Menschen hineinzuregieren. [...] Spielräume zur Senkung der Lohnnebenkosten werden wir konsequent nutzen – auch das trägt zu mehr Wachstum und Beschäftigung bei. [...] Wir wollen eine Kultur der Selbständigkeit und der geteilten Verantwortung. [...] Wir werden, wo immer es geht, den Konsens mit den volkswirtschaftlichen Akteuren, den Bürgern und den gesellschaftlichen Gruppen suchen." Am Schluss heißt es dann überraschend unmissverständlich: „Aber wir lassen nicht rütteln am Primat der Politik."[55]

In der Konkretisierung des politisch und staatlich Notwendigen geht die Regierungserklärung nicht über die Koalitionsvereinbarung hinaus. Im Gegenteil: In der Vereinbarung der Parteien ist Genaueres über die Lage der Nation zu erfahren als in der staatlich gebotenen Regierungserklärung. Darin gerieten die Konkretisierungen geradewegs zu Paradoxien, wenn nicht zu Parodien jeglicher Konkretisierung. Wie etwa sollte der schöne Satz „Wer soliden Wohlstand, nachhaltige Entwicklung und neue Gerechtigkeit will, der wird Verständnis dafür aufbringen, dass man bei bestimmten staatlichen Leistungen auch kürzertreten muss" in Einklang gebracht werden mit der nicht minder kategorischen Feststellung „Wer in einer labilen konjunkturellen Situation noch höhere Einsparungen des Staates fordert, der nimmt in Kauf, dass die berechtigten Anliegen der Bürgerinnen und Bürger ernsthaft Schaden nehmen"? Und wie sollte das Ziel des Weges erreicht werden zu einem „Leben reicher an Chancen, reicher an Arbeitsmöglichkeiten und Arbeitsformen, reicher an Dienstleistungen und Märkten, reicher an Zukunfshoffnungen sowie an Kultur und Sicherheit, aber durchaus auch reicher an Einkommen und Vermögen für alle"?

Einen Monat nach der Wahl war der Regierung sowohl im internationalen als auch im nationalen Vergleich makelloses formales Funktionieren zu bescheinigen: eine kompakte Regierung aus nur zwei Parteien, eine klassische *minimum winning coalition,* das kleinste je erreichte Kabinett hatte sich nach eingehaltenem Fahrplan in kurzer Zeit in die Startblöcke begeben. In den Jahren 1949–2002 beanspruchte die Regierungsbildung zwischen 58 (im Jahre 1961) und 24 (in den Jahren 1969 und 1983) Tage[56], die Regierung Schröder II war in genau 30 Tagen solide gegründet. Dieses – national-diachron gemessen – positive Urteil gilt auch im international-synchronen Vergleich, zum Beispiel mit den Regierungsbildungen der nahezu selben Zeit in den Niederlanden und Österreich. Die Imageeinbußen der neuen Mannschaft konnten sich gerechterweise nicht auf die Handhabung der institutionellen Vorgaben zur Regierungsbildung beziehen. Denn: Wird der seit Gerhard Loewenbergs Studie über den „Parlamentarismus im politischen System der Bundesrepublik" etablierten These gefolgt, dass eine kurze Zeit der Regierungsbildung – gerechnet vom Tage der Wahl bis zur Vereidigung

---

55 Siehe den Stenografischen Bericht der Regierungserklärung, 4. Sitzung des 15. Deutschen Bundestages am 29. Oktober 2002.

56 Siehe hierzu und zur internationalen Vergleichbarkeit der Bemessungsgrundlage Peter Schindler: Dauer der Regierungsbildungen zu Beginn der Wahlperiode, in: Datenhandbuch zur Geschichte des Deutschen Bundestages: 1949-1999, Bd. 1, Berlin 1999, S. 1141 f.; siehe auch Tabelle 1.

des Kabinetts – als Stabilitätsindikator der zustandegekommenen politischen Formation wie des politischen Systems insgesamt zu werten ist[57], dann war während des Herbstes 2002 einmal mehr in der Bundesrepublik Deutschland nach allen Regeln politischer Professionalität eine stabile Regierung zustande gekommen.

Woher dann aber der Kontrast dieses günstigen Zeugnisses für die Regierung Schröder II zum trüben Bild ihres öffentlichen Ansehens. Übereinstimmend meldeten die demoskopischen Agenturen niederschmetternde Prestigeverluste der Regierenden, vornehmlich der Partei und der Person des Kanzlers. Eine Umfrage des Allensbach-Institutes bestätigte der SPD am 17. Dezember 2002, dass jetzt nur noch 26,4 Prozent der repräsentativ Befragten für die Partei des Kanzlers stimmen würden, 47,6 Prozent dagegen für die Union[58]. Welch ein seltsamer Gegensatz dieser demoskopischen Daten zur selbstsicheren Anzeige des Kanzlers auf dem Parteitag der SPD am 20. Oktober 2002: „Dieses Land ist ein für alle Mal kein CDU-Staat mehr"[59]?

Der 13. November 2002 wurde zum „schwarzen Mittwoch der Koalition": An diesem Tage bemängelten die „Wirtschaftsweisen" die Steuerschätzung, die ihrem Bericht zufolge weit niedriger als veranschlagt ausfiele. Am selben Tag wurde aus Brüssel ein Strafverfahren gegen die Bundesregierung wegen ihres Überziehens der Defizitobergrenze des Maastrichter Vertrages angekündigt. Die Union warf dem ehemaligen und neuen Finanzminister „Wahlbetrug" von bis dahin nicht dagewesener Heftigkeit vor, er habe die Öffentlichkeit vor der Wahl bewusst getäuscht über die wirkliche, die katastrophale Finanzlage des Bundes. Am 19. November erschien in der „Frankfurter Allgemeinen Zeitung" ein Artikel, in welchem das deutsche Bürgertum buchstäblich aufgefordert wurde, sich gegen seine Ausplünderung durch den Staat „auf die Barrikaden" zu begeben[60].

Die oben zitierten wohltönenden Sätze der Regierungserklärung – entlehnt in Schröders Schreibstube zum Teil aus Reden Franklin D. Roosevelts (1944) und Willy Brandts (1973) – wurden in den Tagen darauf von ökonomischen und sozialen Hiobsbotschaften begleitet sowie von einer Unzahl der Hinweise auf Steuer- und Abgabenpläne aus den Ministerien, von alternativen Reformvorschlägen aus den Fraktionen und Parteien – einer „Kakophonie", wie der darüber missgestimmte Kanzler am 1. Dezember 2002 befand[61]. Die Demoskopen meldeten weitere massive Ansehenseinbußen der Koalition, die Presse berichtete geradezu begierig davon und tat das Ihre hinzu.

Nicht minder gefährlich als Gefolgschaft in seiner Partei einzubüßen, ist es für den Kanzler, vom Koalitionspartner im Stich gelassen zu werden. Deshalb war die Kritik von Grünen, sogar von dessen Vorsitzendem Fritz Kuhn, an seiner Regierungserklärung für den Kanzler besonders ärgerlich. Die darin deutlich werdende Reformrichtung der Grünen verdross vornehmlich die Traditionalisten der SPD und signalisierte eine weitere Schwachstelle dieser Regierung.

---

57 Vgl. Gerhard Loewenberg: Parlamentarismus im politischen System der Bundesrepublik Deutschland, Tübingen 1969, S. 265-318.
58 Siehe dazu auch die Beantwortung der sogenannten „Sonntagsfrage" der Forschungsgruppe Wahlen im Schaubild 2.
59 Zitiert nach Die Welt vom 21. Oktober 2002.
60 Der Artikel von Arnulf Baring trug den Titel „Bürger auf die Barrikaden" und erntete ebenso heftigen Zuspruch wie Widerspruch. Siehe die Diskussion darüber mit Christian Wulff (am 19. Dezember), Jürgen Trittin (am 23. Dezember) und Wilhelm Graf (am 27. Dezember) in derselben Zeitung.
61 Pressekonferenz des Bundeskanzlers Gerhard Schröder vom 1. Dezember 2002, siehe u.a. das Archiv von www.tagesschau.de, 2. Dezember 2002.

3.4. Vorgaben des Verbändestaates

Die Kritik an der Regierung kam jedoch nicht nur aus „bürgerlichen" Kreisen, dem Lager der parlamentarischen Opposition. Kaum minder massiv meldeten sich Gewerkschaftssprecher, voran gewerkschaftlich organisierte SPD-Abgeordnete zu Wort, Michael Sommer zum Beispiel, der Vorsitzende des Deutschen Gewerkschaftsbundes. Sie beschworen den Kanzler, keinen „Sozialabbau" zu betreiben und sie protestierten lautstark gegen einzelne, in ihren Augen besonders symbolträchtige Reformvorhaben, im Falle beabsichtigter Änderungen im Arbeitsrecht etwa beim Kündigungsschutz. Von den „Bürgerlichen" des Wahlbetruges bezichtigt, sah sich der Kanzler zum Beginn seiner neuen Gesetzgebung zugleich mit zunehmend schärferer Kritik seiner politischen Kombattanten konfrontiert, in der Schere zweifach anderer Sicht der Wirklichkeit also als jener der rot-grünen Koalitionsvereinbarung und Gesetzgebungsabsichten.

Wieder und wieder wurde der Regierung vorgeworfen, mit immer neuen Bündnissen, Beiräten und Kommissionen die allgemeine Verwirrung und Unzufriedenheit lediglich zu erhöhen und nichts als ihre Handlungsunfähigkeit zu dokumentieren. Gleichwohl wurde das für des Kanzlers wichtigste (Selbst-)Verpflichtung nach seiner Einschätzung zentrale Bündnis für Arbeit reanimiert. Gleichzeitig aber verbreitete sich auch in der Regierung die Einsicht, dass der von Schröder gepflegte Stil einer partizipativ inspirierten, konsensual gestimmten, „zivilgesellschaftlich" aus der staatlichen Erst- und Letztzuständigkeit ausgelagerten „Verhandlungsdemokratie"[62] keine Problemlösungen (mehr) bringe, sondern selbst das Problem sei.

Die Einhelligkeit der Kritik aller gesellschaftlichen Gruppen offenbarte jenen Kern der beklagten Misere, welcher nur in strikter Rückbesinnung auf die dafür geschaffenen staatlichen Institutionen angegangen werden kann. Denn eine offensiv wehleidige Heuchelei der deutschen Gesellschaft dürfte die eigentliche Ursache ihrer Reformunfähigkeit sein: Mit den allseits notwendigen Einschnitten möge bei den jeweils anderen angefangen werden. Dieses Ausweichen aus der je eigenen Verantwortung der Wähler gemäß dem St. Floriansprinzip geht so weit, dass es – mindestens fairerweise – die Gegenfrage provoziert, ob die zitierte „Rache des Wählers", die Bezichtigung „seiner" Regierung am Ende nicht gar keinen anderen Zweck hat als den einer den Wähler selbst entlastenden Schuldzuweisung an die Adresse seiner Regierung, mithin einer Alibifunktion: Man ist erleichtert, gar froh, die kollektive Misere auf eine durch die Demoskopen schlecht ausgewiesene, (angeblich) reformunfähige Regierung verweisen zu können. So lange wenigstens dieser Mechanismus funktioniert und die Regierung tatsächlich reformunfähig bleibt, muss man sich in seinen Besitzständen nicht bewegen. Der Irrtum einer solchen Gesellschaft, hier der Gesellschaft etablierter Interessen der Bonner Republik, ist nur, dass die Besitzstände des „rheinischen Kapitalismus" – jenes Verbundes aus katholischer Soziallehre, protestantischem Paternalismus und sozialistisch/sozialdemokratisch/technokratisch etatistischem Sozialkorporatismus – mittlerweile in der globalisierten „Berliner Republik" angekommen, durch bloßes Verharren nicht länger zu bewahren sind. Sie schmelzen dahin, brechen gar weg und sind

---

62 Siehe hierzu Bergedorfer Gesprächskreis: Verhandlungsdemokratie? Politik des Möglichen – Möglichkeiten der Politik. 120. Protokoll, Bergedorf 2001; ferner Deutsche Vereinigung für Parlamentsfragen (Hrsg.): DVParl-Forum: Beiräte-Demokratie. Kommissionen und Räte: Chancen und Risiken für den Parlamentarismus. Stenografischer Bericht vom 11. Dezember 2000; sowie in diesem Band den Beitrag von Roland Sturm.

– auf niedrigerem Niveau! – neu zu ordnen, wenn nicht die Hoffnung überhaupt vergeblich werden soll, je wieder auf das alte Niveau oder gar darüber hinaus zu gelangen.

Die in solcher Analyse wiedergegebene Wirklichkeit verweist auf die Gesetzgebungsbrocken, vor denen die Regierung sich befindet, zwischen denen sie sich – für alle wahrnehmbar – einstweilen in größter Unsicherheit bewegt, von Stolperstein zu Stolperstein. Es bedarf offensichtlich sowohl neuer Konzepte, insbesondere neuer Rangfolgen für die Inhalte der Politik, neuer *policies* also, als auch neuer Methoden der Politik, neuer *politics* also.

3.5. Vorgaben des Föderalismus

Die (gegenwärtige) Konfiguration der deutschen polity engt die Möglichkeiten des Regierungshandelns weiter ein. Die Spezifika des deutschen Parteienstaates und des deutschen Föderalismus mit seinen unterschiedlichen Koalitionen in Bund und Ländern sowie den unterschiedlichen Abstimmungsmodalitäten in Bundestag und Bundesrat machen die Sache des Kanzlers nicht einfacher. „Kulturelle Projekte" (Schröder/Fischer 2002) wie Willy Brandts „Mehr Demokratie wagen" (1969) oder Helmut Kohls „Geistig moralische Wende" (1982) überdauern in Deutschland kaum die nächste Wahl eines Landesparlamentes – von den Überlebenschancen materieller „Projekte" ganz zu schweigen. Demgemäß sah die Regierung 2002 ihre Hände mindestens bis zu den Landtagswahlen in Hessen und Niedersachsen am 2. Februar 2003 gebunden, so gesehen bereits seit dem 22. September 2002 ganze 130 lange Tage. Bis dahin durften den Wählern der beiden großen Flächenstaaten mindestens die oben zitierten machiavellschen „Grausamkeiten" nicht zugemutet werden. Diese Wirklichkeit des deutschen Bundesstaates dokumentierte der Generalsekretär der SPD, Olaf Scholz, mit der Feststellung: „Am 2. Februar ist definitiv die Bundestagswahl vorbei"[63].

Am 2. Februar 2003 aber kam es für die Regierung, zumal für die Partei des Kanzlers, nochmals schlimmer. In beiden Ländern musste die SPD schwere Niederlagen hinnehmen, für welche sich Gerhard Schröder, seine „zentrale Verantwortung"[64] öffentlich zu erklären sich genötigt sah[65]. Denn im Bundesrat spitzten sich die Mehrheitsverhältnisse gegen die der (Regierungs-)Mehrheit des Deutschen Bundestages weiter zu. Ohnmächtig hatten die Regierungen Schröder I und II einen Prozess der Erosion ihrer (einstigen) Dominanz im Bundesrat zu registrieren, einen Prozess, der gegen sie schon seit 1998 im Gange war: Zum Start der Regierung Schröder I waren noch 12 der 16 Länder „rot", soll heißen: von der SPD geführt; zum Ende ihrer Amtszeit aber sah sich die Regierung Schröder I im Bundesrat mit einer Mehrheit „schwarz", d. h. von CDU oder CSU dominierten Ländern, konfrontiert, mit 35 der insgesamt 69 Stimmen im Bundesrat; nach dem 2. Februar 2003 waren für die Regierung Schröder II nur noch fünf rot geführte Länder zu verzeichnen, davon zwei Große Koalitionen (siehe Schaubild 3). Südlich der Mainlinie regieren die „Bürgerlichen". Sogar in einschlägigen Teilen der norddeutschen Tiefebene – Hamburg und Niedersachsen sowie auf der kommunalen Ebene seit dem 2. März 2003 auch in Schleswig-Holstein – haben die

---

63 Zitiert nach: Frankfurter Allgemeine Zeitung vom 2. Februar 2003.

64 Pressestatement von Bundeskanzler Gerhard Schröder am 3. Februar 2003, zitiert aus dem Archiv von www.welt.de, 4. Februar 2003

65 Siehe die präzisen Ergebnisse und deren Interpretation in: Zeitschrift für Parlamentsfragen 34 (2003), Heft 3.

„Schwarzen" die politische Oberhand hinzugewonnen. Man kann daher mit Blick auf die Landkarte des deutschen Föderalismus, zumal mit Blick auf die seit dem 2. Februar 2003 insgesamt 41 „schwarz" geführten Stimmen im Bundesrat, gewiss nicht mit Gerhard Schröder vom „Ende des CDU-Staates" sprechen. Eher scheint es plausibel, mit Lothar Probst über eine „‚strukturelle Mehrheit' rechts der Regierung" nachzudenken[66]. Dagegen spricht allerdings das flüchtiger gewordene Verhalten der deutschen Wähler samt den daraus hervorgehenden Jo-Jo-Effekten für die Zusammensetzung der Landtage und damit des Bundesrates.

Im Fazit aber, soviel bleibt sicher, ist der Handlungskorridor der Regierung Schröder II nach dem 2. Februar 2003 nochmals enger geworden – symbolisch wahrnehmbar schon in der Erwartung der Union, bei der im Jahr 2004 anstehenden Bundespräsidentenwahl ihren/ihre Kandidaten/Kandidatin für das höchste Staatsamt durchsetzen zu können. Angesichts der Unumgänglichkeit des Bundesrates gerade für die wichtigeren Gesetzesvorhaben ist die Bundesregierung gezwungen, inhaltlich auf die Oppositionsparteien zuzugehen. Schröder hatte dies bereits am 8. November 2002 begonnen, als er demonstrativ – weil sonst nicht üblich – beim Amtsantritt des neuen Bundesratsvorsitzenden in der Länderkammer erschien, dort das Wort ergriff und auch dort wie schon im Bundestag von der „Verantwortungspartnerschaft"[67] der Akteure beider Gesetzgebungsorgane sprach. Nicht erst seit diesem Tage wird zu Recht konstatiert, dass in Deutschland faktisch wenn überhaupt mit Gesetzgebung, dann mit einer – freilich inoffiziellen – Großen Koalition der Gesetzgebung regiert werde. Deren programmatisches Profil steht im Widerspruch zu dem des in der Bundestagswahl gestärkten „linken Flügels" der SPD. Der handwerklich vor allem vom Wirtschafts- und Arbeitsminister zu leistende Gesetzgebungsspagat zwischen diesem Flügel „seiner" Bundestagsfraktion und der Mehrheit im Bundesrat wird auch dem Bundeskanzler Schwierigkeiten bereiten, die von ihm um so ernster zu nehmen sind, als sein politisches Überleben in erster Linie vom Zusammenhalt seiner Fraktion abhängt. In dieser sind des Weiteren der eher als Verbündeter im Sinne einer Großen Koalition der Gesetzgebung hinter Wolfgang Clement stehende „Seeheimer Kreis" einzukalkulieren und das eher den innovationsbedachten Grünen zugeneigte „Netzwerk" der jüngeren SPD-Abgeordneten[68]. Es bedarf eines erheblichen Kanzlergeschicks, alle diese Kräfte beisammenzuhalten.

Mit dem Februar 2003 war die 100-Tage-Schonfrist der Regierung Schröder II (von ihrer Vereidigung am 22. Oktober 2002 gerechnet) definitiv abgelaufen. Gerhard Schröder aber hatte noch immer keine Linie gefunden, mit welcher er die Öffentlichkeit und die Professionellen der Politik zu überzeugen vermochte. Die Kommentare der veröffentlichten Meinung[69] waren so negativ wie die demoskopischen Ergebnisse der

---

66 So angesichts der hier referierten Daten den Titel und die These von Lothar Probst, in: Die Welt vom 4. Februar 2003; ders.: „Strukturelle Mehrheit" des linken Lagers? Das schnelle Ende einer Illusion. Anmerkungen zur politischen Kräftekonstellation nach den Landtagswahlen in Hessen und Niedersachsen, in: KOMMUNE, Heft 2/2003.

67 Stenografischer Bericht der 782. Sitzung des Bundesrates am 8. November 2002, S. 487: An die am 29. Oktober 2002 im Bundestag beschworene „Verantwortungspartnerschaft" knüpfte Schröder am 8. November 2002 im Bundesrat mit folgendem Appell an: „Für die notwendigen Entscheidungen und ihre Umsetzung brauchen wir die Zusammenarbeit aller verantwortlichen Kräfte [...], vor allen Dingen im Bundesrat."

68 Die jüngeren Abgeordneten sind um die lesenswerte Zeitschrift „Berliner Republik" geschart.

69 Die Frankfurter Allgemeine Zeitung (25. März 2003) machte sich die Wertung des FDP-Vorsitzenden Guido Westerwelle zu eigen, wonach die Regierung Schröder II die „vermutlich schlechteste Regierung seit Bestehen der Bundesrepublik" sei. Spiegel-Online vom 28. März 2003 titelte: „In 100 Tagen kläglich versagt".

Befragungen über den bisherigen Start der zweiten Regierung Schröder – nach den Gesetzen der Medialisierung der Politik die einen die anderen weitgehend bestimmend.

4. Regierungsbildung unter den Bedingungen der Globalisierung

4.1. Inhaltliche Herausforderungen der „zweiten Verfassung"

Die Bilanz der intensiven und hochkomplexen Verflechtungen in den geschilderten Subsystemen der deutschen Politik führt zu dem Schluss, dass Regierungsbildung in Deutschland offenbar allein schon aus dessen innerer Konstitution heraus schwierig genug ist. Für dieses Land kommt aber eine zweite Verfassung hinzu: seine Einbindung in die internationale Politik, die deshalb von Anfang an so weitgehend war, weil die Bundesrepublik als Staat von lediglich eingeschränkter Souveränität – in „Semisouveränität"[70] bis 1990 – außenpolitisch auf das Prinzip „Einfluss durch Einbindung", „Interessenwahrnehmung durch internationale Integration" setzen musste und auch gesetzt hat. In diesem Sinne wurden die transatlantischen Verbindungen, nicht nur in Gestalt der NATO, als „second constitution"[71] der Nachkriegsdeutschen definiert. Die Regierung Schröder/Fischer schien durch die Vorgaben bereits der ersten Verfassung bis an den Rand ihrer Möglichkeiten gefordert, viele Kommentatoren sahen diese Regierung schon innenpolitisch überfordert.

Seit dem 11. September 2001, zumal mit der Zuspitzung des Irak-Konfliktes seither, kamen Herausforderungen hinzu, die den zweiten Start dieser Regierung überlagerten und nochmals erschwerten. Mit den aus eingeschränkter Souveränität geborenen Prinzipien hatte es sich bis dahin nicht nur leben, sondern – so die Erfahrung mindestens der Westdeutschen – zunehmend besser leben lassen, sogar die staatliche Souveränität konnte in der konsequenten Verfolgung des internationalen Integrationskurses zurückgewonnen werden. Seit den Anschlägen vom 11. September 2001 auf konstitutive Einrichtungen der US-Amerikaner tun sich die Deutschen nun aber schwer in den Einrichtungen ihrer „zweiten Konstitution". Die Temperaturen der transatlantischen Beziehungen sind in den ersten 100 Tagen der Regierung Schröder II so weit gesunken, dass diese „zweite Verfassung" der Deutschen gar in Frage gestellt erscheint – ein hohes Risiko, gerade für die Deutschen, welches eingegangen zu sein der Bundesregierung innen- wie außenpolitisch heftige Kritik eintrug. Die Bedenken und Vorhaltungen beziehen sich sowohl auf die inhaltliche Position der Bundesregierung als auch – und davon vielfach unabhängig – auf handwerkliche Fehler ihrer Diplomatie.

Inhaltlich konzentrierte sich die Kritik auf den kategorischen Ausschluss bewaffneter Gewaltanwendung, abgelehnt *a priori* im Irak-Konflikt auch als *ultima ratio*, seitens

---

70 So Peter P. Katzenstein: Politics and Policy in West Germany. The Growth of a Semisovereign State, Philadelphia 1987.

71 Robert Gerald Livingston in einem Beitrag am 24. Februar 2003 in der Financial Times; er bezieht sich dabei auf eine Formel, die seit 1965 zum unbestrittenen Repertoire transatlantischer Beziehungen und Organisationen wie der „Atlantikbrücke" gehört, z.B. der Rhetorik von Walther Leisler Kiep.

der Bundesregierung, und dies sogar für den Fall, dass die Völkergemeinschaft zu einem anderen Schluss als die Bundesregierung kommen sollte. Schon auf einer Veranstaltung seiner Partei im niedersächsischen Wahlkampf (am 22. Januar 2003) schloss Schröder eine deutsche Zustimmung im Weltsicherheitsrat zu jeder Form bewaffneter Intervention im Irak aus. Er habe speziell der französischen Regierung gesagt: „Rechnet nicht damit, dass Deutschland einer den Krieg legitimierenden Resolution zustimmt, rechnet nicht damit." Erneut bekräftigte der Kanzler, hier als Wahlkämpfer auf dem Marktplatz zu Goslar, dass „sich Deutschland unter meiner Führung an einer militärischen Intervention im Irak nicht beteiligen" werde[72].

Die tiefere Grundierung dieser Position – zwischen Kritik an aktueller amerikanischer Politik und Antiamerikanismus – wird ehestens erklärbar bei Einbeziehung ihrer langzeitlichen Dimensionen. Nach dem 11. September 2001 hatte der deutsche Kanzler den Vereinigten Staaten von Amerika – mit Anklang an eine in ihrer Absolutheit überaus massiven Formel (*unconditional solidarity*) – „uneingeschränkte Solidarität" in Aussicht gestellt. Schröder musste erfahren, dass sein starkes Wort der Sache nach nicht mit dem eigenen Lager im Bundestag in die Tat umzusetzen war. Es bedurfte der Vertrauensfrage des 16. November 2001, um eine äußerst knappe Mehrheit rot-grüner Stimmen für die Unterstützung der Aktion *enduring freedom* herbeizupressen. Ein solches Manöver ist für einen Kanzler, der dies bleiben will, nicht beliebig wiederholbar. Zur Eröffnung der heißen Phase des Bundestagswahlkampfes 2002 wurden auf dem Opernplatz der Stadt Hannover neue Töne angestimmt. Emphatisch, (fast) klassenkämpferisch setzte Schröder dort am 06. August 2002 den „deutschen Weg" von amerikanischen ab: Pleiten und das „Ausplündern kleiner Leute – das ist nicht der deutsche Weg". Zur Solidarität sei Deutschland bereit, ja, „aber dieses Land steht unter meiner Führung nicht für Abenteuer zur Verfügung". Schröder mahnte – wen, wenn nicht die USA ? – vor „Spielereien mit Krieg und militärischen Maßnahmen ... Lasst uns von Deutschland aus ein Signal setzen!" Einhellig bestätigten die Demoskopen den (mit-)entscheidenden Rückhalt dieser Politik in der deutschen Wählerschaft des 22. September 2002. Diese Politik half der SPD zum Wahlsieg, Gerhard Schröder zur Erfahrung und Personifizierung einer siegreichen Strategie.

So mag sich die oben zitierte Wiederholung und Steigerung dieser Strategie auf dem Goslarer Marktplatz in der heißen Phase des Wahlkampfes um die Mandate in den Landtagen zu Hannover und Wiesbaden erklären. In der Regierungserklärung vom 14. März 2003 betont Schröder erneut die Notwendigkeit des Mutes, „für den Frieden zu kämpfen, solange noch ein Funken Hoffnung besteht, dass der Krieg vermieden werden kann".[73] Die Amerika-kritischen (Unter-)Töne haben einen soliden Boden im deutschen Publikum (auch wenn sie in den beiden Landeshauptstädten nicht wie in der Bundeshauptstadt Wahl-entscheidend wurden; dazu reichte die Einsicht der Wähler, dass die Irak-Politik von hier aus nicht zu beeinflussen ist).[74]

---

72 Zitiert nach SPIEGEL ONLINE vom 22. Januar 2003.
73 Stenografischer Bericht des Deutschen Bundestages, 32. Sitzung des 15. Deutschen Bundestages, S. 2479.
74 Siehe dies auch im internationalen Vergleich und in der US-amerikanischen Perzeption, in: The Pew Global Attitudes Project, hrsg. vom Pew Research Center Staff, Dezember 2002.

4.2. Handwerkliche Fehlgriffe

Handwerklich – also bei inhaltlicher Billigung, gar Unterstützung dieser Außenpolitik im Grundsätzlichen – wurden in Äußerungen vor allem des Kanzlers über eine neue „Normalität Deutschlands", einen neuen „deutschen Weg"[75] wie in eben dieser Festlegung der Irakpolitik bei dennoch gleichzeitigen Zusagen konkreter militärischer Unterstützung[76] Ungereimtheiten und Ungeschicklichkeiten ausgemacht, unnötige, wenigstens öffentlich vermeidbare oder mindestens gesamteuropäisch zu organisierende Provokationen nicht nur der USA gesehen. Die (Non-)Diplomatie des Kanzlers würde zu jener Politik auf eigene deutsche Faust zurückführen, die dieses Land noch nie hatte meistern können, von der es sich deshalb 1949 aus guten Gründen verabschiedet hatte. Selbst in der – zumal in dieser *policy* – eher „regierungsfreundlichen" Presse gerieten die diplomatischen Stolperschritte der Regierung Schröder II unter heftige Kritik: „Noch nie in der Geschichte der Bundesrepublik ist eine so richtige und wichtige Grundposition so schlecht vertreten worden wie das deutsche Nein zum Irak-Krieg"[77]. So gesehen und „bismarckisch" gesprochen, „periklitiert" diese Regierung derzeit mit Deutschlands „zweiter Verfassung", gefährdet nicht zuletzt ihr diplomatischer Dilletantismus die erreichte Stellung Deutschlands in der EU, mehr noch in der NATO und in der UNO, ja diese Institutionen selbst. Außenpolitisch war die Regierung Schröder II nicht ohne ihr Zutun in kaum minder schwere Stürme geraten als innenpolitisch.

5. Der Stil des Kanzlers

5.1. Der Kanzler an den Grenzen seiner außerstaatlichen Gremienpolitik

Die (Start-)Schwierigkeiten der Regierung Schröder II haben für viele Kommentatoren einen gemeinsamen Nenner: einen konzeptionslosen Populismus vor allem des Inhabers der Richtlinienkompetenz. Darin werde die machtpolitisch wohletablierte Regierung gleichwohl immer wieder konterproduktiv: Sie könne selbst das nicht umsetzen, was sie subjektiv als notwendig erkannt habe und auch das nicht, was objektiv notwendig ist. Die inhaltliche Orientierungslosigkeit eines solchermaßen ausgerichteten Kanzlers samt seines Kabinetts offenbare sich in einem erratischen Stil. Als Stil des Kanzlers sei im Folgenden die Art und Weise begriffen, in welcher er handelt – gleich, ob faktisch oder fiktiv, tatsächlich oder täuschend, bewusst oder unbewusst.

Immer auffälliger wurde die Diskrepanz zwischen Einsatz und Ertrag der am gesellschaftlichen Konsens ausgerichteten „Kommissionitis". Die Vielzahl der von der Regierung Schröder I und II eingesetzten Bündnisse, Beiräte und Kommissionen warf wie nie zuvor die Frage nach Sinn und Zweck der Ministerialbürokratie auf: Warum greift die Regierung nicht auf die Entwürfe ihrer hochkompetenten und hoch finanzierten Verwaltung zurück? Die Antwort fiel zunehmend unbefriedigend aus – allein

---

75 Zitiert aus dem Archiv von www.welt.de, 6. August 2002.
76 Siehe die Auskunft des Bundeskanzlers im Deutschen Bundestag am 13. Februar 2003.
77 So befand Heribert Prantl in der Süddeutschen Zeitung vom 11. Februar 2003 unter dem vernichtenden Titel „Der Pickelhauben-Pazifist", als welchen Prantl Schröder mit Wilhelm II. assoziierte.

schon aus der Sicht der Steuerzahler. Diesen konnte es nicht mehr genügen, dass Schröders Kommissionitis nicht in erster Linie Sachverstand zu generieren hat. Insoweit stünden die außerstaatlichen Gremien in Konkurrenz zur Ministerialbürokratie. Wichtiger ist deren Aufgabe, im Prozess ihrer Willensbildung zugleich die Mehrheitsfähigkeit des Beratungsergebnisses herzustellen – auch und besonders die parlamentarische. Diese Methode der Politik, in welcher die Regierung auf die eigenverantwortliche Herausbildung eines von den Kommissionen unabhängigen Willens (allzu) weitgehend[78] verzichtete, überzeugte umso weniger, je häufiger die Arbeit der Bündnisse und Beiräte ihren primären Zweck – entscheidungsreifen Konsens nämlich – verfehlte. Der von Schröder wie von keinem Kanzler zuvor beförderte Stil einer Auslagerung der (Innen-)Politik aus den dazu vorgesehenen staatlichen Institutionen, fort auch von den dazu gewählten und insoweit mit größerer Autorität gegenüber dem Kanzler ausgestatteten Akteuren im Parlament, fand immer weniger Anhänger – sowohl unter den „zivilgesellschaftlich" handelnden Funktionären als auch unter den genauer hinsehenden Kommentatoren.

5.2. Der Kanzler an den Grenzen seiner Medienmacht

Ausweislich der repräsentativen Umfragen (unseres Schaubildes 2) ist die Öffentlichkeit nach der Wahl 2002 nun aber offenbar zu der Überzeugung gelangt, dass das Politikmanagement, vor allem aber die negativ beurteilten Politikinhalte zu Beginn der Regierung Schröder durch keinerlei bloße Politikdarstellung noch positiv zu kompensieren seien. Effekte der Mediendemokratie wie das erratische „Themen-Hopping" der Spindoktores, das verantwortungsscheue Ausweichen vor den „harten" zugunsten der „weichen" Themen der Politik und besonders die „Personalisierung der Politik"[79] schlagen seit dem Beginn seiner zweiten Amtszeit auf den Kanzler zurück.

Es muss Schröder als den im Wahlkampf überlegenen TV-Duellanten schmerzlich getroffen haben, in seinem „eigenen" Metier bitter verhöhnt zu werden. Nur einen Monat nach der Regierungserklärung vom 29. Oktober 2002 stieg ein Spott-Song auf ihn, den Sieger der Bundestagswahl, von null auf Platz eins der deutschen Hitparade. Optisch kam der Song mit einer Show-Performance von „Spitting-Image"-Figuren einher. Von dem sogenannten „Steuersong" wurde bis zum Jahresende 2002 mehr als eine Million Exemplare verkauft. Das Magazin „Stern" – sonst der siegreichen SPD gewiss näher stehend als CDU und CSU – klinkte sich in die Tendenz mit der Titelgeschichte „Die Rache der Wähler"[80] ein. Des Kanzlers Reaktion ließ erkennen, dass er tatsächlich betroffen, wenn nicht gar getroffen war. Insofern kann eine Art politisch wirksame Rache der Wähler angenommen werden. Der „Stern" bemühte unter Anderem Sigmund Freud und Werner Fink zur Erklärung des Erfolges eines Kabarettistenstückes in den Charts der deutschen Popmusik[81]: Der Steuersong von Elmar Brand

---

78 Insofern die Regierung in diesen Prozess einbezogen ist, sich in einigen Bereichen, dem „Bündnis für Arbeit" zum Beispiel, sogar als Staat in gesellschaftlich autonome Willensbildung einschaltet, handelt es sich nicht um „außerstaatliche", sondern „quasistaatliche" Entscheidungsfindung.

79 Siehe hierzu die seit Heft 4/1996 ausführlich in der Zeitschrift für Parlamentsfragen geführte Diskussion.

80 Mit dem Heft Nr. 50 vom 5. Dezember 2002.

81 Sigmund Freud: (Der Witz und seine Beziehung zum Unbewußten) zufolge schafft der „aggressive Tendenzwitz [...] ein Heer von Gegnern, wo erst nur ein einziger war". Der ebenso mutige – einst gegen die Nationalsozialisten widerständige – wie kluge Kabarettist Fink befand, dass „ein Politiker [...] vor freien Wahlen, vor freien Meinungsäußerungen ... und vor Witzen [...] auf der Hut" sein müsse.

verlieh demnach jenem massiven Autoritätsverlust bissig definitiv entlarvenden Ausdruck, der in den Umfragen der Demoskopen noch vergleichsweise harmlos und jederzeit abwendbar erschien. Das Kabinettsstück des Kabarettisten mußte diesen Kanzler besonders treffen, weil es den stilistischen Kern der Popularität dieses Amtsinhabers bloßlegte: dessen burschikose Nonchalance der Amtsdarstellung, die mindestens die Vermutung einer ebensolchen Amtswahrnehmung nahelegt. So offenbarte der Erfolg des Steuersongs, dass die Wählermehrheit – sich vielleicht nicht zuletzt, wie gesagt, selbst verlachend – dieser Selbstdarstellung des Kanzlers, ja diesem Kanzler die Gefolgschaft aufkündigte. Auch dies bezeugen die Belege der Demoskopie.

Der allenthalben empfundene Kontrast zwischen der von der Bundesregierung propagierten Wirklichkeit einerseits und den von den Wählern wahrgenommenen Tatsachen andererseits ermutigte die Opposition nur noch mehr, der Regierung „Wählertäuschung" und „Wahlbetrug" vorzuwerfen. Der Steuersong fand gleichsam seine institutionelle Manifestation im Antrag der Opposition vom 2. Dezember 2002 auf Einsetzung eines entsprechenden Untersuchungsausschusses[82]; wäre es nach der Opposition gegangen, so hätte sie diesen „Wahlbetrugsausschuss" genannt. Die Mehrheit konnte die Einsetzung des Untersuchungsausschusses nicht verhindern[83], wohl aber einen solchen Titel. Offiziell wird dieser Ausschuss nun als „Erster Untersuchungsausschuss der 15. Wahlperiode" geführt. Der Ausschuss" soll klären, ob und in welchem Umfange Mitglieder der Bundesregierung, insbesondere Bundeskanzler Gerhard Schröder, Bundesfinanzminister Hans Eichel, Bundesministerin Ulla Schmidt sowie der damalige Arbeits- und Sozialminister Walter Riester und Parlamentarische Staatssekretäre im Jahr 2002 Bundestag und Öffentlichkeit hinsichtlich der Situation des Bundeshaushaltes, der Finanzlage der Gesetzlichen Kranken- und Rentenversicherung sowie der Einhaltung der Stabilitätskriterien des EG-Vertrages und des Europäischen Stabilitäts- und Wachstumspaktes durch den Bund vor der Bundestagswahl am 22. September 2002 falsch oder unvollständig informiert haben, ob und gegebenenfalls wer von allen Vorgenannten dieses wie und mit wessen Hilfe insbesondere auch im Verantwortungsbereich der Bundesregierung getan und ob und gegebenenfalls welche Vereinbarungen es dazu gegeben hat, soweit hierdurch nicht der Kernbereich exekutiver Verantwortung betroffen ist."[84]

Die Regierung hatte zwar vorher schon auf schriftliche Anfrage der Opposition klargestellt, dass deren Vorwürfe substantiell unhaltbar waren beziehungsweise seien[85]. Dennoch erreichte die Opposition den ihr häufig schon genügenden Effekt von Untersuchungsausschüssen, nämlich eine politisch nachteilige Etikettierung der Regierung: Wie immer sein offizieller Name auch heißen mochte, der „Erste Untersuchungsausschuss der 15. Legislaturperiode" firmierte – umstritten zwar, aber auch das kann der Opposition nur recht sein – in der Presse weithin als „Lügenausschuss". Das sollte der Opposition gelegen kommen und schon genügen, mindestens bis zur Wahl in Hessen und Niedersachsen am 2. Februar 2003. Denn in parlamentarischen Untersuchungsverfahren ist häufig schon mit der Einsetzung eines Untersuchungsausschusses und dessen Betitelung in der Öffentlichkeit politisch alles gewonnen – oder verloren, je

---

82 Siehe Bundestagsdrucksache 15/125 vom 2. Dezember 2002.
83 Siehe Stenografischer Bericht des Deutschen Bundestages, 14. Sitzung des 15. Deutschen Bundestages vom 5. Dezember 2002.
84 Bundestagsdrucksache 15/256 vom 20. Dezember 2002, S. 2.
85 Siehe vor allem die Antworten des Staatssekretärs Karl Diller vom 25. November 2002, in: Stenografischer Bericht des Deutschen Bundestages, Drucksache 15/116, S. 8 ff.

nach Partei in diesem Schiedsgericht vor der demokratischen Letztinstanz, der Wählerschaft. Die Bilanzen nach einem weiteren Monat der Regierung Schröder II fielen allenthalben immer noch derart verheerend aus, dass der Kanzler sich zu einer Art Nachbesserung durch eine zweite Regierungserklärung, angesetzt auf den 14. März 2003, genötigt sah.

6. Perspektiven für die Politik, das System und seinen Kanzler

Insofern der Kanzler der 19. Regierung der Bundesrepublik Deutschland eines zweiten Startes bedurfte, wird man den ersten als Fehlstart bezeichnen müssen. Schröder selbst bestätigte dieses Urteil mit dem öffentlichen Eingeständnis seiner „zentralen Verantwortung" für die Wahlniederlagen seiner Partei in Hessen und Niedersachsen. Die Stolpersteine für seinen weiteren Verbleib in der Machtfülle der Kanzlerposition sind während der Regierungsbildung sichtbar geworden.

Außenpolitisch ist für die Regierung Schröder wenig zu verlieren: Schröders Gefährdung der transatlantischen Säule der Bundesrepublik – seit Adenauer über Erhard, Kiesinger, Brandt, Schmidt und Kohl eine Konstante deutscher Politik – ist nicht nur wahltaktisch zu erklären. Sie wurde auch im zweiten Regierungsanlauf Gerhard Schröders und trotz aller Kritik daran[86] nicht nur nicht relativiert, sondern erneut unter der Überschrift „Mut zum Frieden" mit Formeln unterstrichen wie der „Logik des Friedens" (in der man sich selbst weiß) versus „die Logik des Krieges" (in der man die USA weiß), der „Unabhängigkeit unserer Entscheidungen in der Welt von morgen" oder „Deutschland als dem größten Land in Europa, was die Wirtschaftskraft anbelangt, und damit natürlich auch in Europa" oder „ [...], weil Europa die Überzeugung zugrunde liegt, dass Kooperation besser ist als Konfrontation"[87]. Wichtiger noch ist, dass sie im deutschen Publikum auf einen fruchtbaren Boden fiel. Die Wahlergebnisse von Niedersachsen und Hessen deuten immerhin auf die Grenzen dieser Karte im weiteren Spiel um die Macht: „It's the economy, stupid", lautet der oberste Imperativ amerikanischer Wahlkämpfer seit Bill Clinton.

Der Problemdruck der innenpolitischen policies aber ist gewaltig und unausweichlich. Einem „Papier" des Bundeskanzleramtes zufolge[88] sind die Schwierigkeiten keineswegs nur global bedingt, also außerhalb der Reichweite deutschen Regierungshandelns angesiedelt. Die Steuerung von Binnennachfrage und Investitionen z.B. verweisen auf Hausaufgaben der Berliner Regierung. Das Kabinett steht vor der politischen Härte, den Konsens des hochentwickelten deutschen Korporatismus nicht nur antasten, sondern insgesamt neu justieren zu müssen. Die Gleichzeitigkeit und mindestens insofern weithin Unvereinbarkeit der Aufgaben ist erdrückend: Der Haushalt muß (weiter) konsolidiert, die Abgaben und Steuern (aber) müssen gesenkt werden; Investitionen in

---

86 Siehe den Vorsitzenden des Auswärtigen Ausschusses, Hans-Ulrich Klose (SPD) in der Frankfurter Allgemeinen Zeitung vom 13. Februar 2003.

87 Stenografischer Bericht des Deutschen Bundestages, 32. Sitzung des 15. Deutschen Bundestages vom 14. März 2003, S. 2479 f.

88 Veröffentlicht in der Frankfurter Allgemeinen Zeitung vom 4. Januar 2003.

Deutschlands einzige Ressourcen – Familie, Bildung, Forschung – bleiben ebenso gefordert wie in die Infrastruktur des Landes. Die Problemlage der policies weist die politics in Richtung einer polity der mehr oder weniger offenen bis schließlich tatsächlichen Großen Koalition – sofern der augenblickliche Kanzler nicht substantielle Linderung in Aussicht zu stellen vermag.

Den – nicht erst seit Lincoln – geltend gemachten Bonus einer zweiten Chance für *unfinished work* der ersten Legislaturperiode hat die rot-grüne Koalition insofern aufgezehrt, als auch nach einem halben Jahr niemand zu sagen wüsste, nach welchem Konzept kuriert, welche Arbeit überhaupt zu Ende geführt sein will. Angesichts des Präzendenz- und Symbolcharakters einer jeden Einzelreform sowie der damit verbundenen Provokation von Veto-Spielern im bundesdeutschen Blockadesystem sind alle Einzelmaßnahmen mit dem Risiko von Koalitionskrisen verbunden. So gab es wegen der auf 48 gezählten neuen Steuern (insgesamt angeblich Steuererleichterungen) und Abgaben eine erste Welle der Nachwahlkrisen, die zu Beginn der Regierung Schröder II nicht wirklich abgebaut werden konnte und daher zum Aufbau einer nächst höheren Krisenwelle taugt.

Der Kanzler wird sich nach innen wenden müssen, er wird die Politik der Bundesregierung nicht länger in die Räume der zivilgesellschaftlichen Verhandlungsdemokratie auslagern können. Hier nämlich ist der von den Anhängern dieser Methode[89] angenommene Gemeinwohlkompromiss nicht mehr zu erzielen[90]. Die Regierung wird nach Maßgabe des Ernstfalles regieren, d.h. auf der Basis der ministeriellen Expertise und des eigenen Urteils entscheiden müssen. Sie wird sich vor allem dem Parlament und dort zuerst „ihrer" Mehrheit zu stellen haben. Diese wiederum wird ihrer Verantwortung in der Sache auch nicht länger dadurch ausweichen können, dass sie sich nach bislang genügendem machtstrategischen Kalkül über die Medien demoskopisch von „ihrem" Kanzler gleichsam fernsteuern lässt. In diesem „neuen" – im Vergleich zur Verhandlungsdemokratie – institutionell am Ende eng gezogenen Kreis, der polity im striktesten Sinne des Ensembles der bundesdeutschen Verfassungsorgane, wird sich die Zukunft unseres Gemeinwesens wie der Regierung Schröder zuerst entscheiden.

Wie gezeigt, blieben im Zuge der Koalitionsbildung 2002 prinzipiell unterschiedliche Verständnisse über deren (mögliche) Ziele unausgeräumt: zum einen zwischen den Koalitionspartnern und – erstere zum Teil widerspiegelnd – zum anderen in den beiden Fraktionen selbst. Diese Differenzen aus der Welt zu schaffen, hat der Kanzler – obwohl Inhaber der Richtlinienkompetenz auf der Bundesebene – wegen der starken Opposition im Bundestag und deren massiven Zustimmungsvorbehalten über die von ihr geführten Regierungen im Bundesrat nur geringen Spielraum. In der Gesetzgebung wird er auf die Opposition zugehen und sich faktisch weithin auf eine Große Koalition einlassen müssen. Von dort ist es allerdings nur ein kleiner Schritt zur Aufkündigung der Gefolgschaft durch die eigenen Kohorten – vor allen jenen Segmenten der SPD-Fraktion, welchen Schröder maßgeblich seine Wiederwahl am 22. September 2002 verdankt. Der Grad seiner akuten Gefährdung wird sich dem Kanzler darin erschließen, dass sich die innerfraktionelle Fronde bereits politisch offiziell unter einem eigenen Logo (in Kapitälchen gar) als „Parlamentarische Linke" („PL") organi-

---

89 Beispielsweise Frank-Walter Steinmeier, Chef des Bundeskanzleramtes.
90 Insofern perspektivisch zutreffender Alexander Camman: Konsensdemokratie, ein Wintermärchen, in: Berliner Republik, Heft 1/2003, S. 6–11.

siert hat – nach Lenin (und Müntefering?) der Anfang unerlaubter „Fraktionsbildung".

Die Linken der SPD-Fraktion könnten sich indessen inhaltlich nur behaupten, wenn sie die Regierung zu stürzen bereit wären. Diesen Preis werden sie nicht zahlen wollen. Wenn solchermaßen das Machtkalkül den Ausschlag gibt, dann ist die PL (Parlamentarische Linke) angesichts ihrer inhaltlichen Präferenz auch ohne innerparteiliche Personalalternative: Einen „eigenen" Gegenkandidaten würde sie, wenn sie ihn hätte, nicht durchsetzen können, und von Wolfgang Clement sieht sie sich noch weiter in eine von ihr nicht gewollte Wirtschafts- und Sozialpolitik gedrängt. Von der traditionell zur Kanzlerrekrutierung genutzten Ebene der „Landesfürsten" sind Überraschungen mangels dort überzeugender Wahlergebnisse der eigenen Partei einstweilen auch nicht zu erwarten; einzig der nordrhein-westfälische Ministerpräsident Peer Steinbrück erscheint im Frühjahr 2003 als Kompromisskandidat jenseits von Schröder und Clement denkbar.

Von der wissenschaftlichen und publizistischen Meinung wird nahezu einhellig in die Richtung bürgerlich-liberaler Reformen gewiesen[91], von der Fraktion des Kanzlers in die Gegenrichtung. Schröder wird, darin war er noch immer stark und mit Lust dabei, über die Parlamentarische Linke obsiegen, damit ebenfalls Vorsorge treffend gegen den in Reserve stehenden Konkurrenten Clement. Der Sieg über die linke Fronde verheißt Schröder – wiederum machiavellistisch gesehen – insgesamt Popularitätsgewinn. Die Parlamentarische Linke hingegen wird den Wandel des Inhalts, der *policies,* hinnehmen müssen, weil sie den Wechsel der Regierung, andere *politics,* nicht riskieren, nicht einschlagen wird.

Das zweitgrößte der Risiken für den Bestand der Regierung Schröder II ist, wie gesagt, die Aufkündigung der Koalition durch den kleineren Partner. Diese ist angesichts der programmatischen Differenz der Grünen zur CDU/CSU qualitativ noch immer „utopisch". Schon quantitativ wäre eine schwarz-grüne Koalition aus 303 Stimmen, ausgestattet also mit nur einer Stimme über der sogenannten „Kanzlermehrheit", nicht regierungsfähig.

Bleibt – bei Ausschluss sonstiger alltäglicher Unwägbarkeiten der Politik – das Machtkalkül sowohl des Kanzlers als auch der Parlamentsmehrheit ausschlaggebend, so wird vieles davon abhängen, ob die Landtagswahlen[92] bis in den Herbst 2004 sowie die Kommunalwahl 2004 in Nordrhein-Westfalen zur Bestätigung einer wenigstens insoweit erfolgreichen Bundesregierung ausfallen. Werden deren Ergebnisse öffentlich und parteiintern erneut als Niederlagen der Regierung Schröder II interpretiert, so wird in der SPD nach einem alternativen Kanzlerkandidaten für die Bundestagswahl 2006 Ausschau gehalten werden.

Aus nächster teilnehmender Beobachtung (als langjähriger Leiter des Planungsstabes im Kanzleramt des Helmut Kohl) weiß Michael Mertes einen machiavellistisch gewitzten Dekalog der Gründe für die „Banalität des Endes" bundesdeutscher Regierungen anzubieten: Danach zerbröselt die Macht bundesdeutscher Regierungen bis hin zum

---

91 Siehe Franz Walter: Die Sozialdemokratie vor dem Verlust der Neuen Mitte, in: Die Welt vom 1. März 2003.
92 Bayern im Herbst 2003 sowie Brandenburg, Sachsen, Saarland und Thüringen bis zum Herbst 2004.

Regierungswechsel im Falle einer „normalen Regierungsphase" innerhalb von *zwei* Wahlperioden, also acht Jahren"; im Falle einer „extrem schlechten" Regierung innerhalb nur *einer* Wahlperiode, also vier Jahren; und im Falle einer versagenden Opposition in *drei* Wahlperioden, also 12 Jahre – kurz gesagt erstens wegen Enttäuschung der Regierungsanhänger, zweitens wegen Verengung der (verbleibenden) Handlungsräume, drittens wegen nachlassender Strahlkraft der Regierenden, viertens wegen der (Pyrrhus-)Siege über die Feinde/Gegner in den eigenen Reihen, fünftens wegen der Verfestigung politischer Revier- und etatistischer Ressortgrenzen, sechstens wegen der Erfüllung von Wünschen, der Erschöpfung von Wunschkatalogen, siebentens wegen der Ermattung der Helden, achtens wegen Saturierung des Gefolges, neuntens wegen Realitätsverlustes der Herrschenden, zehntens wegen des regelmäßig wiederkehrenden Bedürfnisses der Wähler nach einem Wechsel[93].

Die zweite Legislaturperiode der rot-grünen Koalition ist erreicht. Das Lager der Opposition ist mächtig und machtbewusst, es weiß sich seit 2002 nur wenige tausend Wählerstimmen vom Sieg über ein schwach gestartetes und problembeladenes Regierungslager entfernt, von den Ergebnissen der Demoskopie ist es wie nie zuvor unmittelbar nach einer Wahl und signifikant anhaltend ermutigt. Einstweilen nicht in derselben Weise wie die Regierenden dazu gezwungen, stehen der Opposition allerdings die Auseinandersetzungen um ihr alternatives Personaltableau, besonders um die Gegenkandidatur zum Bundeskanzler Schröder, noch bevor. Mehr als die Hälfte, vor allem die erste Hälfte der (einander überschneidenden) genannten Gründe für die gleichsam gesetzmäßige Erosion der Regierungsmacht sprechen für einen Regierungswechsel spätestens 2006. Nicht nur für den Rest der Gründe gilt der Vorbehalt des unkalkulierbaren Laufes der Geschichte und die hat bislang für immerhin zwei der sieben Regierungsfürsten der Bundesrepublik Deutschland – eben: unter Ausnahmebedingungen – längere als achtjährige Regierungszeiten zugelassen.

Die zahlreichen Potentiale gegenseitiger Blockierung der Politik befördern bis zu einem schwer bestimmbaren Grade und Moment den Verbleib des Kanzlers im Amte, zumal eines Mediators, Machttechnikers und Medienmatadors wie Gerhard Schröder. Für ihn ist jeder Tag, den er sich dort länger hält, schon deshalb hilfreich, weil Rot-Grün auf der Bundesebene eine Premiere ist und sich als solche selbst im Falle ihrer Beendigung – sei es (vorzeitig) 2004 durch das Parlament oder „normal" 2006 durch den Wähler – als historischen, gegebenenfalls durch andere abgebrochenen bzw. nur unterbrochenen, jedenfalls demokratisch voll akzeptablen Erfolg ausgeben kann. Schon dies könnte Gerhard Schröder, der „da rein" wollte, genügen. Ein sicherer Trost dieser Art ist freilich weniger Ansporn als Indiz für die genannte Unabweisbarkeit der Ermüdung und Bestätigung eines für die Bundesrepublik erkennbaren Zyklus von acht Jahren für den Regierungswechsel auf der Bundesebene.

---

93 Vgl. Michael Mertes: Zauber des Aufbruchs – die Banalität des Endes. Zyklen des Regierens, in: Hirscher/Korte (Anm. 14), S. 65–81, hier zitiert S. 74 ff.

Tabelle 3: Staatsekretäre der Regierung Schröder II (22. Oktober 2002)

Ressort	Name	Vorname	Funktion	Ressort	Name	Vorname	Funktion
Äußeres	Chrobog	Jürgen	StSek.	Familie	Beck	Marieluise	Parl. StSek.
	Scharioth	Dr. Klaus	"		Reimann-	Christel	"
	Müller	Kerstin	StMin		Hanewincke		
					Ruhenstroth-	Peter	StSek.
	Bury	Hans-Martin	"		Bauer		
Innen	Vogt	Ute	Parl. StSek.	Gesundheit	Caspers-Merk	Marion	Parl. StSek.
	Körper	Fritz Rudolf	"		Thönnes	Franz	"
	Wewer	Dr. Göttrik	StSek.		Schröder	Dr. Klaus	StSek.
	Diwell	Lutz	"		Tiemann	Heinrich	"
Justiz	Hartenbach	Alfred	Parl. StSek.	Umwelt	Wolf	Margareta	Parl. StSek.
	Geiger	Dr. Hansjürgen	StSek.		Probst	Simone	"
					Baake	Rainer	StSek.
Finanzen	Diller	Karl	Parl. StSek.	Verkehr/ Bau	Mertens	Marion	Parl. StSek.
	Hendricks	Dr. Barbara	"		Gleicke	Iris	"
	Koch-Weser	Caio Kai	StSek.		Großmann	Achim	"
	Halsch	Volker	"		Braune	Tilo	StSek.
	Overhaus	Dr. Manfred	"		Nagel	Ralf	"
Wirtschaft/ Arbeit	Staffelt	Dr. Ditmar	Parl. StSek.	Bildung	Matschie	Christoph	Parl. StSek.
	Andres	Gerd	"		Thomas	Dr. Ing. Uwe	StSek.
	Schlauch	Rezzo	"		Dudenhausen	Wolf-Dieter	"
	Tacke	Dr. Alfred	StSek.				
	Gerlach	Dr. Axel	"				
	Anzinger	Rudolf	"				
	Adamowitsch	Georg-Wilhelm	"				
Verbraucher-schutz	Thalmann	Dr. Gerard	Parl. StSek.	Wirtsch.-Zusammen-arbeit	Eid	Dr. Uschi	Parl. StSek.
	Berninger	Matthias	"		Stather	Erich	StSek.
	Müller	Alexander	StSek.				
Verteidigung	Kolbow	Walter	Parl. StSek.				
	Wagner	Hans-Georg	"				
	Eickenboom	Dr.Peter	StSek.				
	Biederbick	Klaus-Günther	"				

Autorenverzeichnis

Dr. Jürgen W. Falter, Professor im Fach Politikwissenschaft an der Universität Mainz.

Dr. Alexander Gallus, Wissenschaftlicher Assistent im Fach Politikwissenschaft an der Technischen Universität Chemnitz.

Dr. Eckhard Jesse, Professor im Fach Politikwissenschaft an der Technischen Universität Chemnitz.

Dr. Oskar Niedermayer, Professor im Fach Politikwissenschaft an der Freien Universität Berlin.

Dr. Werner J. Patzelt, Professor im Fach Politikwissenschaft an der Technischen Universität Dresden.

Dr. Harald Schoen, Wissenschaftlicher Mitarbeiter im Fach Politikwissenschaft an der Universität Mainz.

Dr. Rainer-Olaf Schultze, Professor im Fach Politikwissenschaft an der Universität Augsburg.

Dr. Roland Sturm, Professor im Fach Politikwissenschaft Erlangen-Nürnberg.

Dr. Uwe Thaysen, Professor im Fach Politikwissenschaft an der Universität Lüneburg.

MIX
Papier aus verantwortungsvollen Quellen
Paper from responsible sources
FSC® C105338

If you have any concerns about our products,
you can contact us on
ProductSafety@springernature.com

In case Publisher is established outside the EU,
the EU authorized representative is:
Springer Nature Customer Service Center GmbH
Europaplatz 3, 69115 Heidelberg, Germany

Printed by Libri Plureos GmbH
in Hamburg, Germany